8

Konzepte der Humanwissenschaften

Sidney Tarachow

Einführung in die Psychotherapie

Klett-Cotta

Aus dem Amerikanischen übersetzt von Ulrike Stopfel
Die Originalausgabe erschien unter dem Titel
»An Introduction to Psychotherapy«

Printed in Germany 1979
Einbandgestaltung und Typographie: Heinz Edelmann
Satz und Druck: Hieronymus Mühlberger, Augsburg

CIP-Kurztitelaufnahme der Deutschen Bibliothek

Tarachow, Sidney:
Einführung in die Psychotherapie / Sidney Tarachow.
[Aus d. Amerikan. übers. von Ulrike Stopfel]. –
Stuttgart : Klett-Cotta, 1979.
(Konzepte der Humanwissenschaften)
Einheitssacht.: An introduction to psychotherapy ⟨dt.⟩
ISBN 3-12-908070-8

Inhalt

Dank

Mein tiefempfundener Dank gilt den Kandidaten der Psychotherapie, die gruppenweise an den nachstehend wiedergegebenen Konferenzen teilnahmen. Ihr Interesse und ihre Wißbegierde waren für mich, den Lehrenden, eine große Freude;
den Supervisoren am Hillside Hospital für ihre wertvollen Beiträge zu den Gesprächen, die Fragen der Supervision galten – insbesondere Dr. Robert R. Luttrell, dem umsichtigen und gewandten Wortführer dieser Gruppe;
Dr. Joseph S. A. Miller, dem früheren Medizinischen Direktor am Hillside Hospital, und seinem Nachfolger auf diesem Posten, Dr. Lewis L. Robbins. Sie gestatteten mir die Verwendung des in den Konferenzen erarbeiteten Materials;
Dr. I. Charles Kaufman, dem Leiter der Psychiatrischen Abteilung am Kings County Hospital. Er gab sein Einverständnis zur Verwendung der Ergebnisse einer Reihe von Konferenzen zum Thema des Erstinterviews, an denen Kandidaten im ersten Jahr ihrer Ausbildung teilnahmen;
Dr. Edward M. Weinshel, dem Vorsitzenden des vorbereitenden Komitees für den Lehrgang »Psychiatrie im Alltag«, der vom 9. bis zum 12. Januar 1958 am Mt. Zion Hospital (The San Francisco Psychoanalytic Institute and Medical Extension, University of California) abgehalten wurde. Mit seinem Einverständnis veröffentliche ich hier meinen Beitrag zu den verschiedenen Konferenzen und Diskussionen, und seiner Hilfe verdanke ich es, daß mir die entsprechenden Sitzungsprotokolle zur Verfügung gestellt wurden;
Dr. Angel N. Miranda, der mir den Text einer Vorlesung zum Thema des Agierens zur Verfügung stellte, die er am 24. 4. 1958 vor der Sektion Psychiatrie der Puerto Rican Medical Association gehalten hatte;
dem Journal of the Hillside Hospital für die Erlaubnis, verschiedene Artikel leicht abgeändert nachzudrucken;
Dr. Herbert J. Urbach für die Zusage, eines seiner Fallbeispiele zitieren zu dürfen;
den Ärzten Dres. Renato J. Almansi, Leon L. Altman, Frank Berchenko, Abram Blau, John Frosch, Mark Kanzer, Louis Kaywin, Sandor Lorand, Andrew Peto, Norman Reider, Richard Sterba, Max Schur, Max M. Stern, Walter Stewart, Martin Wangh und Leonard A. Weinroth für ihre in offiziellen Diskussionen und inoffiziellen Gesprächen wie auch brieflich

geäußerten kritischen Bemerkungen, Vorschläge und Fragen. Sie halfen mir meine Vorstellungen zu klären, und ich verdanke ihnen viel;
den Angehörigen mehrerer Jahrgänge an der Division of Psychoanalytic Education am Downstate Medical Center, mit denen ich fruchtbare Diskussionen über die Möglichkeiten der Modifizierung der psychoanalytischen Technik führte, insbesondere im Zusammenhang mit der Frage des Agierens und den Problemen von Psychopathie und Masochismus;
den Ärzten Dres. Maurice R. Friend, Sylvan Keiser, Richard Newman, Milton R. Sapirstein und Aaron Stein, die so freundlich waren, Teile meines Manuskripts im voraus zu lesen und dann Fragen zu stellen, Warnungen auszusprechen, Irrtümer zu berichtigen und Vorschläge zu äußern. Nicht allen diesen Empfehlungen bin ich – zum Schaden für das vorliegende Buch – nachgekommen;
Dr. A. S. Kagan, dem Verleger, für seine stets entgegenkommende und ermutigende Haltung;
Mrs. Lottie M. Newman, die als Herausgeberin weit mehr als ihre Pflicht tat und auf deren Urteil ich mich rückhaltlos verlassen konnte.
Für die Unzulänglichkeiten dieses Buches trage allein ich die Verantwortung.

10. Februar 1962 Sidney Tarachow

I

Allgemeine Fragen der Behandlung

1
Ein Standpunkt

Dieses Buch wendet sich an klinische Psychiater, die noch in der Ausbildung stehen, und an ihre Supervisoren. Es geht in erster Linie auf die psychotherapeutischen Konferenzen zurück, die ich über eine Zeitspanne von zehn Jahren hinweg am Hillside Hospital mit den dort tätigen angehenden Psychiatern durchführte, ferner auf den viermonatigen Meinungsaustausch mit den Supervisoren in Hillside in den Jahren 1960 und 1961 und schließlich auf vier Konferenzen mit Psychiatern, die ihr erstes Jahr am Kings County Hospital absolvierten. Die übrigen Quellen habe ich jeweils im Text genannt.

Die Schwierigkeiten im Zusammenhang mit der Unterweisung von Kandidaten der psychoanalytischen Psychotherapie sind erheblich. Benjamin (1947) äußert sich im gleichen Sinne. Es sind bereits eine ganze Reihe systematischer und ganz persönlicher Methoden vorgeschlagen worden (Ekstein und Wallerstein 1958; Fleming und Hamburg 1958; Grotjahn 1953), um diesem besonderen Lehrauftrag gerecht zu werden. Nach meiner Erfahrung sind diese Kandidaten, zumal im ersten Jahr ihrer Tätigkeit, durchaus keine homogene Gruppe. Sie haben noch keine Erfahrung auf dem neuen Gebiet, häufig trennt sie ein großer Altersunterschied, ihre Persönlichkeiten sind durchaus verschieden, und in einigen Fällen kommen sie aus anderen medizinischen Fachbereichen oder gar aus einem ganz anderen professionellen Milieu. Ihre Begegnung und Auseinandersetzung mit der Psychoanalyse fällt keineswegs immer gleich aus. Einige von ihnen sind schon psychotherapeutisch betreut worden, andere haben sich sogar schon einer Analyse unterzogen, die meisten haben allerdings überhaupt keine einschlägige Erfahrung. Auch in bezug auf ihre Kenntnis der psychiatrischen Fachliteratur und ihre allgemeinen literarischen und kulturellen Interessen unterscheiden sie sich sehr stark voneinander. Für den Lehrer ist es nicht einfach, zunächst einmal die Ebene ausfindig zu machen, auf der er die Diskussion mit einer so heterogenen Gruppe überhaupt ansiedeln kann – eine Diskussion, die sich unter Anwendung psychoanalytischer Begriffe mit Theorien und Daten befassen, gewissen Bahnen folgen und nach Möglichkeit auch Ergebnisse erbringen soll.

Trotz all dieser Mißlichkeiten ist Unterweisung unumgänglich; *elementare* Kenntnisse der psychoanalytischen Theorie müssen vorausgesetzt oder zumindest doch ohne Umschweife vermittelt werden. Damit soll selbstverständlich nicht bestritten werden, daß es von grundlegender Wichtig-

keit ist, auch klinische Psychiatrie zu lehren. Die Kandidaten müssen gewisse Vorstellungen mit den Begriffen des Unbewußten, der Verdrängung und des unbewußten Konflikts, der frühkindlichen Psyche, mit den Konzepten von Übertragung und Widerstand verbinden.
Bestimmte theoretische und praktisch-technische Aspekte der *psychoanalytischen* Behandlung müssen mit den Kandidaten diskutiert werden, und zwar einmal im Sinne ihrer weiteren Ausfaltung und zum anderen deshalb, weil die Unterschiede zwischen Psychoanalyse und Psychotherapie als technischen Vorgehensweisen entdeckt und gesehen werden müssen. Diese Ausfaltung und Gegenüberstellung kann sich für den jungen Therapeuten als sehr nützlich erweisen. Der Therapeut muß die Grundprinzipien des psychisch-geistigen Funktionsbereichs kennenlernen. Er muß die Probleme und Erfordernisse im Zusammenhang mit der therapeutischen Beziehung aus psychoanalytischem Blickwinkel erfassen. Die klassische psychoanalytische Technik ist der theoretische Ausgangspunkt und das Sprungbrett für das Verständnis der Psychotherapie als Theorie wie als Technik. Die Technik der Psychotherapie ist nicht die Technik der Psychoanalyse, aber als Theorien bemühen sich beide um das Verständnis der gleichen Faktoren, was den Therapeuten wie auch den Patienten angeht, und sie tun dies unter Zuhilfenahme der gleichen Konzepte. Dieser Umstand muß den Kandidaten (die sich ja in aller Regel nicht gerade einer Analyse unterziehen) so vermittelt werden, daß sie ihn begreifen können. Die Psychoanalyse ist keineswegs die bestgeeignete Form der Behandlung für alle psychiatrischen Probleme. Zweifellos gibt es sogar *positive* Indikationen (eben nicht gerade nur den mageren Geldbeutel) für die Psychotherapie als »Behandlung der Wahl« anstelle der Psychoanalyse. Der Therapeut, der technische Variationen einführt, um den verschiedenen klinischen Gegebenheiten und Merkmalen gerecht zu werden, ist keineswegs immer gehalten, die klassische psychoanalytische Beziehung aufrechtzuerhalten. Die Unterweisung von Ausbildungskandidaten ist die einzige Situation, in der diese Beziehung beibehalten werden muß, und selbst in diesem Fall ergeben sich ernsthafte und unter Umständen sogar unüberwindliche Schwierigkeiten (A. Freud 1950). Das analytische Verfahren muß möglicherweise in der einen oder anderen klinischen Situation modifiziert oder gar ganz fallengelassen werden, und hin und wieder stellt sich sogar die sehr delikate Frage, ob nun *wirklich* modifiziert oder aber aufgegeben worden ist (Eissler 1953; A. Freud 1954 a). Aber die Begründung für technische Variationen oder für die Aufgabe des analytischen Verfahrens muß eine spezifische psychoanalytische Basis haben und mit den psychoanalytischen Begriffen in Einklang stehen. Die Haltung, die der Psychotherapeut einnimmt, muß rational und verständlich sein. Der The-

rapeut, sei er Analytiker oder Psychotherapeut, muß wissen, was er tut und warum er so vorgeht. Die psychoanalytische Situation (Stone 1961) sollte nicht allzu leichtfertig modifiziert oder aufgegeben werden; das könnte unter Umständen auf ungelöste Probleme auf seiten des Analytikers deuten (Allen 1956).

Der Leser wird zwar feststellen, daß wir uns bei den nachstehend wiedergegebenen Konferenzen auch mit dem Ich befaßt haben; die jüngsten Entwicklungen in der Ichpsychologie sollen hier aber nicht ins Blickfeld gerückt und behandelt werden. Sie sind zu kompliziert und haben mit unserem Anliegen nichts zu tun. Dieser Teilbereich ist ganz allgemein zu einem recht schwierigen Gebiet geworden, und die Schwierigkeiten drohen bereits zum Selbstzweck zu geraten. Nunberg (1953) äußerte auf einer Podiumsdiskussion über Probleme der Identifikation die Meinung, die Gedanken in einem der Diskussionsbeiträge seien zwar durchaus schlüssig und gültig, aber unnötig kompliziert; diese Kritik läßt sich heute sehr wohl auch auf andere Theorien und Entwicklungen anwenden.

Die Methode, die im folgenden vorgestellt wird, ist hier und da vielleicht ganz persönlicher Art, also dem Vortragenden allein eigentümlich, aber sie stellt ohne Zweifel eine Möglichkeit dar, Psychotherapie aus psychoanalytischer Sicht zu betrachten. Die Konferenzen hatten zum Ziel, den Teilnehmern einen Begriff von der Stellung des Therapeuten wie auch des Patienten innerhalb der therapeutischen Beziehung zu vermitteln. Das vorliegende Buch ist weder ein psychiatrisches noch ein psychoanalytisches Lehrbuch. Die beschriebenen Konferenzen befaßten sich nicht mit allen Formen der Psychopathologie, sie können auch nicht als systematischer Überblick über die Anfangs-, die mittleren und die Schlußphasen der psychotherapeutischen Behandlung gelten, denn es konnten nicht alle in diesem Zusammenhang auftretenden Fragen und Probleme vollständig geklärt und behandelt werden. Als eine klare Darstellung der verschiedenen Phasen der psychotherapeutischen Behandlung und als einen Beitrag zum Thema der Begegnung des Patienten mit der Interpretation in ihren unterschiedlichen Ausformungen kann ich Colbys (1951) ausgezeichneten Leitfaden nachhaltig empfehlen. Wolbergs (1954) monumentales Werk bringt eine ins einzelne gehende Erörterung und eine praktische Darstellung der Psychotherapie mit ihren vielfältigen Phasen und Situationen. Zum Thema der wichtigsten psychoanalytischen Begriffe, wie sie auch der Psychotherapie zugrunde liegen, gibt es eine Vielzahl von Veröffentlichungen, u. a. Knight (1952), Stone (1951), Bibring (1954), Gill (1954), Rangell (1954) und V. H. Rosen (1958). Glovers Buch (1960) empfiehlt sich vornehmlich wegen seiner erst unlängst vorgetragenen Kritik der heute üblichen psychotherapeutischen Methoden.

Mehrere Podiumsgespräche, die von der American Psychoanalytic Association durchgeführt wurden, hatten psychotherapeutische Fragen und Probleme zum Thema (1953, 1954, 1955). Alexander (1953, 1954) und Fromm-Reichmann (1954, 1950) behandeln wichtige theoretische Sachverhalte und Zusammenhänge, in erster Linie den Gedanken, daß Psychoanalyse und Psychotherapie ihrem Wesen nach das Gleiche sind und nur jeweils eine Fortsetzung voneinander darstellen. Der Standpunkt, der in diesem Buch vertreten wird, lautet, daß es deutliche theoretische und klinische Unterschiede zwischen der Psychotherapie und der Psychoanalyse gibt, und daß diese Unterschiede selbst dem Neuling in der Psychotherapie verständlich gemacht werden können.

Da ich eine Systematik für Aufbau und Anliegen dieses Buches nicht in Anspruch nehmen kann und will, bleibt noch zu klären, welchem Zweck die nachstehend wiedergegebenen Konferenzen denn dienen sollten und sollen: Ich will die Theorie der Psychotherapie diskutieren, ich will Psychoanalyse und Psychotherapie voneinander absetzen und jeweils definieren. Ferner will ich die Beziehung zwischen dem Patienten und dem Therapeuten im einzelnen und unter dem Einfluß einer Reihe von Zwängen erörtern, wie sie in einer Vielzahl von Behandlungssituationen anzutreffen sind. Zugleich sollen diese Konferenzen die eine oder andere Einzelheit im Zusammenhang mit der therapeutischen Beziehung nachtragen und dem Supervisor bei seiner Aufgabe helfen, den Kandidaten im Verständnis dieser facettenreichen Beziehung zu unterweisen. Sie sollen die intellektuelle Bewältigung des Themas der therapeutischen Beziehung auf einige wenige Grundprinzipien zurückführen. Der Kandidat findet hier so gut wie keine direkten Anweisungen, aber – so hoffe ich – eine Vielfalt von Begriffen und Konzepten, die der Vereinfachung und zweckmäßigen Anordnung dienen sollen.

Dieses Buch trägt den Titel *Eine Einführung*. Kein Buch über Psychotherapie könnte mehr sein als eben dies. Der Therapeut muß sich ins Gefecht stürzen und sich in einer neuen Welt des »als ob« zurechtfinden. Dabei handelt es sich um eine Welt der freiwilligen Ichspaltung, soweit es ihn selbst angeht, und der erzwungenen Ichspaltung, soweit es den Patienten betrifft; um eine Welt, in der das elementarste Bedürfnis sowohl des Patienten als auch des Therapeuten – das Bedürfnis nach dem realen Kontakt mit einem Objekt – mehr oder weniger beiseitegeschoben werden muß. Diese Situation der wechselseitigen Versagung ist für die beiden Beteiligten eine Erfahrung, die entweder das Reifen begünstigt oder aber Enttäuschung zurückläßt. Das vorliegende Buch befaßt sich mit der theoretischen Erörterung dieses dornenreichen Weges zur Reife und mit den praktischen Notwendigkeiten wie den Gefahren und Irrtümern in diesem Zusammenhang.

2
Die Theorie der therapeutischen Beziehung

Der Gedanke der therapeutischen Allianz ist ein alter und in Ehren gehaltener Begriff. Ich möchte hier die therapeutische Beziehung von einer anderen Vorstellung ausgehend diskutieren – ich denke weniger an die therapeutische Allianz als vielmehr an die therapeutische Barriere, trage also meinen ganz persönlichen Ansatz vor. Der Psychoanalyse kommt dabei besondere Beachtung zu. Das ist notwendig, denn wir beschäftigen uns ja mit theoretischen Modellen der therapeutischen Beziehung. Die Psychoanalyse *ist* ein grundlegendes Modell und bildet den theoretischen Ausgangspunkt für eine ganze Reihe psychotherapeutischer Richtungen und Programme.

Meine These lautet folgendermaßen: Sowohl der Therapeut als auch der Patient müssen sich mit dem grundlegenden Problem der Objektbedürftigkeit auseinandersetzen. Nach meiner Vorstellung ist dieses Urbedürfnis nach dem Objekt gleichzusetzen mit Leo Stones (1961) »primärer Übertragung«. Ich spreche hier von einem im Menschen verwurzelten grundlegenden Bedürfnis nach dem Objekt – unabhängig von irgendeiner neurotischen Struktur und ohne spezifischen Zusammenhang mit bestimmten frühkindlichen Projektionen. Für die hier folgende Diskussion ist es nicht notwendig, im einzelnen darzulegen, ob es sich dabei um ein biologisches oder ein psychologisches Urbedürfnis handelt (Balint 1952). Im frühesten Lebensstadium lassen sich biologische und psychologische Bedürfnisse nicht voneinander trennen. Es besteht das Bedürfnis und der Wunsch nach einem realen Objekt.

Jeder Patient sieht seinen Therapeuten als real an, betrachtet die Manifestationen der therapeutischen Situation als real und ist bestrebt, im Therapeuten ein reales Objekt zu erkennen. Der Therapeut hegt genau die gleiche Absicht gegenüber seinem Patienten. Auch er möchte den Patienten als real betrachten und ein reales Objekt in ihm sehen. Das bedeutet, der Patient und der Therapeut empfinden beide auch das Verlangen, dem anderen gegenüber zu agieren.

Wie kommt nun auf der Grundlage dieser realen Beziehung zwischen den beiden Partnern eine therapeutische Situation zustande? Sie wird durch einen Akt von seiten des Therapeuten ins Werk gesetzt: Der Therapeut errichtet eine Barriere gegenüber der Realität. Wir wollen sie hier als *therapeutische Barriere* bezeichnen. Mit der Errichtung dieser Barriere wird beiden, dem Therapeuten wie dem Patienten, eine therapeutische Auf-

gabe gestellt. Die *reale* Situation wird in eine Situation des »als ob« umgewandelt, die Aufmerksamkeit und Verständnis für sich verlangt. Der Akt, durch den diese Umwandlung zustande kommt, ist die Interpretation.
Im Rahmen der psychoanalytischen Behandlung muß diese Aufgabe in gleichem Maße vom Patienten und vom Therapeuten erfüllt werden. Kein Element ihrer Interaktion darf als real betrachtet werden, jede Einzelheit wird der genauen Prüfung und Erforschung durch beide Beteiligten unterworfen. Da die Initiative im Zusammenhang mit der therapeutischen Barriere und der therapeutischen Aufgabe vom Therapeuten ausgeht, können wir wohl annehmen, daß der Therapeut mehr an Deprivation ertragen muß als der Patient. Das Gewicht der gemeinsamen Aufgabe kann für beide sehr unterschiedlich ausfallen. Es gibt Fälle, in denen der Therapeut dem Patienten ein hohes Maß an Realität in dessen Beziehung zu ihm, dem Therapeuten, einräumt. Für den Therapeuten ist dies möglicherweise nur ein technisches Detail, und er seinerseits wird sich weiterhin an den »als ob«-Charakter des Patienten halten. Dieses »als ob« hat nichts mit Helene Deutschs (1934) klassischer »Als-ob-Persönlichkeit« zu tun. Deutsch bezieht sich auf die pathologische Identifikation, die unabhängig von einer Objektbeziehung ist. Im Kontext unserer augenblicklichen Diskussion kennzeichnet der Ausdruck dagegen eine bestimmte Form der Interpretation (»Sie reagieren, *als ob* ich . . .« usw.). Ausmaß und Gewicht der Barriere und mithin der Aufgabe, die dem Patienten aufgegeben ist, können sich von Fall zu Fall und von Mal zu Mal wandeln, je nach den klinischen Erfordernissen des Augenblicks und den langfristigen Zielen der Behandlung. Das eine Ende der Skala bildet die sachlich-strenge psychoanalytische Technik, die an beide Partner die größten Anforderungen stellt. Am anderen Ende kann dagegen die gesamte Beziehung als real akzeptiert werden, und der Therapeut befaßt sich unter Umständen ganz bewußt mit sämtlichen Erscheinungsformen des Patienten als eines realen Objektes. Ich bin der Meinung, daß dieses Vorgehen hier und da gerechtfertigt ist, wenn es um die Behandlung von Psychosen, vornehmlich der Schizophrenie, und um die Behandlung junger und/oder solcher Psychopathen geht, die zum Agieren neigen.
Bei dem Bedürfnis, sich einen anderen Menschen zum Objekt zu wählen, handelt es sich nicht um Übertragung oder Gegenübertragung. Nach unserem Verständnis muß das Objektbedürfnis zunächst *überwunden* werden, damit eine Übertragung oder, genauer gesagt, eine Übertragungsneurose überhaupt möglich wird. *Eine nicht interpretierte Beziehung zum Therapeuten ist real, so real wie jede andere Beziehung.* Die Einführung des Gedankens des »als ob« in diese Beziehung bewirkt einen Zustand der Spannung und der Deprivation, der das Wesen der therapeutischen Aufgabe aus-

macht. Welches Gewicht mit dieser Aufgabe verbunden ist, hängt davon ab, wie der Therapeut die Fähigkeiten des Patienten einschätzt.
Die Interpretation interferiert mit der Realität und mit den unbewußten Vorstellungen, wie sie sich im Agieren des Patienten bemerkbar machen. Das erhöht den Druck dieser unbewußten Vorstellungen und leitet sie in die freie Assoziation oder zumindest doch in den progressiven Konflikt mit Abwehrkräften über, die sich analysieren lassen. Durch dieses Aufeinandertreffen von Interpretation und agierendem Verhalten verwandelt sich die reale Beziehung in eine Übertragungsneurose. Der Therapeut kann wählen: Entweder schließt er sich dem Patienten im Ausagieren von dessen unbewußten Vorstellungen an, oder er handelt so, daß der Patient eine Übertragungsneurose entwickelt. Wir müssen zwischen Übertragung und Übertragungsneurose unterscheiden: Bei der Übertragungsneurose kommt es zu einem deutlichen Verlust des Realitätssinnes; der Patient ist durch seine Projektionen auf den Analytiker starr in seinem Verhalten gefangen und von den Elementen der Übertragung völlig in Anspruch genommen. Einerseits führt die Übertragungsneurose den Patienten *allem Anschein* nach zur Realität, das heißt zum Interesse am Analytiker, andererseits handelt es sich um ein in hohem Maße narzißtisches Phänomen. Der Patient ist an die unbewußten Vorstellungen gebunden, die sich um die Person des Analytikers ranken. Die Weigerung des Analytikers, zum realen Objekt für den Patienten zu werden, wirft diesen auf seine inneren Vorstellungen zurück – sie begünstigt seinen Narzißmus –, sorgt aber auch dafür, daß dieses gedankliche Material der Überprüfung und Erforschung eher zugänglich wird. Möglicherweise sind die Phantasien des Patienten zunächst nur in der Form des Agierens vorhanden, aber für den scharfsichtigen Analytiker immerhin erkennbar. Der Analytiker ist sich seiner Nichteinbeziehung in die Vorstellungen des Patienten so weit sicher, daß er eine neutral-interpretierende Haltung gegenüber den Phänomenen einnehmen kann. Unter solchen Bedingungen kann eine Analyse durchgeführt werden.
Der Zustand der »Übertragung«, wie er in der Psychotherapie anzutreffen ist, läßt sich von der herkömmlichen realen Beziehung nicht deutlich absetzen. Der Patient darf mit dem stillschweigenden Einverständnis des Therapeuten sein grundlegendes Objektbedürfnis und seine infantilen Projektionen ausagieren, und zwar in dem Maß, wie der Therapeut dies im Blick auf die Ziele der Behandlung für notwendig hält. Wenn der Patient den Therapeuten als Objekt akzeptiert und der Therapeut eine gewisse Bedeutung für den Patienten erlangt hat, dann betrachten wir dies in der Regel als den Beginn der Übertragung. Wenn die Beziehung ganz und gar irrationale Züge annimmt und eher von Phantasien, nicht

aber vom realen Austausch zwischen den beiden Beteiligten bestimmt ist, dann können wir von *Übertragungsneurose* sprechen.
Das primäre Objektbedürfnis ist unter allen Umständen vorhanden, wenn es auch aufgrund bestimmter negativer Übertragungs- und übertragungsneurotischer Phänomene dem Blick entzogen sein kann. Beide Erscheinungen – das Objektbedürfnis an sich und die spezifischen Übertragungsphänomene – sollten vom Analytiker jeweils für sich betrachtet werden.
Der Psychoanalytiker muß sich der Deprivation und der Spannung, wie gewaltig sie auch sein mögen, gewachsen zeigen – das heißt vor allem der Aufgabe, die verlangt, daß er Einsamkeit erträgt. Winnicott (1958) äußert sich im gleichen Zusammenhang über die Fähigkeit zum Alleinsein, die er als eines der wichtigsten Anzeichen für Reife bezeichnet. Der Kern seiner Aussage ist der: Der Mensch kann Einsamkeit sehr wohl ertragen und bewältigen, wenn er als Kind das Bild einer ichstützenden Mutter introjiziert hat und nun den realen Bezug zur tatsächlichen Mutter nicht mehr braucht. Daraus ergibt sich, daß der Analytiker imstande ist, den Patienten eben *nicht* als Objekt zu benützen, wenn seine Introjektionen und Projektionen auf liebevollen und stützenden statt auf feindlichen Beziehungen gründen. Noch anders ausgedrückt: Wenn der Therapeut überhaupt imstande ist, Menschen gern zu haben und ihnen zu vertrauen, dann kann er sich auch so weit von ihnen lösen, wie es im Blick auf die Behandlung nötig ist. Zur Übertragungsneurose kann es nur kommen, wenn der Therapeut die Isolation erträgt, die darin besteht, daß er sich den Patienten nicht zum Objekt wählt. Die Einsamkeit darf hier nicht vordergründig verstanden werden. Eine beiläufige Bemerkung über das Wetter durchbricht die Einsamkeit und läßt eine realc Objektbeziehung entstehen.
Objektbeziehungen entstehen in jenem unglücklichen Augenblick, in dem die symbiotische Bindung an die Mutter zerstört wird. Meiner Meinung nach sind es in erster Linie zwei Techniken, die der Wiederherstellung des symbiotischen, vortraumatischen Zustands der Glückseligkeit dienen: Einmal die Identifikation, zum anderen die Begründung einer Objektbeziehung. Im ersten Fall handelt es sich um eine Wiederherstellung von innen, im zweiten um eine Wiederherstellung von außen, und beide Vorkehrungen werden uns als unwillkommene Notwendigkeit aufgezwungen. Zu einem frühen Zeitpunkt in der Entwicklung besteht zwischen diesen beiden Prozessen nicht einmal ein großer Unterschied, wie Freud (1923) in *Das Ich und das Es* zu bedenken gibt. Die Suche nach dem Objekt und die absolute Notwendigkeit von Objekten bleiben uns unser ganzes Leben lang erhalten.

Ferenczis zweite Veröffentlichung über die Entwicklung des Realitätssinnes trägt einen sehr interessanten Titel *Das Problem der Unlustbejahung*. Jede neue Bewegung in Richtung auf die Realität trifft auf Widerstand und auf das Bemühen, die Vergangenheit von neuem so zu erschaffen, wie sie zuvor gewesen ist. Diese wohlbekannten Feststellungen werden hier einfach deshalb wiederholt, weil auf ein generelles Problem aufmerksam gemacht werden muß: auf die ständige Versuchung nämlich, sich eng an die Objekte anzuschließen, Objektbeziehungen einzugehen, die Differenzierung des reifen Ich zugunsten narzißtischer und anaklitischer Objektbeziehungen zu vernachlässigen, auf die Versuchung zur Identifikation und schließlich und ganz grundsätzlich zur Verschmelzung. Therapeut und Patient müssen sich ständig nach Kräften bemühen, gegen dieses ganze Bündel von Versuchungen zur Annäherung aneinander anzugehen. Margolins (1953) Bemerkungen über die undeutlichen Ichgrenzen in der Beziehung zwischen dem Patienten und dem Psychotherapeuten treffen genau diesen Punkt.
Für den Therapeuten besteht die Aufgabe in der Auseinandersetzung mit seinem Objektbedürfnis und der von ihm selbst errichteten therapeutischen Barriere. In diesen Zusammenhang gehört das Problem der spontanen und nichtgeplanten Handlungen des Analytikers. Die Versuchung, die Barriere niederzureißen, überfällt den Therapeuten ständig von neuem. Wenn der Patient um Hilfe bittet, möchte der Therapeut alle seine Kräfte einsetzen; wenn der Patient sich feindselig gibt, möchte der Therapeut kämpfen; wenn der Patient unglücklich ist, möchte der Therapeut ihn trösten; wenn der Patient in Not und Bedrängnis ist, möchte der Therapeut ihm seine Hilfe geben. Seine Aufgabe besteht nun aber gerade darin, diese Phänomene nicht als real zu betrachten – andernfalls würde er nämlich das »als ob«-Potential der Übertragung zunichtemachen. Diese gebotene Zurückhaltung trennt ihn von seinem Patienten als einem Objekt und zwingt ihn dazu, Einsamkeit zu ertragen.
Die Dinge werden noch dadurch erschwert, daß gewisse Aspekte der therapeutischen Beziehung *in der Tat* real sind, insbesondere gewisse masochistische Aspekte, wie Menaker (1942) sie diskutiert. Darüber hinaus enthält der analytische Prozeß auch gewisse reale Deprivationen. Zunächst einmal ist jede Interpretation eine Deprivation. Das gilt für bestimmte Patienten mehr als für andere, es trifft insbesondere für solche Patienten zu, die zum Agieren neigen. Allerdings ist jede Interpretation dazu bestimmt, dem Patienten etwas zu nehmen – seine Phantasien, seine Abwehrmanöver, seine Gratifikationen. Die Analyse und – in unterschiedlichem Ausmaß – die Psychotherapie schließen reale Enttäuschungen ein.

Eine schwere Deprivation liegt darin, daß die Angriffe des Patienten den Therapeuten nicht erreichen. Der Patient kann seine Liebe oder seinen Haß so deutlich zur Schau stellen wie nur möglich – was aber tut der Therapeut? Er analysiert diese Gefühle. Sie erreichen ihn nicht, und er kümmert sich nicht um sie (wie der Patient glaubt). Das ist eine echte Niederlage, durch die der Patient sich auf einen Zustand kindlicher Machtlosigkeit reduziert sieht, den er unserer Meinung nach mit Leichtigkeit verkraften kann.

Wir helfen unseren Patienten, sich einen Zugang zu ihren wahren Gefühlen zu verschaffen – insbesondere gegenüber dem Therapeuten –, und anschließend weigern wir uns, diese Gefühle als wahr anzusehen. Den Patienten drängt es, seine Zuneigung uns gegenüber als real zu betrachten, und wir haben keinen Blick für die Qualen, die er erleidet. Tatsächlich gehört es zu den Grundsätzen, auf denen eine Analyse beruht, daß man den Patienten *wirklich und wahrhaftig* enttäuscht. In der Psychotherapie lassen wir die Enttäuschung des Patienten nicht dieses starke Ausmaß annehmen. Das macht die Rolle des Therapeuten in der Psychotherapie erträglicher als in der Analyse. Zusammenfassend können wir über den Verlauf der Analyse folgendes sagen: Der Analytiker versagt sich von Anfang an dem Patienten als reales Objekt. Der Patient dagegen *beginnt* die Therapie im Gedanken an den Therapeuten als ein reales Objekt; er muß erst ganz allmählich lernen, sich diese Gratifikation zu versagen, und schafft damit die notwendigen Vorbedingungen für die Übertragung im Sinne des »als ob«. Trauer gehört notwendig zur Therapie, und zwar nicht nur in Verbindung mit ihrem Abschluß, sondern von Anfang an, vom Augenblick der allerersten Interpretation an. So wie die Anfänge des Denkens erst mit der Zerstörung des symbiotischen Bandes zur Mutter möglich werden und mit der ersten unangenehmen Vorstellung einhergehen (der erste Gedanke ist ein unangenehmer Gedanke), so verläuft die entsprechende Entwicklung in der Therapie. Die therapeutische Aufgabe kann nur über den Weg der Enttäuschung des Patienten und der Transformation einer realen Beziehung in eine »als ob«-Beziehung überhaupt gestellt werden. Wir setzen unser Denken gewaltsam an die Stelle der Realität: die nichtinterpretierte Beziehung ist Realität.

Es gibt gewisse Arten von Beziehungen, in denen wir heftiger als sonst versucht sind, den Patienten als reales Objekt zu betrachten. Hierher gehört eine weise Empfehlung, die mehrfach von Glover (1928, 1955) geäußert wird. Er rät dem Psychoanalytiker an, sich noch im Blick auf die kleinsten Veränderungen in seinem Verhalten gegenüber dem einen oder anderen Patienten genau zu beobachten. Sobald er irgendeine Veränderung bemerkt, soll er sein Augenmerk auf sich selbst richten. In diesem

Fall hat sich der Therapeut dem Patienten insofern stillschweigend angeschlossen, als er einen bestimmten Aspekt in dessen Verhalten (inzwischen) als real betrachtet und in realer, nichttherapeutischer Weise darauf eingeht. Insbesondere unsere spontanen und nicht geplanten Bemerkungen sollten ganz genau überprüft werden – das gilt für den Analytiker wie für den Psychotherapeuten. *Die größte Versuchung besteht in dem Wunsch, die Rolle der Mutter einzunehmen.* Vielleicht beginnt es ganz plötzlich zu regnen, und unser Patient hat keinen Schirm. Der Regen ist real, das Bedürfnis des Patienten ist real, und wir und unser Schirm sind ebenfalls real. Wenn wir dem Patienten jetzt unseren Schirm geben, dann ist er keiner Spannung ausgesetzt, und wir haben ihn von seiner therapeutischen Aufgabe befreit. Seine Beziehung zu uns ist real, und er hat eine Gratifikation erfahren. Das Hergeben des Schirmes hat die therapeutische Barriere und die therapeutische Aufgabe für den Patienten wie für den Therapeuten verkleinert. Die mögliche Heilung auf analytischem Wege ist damit etwas weiter in die Ferne gerückt, allerdings wird die psychotherapeutisch bewirkte »Heilung« auf diese Art möglicherweise etwas solider ausfallen. Eine Geste wie das Ausleihen eines Schirmes kann eine ganze Folge von Reaktionen auslösen, die (bei männlichen Patienten) in der Regel masochistischer und homosexueller Art sind – Probleme, die sich analysieren lassen. Aber diese Probleme gehören einer anderen Kategorie an als diejenigen, um die es uns in unserer augenblicklichen Diskussion zu tun ist, wenn sie auch keineswegs die Auffassung entkräften, daß ein Akt realen Beistandes die therapeutische Aufgabe des Patienten verringert. Die Entlastung von der drückenden Vorstellung des »als ob« stärkt die Ansicht, daß die Beziehung zum Therapeuten eine reale Sache sei. In der Analyse wäre dieses Ergebnis nicht willkommen; in der Psychotherapie kann es sich sehr positiv auswirken.

Auch die Sprache eignet sich vorzüglich zur Illustration dieses Gedankenganges. Vielleicht drückt sich der Patient vulgär oder besonders pedantisch aus, aus welchen Gründen auch immer. Machen wir uns die Ausdrucksweise unseres Patienten zu eigen? Wenn wir das tun, dann zeigen wir unser stillschweigendes Einverständnis mit der Neurose des Patienten und akzeptieren seine Abwehrmanöver als real. Wir stellen dem Patienten keine therapeutische Aufgabe. Wenn wir uns unserer eigenen Ausdrucksweise bedienen, tun wir damit Verschiedenes: Wir unterstreichen den symptomatischen Charakter der Ausdrucksweise des Patienten; wir schaffen eine gewisse Distanz in bezug auf die Übertragung; wir markieren die Ichgrenzen deutlicher; wir errichten eine Barriere zwischen uns beiden; wir vermeiden es, die gleichen Abwehrmanöver anzuwenden wie der Patient. Insgesamt wirkt sich dieses Vorgehen so aus, daß wir dem Patienten eine therapeutische Aufgabe stellen. Die Befreiung von dieser Aufgabe beraubt die Beziehung des Patienten zum Therapeuten ihres »als ob«-Charakters und wirkt sich im Sinne der Bestätigung ihres realen Potentials aus. In der Analyse muß der »als ob«-Charakter analysiert und aufgelöst werden; in der Psychotherapie kann es von Nutzen sein, die Realität der Beziehung anzuerkennen.

Wenn der Therapeut seinen Patienten als real behandelt, dann benutzt er ihn als Werkzeug, mit dessen Hilfe er selbst das Gefühl überwinden kann, allein und von seinem ursprünglichen symbiotischen Objekt im Stich gelassen zu sein. Unsere Ichgrenzen sind ein Gradmesser für unsere Enttäuschung und Einsamkeit. Wir leben ständig in der Versuchung und in der Furcht, diese Ichgrenzen niederzureißen. Das ist die große Angst, der sich der Patient gegenübersieht, wenn er zum freien Assoziieren aufgefordert wird. Die erste und größte Versuchung, der zwei Menschen unterliegen, liegt im Drang zur Regression, was den Charakter der Objektbeziehung angeht, im Drang zur Auflösung der Grenzen und zur Verschmelzung. Normale geschlechtliche Beziehungen bieten genau diese Möglichkeit. Identifikationsprozesse und Objektbeziehungen sind vom Gefühl der Symbiose nicht allzuweit entfernt und sind im Grunde ein Versuch, diese symbiotischen Empfindungen wiederherzustellen.

Es ist ein Widerspruch in sich, daß Objektbeziehungen, die wir doch als ein Zeichen für Anpassung an die Realität halten, in Wahrheit gerade dazu dienen, die schmerzliche Erkenntnis der Realität zu umgehen. Die Rolle deutlicher und ausgeprägter Ichgrenzen im Rahmen normaler Objektbeziehungen wurde schon immer sehr stark übertrieben. Gesunde Objektbeziehungen gestatten, ja, fordern sogar Perioden der Regression und der Fusion – wir brauchen in diesem Zusammenhang nur die Stichworte Karneval, Urlaubszeit, religiöses Verhalten, Liebesbeziehungen zu nennen. Die zerbrechlichsten und zugleich starrsten Ichgrenzen lassen sich bei Schizophrenen beobachten. Über diesen interessanten Umstand äußert sich u. a. Schmideberg (1953).

Ein weiteres Paradoxon ist dies: Das vertrauliche und erfolgversprechende therapeutische Unterfangen ist durch echtes und enges Zusammenwirken der beiden beteiligten Menschen gekennzeichnet. Wie läßt sich das mit der therapeutischen Barriere und der therapeutischen Aufgabe vereinbaren? Das eigentliche Problem der therapeutischen Situation besteht darin, daß wir einerseits gemeinsam nach- und weiterdenken, andererseits aber verhindern müssen, daß die beiden Individuen sich »zusammentun«. Wie läßt sich das erreichen? Wir möchten die Barriere aufrechterhalten, wir wollen aber auch, daß die beiden Beteiligten *gemeinsam* über ihre Aufgabe nachdenken, nicht jeder für sich.

Es gibt noch eine Reihe weiterer paradoxer Aspekte, die die Objektbeziehungen zwischen Individuen kennzeichnen. So erleichtert beispielsweise eine ganz normale Unterhaltung zwischen zwei Menschen keineswegs den Kontakt der beiden untereinander. Tatsächlich stärkt die Unterhaltung in der Regel die Ichgrenzen, und gegen Ende ihres Gesprächs sind die Partner einander ferner als zu Beginn. Die meisten Gespräche sind gewissermaßen zweiseitige Monologe, was man in der französischen Psychiatrie seit langem weiß. Eine echte Konversation, die zwei Menschen näher zueinander hinführt, ist selten; dabei würden sich die Gedanken des einen mit den Gedanken des anderen vermischen. Je besser die Konversation und die Beziehung der beiden untereinander, desto weiter werden die Ichgrenzen zwischen ihnen *niedergerissen*, zumindest vorübergehend.
Dem offensichtlichen Paradoxon, wie es in der therapeutischen Situation nun einmal enthalten ist, muß der Therapeut mit Hilfe seines speziellen Vorgehens begegnen. Er besteht auf dem »als ob«, selbst in Augenblicken der weniger strengen Ichkontrolle bzw. in Augenblicken der Regression, wenn man so will. Um dieser Forderung zu genügen, müssen *sowohl der Patient als auch der Therapeut* zur kontrollierten Ichspaltung im Dienste der Therapie imstande sein. Mein Eindruck ist, daß man bisher den größten Wert auf die Fähigkeit des Patienten zur Ichspaltung gelegt hat; ich möchte dem hinzufügen, daß auch der Therapeut diese Fähigkeit besitzen sollte. Auch Gill (1954) äußert sich in diesem Sinne. Das psychoanalytische Durcharbeiten weist gewisse Parallelen mit der Bewältigung durch das Spiel auf – ein Spiel allerdings, auf das sich nur ein Teil des Ich einläßt. Kardos und Peto (1956) behandeln diesen Punkt ganz ähnlich, und auch Sterba (1934) äußert sich in diesem Sinne, allerdings in anderem Zusammenhang. Die Probleme werden über das »als ob« wieder zum Leben erweckt, bis sie verstanden, integriert und nicht länger pathogen sind. Bei Sterba (1934) wird dieser ganze Themenkreis in fast der gleichen Weise behandelt, ebenso übrigens in jüngerer Zeit bei Greenacre (1959). Sterba verlangt die therapeutische Dissoziierung des Ich des Patienten – ein Teil soll eine therapeutische Allianz mit dem Analytiker eingehen, der andere Teil, die Triebe und die Abwehrmechanismen, soll dann aus der Distanz verstanden und analysiert werden. Für Sterba ist die Analyse das ständige Bemühen um die Wahrung dieser Ich-Dissoziierung mit Hilfe der Interpretation. Der Objekthunger des Patienten wird durch die therapeutische Allianz gestillt. In dieser Befriedigung sieht Sterba eine wichtige Funktion der Übertragung.
Trotz der augenfälligen Ähnlichkeiten, wie sie zwischen Sterbas Gedanken und den hier diskutierten Vorstellungen bestehen, ziehe ich es vor, den Objekthunger etwas anders zu betrachten, nämlich als ein Problem,

das sich in gleicher Weise für den Therapeuten wie für den Patienten stellt. Beide müssen diesen Hunger übergehen, um die Voraussetzungen für die Übertragungsneurose und die analytische Arbeit zu schaffen. Meiner Meinung nach ist die nichtinterpretierte Beziehung real; die Interpretation bewirkt Deprivation und Übertragung. Der Schmerz der Neurose wird allgemein als die Motivation angesehen, die der Patient in die Begegnung mit dem Analytiker mitbringt. Der Analytiker liefert noch eine weitere Motivation – den Schmerz der Übertragung. Auf diese letztgenannte Motivation werden wir noch ausführlich zu sprechen kommen.
Zur erfolgreichen Therapie gehört die Fähigkeit, sich aus den realen Objektbeziehungen zurückzuziehen und sich der therapeutischen Aufgabe zuzuwenden. Daraus folgt logisch, daß die reale Objektbeziehung bis zu einem gewissen Grade einer Verschmelzung der beiden Individuen entspricht. In der Therapie treten sowohl Rückzug vom Objekt als auch Verschmelzung mit dem Objekt nur partiell auf, was im Sinne einer Ichspaltung wirkt. Beide Partner in einer therapeutischen Beziehung müssen den Augenblick des Alleinseins ertragen können. Zumindest ein Teil des Ich muß abgespalten werden, um die Aufgabe zu übernehmen, zu denken und zu tolerieren, um mit der Erfahrung zu spielen und sie zu durchdenken, nicht aber sie zu leben. Das ist eine schwierige und langwierige Aufgabe; wir haben ja gelegentlich Patienten, die nicht nur den Therapeuten als ein in diesem Augenblick reales Objekt betrachten, sondern die auch, um die Dinge noch zu erschweren, die Vergangenheit als augenblicklich real ansehen.

Ich habe hier ein recht strenges und nüchternes Bild von der idealen therapeutischen Beziehung entworfen. Dieses Konzept, das heißt das Konzept von den Bedingungen der analytischen Arbeit, muß gut verstanden und beherrscht werden, wenn auch kein Teilelement in der Praxis jemals so direkt erfahren werden wird, wie ich es hier dargestellt habe. Beispielsweise gibt es neben der streng kontrollierten »als ob«-Beziehung ja auch noch die tatsächliche, die reale Beziehung. Der Patient erfährt Fakten über den Therapeuten, und zwar innerhalb wie außerhalb von dessen Arbeitsbereich, und der Therapeut gibt sich ihm gegenüber real und menschlich (Glover 1955). In der Tat ist die »Realität« des Therapeuten ein Faktor, der die Behandlung fortschreiten läßt. Die reale Beziehung führt zur Identifikation, die ebenfalls eine Motivation für die analytische Arbeit, für die Ichspaltung, liefert.
Das Hin- und Herpendeln zwischen der realen und der »als ob«-Beziehung kann sich günstig auf den Fortgang der Analyse auswirken und – wenn man es als ein Pendeln zwischen Gratifikation und Deprivation

ansieht – ein brauchbares Modell für Identifikationsprozesse abgeben. Daß der Patient den Therapeuten so sieht, wie dieser wirklich ist, hilft ihm, auch die Verzerrungen und Verbiegungen zu korrigieren, die er in der Übertragung vorgenommen hat. Es gibt kaum einen Analytiker, der imstande wäre, rigoros jene distanzierte Haltung beizubehalten, die die Voraussetzung dafür bildet, daß er den Patienten wirklich nicht als sein Objekt benutzt. Es kann nicht ausbleiben, daß er auch einmal reale Person ist und den Patienten als real betrachtet. Es klingt paradox, aber es sind nun einmal gerade die menschlichen Unzulänglichkeiten des Analytikers, die in Wahrheit die Analyse erst möglich machen. Zudem gehört es zu den Aufgaben des Analytikers, die Realität einzuführen mit dem Ziel, die Phantasien und verzerrten Vorstellungen des Patienten zu korrigieren. Die reale Beziehung bewirkt die Motivation, sich dem Schmerz der mit der Übertragung verbundenen Deprivationen zu stellen. Tatsächlich haben wir es mit zwei nebeneinander bestehenden Beziehungen zu tun, der realen und der »als ob«-Beziehung. Der bloße Akt der Interpretation kann von doppelter Bedeutung sein. Ich habe hier die Funktion der Interpretation betont, die darin besteht, den Patienten und den Therapeuten voneinander zu trennen. In einem anderen Sinne allerdings bringt die Interpretation die beiden gerade zusammen.

In jüngerer Zeit sind von Garner (1961) eine Reihe wichtiger und interessanter Fragen im Zusammenhang mit Psychoanalyse und Psychotherapie angeschnitten worden. Er stellt beispielsweise die Überlegung an, ob die Behandlung selbst vielleicht irgendein Grundelement enthält, das sich von den in sich verschiedenen psychoanalytischen Theorien deutlich abhebt. Seine wichtigste Beobachtung lautet, daß die Passivität des Analytikers eine Fiktion ist; später spricht er sogar von der Aggressivität und Aktivität des Analytikers. Garner verweist auf die Aufforderung an den Patienten, sich auf die Couch zu legen; das Schweigen des Analytikers ist für ihn Aggression, ebenso wie die Tatsache, daß der Analytiker keine Gratifikationen für den Patienten bereithält. Garner kommt zu dem Schluß, daß die unspezifischen Elemente, die den einzelnen Formen der Behandlung gemeinsam sind, die theoretischen Unterschiede bei weitem überwiegen. Ein wichtiges Element, das bei Garner nicht die gebührende Beachtung findet, ist die vom Analytiker erhobene *Forderung* nach freier Assoziation, die Forderung also, der Patient möge seine mühsam aufgebauten Abwehrmechanismen gegen schmerzliche Vorstellungen und Affekte preisgeben. Es besteht für Garner selbstverständlich kein Zweifel darüber, daß es in der Psychotherapie eines aktiven Therapeuten bedarf. Zur Objektbeziehung zwischen Patient und Therapeut sagt Garner, daß der gemeinsame Nenner aller Behandlungsformen, welcher theoretischen

Ausrichtung sie auch zuzurechnen seien, die Begründung einer Objektbeziehung ist, und zwar einer sadomasochistischen Beziehung. Diese Objektbeziehung hat bestimmte Konsequenzen. Selbst in der klassischsten aller Analysen läßt sich die Objektbeziehung nicht vermeiden. Für Garner steht also fest, daß die Begründung einer Objektbeziehung wichtiger ist als das, was dann im einzelnen im Rahmen dieser Beziehung vor sich geht.
Ich bin mit dieser Gewichtung einverstanden, möchte dazu aber feststellen, daß Garner seine Schlußfolgerung nicht weit genug vorantreibt. Alle Psychotherapeuten schaffen reale Objektbeziehungen mit ihren Patienten; sie stellen eine psychotherapeutische Situation her, die im klinischen Sinne nützliche Resultate erbringen kann. Die theoretische Ausrichtung des Therapeuten *ist* von Wichtigkeit, denn sie bestimmt seine Einstellung gegenüber den aus dieser Beziehung resultierenden Veränderungen in der Person des Patienten. Die Beziehung ist sadomasochistischer Art. Welche weiteren Implikationen diese Art der Beziehung für den therapeutischen Prozeß hat, soll an anderer Stelle erörtert werden, insbesondere im Zusammenhang mit der Technik des beruhigenden Zuredens und den neurotischen Angstzuständen.

Ich möchte jetzt auf eine unmittelbare klinische Folge der Objektbeziehung zu sprechen kommen. Worin besteht die erste und wichtigste Konsequenz einer Interpretation? Sie besteht im Verlust des Objektes. Der zutreffenden Interpretation folgt eine leichte Depression. Dabei spielt es keine Rolle, ob die Interpretation der Übertragung oder irgendwelchem anderen Material gegolten hat. Ich habe einmal einem Patienten gegenüber angedeutet, er wünsche, ich sei sein Vater. Er stimmte dieser Interpretation bereitwillig zu, aber sie bewirkte bei ihm Anspannung und Depression. Es handelte sich um einen Patienten, dessen Objektbeziehungen recht schwach waren und zu dessen Symptomatik nicht zuletzt ein ausgeprägter Hang zum Agieren gehörte. Was er an meiner Interpretation nicht ertragen konnte, war der damit verbundene Objektverlust. Mit meiner Interpretation hatte ich implizit die Forderung an ihn gerichtet, er möge mich als Vater aufgeben. Seine anhaltende Spannung und Depression machte weitere Interpretationen nötig. Die erste Interpretation ließ also eine zweite notwendig werden, bei der es um den Objektverlust gehen mußte, den hinzunehmen ich von ihm verlangte. Ich sagte also: »Mit meiner letzten Bemerkung habe ich es abgelehnt, Ihr Vater zu sein.« Das leuchtete ihm ein. Spannung und Depression wichen nun dem Gefühl des Unglücklichseins. Der Patient wollte noch immer, daß ich sein Vater sei. Immerhin hatte ich aber Verständnis für das Opfer gezeigt, das ich ihm abverlangte, und die Schuld auf mich genommen. Das half dem Patienten, die Richtung der Aggression in seinem Innern umzukehren; seine Depression löste sich. Übrig blieb die reale Enttäuschung hinsichtlich eines realen Wunsches.

Was ich mit diesem Beispiel verdeutlichen wollte, ist der Umstand, daß eine Interpretation eine zweite Interpretation nötig machen kann, die sich mit dem durch die erste Interpretation bewirkten Objektverlust beschäftigen muß. Merkwürdigerweise läßt sich nun die Interpretation des Objektverlustes auch so betrachten, als biete sie dem Patienten etwas, nämlich ein reales Objekt – den mitfühlenden Analytiker –, um so dem Patienten zu helfen, den Verlust eines Objektes in einem anderen Bereich hinzunehmen. Man kann es auch noch anders ansehen: Wir möchten, daß der Patient sich von seinen infantilen Objekten abwendet, und wir bieten ihm im Austausch dafür erwachsene Objekte. *Ohne diesen Anreiz wäre vielleicht keine wie auch immer geartete Behandlung möglich.* Der gleiche Gedanke könnte auch als erzieherischer Grundsatz Anwendung finden. Letzten Endes meint Erziehung ja in erster Linie, daß Schmerz und Frustration ertragen und auf Lust auch verzichtet werden kann. Wir können nicht nur den Verzicht anbieten – wir müssen auch ein Objekt anbieten, in der Regel den Lehrer.

An dieser Stelle sei mir noch eine Bemerkung über die Ichspaltung gestattet, die für das Zustandekommen der Übertragung notwendig ist. In seinem klassischen Aufsatz *Transference and Reality* beschreibt Nunberg (1951) eine interessante Situation, die er als die *Bereitschaft* zur Übertragung bezeichnet. Eine junge Patientin will, daß der Analytiker sich in eine Figur verwandelt, die ihrem Vater gleicht. Sie *sieht* ihn nicht als ihren Vater an (das wäre ein Übertragungsphänomen); sie plagt ihn nur unaufhörlich, er solle sich doch in ihren Vater *verwandeln.* Nunberg bezeichnet diese Erscheinung als Bereitschaft zur Übertragung. Ich sehe die Sache anders, nämlich als *Widerstand* gegen die Übertragung. Die Behandlung dieser Patientin endete mit einem Fehlschlag. Sie war nicht imstande, die Ichspaltung zu ertragen, die für die Beobachtung der Übertragungsneurose nun einmal notwendig gewesen wäre, und nicht fähig, das Übertragungs»spiel« zu »spielen«. Es gibt unterschiedliche Stufen der Anerkennung von Realität. In der echten Übertragungsneurose mißversteht der Patient den Analytiker, er betrachtet bestimmte Phänomene als real und hat bestimmte Wünsche; auf Drängen hin wird er sich dann loslösen und über sich selbst nachdenken. Nunbergs Patientin hatte psychotische Wünsche und wollte diese Wünsche nicht in Frage gestellt sehen.

Widerstand gegenüber der Übertragung sollte nicht mit *Übertragung als Widerstand* verwechselt werden. Übertragung als Widerstand läßt sich analytisch angehen; bei der echten Übertragung ist eine begrenzte Hinwendung zum Analytiker und eine gewisse Objektbeziehung zwischen Patient und Analytiker im Spiel. Bei der voll entwickelten Übertragungsneurose kommt es zu Projektionen der frühkindlichen Objektvorstellungen. Hier reicht auch die Flexibilität des Ich aus, um eine befriedigende Ichspaltung zuzulassen, in deren Folge das Phänomen sich überdenken läßt. Nunbergs Patientin hatte zwar allem Anschein nach gefordert, der Analytiker möge ihr reales Objekt sein, aber sie hatte sich dem Analytiker nicht wirklich zugewandt. In Wahrheit war sie auf ihren ursprünglichen und »richtigen« Vater fixiert, gab diese Fixierung nicht auf und projizierte ihre infantilen Phantasien nicht auf den Analytiker. Statt dessen verlangte sie, der Analytiker solle in ihr System eintreten und sich ihren infantilen Objektvorstellungen angleichen. Hinderlich für die Behandlung war die Tatsache, daß der Analytiker ihr nicht *als* Vater interpretiert werden konnte, wenn er Vater *ist.* Sie war nicht zu bewegen, auf ihre ursprüngliche Bindung zugunsten einer anderen Bindung zu verzichten, und gerade das geschieht ja in der Analyse. Sie wollte um jeden Preis an der ursprünglichen Bindung festhalten: der Preis bestand im Fehlschlag der Behandlung.

3

Praktische Implikationen der Theorie der therapeutischen Beziehung

Wir haben festgestellt, daß sich am einen Ende der Skala der therapeutischen Möglichkeiten eine Behandlungsform findet, bei der der Therapeut es *nicht* zuläßt, daß die Beziehung für ihn real wird, und bei der er es ebensowenig zuläßt, daß sie Realität für den Patienten gewinnt. Dieses Ende unseres Spektrums umfaßt die klassische psychoanalytische Technik. Am entgegengesetzten Ende steht die Behandlung des regredierten Psychotikers und des hospitalisierten Patienten, in dessen Augen alles – einschließlich des Therapeuten – real ist. Dieser Patient ist nicht willens oder nicht fähig, irgendeine Form des »als ob« zu akzeptieren.

Solchen Patienten werden ihre Wünsche erfüllt. Der Therapeut wird zur Mutter, er wird zum Vater. Es ist eine Form der Therapie entwickelt worden, bei der sowohl der Patient als auch der Therapeut die Situation als vollkommen real akzeptieren. Um welche Methode handelt es sich dabei?

Kandidat: Um die Methode von John Rosen?

Dr. Tarachow: Ja (Rosen 1947). Wenn der Patient seine Mutter brauchte, dann würde Rosen sagen: »Ich bin Ihre Mutter.« Er würde belohnen und strafen.

Kandidat: Sie sagen, das sei eine reale Situation. Ist sie nicht aber ganz irreal? Dadurch, daß man so handelt, als wäre man die Mutter des Patienten, wird man doch nicht wirklich zu seiner Mutter.

Dr. Tarachow: Es ist irreal, wenn man den Patienten der Interpretation ausliefert. Wenn Sie die Beziehung aber nicht interpretieren, dann betrachtet der Patient Sie als Mutter, und Sie handeln als Mutter.

Kandidat: Läßt sich genau sagen, unter welchen Umständen ein solches Vorgehen notwendig werden könnte?

Dr. Tarachow: Damit schneiden Sie *das* technische Problem überhaupt an. Wir gehen hier nicht so weit, daß wir uns überlegen, für welchen Patienten sich welche Technik eignet. Ich möchte aber doch eine Reihe von Vorschlägen machen bzw. ein paar Hilfen geben, an die Sie sich halten können, wenn Sie über die Beziehung zwischen Arzt und Patienten nachdenken. Wir diskutieren hier nicht den Unterschied zwischen Zwangsneurose und Hysterie. Wir sprechen über den Wunsch des Patienten, den Arzt in ein reales Objekt zu verwandeln, und über den Wunsch des Arztes, sich seinen Patienten zum realen Objekt zu machen. Der

Psychotherapeut trägt die Verantwortung, wenn es darum geht, die Grenzen der Realität sowohl für sich als auch für den Patienten festzulegen; er bestimmt diese verschiedenen Grenzen im Blick auf die Stärken und Schwächen des Patienten, so wie er sie sieht.

Wenn Sie Analytiker sind und der Patient ohne irgendwelche schweren Ichschäden und mit ausreichender Motivation zu Ihnen kommt, entscheiden Sie sich vielleicht für die extreme Technik, die wir am äußersten Ende der Skala lokalisiert haben. Sie sagen das zwar dem Patienten nicht ausdrücklich, aber Sie beschließen doch, sich der Technik zu bedienen, bei der alle Versuche des Patienten, den Therapeuten in eine reale Person umzuwandeln, auf Abweisung und Versagung stoßen. Der Patient soll den Therapeuten ausschließlich als eine »als ob«-Figur ansehen: *als ob* ich die Mutter, *als ob* ich der Vater, *als ob* ich der Bruder wäre usw.

Sie errichten vor dem Patienten eine feste Barriere und geben ihm eine sehr bedeutsame therapeutische Aufgabe. Mir gefällt die Vorstellung, daß man dem Patienten eine therapeutische Aufgabe zuweist. Ich hoffe, das ist keine zu abstrakte Vorstellung; im Grunde geht es nämlich um einen ganz konkreten Sachverhalt: Sie können auf diese Weise die Beziehung zwischen sich und Ihrem Patienten besonders gut betrachten. Unsere Zivilisation ruft nach einer ganzen Reihe von Barrieren. In Art und Ausmaß entsprechen sie der jeweiligen Situation: In der Familie haben wir die Inzestbarriere, in unseren sozialen Beziehungen kennen wir wieder andere Barrieren. Solche Barrieren machen Beziehungen überhaupt erst möglich. Ohne sie gäbe es kein Denken, sondern nur das Chaos.

In der therapeutischen Situation braucht man die Barrieren schon deshalb, um die jeweils angezeigte Technik festzulegen. Mit der Größe der Barriere ist Ihnen und Ihrem Patienten eine bestimmte Aufgabe gestellt. Die Spannung oder die Aufgabe, die man dem Patienten oder sich selbst auferlegt, kann größer oder geringer sein.

Die größte Schwierigkeit erlegt der Therapeut selbstverständlich sich selbst auf. Seinem Patienten mutet er gewissermaßen eine schrittweise Deprivation zu, sich selbst dagegen eine sehr viel abruptere.

Kandidat: Könnten Sie den Gedanken der schrittweisen Deprivation vielleicht noch etwas näher ausführen?

Dr. Tarachow: Nehmen wir an, der Patient kommt herein und begrüßt Sie außerordentlich mürrisch, oder er sagt überhaupt nichts. Was tun Sie in diesem Fall? Der Patient kämpft. Werden Sie auch kämpfen?

Kandidat: Nein. Man würde ihn wohl fragen, was ihn denn so geärgert hat.

Dr. Tarachow: Ja. Der Patient kommt herein und sagt nicht »Guten Tag«, aber Sie begrüßen ihn. Der Patient will mit Ihnen kämpfen, aber Sie lassen sich nicht auf dem Kampf ein. Sie werden nicht Teil seiner neurotischen oder psychotischen Realität.

Kandidat: Ich verstehe. Mir war nicht ganz klar, worauf Sie hinauswollten.

Dr. Tarachow: Der Patient kommt und stellt fest, daß er überhaupt kein Geld bei sich hat. Er braucht aber etwas Kleingeld, um nach Hause fahren zu können. Jetzt können Sie entweder nett sein und ihm das Geld geben, oder Sie bleiben ganz und gar sachlich und geben es ihm nicht. Das ist eine Aufgabe, die Sie dem Patienten stellen; es ist auch eine Aufgabe, die Sie sich selbst stellen. Wenn Sie dem Patienten die paar Pfennige geben, dann ist die Aufgabe für ihn gleich Null. Der Patient erpreßt (Sie als) seine Mutter und hat damit Erfolg. Oder aber er bekommt das Geld nicht und muß sich nun überlegen, warum er es zugelassen hat, daß diese Situation entstehen konnte. Er versucht, Ihnen das Gefühl zu vermitteln: »Was bin ich doch für ein gemeiner Kerl, daß ich ihm die paar Pfennige nicht gegeben habe.«

Solcher Art sind die Aufgaben, die Sie dem Patienten stellen oder nicht stellen können. Sie können dem Patienten das Geld geben – dann haben Sie auch sich selbst keine therapeutische Aufgabe gestellt. Sie können sich weigern – dann müssen Sie die zwangsläufig eintretenden Selbstbeschuldigungen ertragen.

Der Patient sieht sich einer Schwierigkeit gegenüber; und auch Sie sehen sich einer Schwierigkeit gegenüber. Jedesmal, wenn Sie einen Patienten zwingen, etwas an bzw. in seiner eigenen Person zu verstehen, zwingen Sie sich selbst – wenn auch weniger heftig –, eine bestimmte Schwierigkeit zu ertragen. Der Patient ist sehr unglücklich; vielleicht werden Ihnen die Augen feucht, weil Sie sein Unglück mitempfinden. In diesem Fall haben Sie sich dem Patienten in seiner besonderen Situation angeschlossen und betrachten diese Situation als real. Aber das Elendsgefühl, das der Patient ausgelöst hat, kann ein ausgesprochen sadistisches Symptom sein.

Sie dürfen nicht weinen; Sie sollen ihm helfen einzusehen, daß er ein Sadist ist. Der Patient ist vielleicht sehr niedergeschlagen, weil er in der Tat den Wunsch hat, jemanden umzubringen. Wenn der Patient nun deprimiert zu Ihnen kommt und *Sie* sich elend fühlen, dann haben Sie weder dem Patienten noch sich selbst eine Aufgabe erteilt. Seine Aufgabe ist es, zu begreifen, was vorgeht, und Ihre Aufgabe ist es, sich mit Ihren bewußten und unbewußten Mitleidsreaktionen auseinanderzusetzen. Sie dürfen dem natürlichen und *ganz verständlichen* Impuls zu helfen keinesfalls nachgeben. Sie dürfen nur als Psychotherapeut oder als Psychoanalytiker helfen.

Kandidat: Aber selbst wenn Sie die Aufgabe des Patienten erleichtern,

besteht nicht Ihre eigene Aufgabe immer in Verständnis und Einsicht?
Dr. Tarachow: Im Idealfall sollten Sie die absolute Barriere ständig aufgerichtet halten, und Sie sollten alles verstehen – die gesamte Situation des »als ob«. Aber so vollkommen ist niemand.
Kandidat: Wenn Sie dem Patienten das Fahrgeld geben, würde Ihre Aufgabe dann leichter werden?
Dr. Tarachow: Das kommt darauf an. Unter gewissen Umständen wird sie erleichtert, unter anderen nicht. Wenn Sie deshalb nachgeben, weil Sie es nicht fertigbringen, dem schlichten menschlichen Impuls zu widerstehen, dann haben Sie Ihre Aufgabe im gleichen Ausmaß außer acht gelassen, ja vernachlässigt, wie Sie die Aufgabe des Patienten erleichtert haben. Wenn Sie aber nachgeben, weil Sie die speziellen Schwierigkeiten dieses Menschen kennen, weil Sie wissen, daß es ihm letzten Endes mehr nützt, wenn er jetzt eine wohlwollende Figur in Ihnen sieht und nicht irgend etwas anderes, daß er Deprivation und Haßgefühle im Augenblick einfach nicht ertragen kann und daß er eine zu große therapeutische Aufgabe jetzt nicht zu bewältigen vermag, dann ist Ihr Vorgehen sinnvoll. Sie sparen sich die Aufgabe, die vom Patienten sehr viel mehr fordert, für später auf. Sie lassen ihn gewähren, aber Sie behalten sich das Recht vor, die Sache später noch einmal zur Sprache zu bringen. Wenn Sie sich richtig verhalten, dann haben Sie sich Ihre eigene therapeutische Aufgabe nicht leichter gemacht. Wenn Sie sich falsch verhalten, dann erleichtern Sie sich die eigene Aufgabe im gleichen Maße, wie Sie dem Patienten dessen Aufgabe erleichtert haben.
Kandidat: Ein Beispiel dafür habe ich heute mit einer neuen Patientin erlebt: Sie ist mit Kratzwunden im ganzen Gesicht eingeliefert worden; sie hatte sich selbst verstümmelt. Heute kam sie zur Sitzung und fragte mich, ob ich ihr Magermilch verordnen würde, obwohl doch von den anderen jugendlichen Patienten kein Mensch Magermilch bekommt. Ohne daß ich irgendeine bewußte Reaktion gezeigt hätte, nickte sie und sagte: »Sie werden sie mir geben; Sie sind wirklich reizend.« Ich fragte, warum sie Magermilch haben wolle. Die Unterhaltung führte zu nichts, darum sagte ich ihr, ich würde es mir überlegen, und wir würden noch einmal darüber sprechen.
Dr. Tarachow: Die therapeutische Aufgabe liegt noch immer vor Ihnen. Ihre Patientin erpreßt Sie, indem sie so zuversichtlich tut oder indem sie irgendeinen Zwang auszuüben versucht, aber Sie haben noch immer die Aufgabe, eine Entscheidung zu treffen. Sie könnten es trotz allem für ratsam halten, ihr Magermilch zu verordnen. Patienten versuchen immer, Sie irgendwie einzukeilen, und zwar oft so, daß Sie unter Umständen allmählich den Wunsch verspüren, die Dinge gerade nicht zu tun, von

denen Sie wissen, daß Sie sie tun sollten. Wenn das passiert, dann behandeln Sie Ihren Patienten als reales Objekt. Der Patient kommt mit seinen neurotisch eingefärbten Einstellungen zu Ihnen; wenn Sie diese Einstellungen nun ganz wörtlich nehmen und als real betrachten, dann sind Sie als Therapeut für keinen Ihrer Patienten von irgendeinem Nutzen.
Kandidat: Man könnte so reagieren, daß man sich weigert, ihr die Milch zu verordnen.
Dr. Tarachow: Ja. Sie müssen sich im Gedanken an die Realität der Situation selbst eine Barriere setzen. Sie müssen alles unter dem Gesichtspunkt des »als ob« betrachten. Wenn die Umstände danach sind, werden Sie zweifellos als der Gebende auftreten und sich einem Patienten gegenüber, der unter schwerer Angst leidet, der dekompensiert oder psychotische Züge zeigt, als großzügig erweisen.
Kandidat: Das heißt aber doch allen Patienten gegenüber, die wir hier im Krankenhaus haben.
Dr. Tarachow: Ja, schon. Diese Patienten befinden sich nicht in Analyse. Es sind kranke Menschen, die dekompensiert haben. Für diese Leute sind Sie mehr oder weniger real, und das müssen Sie bedenken. Wir führen diese Diskussion nicht, weil ich Ihnen raten möchte, eine feste Barriere gegen Ihre Realität (in den Augen des Patienten) zu errichten. Das habe ich keineswegs vor. Sie sind eine reale Person, und Ihre Patienten brauchen Sie als Realität; es kann klinische Gründe geben, aus denen Sie sich dafür entscheiden, daß man den dringenden Wunsch eines Patienten, Sie in ein reales Objekt zu verwandeln, berücksichtigen muß. Zum Leben im Krankenhaus gehört eine gewisse Regression, die nicht nur vertretbar, sondern sogar notwendig und unumgänglich ist. Es handelt sich um eine Realität, aus der wir uns gar nicht wegstehlen wollen; wir wollen sie ganz einfach begreifen.
Kandidat: Ich habe es immer für wünschenswert gehalten, daß man in den Augen des Krankenhauspatienten real ist.
Dr. Tarachow: Selbstverständlich. Realistisch, soweit es sich um die Disziplin dreht – soweit Sie auf einer gewissen Disziplin bestehen, Regeln aufstellen und Deprivation bewirken. Das müssen Sie. Ich will mit dieser Diskussion nicht anregen, daß wir alle unsere Patienten deprivieren und frustrieren sollten, sondern ich bin der Meinung, daß wir verstehen müssen, was vorgeht und warum. Überlegen wir jetzt einmal, in welchen anderen Fällen ein Patient Sie zum realen Objekt machen möchte. Fällt Ihnen dazu ein Beispiel ein?
Kandidat: Ich denke da an etwas, was dem eben Gesagten ziemlich nahe kommt. Sie sprachen von den Patienten, die einen mit ihren traurigen Geschichten zum Weinen bringen können. Ich meine, wenn sie Ihnen von

Dingen erzählen, über die sie tatsächlich keine Kontrolle hatten oder haben, von Dingen, die in sich sehr traurig sind, dann kann das doch eine Reaktion in Ihnen hervorrufen, die den geschilderten Vorgängen angemessen ist. Ich hatte beispielsweise einmal einen Patienten, dessen ganze Familie – Frau und drei Kinder – in einem Konzentrationslager umgekommen war, ein sehr tragisches Geschehen, das er nicht selbst herbeigeführt hatte.

Dr. Tarachow: Das ist ein sehr nützliches und lehrreiches Beispiel. Das war ein Geschehen, woran Hitler die Schuld hatte, nicht Ihr Patient. Kann mir jemand von Ihnen eine Methode nennen, wie man diese Geschichte ausschließlich als Realität behandelt, und eine andere Methode, wie man sie nicht als rein reales Geschehen behandeln kann? Bei der einen Methode stellt man dem Patienten keine Aufgabe; bei der anderen wird ihm eine bedeutsame therapeutische Aufgabe gestellt.

Kandidat: Wenn man nur Mitleid äußert und das Thema dann fallen läßt, dann bedeutet das, daß man die Sache als real betrachtet und dem Patienten keine therapeutische Aufgabe stellt. Eine therapeutische Aufgabe stellen hieße in diesem Fall, daß man die Gefühle des Patienten über das Geschehen erkundet, daß man feststellt, wie es sein gegenwärtiges Leben berührt und was es für ihn heute noch bedeutet.

Dr. Tarachow: Das ist richtig. Noch besser wäre wohl die Frage: »Warum kommt das jetzt, in diesem Augenblick, wieder hoch?« Mit anderen Worten, wir sollten nicht nur Mitgefühl mit dem Patienten haben; wir müssen darauf sehen, daß er bei der Behandlung auch wirklich mit allen Kräften mitmacht. Halten Sie Ihr natürliches Mitgefühl etwas zurück. Die therapeutische Aufgabe erstreckt sich in beide Richtungen. Seine traurige Geschichte sollte nicht als real bewertet werden, sondern als Assoziation. Sie wird als Material für die Behandlung angesehen. Das heißt also, eine so reale Begebenheit kann als therapeutisches Material genutzt werden. Wenn ein solches Thema aufkommt, müssen Sie entscheiden, welches Gewicht Sie der therapeutischen Aufgabe für Ihren Patienten in diesem Moment beimessen wollen. Unter bestimmten Umständen kann man gar nichts anderes tun, als das Geschehen als real hinzunehmen. Stellen Sie sich vor, daß Sie einen Patienten in Behandlung haben, dessen Vater stirbt. Eine Woche später kommt er wieder – er hat eine oder zwei Sitzungen versäumt; dann ist es vollkommen richtig, notwendig und menschlich, daß Sie ihm anläßlich dieses Todesfalls kondolieren. Warum? Warum ist diese bestimmte Realität für den Therapeuten annehmbar?

Kandidat: Der Patient kann wahrscheinlich im Augenblick in der Behandlung nichts damit anfangen.

Dr. Tarachow: Unabhängig von der Art seiner Neurose – welche Aufgabe hat dieser Patient im Augenblick?
Kandidat: Er muß trauern.
Dr. Tarachow: Ja. Er muß durch den normalen Prozeß des Trauerns hindurch, und Sie dürfen sich hier nicht einmischen, indem Sie diesen Prozeß interpretieren. Tatsächlich wäre es ein Problem, wenn er nicht trauern würde. Der Patient muß trauern dürfen. Trauer und Schmerz sind normal; jeder Mensch hat ein Recht darauf. In einem solchen Fall stellen Sie keine therapeutische Aufgabe, Sie erlauben ihm ganz einfach zu trauern. In gewisser Hinsicht üben Sie Zurückhaltung; Sie halten nämlich Ihre therapeutischen Bemühungen zurück, damit der Patient von sich aus etwas tun kann.
Kandidat: Warum überhaupt irgend etwas sagen? Warum nicht einfach da weitermachen, wo man das letzte Mal aufgehört hat?
Dr. Tarachow: Wie stark unsere therapeutische Barriere auch sein mag und wie schwer die therapeutische Aufgabe ist, die wir stellen, es bleibt immer noch Raum für menschliche Reaktionen. Ich halte das unter allen Umständen für absolut richtig. Es gibt nur sehr wenige Situationen, in denen die Realität sich sozusagen in die therapeutische Arbeit hineindrängen, sie beeinflussen oder gar aufhalten darf. Aber ich finde, ein Todesfall, eine Geburt oder eine Hochzeit sind solche realen Ereignisse.
Kandidat: Diesen Fall habe ich schon gehabt. Ich mußte einer Patientin im Krankenhaus den Tod eines Angehörigen mitteilen. Es klang wie Hohn, aber die Patientin litt gerade unter dieser Wahnvorstellung – eine Wahnvorstellung also, die sich nun offensichtlich bewahrheitet hatte. Sie hatte sich eingebildet, daß ihr Mann sie und ihre Kinder umbringen wolle. Etwa zwei Monate nach ihrer Einlieferung in die Klinik starb zu Hause eines ihrer Kinder in Anwesenheit des Vaters. Die Familie rief in der Klinik an und teilte mit, daß das Kind tot aufgefunden worden war. Ich mußte der Patientin diese Nachricht überbringen.
Dr. Tarachow: Konnte das nicht jemand anderes tun?
Kandidat: Doch, schon.
Dr. Tarachow: Das bringt mich auf eine sehr interessante Frage. Ich möchte einen Parallelfall zur Diskussion stellen. Sie sind noch nicht fertig mit Ihrer Geschichte, aber warten Sie noch einen Augenblick. Eines Tages rief mich die Frau eines Patienten an. Dieser hatte am gleichen Tag einen Termin bei mir und sollte in etwa einer Stunde eintreffen. Die Frau rief an und sagte: »Ich habe gerade einen Anruf bekommen; mein Schwiegervater ist eben gestorben. Mein Mann soll mich doch bitte anrufen, sobald er bei Ihnen ist.« Der Patient kam. Für mich gab es zwei Möglichkeiten: Ich hätte sagen können: »Leider muß ich Ihnen sagen, daß Ihr

Vater eben gestorben ist; es tut mir leid; ich glaube, Sie sollten Ihre Frau anrufen. Sie erwartet Ihren Anruf, sie hat eben mit mir telefoniert.« Oder aber ich hätte sagen können: »Ihre Frau hat angerufen, es ist sehr dringend, sie möchte, daß Sie gleich zurückrufen.« Welche Beweggründe stehen hinter dem jeweiligen Vorgehen? Hätten Sie dem Patienten gesagt, er solle seine Frau anrufen, oder hätten Sie ihm zuvor gesagt, was geschehen war? Stellen Sie sich vor: während er noch seine Nummer wählt, wissen Sie, daß sein Vater tot ist, und er weiß es nicht. Wie hätten Sie gehandelt?
Kandidat: Ich glaube, ich hätte mich für die zweite Möglichkeit entschieden, nämlich dafür, daß seine Frau es ihm sagt. Ich bin ja kein Nachrichtenüberbringer. Es wäre nicht von therapeutischem Nutzen, es würde ihm nicht helfen. Wenn ich es ihm sagen würde, könnte ich für ihn in einem anderen Licht dastehen, obwohl ich nicht genau sagen kann, warum.
Dr. Tarachow: Sie sollten es der Frau überlassen, ihrem Mann die Nachricht beizubringen. Wenn Sie Ihren Patienten vom Tod seines Vaters unterrichtet hätten, dann wären Sie in sein reales Leben eingetreten. Es gibt aber noch einen anderen wichtigen Grund, warum Sie die Frau die Nachricht übermitteln lassen sollten.
Kandidat: Ich würde in diesem Fall auch an die Frau denken – an ihre Beziehung zu dem Patienten; vielleicht wäre es sehr wichtig für sie.
Dr. Tarachow: Da haben Sie zweifellos recht, aber im Augenblick geht es uns nur um die Therapie und um die Frage, was dazugehört und was nicht.
Kandidat: Worum hat sie Sie gebeten? Sollten Sie ihm die Todesnachricht sagen oder wollte sie, daß Sie ihn anzurufen bitten?
Dr. Tarachow: Ich sollte ihm sagen, er möge zu Hause anrufen, aber sie erzählte mir auch, weshalb sie anrief. Sie ließ die Sache im Grunde offen. Sie sagte nicht: »Erzählen Sie es ihm nicht, das will ich tun.« Die Bemerkung, daß Sie sich aus der Beziehung zwischen dem Patienten und seiner Frau heraushalten wollen, ist wichtig. Der Patient hat das Recht, diese Nachricht von einem seiner Angehörigen zu hören; das ist freundlicher. Er sollte sie von seiner Frau erfahren.
Kandidat: Und wenn er anschließend sagt: »Sie wußten es doch. Warum haben Sie es mir denn nicht gesagt?« Was würden Sie dann tun?
Dr. Tarachow: Oh, er war dann ganz zufrieden, daß ich es ihm nicht gesagt hatte.
Kandidat: War das ein Patient in Analyse?
Dr. Tarachow: Ja. Ich glaube aber, das gilt für jeden, ob er nun eine Analyse macht oder nicht.
Kandidat: Wir hatten bei uns im Krankenhaus einen ähnlichen Fall. Es handelte sich um eine Patientin, die ein sehr schlechtes Verhältnis zu mir

hatte und deren Haßgefühle sich im wesentlichen gegen ihre Mutter richteten. Die Mutter starb, als die Patientin im Krankenhaus war, und ich sollte es der Patientin sagen.
Dr. Tarachow: War sie sehr krank?
Kandidat: Ja, zu diesem Zeitpunkt war sie sehr krank.
Dr. Tarachow: Nun, Sie wissen ja wohl, daß jede Regel auch Ausnahmen zuläßt.
Kandidat: Wer hätte es ihr sonst sagen sollen, da sie doch im Krankenhaus lag?
Dr. Tarachow: Man hätte einen Angehörigen bitten können, ins Krankenhaus zu kommen. Das ist ein interessanter Punkt. Sie könnten das einmal mit Ihrem Ärztlichen Direktor besprechen.
Kandidat: Der Tod ihrer Mutter war auch deshalb bedeutsam, weil es in dieser einen Woche in der betreffenden Familie noch zwei weitere Todesfälle gegeben hatte. Wir haben natürlich damit gerechnet, daß die Patientin sehr heftig reagieren würde, und das tat sie dann auch. Wäre eine solche Mitteilung nicht unter allen Umständen Sache der Familie?
Dr. Tarachow: Das ist eine schwierige Frage. In gewisser Hinsicht ist es immer Aufgabe der Familie, solche Mitteilungen zu machen.
Kandidat: Es ist ja schließlich eine Angelegenheit der Familie.
Dr. Tarachow: Ja, das ist es. Und gleichgültig, wie real Sie sich gegenüber dem Patienten geben, Sie können niemals zur absoluten Realität werden. Der Patient kann noch so hartnäckig versuchen, Sie zu einer wirklichen Mutter zu machen – im Grunde bleiben Sie doch ein Ersatz. In gewissem Sinne ist so etwas also immer Sache der Familie.
Kandidat: In diesem Zusammenhang fällt mir auch ein Fall aus unserem Krankenhaus ein. Wir hatten heute eine lange Diskussion in der Abteilung der jugendlichen Patienten. Ein Mädchen, das noch nicht lange bei uns ist, hat gestern abend die Hausordnung nicht eingehalten; sie hält sie im übrigen niemals ein. Es gibt da gewisse Präzedenzfälle: wenn eine Regel übertreten wird, dann versagt man dem Patienten etwas bzw. bestraft ihn. Das Mädchen hatte um zehn Uhr einen Termin mit ihrem Therapeuten, und der Supervisor, der für die Station verantwortlich ist, unterrichtete sie um neun Uhr von der Strafe, die man über sie verhängt hatte. Sie beschimpfte ihren Therapeuten und machte ihm eine fürchterliche Szene. Unsere Diskussion kreiste um die Frage, ob ihr Arzt ihr das »Strafmaß« hätte mitteilen sollen, oder ob das Sache der Verwaltung gewesen wäre. Wir sind noch zu keinem Ergebnis gekommen.
Dr. Tarachow: Ja, das ist eine alte Streitfrage bei der stationären Behandlung: Sollen administrative Entscheidungen und Strafen in der Verantwortung des Therapeuten liegen, oder gehören sie allein in den Aufgaben-

bereich der Verwaltung? Wenn Sie für diese Dinge verantwortlich sind, dann sind Sie für Ihren Patienten sehr viel realer. Wenn die Verwaltung dafür verantwortlich ist, dann nimmt das Ganze mehr den Charakter des »als ob« an. Dann lauten die Erwartungen an Sie und an den Patienten anders. In mancher Hinsicht wird die Sache damit einfacher, in anderer Hinsicht wieder nicht. Meiner Meinung nach sollte in der Abteilung der jugendlichen Patienten die gesamte Verantwortung beim Therapeuten liegen. Der Patient wird ihn ohnehin als den betrachten, der für alles verantwortlich ist.

Kandidat: Könnten Sie im Blick auf das Verhalten dieser Patientin sagen, welches Vorgehen eher angemessen gewesen wäre?

Dr. Tarachow: Ich mache Ihnen einen Vorschlag, an den Sie sich dann jeweils halten können. Wenn die Patienten nicht allzu schwer krank sind, entscheiden Sie sich für die eine Möglichkeit, wenn es ihnen aber sehr schlecht geht, geben Sie der anderen Möglichkeit den Vorzug.

Kandidat: Man kann also wohl sagen, je kränker der Patient, desto realer sollte der Arzt sich geben.

Dr. Tarachow: Nach dem, was ich da eben skizziert habe, muß man wohl zu diesem Schluß kommen, aber ich bin nicht ganz sicher, ob das wirklich die beste Lösung ist. Wenn Sie die administrative Verantwortung auf sich nehmen, dann verkörpern Sie automatisch noch andere Aspekte des Krankenhausbetriebes. Manchen Patienten gegenüber empfiehlt sich das wahrscheinlich nicht. Wenn der Patient sehr krank ist und Sie die Rolle des »Bösen« einem anderen überlassen, dann erfährt Ihre Aufgabe gewisse Einschränkungen; es werden Ihnen dann nur noch die freundlicheren Gefühle entgegengebracht. Das begrenzt Ihre therapeutischen Möglichkeiten sehr stark. Wenn der Patient allerdings ambivalente Gefühle Ihnen gegenüber nicht erträgt, dann werden Sie wohl zwangsläufig eine solche Einschränkung der Behandlungsziele hinnehmen müssen.

Kandidat: Tatsächlich wollte der Therapeut in dem geschilderten Fall der Patientin ihre Strafe selbst mitteilen. Dem Stationsleiter ging es wiederum darum, die feindlichen Gefühle von ihrem Therapeuten zu trennen. Wir konnten uns nicht einigen, was das Beste gewesen wäre.

Dr. Tarachow: Ja, irgend jemand muß eben die klinische Verantwortung übernehmen und eine Entscheidung treffen. Kann der jeweilige Patient seine ambivalenten Gefühle gegenüber dem Therapeuten ertragen, oder kann er sie nicht ertragen? Ist die betreffende Patientin so beunruhigt und fühlt sie sich wegen ihrer ambivalenten und feindseligen Einstellung so schuldig, daß es schlimmer für sie wäre, den eigenen Therapeuten zu hassen? Ist sie so wenig stabil, daß die libidinösen oder zärtlichen Gefühle, die sie dem Therapeuten entgegenbringt, besonders sorgfältig geschützt werden müssen? Sieht ein Patient im allgemeinen die Menschen als vollkommen gut bzw. als durchweg schlecht an, und trifft er deshalb eine solche Unterscheidung auch zwischen der Krankenhausroutine und seiner Behandlung, wobei er darauf achtet, alle feindlichen Gefühle aus der Behandlung herauszuhalten? In Chestnut Lodge hat man, soviel ich weiß, alle autoritären und disziplinären Elemente säuberlich von den therapeutischen Bemühungen getrennt. Der einzelne Arzt hat dort mit den disziplinären Vorschriften überhaupt nichts zu tun. Er ist einzig und allein Therapeut. Man kann diese Frage so oder so entscheiden, je nach den Umständen der Behandlung und je nach dem individuellen Fall.

Kandidat: Wenn Ihr Patient Sie in dem Fall, den Sie vorhin schilderten, gebeten hätte, ihn wegen des Todes seines Vaters von der Sitzung zu beurlauben, hätte Ihre Zustimmung dann bedeutet, daß Sie in eine reale Situation eingetreten wären?

Dr. Tarachow: Selbstverständlich. Ich betrachte das Ganze als eine reale Familienangelegenheit. Nachdem er am Telefon erfahren hatte, was geschehen war, sagte er: »Ich muß gehen«, und ich sagte: »Selbstverständlich.« Das war vollkommen richtig. Ich hatte nicht vor, ihn jetzt einer Beziehung auszusetzen, die für ihn auch nur im geringsten nach einer »als ob«-Situation ausgesehen hätte – angesichts der Tatsache, daß er eben vom Tod seines Vaters erfahren hatte.

Kandidat: Hat er es Ihnen erzählt?

Dr. Tarachow: Ja, und gleich darauf ging er. Ich betrachtete es als reale Angelegenheit der Familie, die keinerlei therapeutische Haltung verlangte.

Kandidat: Würden Sie einen Patienten auch besuchen?

Dr. Tarachow: Unter gewissen Umständen ja. Ich rufe sogar manchmal einen Patienten an. Zum Beispiel hatte ich einmal eine Patientin, die ich schon jahrelang behandelt hatte und die sich gerade von einer depressiven Phase erholte. Dieser Patientin war der Gedanke nahezu unerträglich, daß ich während der Sommerferien tatsächlich nicht da sein würde. Mit ihr verfuhr ich folgendermaßen: Ich sagte ihr genau, unter welcher Telefonnummer ich den ganzen Sommer über zu erreichen sei, und ich sagte ihr auch, sie solle sich nicht scheuen zu telefonieren. Überdies rief ich sie in den Ferien mehrmals an und fragte, ob sie mich sprechen wolle. Meine Anrufe machten einen Besuch bei mir anscheinend unnötig. Ich betrachtete mich als in ihren Augen real, und ich behandelte auch ihren Wunsch, mich zu sehen oder zu sprechen, als real.

Wenn Sie einen Patienten haben, der wegen einer schweren organischen Krankheit längere Zeit ins Krankenhaus gehen muß, dann finde ich es keineswegs falsch, daß man ihn ein oder zwei Mal im Krankenhaus besucht. Theoretisch sieht die ideale Behandlung zwar so aus, daß man den Patienten alle seine Konflikte, Probleme und Symptome bis in ihre letzte Bedeutung hinein allein verarbeiten läßt, aber schließlich sind Arzt und Patient ja auch zwei menschliche Wesen, und Sie als Arzt tragen die Verantwortung eines Arztes.

Kandidat: Würden Sie einen Patienten nach einem Selbstmordversuch im Krankenhaus besuchen?

Dr. Tarachow: Ja, das würde ich tun. Je nach dem Zustand, in dem er sich physisch und psychisch befindet, würde ich ihn vielleicht sogar mehrmals oder regelmäßig besuchen.

In anderem Zusammenhang habe ich Sie schon einmal darauf aufmerksam gemacht, daß man sich in gewisser Weise selbst beobachten und auf mögliche Veränderungen im eigenen Verhalten gegenüber dem einen oder anderen Patienten achten muß, weil nämlich solche Veränderungen darauf hindeuten, daß man in realer Weise auf den Patienten eingeht, daß man bestimmte Züge oder Umstände des Patienten als real hinnimmt. Wenn der Patient nett und freundlich ist, dann mag man ihn; wenn er unliebenswürdig ist, mag man ihn nicht – man betrachtet die Beziehung als real und stellt sich selbst keine therapeutische Aufgabe. Wir führen diese ganze Diskusion ja im Gedanken an die therapeutische Aufgabe, die man sich selbst und dem Patienten auferlegt, und im Gedanken daran, daß man im Grunde immer versucht ist, real zu sein, die Dinge als Realitäten zu nehmen.

Stellen Sie sich vor, daß ein Patient alles mögliche an Ihnen auszusetzen hat: Sie binden Ihre Krawatte nicht richtig, Sie putzen Ihre Schuhe nicht ordentlich, Sie sind zu jung, Sie sind zu alt, Sie haben zu wenig Erfahrung, Sie sehen unglücklich aus usw. Der Patient möchte Sie kritisieren. Sie sind sich über diese Nörgelsucht im klaren, und Sie sehen auch, daß der Patient Schwierigkeiten hat, seine Kritik zum Ausdruck zu bringen. Möglicherweise sind Sie versucht zu sagen: »Es ist ganz in Ordnung, daß Sie Ihre Kritik an mir äußern.« Warum ist es gefährlich, so etwas zu sagen?

Kandidat: Sie sagen ihm dann, daß Sie seine Worte als Kritik akzeptieren. Wenn Sie das Gefühl haben, daß er Sie kritisiert, dann bedeutet das in Wahrheit, daß Sie auf ihn eingehen.

Dr. Tarachow: Das Problem, das ich hier zur Diskussion stelle, besteht darin, daß Sie ihm sagen, es sei ja ganz in Ordnung, daß er seine Kritik an Ihnen zum Ausdruck bringt.

Kandidat: Sie reduzieren seine Aufgabe, wenn Sie ihm zeigen, daß Sie Verständnis für seine Kritik an Ihrer Person haben. Sie sagen ihm, er solle ruhig weitermachen, er solle sich keine Gedanken darüber machen, ob Sie Verständnis dafür haben, er solle einfach fortfahren.

Dr. Tarachow: Richtig. Sie stellen ihm überhaupt keine Aufgabe. Mit Sicherheit erleichtern Sie ihm seine Aufgabe. Und weiter?
Kandidat: Sie vermindern seine Schuldgefühle oder seine Angst vor Strafe. Sie beurteilen die Sache so, wie er sich das gewünscht hat.
Dr. Tarachow: Sie erleichtern also in jedem Fall seine Aufgabe. Wie steht es mit Ihrer eigenen Aufgabe?
Kandidat: Die vermindern Sie zweifellos ebenfalls.
Dr. Tarachow: Ja. Und was haben Sie damit, daß Sie so vorgehen, tatsächlich bewirkt? Als Behandlung kann man das nicht bezeichnen. Sie helfen ihm gewissermaßen daran vorbei. Wenn Sie das tun, mit welcher bösen Beschuldigung wird der Patient dann später wiederkommen?
Kandidat: Daß Sie unaufrichtig sind.
Dr. Tarachow: Nein, das hat mit Unaufrichtigkeit nichts zu tun. Letzten Endes wird der Vorwurf des Patienten lauten: »Sie behandeln mich wie ein kleines Kind.«
Kandidat: Er wird sich vielleicht darüber beschweren, daß Sie ihn nicht haben sagen lassen, was er sagen wollte.
Dr. Tarachow. Entweder das, oder daß Sie ihn wie ein kleines Kind behandeln. Sie haben Verständnis gezeigt, anstatt eine therapeutische Haltung einzunehmen. Sie werden tatsächlich zur Mutter, die dem Kind über eine Schwierigkeit hinweghilft. Sie haben das neurotische Problem in ein reales Problem verwandelt. Anstatt seine Schwierigkeiten weiterhin als zentrale Aufgabe zu betrachten, sagen Sie: »Also, dann will ich mich um diese Sache kümmern; machen Sie jetzt einfach weiter.« Sie haben ihm gut zugeredet und damit eine reale Rolle eingenommen. Sie haben sich real und nicht therapeutisch verhalten. Sie haben sich Ihre eigene Aufgabe erleichtert, und Sie haben Ihrem Patienten die Aufgabe erleichtert. Aber in therapeutischer Hinsicht, also in bezug auf einen Schritt zu größerer Reife hin, ist so sehr viel weniger erreicht worden, und irgendwann wird der Patient Ihnen das zum Vorwurf machen.
Kandidat: Kann man mit einem regredierten Patienten, dem es schwerfällt, sich zu erklären, so vorgehen?
Dr. Tarachow: Ja, aber ich setze hier keine Regel, die für alle Patienten gilt. Wie ich schon sagte, gibt es Fälle, bei denen der Realitätscharakter der Beziehung zwischen Ihnen und Ihrem Patienten sehr groß sein muß und bei denen Sie dem Patienten nicht sehr viel an Aufgaben zumuten können. In einem solchen Fall übernehmen Sie eine reale Rolle und müssen ihm tatsächlich sagen: »Ja, also, mir scheint, Sie wollen mir etwas über mich sagen, etwas Kritisches – sagen Sie es doch bitte.«
Ich habe einen paranoiden Schizophrenen, den ich buchstäblich anflehe, mir seine Gedanken über mich mitzuteilen. Ich sage: »Erzählen Sie es mir

bitte; ich möchte es hören.« Ich weiß schon im voraus, daß es entweder eine paranoide Anschuldigung oder eine homosexuelle Phantasie ist, also entweder ein Vorwurf oder ein homosexueller Wunsch. Ich gebe mir Mühe, seine Schwierigkeiten als real zu betrachten. Ich verlange keineswegs von ihm, daß er sich seinen Schwierigkeiten stellt. Ich bitte ihn nur, sie auszusprechen – ganz einfach um zu verhindern, daß er später zwanghaft darüber grübelt.
Kandidat: Ich habe eine paranoide Patientin, der es ebenfalls schwer fiel, ihre Kritik an mir zum Ausdruck zu bringen. Ich gab ihr zu verstehen, daß sie diese Gedanken doch äußern könne. Sie tat es, aber dann machte sie mir den Vorwurf: »Sie haben mir gesagt, daß ich Ihnen diese Dinge ruhig erzählen kann. Es ist ja klar, daß ich Ihnen rein gar nichts bedeute, denn Sie haben zugehört und sind nicht zornig geworden. Was ich Ihnen da erzählte, bedeutet Ihnen überhaupt nichts, oder Sie haben gar nicht hingehört.«
Dr. Tarachow: Das ist außerordentlich interessant; sie wollte, daß ihre Äußerungen für Sie real wären, daß sie mehr Realität besitzen sollten, als Sie ihnen zugestanden. Sie haben die Schwierigkeiten der Patientin als real und nicht als neurotisch aufgefaßt und ihr über diese Sache hinweggeholfen, und sie will nun noch mehr Realität, als Sie zugelassen haben. Sie hat ganz recht. Wenn Sie den Inhalt ihrer Worte als real ansehen würden, dann würden Sie ärgerlich werden und sich das Ganze nicht länger anhören wollen. Sie haben ihn schon als real betrachtet, aber eben nicht als real genug. Wenn Sie die Äußerungen der Patientin tatsächlich als Realität hingenommen hätten, dann hätten Sie Ihre Neutralität aufgegeben und wären ärgerlich geworden. Aber allem Anschein nach möchte diese Patientin mehr als nur Realität. Auch ein Schizophrener legt Wert auf Rollengleichheit. In dem Augenblick, in dem Sie Ihrem Patienten gut zureden oder ihm Mut machen, zerstören Sie die Gleichheit in der Beziehung zwischen Arzt und Patient und rücken den Patienten in die Position des hilflosen Kindes. Obwohl der Patient es gerade darauf angelegt hat und Sie häufig zu diesem Schritt verführt, wird er in dem Augenblick, in dem Sie ihm den Gefallen tun, sehr ärgerlich auf die Verschlechterung seiner Position Ihnen gegenüber reagieren.

4

Formen der Psychotherapie

In einem der früheren Seminare bin ich im einzelnen auf das Problem der Realität und auf die therapeutische Aufgabe eingegangen. Was ich dabei besonders betont habe, war das Objektbedürfnis so*wohl* des Therapeuten *als auch* des Patienten. Wenn eine Analyse in Gang kommen soll, muß dieses beiderseits vorhandene Bedürfnis nach dem anderen als einem realen Objekt außer acht gelassen werden. Man kann es auch so sagen, daß bei der nichtanalysierten Übertragung der Patient den Therapeuten als real betrachtet und dann eben keine Analyse stattfindet. *Die Aufgabe, den anderen als reales Objekt zur Seite zu schieben, ist in meinen Augen das zentrale Problem in der Theorie des therapeutischen Prozesses.*

Heute will ich das Thema etwas ausdehnen und diese Konzeption zugleich in einen größeren Rahmen stellen, in dem alle psychotherapeutischen Techniken einschließlich der Psychoanalyse ihren Ort und ihre Erklärung finden. Ich beginne damit, daß ich mein Thema zunächst auf zwei Bereiche beschränke: an die Skizzierung von Aufgaben und Zielen der Behandlung schließt sich eine Definition der Psychoanalyse und der Psychotherapie an. Nach dieser kurzen Übersicht wollen wir uns dann der Ausprägung der verschiedenen Formen der Psychotherapie zuwenden.

Beginnen wir mit der Feststellung, daß der Patient eine Barriere errichtet hat, um so eine ungebührliche Zurschaustellung seiner infantilen und archaischen Wünsche und Triebe zu verhindern. Die Barriere ist seine Neurose wie auch seine gesamte Persönlichkeit, insbesondere seine Ichstruktur. Wir könnten auch sagen, daß die gesamte Persönlichkeit aus einem Konglomerat von Trieben und Abwehrmechanismen besteht, oder genauer, nämlich klinisch ausgedrückt: Die Zwangsneurose stellt eine Barriere gegen die archaische Analität bzw. den Analsadismus dar; zugleich bedeutet sie aber auch eine Gratifikation in diesem Sinne; die Depression ist eine Barriere gegen den kannibalistischen Liebesmord und – in der Phantasie – eine Gratifikation im Sinne dieser Vorstellung; die Hysterie ist die Barriere gegen inzestuöse Wünsche und zugleich ihre symbolische Gratifikation. Die normale Ichstruktur ist die Barriere gegen Ungeduld und Unordnung. Sowohl das normal funktionierende Ich als auch die neurotischen Symptome dienen als Barrieren; wenn der Therapeut noch ein Neuling ist, sollte er *beide* als gleichermaßen notwendig für den Patienten betrachten, vor allem zu Beginn der Behandlung. Glover (1931) mahnt in diesem Zusammenhang zu größter Aufmerksamkeit. Wir neigen dazu, die Aufgabe zu unterschätzen, die wir dem Patienten zuweisen, nämlich die Aufgabe, seine mühsam aufgebauten Abwehrmechanismen beiseitezuschieben.

Wir müssen noch hinzufügen, daß die neurotischen Barrieren das angemessene Funktionieren, das Glück und die Zufriedenheit des Menschen behindern, und daß sie häufig zur Quelle von Kummer und Leiden werden. Allerdings gibt es Ausnahmen: bei manchen Menschen haben die Symptome und die Kompromisse so völlig die Zustimmung des Ich oder des Überich gefunden, daß sie ichsyntone und vom Ich nicht mehr zu trennende Elemente der Persönlichkeit insgesamt geworden sind. Die Behandlung solcher Menschen ist häufig von Anfang an aussichtslos.

Das Ziel der Behandlung ist *in erster Linie*, den Leidensdruck für den Patienten zu verringern; *an zweiter Stelle* steht dann, ihn besser für die Aufgabe auszurüsten, in Frieden, Einklang und stabilem Gleichgewicht mit sich selbst, mit seinen unmittelbaren Objekten und mit der Welt insgesamt zu leben.

Welchen Vorstellungen folgen wir dabei?

Zunächst müssen wir uns Klarheit verschaffen über die Möglichkeiten der innerpsychischen Veränderung, über die Möglichkeit und Chancen, in der Realität zurechtzukommen, die Stabilität oder Instabilität des Systems der Abwehrmechanismen, mit dem wir es zu tun haben, über den Grad der notwendigen oder wünschenswerten Veränderung, über die minimale und maximale Reichweite möglicher Interventionen bzw. über die Empfänglichkeit für Interpretationen oder auch nur die Bereitschaft zur Konfrontation. Weiter müssen wir uns klar werden über die Stärke der Abwehrmechanismen und den Grad ihrer Regression, über die Gefahr des Ausbruchs machtvoller archaischer Gefühle, über das Ausmaß an Toleranz gegenüber bestimmten Einsichten, über die Gefahr psychotischer Ängste, über die Ichstärke, über die Fähigkeit des Ich, entweder neue Abwehrmechanismen oder neue Ichstrukturen zu errichten, wenn es zur Einsicht gekommen ist oder wenn bestimmte Verlagerungen erreicht sind. Um dies alles beurteilen zu können, muß der Therapeut auch das Alter, das Geschlecht, den Personenstand, den finanziellen und beruflichen Status des Patienten, seine augenblickliche Lage, seine Begabungen, seine Möglichkeiten der sexuellen Befriedigung und nicht zuletzt seine – günstige oder ungünstige – Familienkonstellation bedenken.

Nachdem wir jetzt unsere Beurteilung der Lebensumstände und der äußeren und inneren Gegebenheiten mit der therapeutischen Absicht ins Gleichgewicht gebracht haben, müssen wir die Beziehung zwischen Arzt und Patient, die Übertragung und die Übertragungsneurose in unsere

Diskussion einbringen. Wir kommen dann zu dem Schluß, daß der Patient eine Analyse ertragen kann, oder aber daß er psychotherapeutische Hilfen in verschiedenen Bereichen und in unterschiedlichem Ausmaß ertragen kann. Dieser Schluß mündet direkt in die Entscheidung darüber, was der Therapeut in der therapeutischen Beziehung zulassen und was er verhindern wird.

Wie läßt sich nun die Art der Behandlung, für die wir uns entschieden haben, im einzelnen definieren? Vielleicht brauchen wir mehr als eine Definition. Nehmen wir an, wir definieren Psychoanalyse und Psychotherapie. Auch die einfachste Definition macht es erforderlich, daß wir uns mit dem Gedanken der Übertragung beschäftigen. Die Psychoanalyse wäre etwa diejenige Behandlung, bei der Übertragung, Verdrängung, andere Abwehrmechanismen des Ich und die Widerstände sämtlich einer Analyse ausgesetzt und soweit aufgelöst werden, wie dies durch die Beschäftigung mit den infantilen innerpsychischen Konflikten und den daraus herrührenden Symptomen gefordert wird. Rangell (1954) liefert eine ausgezeichnete und umfassende Definition der Psychoanalyse; wir ziehen allerdings eine Definition vor, die kürzer und prägnanter ist. Ich könnte sogar meine eigene Definition noch einfacher formulieren: Psychoanalyse ist diejenige Behandlung, die sich mit der Übertragung und mit der Übertragung als Form des Widerstandes befaßt. Selbstverständlich muß man dazu wissen, was Übertragung ist. Einige Bemerkungen zum Thema Übertragung und Übertragungsneurose werden an anderer Stelle ihren Platz finden.

Die Psychotherapie dagegen ist eine selektive und begrenzte Form der Behandlung, die eher auf Neuordnung denn auf Auflösung der genannten Elemente zielt. Mit Übertragung, Verdrängung und Widerstand wird dabei in einer Weise umgegangen, die an ihrer Stabilität nicht rüttelt; zugleich wird versucht, all jene therapeutischen Ziele zu erreichen, die für wünschenswert erachtet werden und möglich sind.

Wir müssen nach psychoanalytischen Konzeptionen suchen, die alle Variationen der Psychotherapie abdecken; wir sollten selbst schlechte, ungewollte oder spontane psychotherapeutische Formen damit erfassen können. Die psychotherapeutischen Manöver sind nicht zu zählen, aber die Konzeptionen, die ihnen zugrunde liegen, sollten einfach und zahlenmäßig überschaubar sein.

Die psychotherapeutischen Ausrichtungen sind verschiedentlich klassifiziert worden als 1. stützend bzw als 2. stützend bei unterschiedlich intensiver Erkundung und Bemühung um Einsicht. Knight (1952) und Alexander (1954) schlagen ähnliche Unterscheidungen vor – sie sprechen von stützender gegenüber explorativer Therapie. Wir wollen hier auf die Kontroverse nicht eingehen, die Alexanders Gedanke, Psychotherapie sei ein Kontinuum der Analyse und nicht von ihr unterschieden, verursachte. Es gibt eine Reihe von Behandlungsgrundsätzen für die psychotherapeutische Arbeit. Bei der explorativen Psychotherapie befaßt man sich mit Übertragung, Widerstand und dem unbewußten Material. Allerdings wird Wert darauf gelegt, daß die Ziele begrenzt sind (Stone 1951; Knight 1952). Was die spezifischen technischen Vorgehensweisen angeht, so wollen wir festhalten, daß Coleman (1949) dazu rät, intensive Abhängigkeitsreaktionen zu vermeiden, sich auf das augenblickliche Material zu konzentrieren, aktiver, dafür aber mit weniger Tiefgang zu interpretieren und die Dauer der Behandlung zu begrenzen. Stone (1954) empfiehlt die besondere Beachtung der Realitäten im Leben des Patienten, also der täglichen Ereignisse; der Therapeut soll sich in seiner Ausdrucksweise dem Patienten angleichen und seine Aufmerksamkeit auf einige wenige dynamische Sachverhalte richten. Die Empfehlung, die Aufmerksamkeit auf die realen Aspekte im Leben des psychotherapeutischen Patienten zu richten, geht meiner Meinung nach an der Sache vorbei. Sowohl in der Analyse als auch in der Psychotherapie wird der Realität durchaus Beachtung geschenkt. Der Unterschied besteht darin, daß in der Psychotherapie die realen Ereignisse als *Realitäten* angesehen werden. In der Analyse werden diese gleichen Ereignisse zusätzlich als Ausdruck der Phantasien des Patienten behandelt und als Faktoren, die durch die unumgängliche Notwendigkeit, seine unbewußten Konflikte zu lösen, bestimmt sind. Das ist eine höchst wichtige Unterscheidung; wenn sie dem Psychotherapeuten geläufig ist, dann ist eine solche spezifische Unterweisung unnötig. Sowohl Gill (1954) als auch Bibring (1954) äußern sich sehr ausführlich darüber, was der Psychotherapeut tun sollte, und klassifizieren seine Maßnahmen im einzelnen. Entscheidende Wichtigkeit kommt dem Stand und der Funktion der Beziehung zwischen dem Therapeuten und dem Patienten zu. Wenn sie als real betrachtet wird, dann gelten auch die Symptome und die Lebensereignisse als real, und beide, Therapeut und Patient, kehren den unbewußten Phantasien und Ängsten gewissermaßen den Rücken. Wenn die reale Beziehung dagegen beiseitegeschoben wird, dann wenden sich beide der Untersuchung und dem Durcharbeiten der unbewußten Phantasien zu.

Ich will im folgenden drei herausragende Grundsätze der Psychotherapie vorstellen. Alle überhaupt denkbaren psychotherapeutischen Techniken sollten sich in den Rahmen dieser Grundsätze einordnen lassen. Der Therapeut sollte

1. (durch die nichtanalysierte Übertragung) dafür sorgen, daß das infantile Objekt real vorhanden ist;
2. Verschiebungen ermöglichen (also neue Symptome und/oder Widerstände);
3. für Stabilität sorgen (durch die Ausbildung des Ich bzw. des Überichs, durch erzieherische Maßnahmen, reale Ereignisse).

Jede denkbare Technik kann einem oder mehreren dieser Erfordernisse genügen. Beginnen wir mit der ersten notwendigen Maßnahme, der »Beschaffung« eines Objektes in der Realität. Meine Ausführungen zu diesem Thema liegen gedruckt vor (Tacharow 1962 a), und wir haben auch schon einigermaßen ausführlich darüber gesprochen. Die Unterschiede zwischen Psychoanalyse und Psychotherapie wurden an den Konzepten der Objektbeziehung und der Einsamkeit festgemacht. In der Analyse weist der Analytiker den Patienten als Objekt zurück und lehrt den Patienten über die Analyse, seinerseits den Analytiker als Objekt zurückzuweisen. Unter diesen Voraussetzungen lassen sich die Probleme durch Interpretation lösen. In der Psychotherapie sind Therapeut und Patient einander weiterhin Objekte, und unterschiedlich große Lebensbereiche des Patienten bleiben uninterpretiert und unanalysiert. Die beiden Beteiligten sind jeweils real in das Leben des anderen eingetreten und dienen einander als infantile Objekte.
Nunberg (1951) trifft eine Unterscheidung zwischen Psychoanalyse und Psychotherapie, die der soeben vorgetragenen sehr nahe kommt:
»Der Psychoanalytiker und der Nicht-Psychoanalytiker unterscheiden sich in der Behandlung dieses Phänomens (d. h. der Übertragung) insofern, als der erstere die Übertragungssymptome als Phantasien betrachtet, während der letztere sie wörtlich, nämlich als Realitäten nimmt.«

In der Psychotherapie dringt der Therapeut tatsächlich in Leben und Persönlichkeit des Patienten ein und *bleibt dort.* Er bietet für die Ausbildung eines neuen Symptoms die eigene Person an. Beim analytischen Vorgehen liegt das Schwergewicht des therapeutischen Prozesses auf der Analyse der Übertragung (dieses neuen Symptoms) als eines Widerstandes. In der Psychotherapie betrachten wir die Manifestationen der Übertragung und ihre Substrukturen als Vehikel der Heilung, d. h., wir sehen in ihnen die notwendigen Bausteine für das dauerhafte psychische Funktionieren des Patienten. Der Therapeut setzt die eigene Person als Baustein in dem häufig achtlos zusammengesetzten Gefüge von Abwehrmechanismen ein, das der Patient errichtet hat. In der Analyse hofft man, dieses Gefüge abzubauen; in der Psychotherapie ist es willkommen. Was

in der Analyse als Widerstand gilt, ist hier ein notwendiger permanenter Faktor im psychischen Haushalt des Patienten.
Glover (1960) faltet diese Vorstellung in ähnlicher Weise aus: »Die Tatsache, daß der Erfolg der psychoanalytischen Techniken letztlich auf der Verminderung der Widerstände beruht, läßt den falschen Eindruck entstehen, diese Abwehrmechanismen seien von der gleichen pathologischen Qualität wie die Symptome, die sie konservieren sollten. Im Gegenteil: die Stabilität normaler Ichbildung wird durch psychische Widerstände gegenüber Veränderungen ganz erheblich gefördert. Was sich für die psychoanalytische Technik als Hemmschuh erweist, dient der Technik der nichtanalytischen Therapie in der Regel als Wegweiser. So betrachtet, liegt der Unterschied zwischen der Psychoanalyse und der allgemeinen Psychotherapie darin, daß die eine vorwiegend dynamisch, die andere vorwiegend strukturell ausgerichtet ist, wobei im einen Fall die pathogene Belastung reduziert wird, im anderen dagegen die Abwehrkräfte des Ich gegen pathogene Belastungen verstärkt werden.«

Da wir uns mit dem Bereich der Objektbeziehungen bereits in einem früheren Seminar befaßt haben, können wir uns jetzt unserem zweiten Thema zuwenden: der Möglichkeit der Verschiebung. Was die theoretische Seite dieses Vorgehens angeht, so berufe ich mich auf Glover (1931) und seine Konzeption der »ungenauen Interpretation«. Glover unterscheidet zwischen der unvollständigen und der ungenauen Interpretation. Die unvollständige Interpretation ist einfach ein Schritt innerhalb der korrekten analytischen Technik, wobei der Analytiker den Patienten dazu bringt, sich ganz allmählich der unbewußten und infantilen Wahrheit über die eigene Person zu nähern. Die ungenaue Interpretation dient einem anderen Zweck, wenn es auch gelegentlich so aussehen mag, als sei sie mit der unvollständigen identisch. Die ungenaue Interpretation wird als die definitive Bedeutung einer bestimmten Zusammenstellung von Material angeboten, eine Bedeutung, die nach Meinung des Analytikers der unbewußten oder infantilen Wahrheit nicht wirklich gerecht wird. Der Analytiker ist aber zu der Überzeugung gekommen, daß die volle Wahrheit für den Patienten gefährlich oder unerträglich wäre. Der Patient greift begierig nach der ungenauen Bedeutung, denn sie hilft ihm, die Wahrheit weiterhin zu unterdrücken; er kann sich von der Wahrheit abwenden und mit der ihm neu gebotenen Ansicht tatsächlich ein neues Symptom ausbilden. Man könnte sagen, der Patient ist auf das Angebot einer »gut verträglichen« Phobie freudig eingegangen. Der wahre Kern des Problems bleibt unterdrückt und wird auf die Interpretation verschoben. Dieses neue Symptom, die Verschiebung, ist die psychotherapeuti-

sche »Heilung«. Glover betont zu Recht, daß die Psychotherapie gewissermaßen im Bunde mit den Abwehrmechanismen steht.
Die nichtanalytischen Techniken werden von Glover wie folgt klassifiziert: 1. absolutes Ignorieren der Wahrheit; Abkehr vom Problem; »Urlaub nehmen«; 2. Hypnose oder Suggestion (die er als übertragene Zwangssymptome bezeichnet); 3. Teilwahrheit im Verein mit Suggestion.
Nach meiner Sicht der Dinge läßt sich das Feld der Verschiebung in vier Unterfelder aufteilen: 1. Verschiebung auf die Übertragung: sie wird unvollständig oder überhaupt nicht interpretiert; 2. Verschiebung im »gut verträglichen« phobischen Sinne, also im Sinne Glovers; 3. Projektion: wir schließen uns dem Patienten an, beschuldigen die Umwelt oder bestimmte Menschen in der Umwelt, vernachlässigen dabei die innerpsychischen Konflikte, die sich aus diesen äußeren Faktoren ergeben haben, und begründen in Wahrheit eine gutverträgliche psychotherapeutische Paranoia; 4. Introjektion: wir geben die Schuld einem Vorgang im Körper. Der Patient wird medikamentös behandelt. Wir helfen ihm, seine introjizierten Objekte zu beschuldigen oder anzugreifen, und wie der Patient nehmen wir diese somatischen Symptome als Realitäten, nicht etwa als Derivate seiner unbewußten innerpsychischen Konflikte. Bei der Verschiebung im Sinne von Projektion und Introjektion setzen wir eine wahnhafte Vorstellung an die Stelle der vorhandenen Symptomatik. Der *Preis* für dieses Vorgehen besteht darin, daß wir die Wahrheit zwar kennen, sie aber opfern: die *Belohnung* besteht in der Stabilität und im Funktionieren.
Mit der Möglichkeit der Verschiebung ist ein ganzes Bündel von Manövern verbunden, mit deren Hilfe der Therapeut die ichsyntonen Aspekte eines Problems herausliest und dann nur diese interpretiert, während er die störenden Faktoren gewissermaßen unberücksichtigt läßt. In der pathologischen Dreierbeziehung lassen sich etwa die heterosexuellen Aspekte behandeln; in der pathologischen Abhängigkeitsbeziehung sind die libidinösen Aspekte erträglich, nicht aber Haß oder Mordgedanken; die Beschäftigung mit Träumen läßt die Nutzung des manifesten Trauminhalts oder derjenigen Aspekte zu, die direkt mit der Lösung von Problemen in der Realität zu tun haben; die Arbeit mit dem passiv-aggressiven Charakter beschränkt sich auf die aggressiven Aspekte, während die passiven in der nichtanalysierten Übertragungsbeziehung Befriedigung erfahren.

Das dritte und letzte Feld in meinem Entwurf betrifft die Stabilität. Stabilität läßt sich auf vielerlei Weise anbieten. Ganz allgemein läßt sich sagen, daß mit diesem Angebot auch die defensiven Strukturen gestützt werden. Stabilität läßt sich durch Stützung des Ich oder des Überich bewirken. Stützung des Es wäre der Stabilität nicht dienlich; sie würde zu Schwierigkeiten führen. (Eine Patientin schalt mich einmal, weil ich sie bei der Begrüßung angelächelt hatte. Sie warf mir vor, ich sei unaufrichtig und versuche sie zu stimulieren, ohne ihr dabei Gratifikationen in Aussicht zu stellen). Stützung des Ich läßt sich in der Form leisten, daß man reale Diskussionen über reale Geschehnisse führt und den Patienten an Entscheidungen beteiligt. Ganz besonders wichtige Mittel der Ichstützung sind Erziehung und Information. Sie vergrößern die Fähigkeiten des Ich und stärken es auf diese Weise. Erziehung stärkt das Ich, blockiert aber die freie Entfaltung der Phantasie. Sie trägt zur Stabilität bei, behindert dabei aber den Zugang zum Unbewußten. Erziehung stärkt Widerstände und Abwehrmechanismen. Sie ist restriktiv, soweit es um das Unbewußte geht, und gleicht der ungenauen Interpretation, was den Zugang zum Unbewußten betrifft. Jede Schwächung des Ich kann zu einem Rückfall in neue Symptome führen. Das Überich wird durch Befehle, Verbote und durch die Verkündung moralischer Werte und Grundsätze gestützt. Werte werden auf verschiedenste Weise weitergegeben, in erster Linie dadurch, daß der Therapeut sich aussucht, welche Symptome er verfolgen und welche er außer acht lassen will. Auch Veränderungen in der Umgebung können zur Stabilität beitragen.

Bei Durchsicht der psychotherapeutischen Literatur bestätigt sich, daß sich die dort beschriebenen, ganz unterschiedlichen Techniken alle in den Rahmen unserer drei allgemeinen Grundsätze einpassen lassen: 1. Angebot eines Objektes; 2. Möglichkeit der Verschiebung; 3. Förderung der Stabilität.

Reider (1955) beschreibt eine stattliche Zahl von Fällen, die entweder psychotherapeutisch behandelt oder spontan geheilt wurden. Wir wollen darzustellen versuchen, nach welchem Grundsatz in jedem einzelnen dieser Fälle vorgegangen wurde. In einem von Reiders Fällen spielte ein Hobby als zusätzlicher Abwehrmechanismus eine wichtige Rolle. Dem Patienten war ein neues Symptom »geliefert« worden. Eine andere Patientin gewöhnte sich das Trinken ab und entwickelte gleichzeitig ein neues Symptom, das ganz deutlich eine stellvertretende Gratifikation ihrer Bedürfnissse als Frau bedeutete. Auch hier also ein neues Symptom anstelle des alten. Eine weiterer Patient konnte im Zuge eines ichstärkenden Geschehens bestimmte Zwangsvorstellungen aufgeben. Ihm wurde Stabilität »geliefert«. Das sind Beispiele spontaner Heilung. Die dynamischen Prozesse, die in diesen Fällen abliefen, folgen den gleichen Grundsätzen, wie wir sie in der geplanten Psychotherapie festgestellt haben. Im Zusammenhang mit den Fällen, die er »nach Plan« psychotherapeutisch behandelte, berichtet Reider von Symptomverschiebung, vom Einnehmen einer realen Rolle, von Kontroll-Angeboten an den Patienten, von der Unterstützung des Patienten beim Ausbilden von Projektionen in Form der Beschuldigung seiner Eltern und von der Stärkung der Abwehrmechanismen. Alle diese Vorgehensweisen lassen sich in den Rahmen unseres Diagramms einordnen.

In der psychotherapeutischen Literatur wird sehr häufig empfohlen, nur ja nicht an den Abwehrmechanismen des Patienten zu rütteln, sondern ihm im Gegenteil bei seinen Bemühungen um Verdrängung behilflich zu sein. Diese Empfehlung fällt zweifellos unter die allgemeine Überschrift »Förderung der Stabilität«, die sich auf vielerlei Weise befolgen läßt. Berliner (1941) sagt bei seiner Diskussion verschiedener Fälle von kurzfristiger Psychotherapie und speziell in bezug auf eines der Fallbeispiele, daß die Psychotherapie dem Patienten narzißtische Befriedigungen vermitteln solle; in einem anderen Fall spielt der Therapeut die Rolle eines milden Überichs. Solche Methoden helfen den geistig-seelischen Apparat zu stabilisieren, indem sie dem Ich bzw. dem Überich beistehen. Wir möchten dem noch hinzufügen, daß man in manchen Fällen ein schwaches Ich in seinem Kampf mit der Macht des Überichs oder des Es unterstützen könnte. Zu diesem Zweck mag ein wenig Rollenspiel erforderlich sein; hin und wieder vielleicht sogar ein Hinweis auf Werte, moralische Prinzipien oder Urteile. Im einen Fall wird Stabilität also durch Ichbildung erreicht, im zweiten durch Stärkung des Überichs, im dritten durch Vermittlung zwischen Überich und Es.

Als psychotherapeutische Maßnahme wird häufig auch das beruhigende Zureden empfohlen. Man sollte sich der Schwierigkeiten und Gefahren im Zusammenhang mit dieser Methode bewußt sein. Zuspruch dieser Art bedeutet, daß der Therapeut eine reale Rolle im Leben des Patienten einnimmt. Mit diesem Vorgehen wird zwar ein Objekt geliefert, aber damit ist es nicht allein getan; das beruhigende Zureden begründet nämlich eine neue sadomasochistische Beziehung zwischen dem Patienten und dem Therapeuten. Es stellt dem Patienten ein neues und gelegentlich gefährliches Konglomerat von Symptomen zur Verfügung. Die Gefahr liegt im möglichen Auftauchen von Depressionen, masochistischen Phantasien, homosexuellen Wünschen oder gar paranoiden Vorstellungen.

Die sadomasochistischen Komplikationen veranlassen mich zu einem kurzen Abstecher zum Problem der neurotischen Angst. Angst ist eine bequeme, defensiv-masochistische Flucht vor extremen sadistischen Gedanken und Befürchtungen, eine masochistische Form der Abwehr gegenüber einer sadistischen Objektbeziehung. Was tut der Therapeut, wenn er dem geängstigten Patienten gut zuspricht? Er bietet ihm eine *neue* sadomasochistische Objektbeziehung an, eine Beziehung allerdings, in der nun der *Patient* in der Position des hilflosen Objektes ist. Er hat dem Patienten ein

neues Symptom gegeben, aus dem dieser ein gewisses Maß an Trost und Erleichterung zieht. Statt daß der Patient unter seinem eigenen Drang zum Angriff und unter seinen Überich-Spannungen leidet, ist er nun zum Objekt der Angriffe des Therapeuten geworden; er ist vorübergehend von den Schuldgefühlen und von den Spannungszuständen seines Überichs, die aus seinen eigenen sadistischen Impulsen entstehen, befreit. Wir verschaffen dem Patienten Erleichterung, indem wir ihn zum Opfer machen. Das zieht selbstverständlich neue Komplikationen nach sich.
Im Zusammenhang mit dem gütlichen Zuspruch sollten wir auch die Freundlichkeit als eine Art Attacke betrachten. Auch ein Vorschlag, ja, im Grunde selbst eine Interpretation stellt eine Attacke dar. Patienten, deren Passivität oder latente Homosexualität eine besonders subtile Ausprägung zeigen, geraten in Unruhe und Zorn über eine Interpretation oder weigern sich sogar, sie anzuhören. Wie vollständig sollte eine Interpretation ausfallen? Sie sollte in aller Regel nicht erschöpfend sein. Sie sollte sich vorzugsweise nicht einmal bis an ihr unmittelbares und erklärtes Ziel heranwagen. Das gibt dem Patienten Gelegenheit, Ihre Interpretation auszudehnen, es beteiligt ihn stärker an den Vorgängen und es mildert in gewissem Ausmaß die traumatische Erfahrung, das Opfer Ihrer Hilfe, Ihrer Annäherungsversuche auf dem Weg über die Interpretation geworden zu sein.
Auf das Konzept der »Unterstützung« in der Psychotherapie sollten wir zumindest en passant eingehen. Ausdrückliche verbale Unterstützung birgt ihre Gefahren in sich, wie wir dies im Zusammenhang mit dem wohlmeinenden Zuspruch und dem freundlichen Ton bereits besprochen haben. Die wirksamste Untersützung besteht darin, daß man sich dem Patienten gegenüber implizit oder auf indirekte Art und Weise real gibt. Eine Bemerkung über das Wetter reicht aus, um dem Patienten anzuzeigen, daß Sie in seiner Welt leben und sich nicht in die abgelegenen Bereiche des »als ob« der Übertragung zurückgezogen haben. Der Patient hat dann das Gefühl, daß er nicht allein ist. Eine solche indirekte Teilnahme an den Realitäten des Patienten birgt die geringsten Gefahren.
Auch die Art der Beendigung der Behandlung, die der Therapeut akzeptiert, kann psychotherapeutischen Zwecken dienen. Ein besonders bockiger und gehässiger Patient kann niemandem gegenüber seine Dankbarkeit oder Verpflichtung zugeben. Er ist lange Zeit in Behandlung gewesen und hat viele Vorteile daraus gezogen. Jetzt soll er zugeben, daß der Therapeut ihm geholfen hat. Er findet einen Grund, in heftigen Zorn auf den Therapeuten zu geraten und die Behandlung abzubrechen. Unter bestimmten Umständen ist dies ein annehmbarer Abschluß. Der Therapeut unternimmt nichts, um dem Patienten deutlich zu machen, welche

Schwierigkeiten er hatte, den Therapeuten zu »lieben«. Wir können es auch so sagen: Der Patient erhält die Erlaubnis, die Behandlung dann zu beenden, wenn der Übertragungswiderstand seinen höchsten Pegel erreicht hat. Das ist genau das Gegenteil des in der Psychoanalyse verfolgten Ziels. Der Therapeut bemüht sich in keiner Weise, den Patienten zur Konfrontation mit seinen libidinösen Gefühlen zu bringen. Die Verachtung für den Therapeuten wird zum festen Bestandteil des Gefühls der Unabhängigkeit. Der Narzißmus des Therapeuten muß im Interesse der psychotherapeutischen »Heilung« geopfert werden. Ich stimme *keinesfalls* mit Szurek (1958) überein, daß eine gut durchgeführte Psychotherapie zur Psychoanalyse *geraten muß*. Das ist eine ganz und gar unrealistische Ansicht. Szurek unterschätzt die Deformationen des Ich, die Schwächen, die dürftigen Abwehrmechanismen und die Widerstände des Es, die eine Veränderung so häufig unmöglich machen.

Wir wollen noch ein weiteres Beispiel betrachten, das illustriert, daß nur an einem Teil des Problems des Patienten gearbeitet wird. Stellen wir uns vor, unser Patient hat ein mächtiges, unlösbares, latentes homosexuelles Problem. Er möchte heiraten, er möchte potent und ein Mann sein; vielleicht findet er ein Mädchen und heiratet tatsächlich. Die Haltung des Therapeuten zu dieser Problematik ist in der Psychotherapie vollkommen anders als in der Psychoanalyse. In der Psychotherapie nimmt er die Hoffnungen und Pläne seines Patienten wörtlich, wenngleich dessen heterosexuelle Anpassung in höchstem Maße gefährdet ist. Das latente Problem wird überhaupt nicht berührt. Das bedeutet selbstverständlich, daß der Therapeut sich mit Verhaltensweisen des Patienten, die auf Übertragung hindeuten und sich aus dessen latenter Homosexualität ergeben, nicht abgibt.

Kandidat: Was tun Sie denn konkret in einem solchen Fall?

Dr. Tarachow: Man nimmt zum Beispiel alle Probleme wörtlich, als heterosexuelle Probleme also, die zwischen dem Patienten und seiner Frau oder zwischen ihm und irgendwelchen Frauen bestehen, mit denen er eine Beziehung unterhält. Die Interpretationen erfolgen im heterosexuellen Kontext. Beziehungen zu Männern würden nicht im Gedanken an homosexuelle Implikationen behandelt, sondern vorzugsweise im Gedanken an die aggressiven und rivalitätsbezogenen Seiten. Nehmen wir an, Ihr Patient hat eine Beziehung zu einem Mädchen, und irgendwie ist da noch ein weiterer Mann im Spiel. Wir haben durchaus Grund zu der Annahme, daß damit ein beträchtliches latentes homosexuelles Problem gegeben ist. Auf der bewußten Ebene ist dieser Patient aber in ein heterosexuelles Problem verwickelt. Wir bleiben also mit voller Absicht innerhalb dieses Bezugsrahmens. Wir helfen dem Patienten, sein Problem als ein hetero-

sexuelles Problem zu bewältigen. Das meine ich, wenn ich davon spreche, daß man Abwehrmechanismen ganz »vordergründig« nehmen soll.
Man kann Probleme dieser Art auch so angehen, daß man die defensive Position mehr oder weniger unangetastet läßt. Stellen Sie sich vor, Ihr Patient ist einer von zwei Geschäftspartnern; die Männer kommen nicht allzu gut miteinander aus. Sie kennen sich schon viele Jahre, aber es ist häufit zu Zusammenstößen zwischen ihnen gekommen. Auch in diesem Fall könnte man seine Interpretationen auf die Reibereien zwischen den beiden Männern beschränken; man könnte nur die aggressiven und rivalisierenden Facetten aus der Vergangenheit des Patienten in die Betrachtung aufnehmen. Man könnte die alte Rivalität mit dem Vater oder dem Bruder hervorkehren und die latente passive homosexuelle Beziehung ganz außer acht lassen, die vielleicht einen nicht unerheblichen Bestandteil des Verhältnisses der beiden Männer untereinander ausmacht. Da es unangenehm ist, sich mit den hier im Spiel befindlichen homosexuellen Phantasien zu befassen, bieten Sie dem Patienten eine Phantasie an, die stärker ichsynton ist. Selbstverständlich hat er seine Konflikte im heterosexuellen Bereich, aber das ist nur die halbe Geschichte.
Eine andere Situation, bei der man sich ebenfalls nur mit der »Hälfte« beschäftigen könnte, ist die pathologische Abhängigkeit. Ihr Patient ist möglicherweise in ungewöhnlichem Maß von einer anderen Person abhängig. In der Psychotherapie ist es unter Umständen möglich und nützlich, sich so weitschweifig wie nur möglich mit allen Wechselfällen und dem gesamten Auf und Ab in dieser Beziehung zu befassen und dabei doch die Mordgedanken, den Haß, die destruktive Seite der Beziehung zu übersehen. Solche »halben« Maßnahmen können Stabilität und Verdrängung fördern. Das sind weitere Beispiele für eine ungenaue Interpretation bzw. für das Angebot von Verschiebungen.
Träume lassen sich in Teilen heranziehen. Ein Patient träumt vielleicht, daß seine Mutter gestorben ist. Die Interpretation kann sich darauf beschränken, daß der Patient an seiner Mutter hängt, daß er sie braucht und sich davor fürchtet, sie zu verlieren. Der Therapeut braucht nicht so weit zu gehen, daß er die mörderischen Impulse des Patienten im Zusammenhang mit der Mutter offenlegt. Sein interpretatives Vorgehen kann sich auf den manifesten Trauminhalt, auf den problemlösenden Aspekt von Träumen und auf den Zusammenhang des Traumes mit aktuellen, bewußt erlebten Geschehnissen beschränken.
Das Wichtigste ist, daß man *weiß*, daß man sich zu einem begrenzten Vorgehen entschlossen hat. Dieser Entschluß kann viele Gründe haben. Der Patient ist vielleicht nicht in der Lage, seine infantilen oder sogar seine vorbewußten Gedanken und Empfindungen zu ertragen. Oder er

kommt nur einmal in der Woche zur Behandlung, und je weniger aufgewühlt er ist, desto besser. Oder der Therapeut hat selbst keine Analyse durchgemacht und ist vielleicht – ganz zu Recht – nicht bereit oder nicht willens, sich mit umfangreichem archaischem Material zu befassen.

Ein spezifischer Aspekt des manifesten Trauminhaltes kann für den Therapeuten ganz außergewöhnlich nützlich sein: Der Therapeut sollte die häufigsten im Traum vorkommenden Symbole für die therapeutische Situation kennen. Das wird ihm in vielen Fällen sogleich Einblick in die jeweilige Übertragungshaltung des Patienten gewähren. Die therapeutische Situation erscheint im Traum oft als belebter öffentlicher Platz (das Gegenteil von privater Abgeschlossenheit), als öffentliche Toilette, als Wäscherei, als Folterkammer, als polizeiliches Verhör, als Vorlesung in einer Fremdsprache, in Archäologie oder Geschichte, als Museumsbesuch, chirurgischer Eingriff, als Fahrt in einem Bus oder einem Taxi (dieses Bild ist besonders beliebt; Fahrer ist dabei der Therapeut). Diese Traumsymbole wiederholen sich so häufig, daß der Therapeut sie sicher beherrschen sollte. Ich möchte noch ein weiteres nennen: das Festessen oder Bankett. Die Menge an Speisen, die der Patient sich selbst an diesem Tisch zu essen erlaubt, gibt Ihnen rasch einen Anhaltspunkt, was die unbewußten oralen Komponenten seiner Störung und seine augenblickliche Übertragungshaltung angeht.

Kandidat: Eine meiner Patientinnen träumte, daß ich sie zu einer Besichtigungsreise durch ihre Wohnung eingeladen hatte.

Dr. Tarachow: Die Wohnung ist natürlich ihr Körper. Interessant ist dabei, ob die Patientin Sie durch den Haupteingang oder durch die Hintertür in die Wohnung einläßt. Die Anatomie ist in Träumen und Symbolen allgegenwärtig. Kellergeschoß, treppab, treppauf, Dachkammer, Vorhalle – alle diese Begriffe haben ihre anatomischen Bedeutungen. Vielleicht interessiert Sie die Randbemerkung, daß manche Therapeuten zwar durchaus bereit und in der Lage sind, viele Probleme ihrer Patienten im Blick auf Abhängigkeit und Oralität hin durchzuarbeiten, daß sie aber die Analität ganz beiseitelassen. Analität ist zu schmutzig, zu eng mit archaischen Aggressionen verbunden.

Es ist psychotherapeutisch *durchaus* korrekt, die Reichweite der Interpretationen zu beschränken. Der Therapeut sollte sich der Tatsache bewußt sein, daß er sich mit seinen Interpretationen häufig sehr nahe an schwierigen Bereichen vorbeibewegt, was zu einem späteren Zeitpunkt zu Symptombildung oder zu einem Rückfall führen kann. Manchmal ist das aber auch nicht der Fall. Der Psychotherapeut geht ein kalkuliertes Risiko ein. In der Psychotherapie kann man den aktiven Versuch machen, die Bindung des Patienten an den Therapeuten zu fördern. Zum Beispiel ist gar nichts dagegen einzuwenden, daß man die aggressiven Wünsche des Patienten interpretiert, seinen passiven Wünschen dagegen in der nichtinterpretierten Übertragungsbeziehung gerecht wird. Wenn er so vorgeht, bietet der Therapeut sich selbst zum Objekt und zugleich eine Verschiebung an. Er gestattet unter diesen Umständen dem Patienten, ihm ein Weihnachtsgeschenk zu machen. Auf diese Weise wird die Bindung an den Therapeuten gefestigt. Der Patient bittet vielleicht darum, nach Beendigung der Behandlung gelegentlich noch einmal vorbeikommen zu dürfen. Das ist eine ganz typische Form von funktionierendem Gleichgewicht, wie es in der Psychotherapie hergestellt wird.

Ich möchte noch eine weitere typische psychotherapeutische Situation erwähnen. Der Therapeut behandelt einen jungen Mann, der sich in Auftreten und Erscheinung sehr passiv gibt. Der Patient berichtet, daß er sich ständig des ausgeprägten Dominanzstrebens seiner Frau erwehren muß, und beklagt sich bitter über deren grausames Wesen. Der gutgläubige Therapeut stürzt sich mit großem Vergnügen in dieses Gefecht. Er möchte seinem unterwürfigen Patienten unbedingt helfen, mit seiner unglücklichen Situation fertigzuwerden. Beide, der Patient und der Therapeut, sind ganz und gar mit der Passivität des Mannes und der Aggressivität der Frau beschäftigt. Was der junge und unerfahrene Therapeut dabei unter Umständen übersieht, ist die Möglichkeit, daß diese mißliche Lage die ideale Form der Abwehr des Patienten gegen seine eigene sexuelle Aggressivität der Frau gegenüber darstellt. Daß er Opfer der Frau ist, hilft ihm, seine sadistische Vorstellung des sexuellen Aktes und die masochistischen Aspekte der sexuellen Rolle der Frau zu übersehen. Genauer gesagt, nämlich in psychoanalytischer Terminologie: Der Patient lebt seine Beziehung zu einer phallischen Frau voll aus, um seinen Kastrationsängsten aus dem Wege zu gehen. Der naive oder nicht analytisch geschulte Psychotherapeut betrachtet unter Umständen die Passivität des Mannes als das zentrale Problem. Der psychoanalytisch geschulte Therapeut sieht die Passivität als Abwehrmechanismus und erkennt als zentrales Problem die Aggressionen und Kastrationsängste des Mannes. Wenn der naive Psychotherapeut den Patienten zu abrupt in Richtung Aggressivität treibt und für das eigentliche Problem des Patienten gar keinen Blick hat, dann verwickelt er ihn nur in um so größere Schwierigkeiten. Der psychoanalytisch geschulte Therapeut läßt sich davon leiten, wie dringend der Patient die phallische Frau auch weiterhin als Mittel der Abwehr braucht, und er wird dem Patienten beim Abbau seiner defensiven Passivität nur so weit helfen, wie er es angesichts der gesamten psychologischen Situation für ungefährlich hält. Wir sehen also, daß die Psychotherapie sogar noch mehr Gespür und Einfühlungsvermögen erfordert als die Psychoanalyse. Ich kenne Analytiker, die die Analyse beherrschen, aber als Psychotherapeuten verloren sind. Der analytisch geschulte Therapeut geht selektiv vor. Er rührt an Abwehrmechanismen entweder überhaupt nicht oder doch nur, soweit es notwendig ist. Er bemüht sich um die Stützung der ichsyntonen Gefühle, selbst wenn es sich dabei um Abwehrmechanismen gegen infantile Wünsche oder Konflikte handelt. Im Umgang mit einem Mann, der mit seinem Vater nicht gut auskommt, wird sich der Therapeut unter Umständen der Frage der Identifikation des Patienten mit seiner Mutter und mit dem Weiblichen insgesamt gar nicht zuwenden.

Kandidat: Ich wüßte gerne, wie man erkennt, welchen dieser gefährlichen Bereiche man meiden soll. Warum ist es sicherer, sich mit der Passivität gegenüber der Mutter zu befassen als mit der Passivität gegenüber dem Therapeuten?

Dr. Tarachow: Passivität gegenüber der Mutter ist noch immer, so wie der Patient die Dinge sieht, eine heterosexuelle Erscheinung; Passivität gegenüber dem Therapeuten deutet auf Homosexualität. Mit weiblichen Patienten läßt sich der homosexuelle Aspekt etwas weiter verfolgen als mit männlichen. Ein gewisses Ausmaß an weiblicher Homosexualität gilt allgemein als zulässig. Mädchen können sich auf der Straße Hand in Hand zeigen. Von einer Frau wird erwartet, daß sie an ihrer Mutter hängt, aber ein Sohn sollte nicht allzu stark an seinem Vater hängen. Es gibt gewisse Merkmale, die auf paranoide Züge bei Männern hindeuten: wenn ein Mann häufig seine Arbeitsstelle wechselt, wenn er sich Regeln und Vorschriften nur schwer anpassen kann, wenn er streitsüchtig und ungewöhnlich schnell gereizt ist, dann kann man annehmen, daß er paranoid ist und sich mit einem schwerwiegenden homosexuellen Problem herumschlägt.

Kandidat: Die wichtigste Frage ist doch wohl die nach der sozialen Annehmbarkeit. Passive Züge oder aggressive Impulse können gleichermaßen pathologischer Natur sein, es scheint aber doch, als ob die soziale Annehmbarkeit über den Grad der Schädigung entscheidet.

Dr. Tarachow: Die soziale Annehmbarkeit ist aus dem zugrundeliegenden Problem hervorgegangen, nicht umgekehrt. Die zugrundeliegenden dynamischen Prozesse sind wichtig; die soziale Annehmbarkeit spielt keine so große Rolle. Ein Mann mit einem echten homosexuellen Problem hat seine Kastrationsängste nicht bewältigt. Die Kastrationsangst ist das Entscheidende.

Kandidat: Aber auch der Mann mit besonders aggressiven Impulsen hat ein Problem.

Dr. Tarachow: Selbstverständlich, aber jedes Problem sollte im Blick auf seinen eigenen Wert verfolgt werden. Ängste im Zusammenhang mit Passivität sind Ängste des körperlichen Ich (Kastrationsängste, Penetrationsängste). Sie sind schwieriger zu ertragen als der Gedanke an Angriff oder Zerstörung des körperlichen Ich eines anderen. Der Frau wird in den meisten Kulturen mehr Homosexualität zugestanden als dem Mann. Aber in Frankreich küssen Männer einander in der Öffentlichkeit: man könnte meinen, daß sich die Franzosen am Problem der Homosexualität oder der paranoiden Psychose weniger stoßen. Es wäre interessant, vergleichende Statistiken daraufhin zu betrachten.

Kandidat: Was macht man mit einem passiv-abhängigen Menschen, der einen gewissen Einblick in seine homosexuellen Bestrebungen hat und nur einmal in der Woche zur psychotherapeutischen Behandlung kommt? Vielleicht bringt er seine homosexuellen Wünsche sogar offen vor.

Dr. Tarachow: Wenn er imstande ist, sie offen vorzubringen, dann ist die Gefahr paranoider Reaktionen geringer, wenn auch noch nicht aus der Welt. Eindeutig homosexuelle Männer können eine paranoide Psychose entwickeln. Man würde den Dingen nur so weit nachgehen, wie der Patient dies unbedingt wünscht. Patienten sind häufig von der homosexuellen Natur ihres Problems nicht abzubringen. In der Psychotherapie müßte man sich zuallererst mit den heterosexuellen Implikationen der homosexuellen Phantasien beschäftigen. Sogar prägenitale Implikationen sind unter Umständen weniger erschreckend als homosexuelle.

Ein Patient stellt sich beispielsweise vor, daß er an einem Objekt saugt, das zugleich die Merkmale eines Penis und einer weiblichen Brust hat. Wenn der Patient wegen der homosexuellen Implikationen beunruhigt ist, dann würde ich die heterosexuellen (also die mit der Brust zusammenhängenden) Implikationen vorrangig verfolgen. Ich würde nach einer Situation im augenblicklichen Leben des Patienten Ausschau halten, die auf Einsamkeit hindeutet bzw. die es erklärt, daß der Patient in Gedanken an seine Einsamkeit an die Rückkehr zur Mutter denkt. Ebensogut könnte man sagen, daß ein starkes Element seiner unbewußten Mutterphantasien im homosexuellen Partner verborgen liegt. Phantasien bei sexuellen Praktiken wie der Fellatio entstammen häufig der Vorstellung vom Saugen an der Brust. Die prägenitalen Aspekte der Homosexualität sind von enormer Bedeutung. Das ist für den Homosexuellen beruhigend, denn wenistens die Beziehung zu seiner Mutter scheint von heterosexueller Qualität. Aber auch in diesem Punkt sind längst nicht alle Patienten gleich: Ich habe schon angstvolle Vorwürfe einstecken müssen, weil ich die Mutter als diejenige Person identifizierte, die sich hinter dem herbeiphantasierten homosexuellen Partner versteckt hatte. Der Abscheu vor den Frauen war zu groß, als daß diese Interpretation die Patienten hätte beruhigen können.

Patienten bestehen häufig auf einer bestimmten Phantasie, um einer anderen zu entgehen. Manche bestehen auf der Homosexualität, um die Bindung an ihre Mutter nicht erkennen zu müssen. Dennoch ist es gegenüber einem Patienten, dessen Stabilität gefährdet ist, immer noch sicherer, sich zunächst mit den heterosexuellen Seiten zu beschäftigen, bevor man sich die homosexuellen vonimmt.

Kandidat: Haben Sie jemals erlebt, daß eine Psychose ausbrach, weil der Therapeut sich mit seinen Interpretationen an das homosexuelle Material gehalten hatte?

Dr. Tarachow: Wenn ich Sie recht verstehe, dann meinen Sie eine Psychose, die zuvor noch nicht sichtbar war. Ich halte das für möglich. Es ist möglich, daß man das Wiederauftreten einer paranoiden Psychose auslöst, wenn man zu hastig vorgeht. Das ist mir selbst passiert. Manchmal spürt man, daß man paranoide Reaktionen in seinen Patienten hervorruft. Hin und wieder kann ein Patient, von dem man nicht annimmt, daß sein Gleichgewicht so stark gefährdet ist, schon in der ersten Woche der Behandlung in eine blühende Psychose ausbrechen, noch bevor irgendwelche Interpretationen erfolgt sind. Der Patient kann einfach die nichtinterpretierte keimende Übertragungsbeziehung nicht ertragen.

5 Theorie der stationären Behandlung

Die Aufnahme ins Krankenhaus bietet dem Patienten Gelegenheit, seine psychodynamischen Verhaltensmuster unter Kontrolle und Beobachtung auszuagieren. Das beobachtete Verhalten, insbesondere die regressiven Aspekte, wird ähnlich genützt wie die Assoziationen in der individuellen Gesprächstherapie. Auf dieser Grundlage können dann therapeutische Maßnahmen geplant und durchgeführt werden.

Der therapeutische Prozeß läßt sich wie folgt umreißen: 1. Herausnahme des Patienten aus schwierigen äußeren Bedingungen; 2. Rekonstruktion des Problems durch den Patienten innerhalb des Krankenhauses; 3. Verwendung der beobachteten Daten für Behandlungszwecke. Dies letztere, die therapeutische Leistung, besteht aus mehreren Teilen: a) Toleranz gegenüber der Regression, b) Förderung von Einsicht, c) Ichbildung bzw. Ichstärkung.

Wir wollen unsere Diskussion zweckmäßigerweise mit der Überlegung beginnen, welche Haltung sich dem hospitalisierten Patienten gegenüber als therapeutisch nützlich erweist, wenn es darum geht, seine Regression zu verstehen, zu akzeptieren und nutzbar zu machen. Regression läßt sich unter anderem in der Weise beschreiben, daß der Patient alles im wörtlichen und realen Sinne auffaßt. Er betrachtet seinen Therapeuten als ausgesprochen realistisch. Tatsächlich braucht er wegen seiner affektiven Bedürfnisse und seines Bedürfnisses nach Beaufsichtigung, Disziplin und Kontrolle eine höchst reale Beziehung.

Obgleich die Situation für den hospitalisierten Patienten real ist, stellt sie für ihn doch zugleich eine – notwendige – Befreiung aus seiner Realität »draußen« dar, aus der Realität seiner bisherigen Verwicklungen und Schwierigkeiten. Im Krankenhaus trifft er auf eine neue Realität, die er sehr rasch in ein Abbild seiner alten Realität umwandeln wird. Wir werden hier zwar die zwangsläufig im Krankenhaus eintretende Regression diskutieren, sollten aber doch – gewissermaßen im Vorübergehen – festhalten, daß die Krankenhausumgebung der Regression unter Umständen nicht so stark Vorschub leistet wie die Familien mancher Patienten.

Für den Patienten sind alle Umstände im Zusammenhang mit seiner Aufnahme real. Der Therapeut muß willens und in der Lage sein, dieser Erwartungshaltung zu entsprechen. In vieler Hinsicht hat es der Therapeut gegenüber dem hospitalisierten Patienten sehr viel schwerer als gegenüber dem, der ihn in seiner Sprechstunde aufsucht. Bei seiner ambulanten Tätigkeit bzw. in seiner privaten Praxis ist er vor der Regression des Patienten sehr viel besser abgeschirmt. Wenn ein Psychiater dem Krankenhaus für eine Weile entronnen ist, dann kann es durchaus sein, daß er zögert oder sich sogar fürchtet, wieder dorthin zurückzugehen. Möchte jemand von Ihnen allgemein etwas zur Realität der Krankenhaussituation für den Patienten sagen oder fragen? Vielleicht könnte einer von Ihnen eine Unterscheidung zwischen dem ambulanten und dem stationären Patienten versuchen?

Kandidat: Ja, in der Ambulanz zielen doch die meisten unserer therapeutischen Anstrengungen darauf, die Regression zu *überwinden*. Regression ist pathologisch, aber sie läßt sich doch rückgängig machen, und wir kämpfen bei den meisten unserer ambulanten Patienten gegen sie an. Anders mag es bei den stationären Patienten sein, die so vollkommen überwältigt und so weitgehend regrediert sind. Wahrscheinlich unterscheidet sich die Situation im Krankenhaus sehr deutlich von der in der Ambulanz.

Dr. Tarachow: Regression zu tolerieren ist nicht einfach. Wir können als sicher annehmen, daß das Eintauchen in die regressive Krankenhausatmosphäre den jungen und unerfahrenen Arzt in Angst versetzt. Er ist ängstlich und besitzt noch nicht genügend Einblick; es ist nicht leicht für ihn, sich seinen neuen Pflichten zu widmen. Wir wollen uns hier im wesentlichen mit folgender Aufgabe beschäftigen: Wir müssen lernen, die intensiven und häufig entnervenden Forderungen des Patienten zu ertragen. Jungen Ärzten fällt es manchmal schwer, die Realität der Bedürfnisse der Patienten zu erkennen. Auch das Konzept der Dekompensation ist etwas, was der Arzt verstehen muß. Vielleicht könnten wir diesen Begriff hier rasch definieren. Wir sprechen beispielsweise von einem dekompensierten Zwangsneurotiker – aber können wir deutlich sagen, was wir damit meinen?

Kandidat: Ich glaube, ein ganz gutes Synonym für Dekompensation ist Regression, womit ich meine, daß der Patient gewisse gesündere Abwehrmechanismen zugunsten primitiverer Formen aufgibt, daß er also in einer Weise handelt, die eher für die frühe psychosexuelle Entwicklung charakteristisch ist.

Dr. Tarachow: Die »Primitivierung« der Abwehr ist eine ausgezeichnete Erklärung für bestimmte Formen von Dekompensation.

Kandidat: Ich glaube, bei der Dekompensation spielen oft auch Schwierigkeiten im Zusammenhang mit dem Bild vom eigenen Körper mit; und mit dieser verschwommenen Körperwahrnehmung treten sogar Schwierigkeiten auf, was die Unterscheidung zwischen den eigenen Gefühlen und Gedanken einerseits und der Wahrnehmung der Umwelt andererseits betrifft.

Dr. Tarachow: Wir sollten hier nicht zu tief in klinische Symptome einsteigen. Die eine Vorstellung von Dekompensation, die eben genannt wurde, ist recht nützlich, nämlich Dekompensation als Regression der Abwehrformen, als Primitivierung der Abwehrmechanismen. Das ist ein Beispiel für Dekompensation. Man könnte es auch Primitivierung der Ichstrukturen nennen.
Nehmen wir einmal die Konzepte des Ich, des Es und des Überich und stellen wir uns dazu vor, daß etwas aus der Hand geglitten, mit der Situation einfach davongelaufen ist. Entweder das Es oder das Überich ist außer Kontrolle geraten, oder es sind irgendwelche Ichstörungen aufgetreten. Das Ich hat vielleicht durch organische oder psychische Vorgänge eine Verzerrung oder Schwächung erfahren, oder seine Abwehrkräfte sind zusammengebrochen, außer Kontrolle oder ins Wuchern geraten. Ein Mensch war beispielsweise jahrelang damit zufrieden, daß er sich zehnmal am Tag die Hände gewaschen hat; das war vielleicht seine Form der Abwehr gegen welches unbewußte Vergehen auch immer. Jetzt passiert irgend etwas, und er wäscht sich die Hände zweihundertmal am Tag. Ein Mensch kann von seinen Abwehrmanövern zerstört werden. Bei Schizophrenen geschieht es häufig, daß die Gewalt der inneren Probleme so groß wird, daß die Abwehrmanöver »ins Kraut schießen« und den Patienten vernichten.
So können also die Abwehrmanöver überhandnehmen und den Menschen zerstören; das Überich kann ins Ungemessene wachsen, dann begeht der Patient Selbstmord; das Es kann überborden, dann begeht er einen Mord. Oder das Ich erfährt eine Verzerrung, eine Fragmentierung, eine Schwächung – und das führt zu den verschiedensten Formen der Desorganisation. Die Primitivierung der Abwehrmechanismen läßt sich als Ichstörung begreifen. Das Ich regrediert, das heißt, es funktioniert entsprechend einem früheren, infantileren und magischeren Muster. Sie werden manchmal feststellen, daß ein klinisches Syndrom jahrelang vor dem Hintergrund eines bestimmten neurotischen oder sogar psychotischen Gleichgewichts weiterbesteht, und an einem bestimmten Punkt tritt eine Störung in diesem Gleichgewicht ein, weil der Patient in die eine oder andere Richtung getrieben wird – sei es aus Gründen des Alters, sei es wegen innerer Zwänge oder äußerer Gegebenheiten.
Das soll nun nicht heißen, daß Primitivierung der Abwehr die einzige Art wäre, das Phänomen der Dekompensation zu begreifen, aber es ist eine nützliche Art der Erklärung. Am wenigsten stimmt das Bild da, wo das Es außer Kontrolle gerät, denn hier könnte der Eindruck entstehen, daß Psychopathie sich einfach damit erklären ließe, daß das Es überhandnimmt. Das mag zwar in manchen Fällen zutreffen oder doch zumindest

eine sehr wesentliche Rolle spielen, aber das Phänomen der Psychopathie ist damit keinesfalls erklärt. Viele Psychopathien sind das Resultat äußerst verworrener und komplizierter Abwehrmanöver und eines stets auf Abwehr bedachten Ich. Aber trotzdem kann unser einfacher Entwurf als Arbeitsgrundlage sehr nützlich sein. Ich präsentiere ihn als ein einfaches schematisches Konzept, so daß Sie, wenn Sie sagen, der Patient sei dekompensiert, zumindest für sich selbst dieser Aussage ein klein wenig mehr entnehmen können als nur eben die Feststellung, daß die Dinge zunächst einigermaßen glatt liefen und sich nun plötzlich zum Schlechten gewandt haben. Wir dürfen auch nicht übersehen, daß Dekompensation auf der Basis einer organischen Hirnerkrankung auftreten kann. Tatsächlich ist sie die Grundlage für einen wichtigen differentialdiagnostischen Sachverhalt, der im mittleren Alter in Erscheinung tritt.

Ich erinnere mich an einen Mann, der viele Jahre lang mit einer mittelschweren Zwangsneurose einigermaßen zurechtgekommen war. Als er etwa 45 Jahre alt war, verschlimmerten sich die Symptome abrupt. Er begann eine psychotherapeutische Behandlung, aber dann stellte sich heraus, daß er an der Alzheimerschen Krankheit litt.

Der Therapeut muß lernen, die Dekompensation und die Regression des hospitalisierten Patienten hinzunehmen und die Realität anzuerkennen, die für den Patienten damit verbunden ist. Er muß bereit sein, ein gewisses Maß an Realität anzubieten, damit er für den Patienten ein reales Objekt sein kann.

In seiner Sprechstunde als niedergelassener Arzt ist der Therapeut ein »als ob«-Objekt, im Krankenhaus ist er ein reales Objekt.

Es kommt vor, daß ein recht kranker Patient dem Therapeuten, der ihn ambulant behandelt, ein Geschenk machen möchte. Wenn Sie sich vorgenommen haben, daß Sie in erster Linie stützende Behandlung bieten und nach Möglichkeit versuchen wollen, ein reales Objekt zu sein, dann können Sie unmöglich so vorgehen, wie manche jungen Therapeuten es tun. Sie legen das Geschenk beiseite und sagen: »Jetzt erzählen Sie mir einmal, warum Sie mir das gebracht haben«, anstatt ganz einfach »vielen Dank« zu sagen. In ihrem Eifer, es dem Analytiker gleichzutun, und in Unkenntnis der Tatsache, daß sie für ihren Patienten unbedingt ein reales Objekt darstellen müssen, begehen sie solche Fehler.

Das ist wohl der häufigste Fehler, den der Anfänger macht, daß er sich wie ein Analytiker benimmt, ja, daß er nicht einmal der Vorgeschichte Beachtung schenkt, die realen Bedürfnisse des Patienten beiseitelegt und auch nicht wahrhaben will.

Manche Patienten werden buchstäblich dadurch am Leben gehalten, daß der Therapeut ein reales Interesse an ihnen nimmt. Ich erinnere mich an eine schizophrene Patientin, die ich zehn Jahre lang ambulant behandelte, bis ich der Sache überdrüssig war und sie an einen jüngeren Kollegen überwies. Eine Woche später befand sie sich in einem staatlichen Krankenhaus. Ich war für sie *die* Realität; die ganze Welt war ihr zehn Jahre lang durch den Kontakt mit mir vermittelt worden. Ihr Leben war nicht vollkommen, nicht normal gewesen, aber sie hatte doch zehn Jahre lang eine persönliche und soziale Existenz und eine soziale Identität besessen, bis ich meiner Rolle überdrüssig wurde.

Zur Frage des stützenden Verhaltens und zum Auftreten als reales Objekt noch folgendes: Wenn Sie die Rolle des realen Objektes für Ihren Patienten akzeptieren (wenn Sie also beispielsweise ein Geschenk annehmen und nicht interpretieren), dann *ist* das Stützung. Sie befinden sich dann innerhalb der realen Welt des Patienten. Sie haben seine Gefühle als real angesehen, Sie sind nicht in den Schatten und (für den Therapeuten) in die Anonymität der Aufgabe zurückgetreten in dem Sinne, daß hier nur eben ein Vorgang interpretiert werden muß. Sie haben den Patienten *nicht* im Stich gelassen. *Das ist Stützung*. Stützende Behandlung wird häufig mißverstanden, es wird nämlich angenommen, daß auch Ermutigung, Zuspruch, günstige Prognosen etc. dazuzählen. Das ist ganz und gar unwahr. Das entscheidende Element, an dem sich das Ausmaß der Stützung ablesen läßt, ist gerade das Ausmaß der Abkehr des Therapeuten von der interpretativen Position. Lautstarker verbaler Zuspruch ist etwas ganz anderes, denn er stellt sehr häufig im Unbewußten des Patienten die Begründung einer neuen sadomasochistischen Beziehung zwischen dem Therapeuten und dem Patienten dar. Häufig repräsentiert er eher Angriff als Stützung.

Kandidat: Eine wichtige Beobachtung, über die wir uns ganz klar sein sollten, ist, daß sich ein Patient in einem bestimmten Bereich innerhalb der Übertragungsbeziehung regressiv zeigen kann, in anderen Bereichen aber auf einer viel höheren Stufe funktioniert; Regression muß nicht das gleiche sein wie *totale* Dekompensation.

Dr. Tarachow: Regression kann das gleiche sein wie Dekompensation. Aber Ihr Hinweis ist richtig, daß es auch eine teilweise Regression gibt. Wir kennen viele verschiedene Formen der Ichspaltung; manche Formen sind mehr oder weniger stark pathologisch, andere sind relativ normal. Fällt jemandem von Ihnen ein Beispiel für eine solche Spaltung im normalen Leben ein, bei der einige Funktionsweisen des Ich relativ stark, andere relativ schwach regressiv sind? Ich benutze den Ausdruck Ichspaltung, obwohl das nicht ganz präzise ist. Wir sprechen eigentlich über die fokale Regression.

Kandidat: Liebesspiel und Liebesakt.

Dr. Tarachow: Genau. Der Liebesakt ist ein ausgezeichnetes Beispiel für die normale Regression auf einem bestimmten Sektor. Es gibt noch mehr Beispiele, alle sind sie zwischen den Polen des Normalen und des geringfügig Pathologischen angesiedelt.
Kandidat: Das Spiel.
Dr. Tarachow: Ja.
Kandidat: Der Schlaf?
Dr. Tarachow: Das ist Regression *par excellence*, aber es gibt noch andere Formen, die im Wachzustand auftreten. Schlaf ist allerdings keine Ichspaltung. Schlaf ist nahezu totale Regression. Fast das gesamte Ich überläßt sich der Regression. Wie ist es mit dem Leben im Wachzustand?
Kandidat: Tagträume.
Dr. Tarachow: Ja. Spiel, Spaß, Liebe, Träume, religiöse Empfindungen der unterschiedlichsten Art. Religiöse Empfindungen sind meiner Meinung nach ein ausgezeichnetes Beispiel für die Ichspaltung, bei der ganz gesunde Menschen irreale Vorstellungen als real akzeptieren, obwohl sie doch die gleichen irrealen Vorstellungen in anderen Bereichen ihres Lebens nicht als real ansehen würden. Auch bestimmte Aspekte des Patriotismus kann man wohl darunter zählen.
Perversionen und Fetischismus sind Beispiele für Ichspaltungen, bei denen ein Teil des Ich die sexuelle Anatomie kennt und ein anderer Teil verwirrt ist. Ferner gibt es verschiedene Formen pathologischen Leugnens. Manchmal deuten die Lügen von Kindern auf Ichspaltung.
Diese schwerpunktmäßige Regression begegnet uns auch im Zusammenhang mit der Hospitalisierung. Sie werden sich daran gewöhnen, daß manche Patienten in vieler Hinsicht wunderbar funktionieren, sich aber dem Therapeuten gegenüber wie kleine Kinder benehmen. Das regressive Potential der Übertragung wird nur zu leicht unterschätzt, und als Anfänger werden Sie es sogar mit Sicherheit unterschätzen. Zudem wird es Sie vielleicht auch erschrecken.
Vor einigen Jahren hat ein angehender Psychiater sich im Rahmen eines Forschungsprojektes mit den Träumen der Patienten kurz nach der Hospitalisierung beschäftigt. Wir glaubten, in den Träumen werde das Bild des Patienten vom Krankenhaus und die »infantile« Bedeutung des Krankenhauses für ihn deutlich werden. Wir haben uns nicht sehr gründlich mit den Daten befaßt, aber unser erster Eindruck war der, daß der Patient in seinem ersten Traum eindeutig seine Beziehung zum Therapeuten begründet, nicht die zum Krankenhaus. Bei diesen Patienten handelte es sich um Erwachsene; wie die Ergebnisse bei jugendlichen Patienten ausgesehen hätten, weiß ich nicht. Das wäre übrigens immer noch eine interessante Aufgabe für einen angehenden Psychiater. In dem Augenblick, in

dem der Arzt seine therapeutische Rolle gegenüber dem Patienten aufnimmt, ist er wichtig, sowohl als reale Person wie auch als Übertragungsobjekt.
Ich habe oft erlebt, daß Kandidaten gegenüber einem regredierten Patienten die Geduld verloren, besonders wenn es sich um Patienten handelte, die auf die orale Stufe zurückgekehrt und sehr anspruchsvoll waren. Ein solcher Patient sagt zum Beispiel: »Geben Sie mir einen Rat. Warum können Sie mir nicht sagen, was ich tun soll? Ich komme Woche um Woche her, und Sie tun überhaupt nichts. Sie sitzen einfach da.« Da kann es schon einmal passieren, daß der Therapeut eisig reagiert oder aber böse wird und seinen feindseligen Gefühlen freien Lauf läßt. Oder er begreift ganz einfach nicht die verzweifelten Bitten des Patienten und die ganze Art seiner Regression.
In der Kinderabteilung sind die Voraussetzungen völlig anders. Der junge Therapeut hat vielleicht Schwierigkeiten mit seinem erwachsenen regredierten Patienten und dessen sexuellen oder aggressiven Problemen. Mit Kindern dagegen ist er vielleicht viel eher bereit, sich der Situation anzunehmen. Hier besteht die Gefahr, daß man sich mit den Kindern in der Altersgruppe zwischen fünf und zwölf Jahren zu stark identifiziert. Der Therapeut kann sich vollständig mit dem kindlichen Patienten identifizieren, unrealistische Pläne machen, er kann allzu nachsichtig und permissiv vorgehen. Die Belastung des Therapeuten in der Ambulanz entspricht nicht seiner Belastung im Krankenhaus. Aber bleiben wir noch einen Augenblick bei den unterschiedlichen Schwierigkeiten in der Behandlung erwachsener Patienten und in der Behandlung von Kindern. Mit Patienten unter zwölf Jahren identifiziert sich der Therapeut, er akzeptiert sie, er verteidigt sie und ist rasch bereit, ihnen zu verzeihen. Aber gegenüber einem Erwachsenen, der regressive Forderungen stellt – sei es, daß sie übermäßige Gier und Abhängigkeit oder aber Bosheit und Gehässigkeit erkennen lassen –, wird der Therapeut zornig oder verliert das Interesse an ihm.
Kandidat: Es ist nicht so bedrohlich, sich mit einem Kind zu identifizieren. Das Kind verfügt nicht wie der Erwachsene über den Apparat, mit dessen Hilfe sich aggressive und sexuelle Akte vollziehen lassen. Die Identifizierung mit einem erwachsenen Patienten kann zu eng werden, als daß man sich darin noch wohlfühlen könnte. Man gerät zu sehr in die Gefahr, seine eigenen Impulse auszuleben. Es ist sicherer, sich mit einem agierenden Kind zu identifizieren, dann hat man die stellvertretende Befriedigung, ist aber doch einigermaßen frei von Schuldgefühlen.
Dr. Tarachow: Ja. Dem Kind sind regressive Handlungen erlaubt, dem Erwachsenen nicht. Sie können natürlich Ihre eigene regressive Identifi-

kation auf dem Weg über das Kind laufen lassen, dem man so etwas gestattet. Der Erwachsene darf sich nicht so gierig, so selbstisch, so destruktiv zeigen, wie dies dem kleinen Patienten zugestanden wird. Es kann einen rasend machen zu sehen, daß ein Erwachsener das tut, was man selber auch gern tun würde. Ihr Überich beschäftigt sich nicht mit dem Kind, dafür aber sehr eingehend mit dem Erwachsenen. Róheim hat einmal gesagt, daß das Kind das tun möchte, was der Erwachsene tut, und der Erwachsene das tun möchte, was das Kind tut.

Kandidat: Von einem Kind erwarten wir nicht so viel.

Dr. Tarachow: Das ist, glaube ich, zu bewußt, als daß es eine große Rolle spielen würde. Ich glaube, wichtig ist nicht so sehr der Erwartungspegel als vielmehr die Zulässigkeit.

Kandidat: Vielleicht verspürt der Therapeut gegenüber der Regression des Kindes nicht den gleichen Abscheu wie der Regression des Erwachsenen gegenüber, weil das Kind eben gar nicht so weit regredieren kann.

Dr. Tarachow: Beim Erwachsenen sieht es sicher bedenklicher aus und ist ja auch bedenklicher.

Kandidat: Ja, wenn ein fünfjähriges Kind in den Arm genommen werden möchte, dann verschwenden wir daran doch weiter keinen Gedanken.

Dr. Tarachow: Ja. Das ist ein ausgezeichnetes und ganz simples Beispiel. Vielleicht gibt es noch einiges zum Thema Lehrkandidat und kindlicher Patient anzumerken. Wenn der junge Therapeut dem kindlichen Patienten möglicherweise mehr zugesteht, braucht dies doch nicht darauf zurückzugehen, daß er die Regression des Kindes akzeptiert. Gerade das Gegenteil kann der Fall sein. Der Therapeut steht seinem kindlichen Patienten ferner als seinen erwachsenen Patienten. Der unerfahrene Therapeut weiß vielleicht nicht, wie er sich dem Kind nähern soll, und so nimmt er in seiner Unsicherheit Zuflucht zu permissivem Verhalten. Auf diese Weise kann der Therapeut eine exzessive Regression bei seinem kindlichen Patienten bewirken, und dann verschlechtert sich die therapeutische Situation noch weiter.

Daneben gibt es noch einen anderen Faktor, der sich unglücklich auf die therapeutische Situation auswirkt. Ein Therapeut, der mit der Rebellion gegen seine eigenen Eltern nicht fertiggeworden ist, schließt sich möglicherweise dem Kind in seiner Regression an. Dann wird die Sache hoffnungslos.

Kandidat: Ich weiß nicht recht, aber ich glaube, manchmal wird das, was von bestimmten Kreisen der Gesellschaft oder in bestimmten Schichten toleriert wird, von einer anderen Schicht nicht toleriert. Es ist nicht nur eine Frage der Erwartung, sondern ebensosehr auch der Toleranz der Umgebung. In einer bestimmten Schicht werden bestimmte Verhaltensweisen von einem Kind einfach erwartet.

Dr. Tarachow: Das spielt sicher eine gewisse Rolle. Unterschiedliche Gruppen haben unterschiedliche Werte. Der Psychiater vertritt selbst auch Werte, die er in die therapeutische Situation einbringt. Ganz deutlich sind die Unterschiede zwischen Männern und Frauen in ihren sozialen Beziehungen. Die Krankheitsformen variieren, und vielleicht variieren sogar die psychiatrischen Empfehlungen von einem Patienten zum anderen und entsprechend der sozialen Schicht, der der Therapeut angehört. Sterba (1960) diskutiert diese Zusammenhänge in einer neueren Veröffentlichung. Er spricht von der sich wandelnden Realität der Welt, einer Realität, die im allgemeinen der freien Äußerung von Emotionen und der individuellen Entfaltung feindlich gesinnt ist. Auf der »Spielwiese« des analytischen Durcharbeitens oder der psychotherapeutischen Sitzung wird der Patient aufgefordert, »er selbst« zu sein und seine eigenen Gefühle auszudrücken. Das hätte in der Realität verheerende Folgen.

Es gibt auch Unterschiede im Umgang mit gesunden und mit psychotischen Kindern bzw. im Umgang mit einem erwachsenen Psychotiker und mit einem Kind, sei es psychotisch oder nicht. Wenn ein Psychotiker einkotet, dann ist das schwerer zu tolerieren, als wenn ein fünfjähriges Kind dies tut.

Wir wollen dies im Zusammenhang mit dem ständigen Auf und Ab, mit den Wechselfällen und Ungewißheiten betrachten, mit denen es der Therapeut zu tun hat. Wenn ein erwachsener psychotischer Patient sich beschmutzt, *dann ist das für den Therapeuten schwer zu ertragen.* Es fällt ihm schwerer, den Vorfall einfach hinzunehmen, als die Selbstbeschmutzung eines Kindes zu ertragen. Wir diskutieren das Thema Regression ja im Hinblick darauf, daß wir lernen müssen, die Regression unserer Patienten zu ertragen, denn sie wird eine ganze Weile, nämlich während des gesamten Krankenhausaufenthaltes des Patienten, anhalten.

Hier möchte ich eine Warnung anschließen: Wir sollten den Begriff der Regression nicht zu eng fassen. Regression ist mehr als das Zurückgleiten von der phallischen oder genitalen Stufe auf die anale oder orale Ebene der Persönlichkeitsorganisation. In der Regression gibt das Ich seine Vorherrschaft über den seelischen Apparat auf; die Folgen sind Beeinträchtigung des Realitätssinnes, vermehrtes Auftreten magischer und primärprozeßhafter Gedanken, Zunahme von Aggressivität und Ambivalenz und – besonders wichtig – Störungen der Objektbeziehungen. Für den Therapeuten des hospitalisierten Patienten bedeutet das eine weitere Belastung, er muß sich nämlich nun auch noch um den Stand der Objektbeziehungen seines Patienten und um dessen geordnetes und realistisches Denken, das heißt um seine Fähigkeit zur Realitätsprüfung kümmern.

Kandidat: Fassen wir Regression als ein Phänomen auf, das charakteristisch ist für das Problem, mit dem wir uns befassen, oder betrachten wir sie als ein Phänomen, das die Funktion der Wiedergutmachung hat? Schlachten wir sie für die Behandlung aus? Gehört sie notwendig zur Einsicht in die Psychogenese des jeweiligen Patienten, oder muß sie dieser Einsicht sogar vorausgehen?

Dr. Tarachow: Heute haben wir nur über unsere Aufgabe gesprochen, die Regression des Patienten zunächst einmal tolerieren zu lernen bzw. zu lernen, daß die Patienten, die ins Krankenhaus kommen, von Anfang an regrediert sind, daß ihre Regression bestimmte Formen annimmt – sei sie fordernder, aggressiver oder parasitärer Natur –, und daß der Therapeut auf diese Umstände vorbereitet sein, mit ihnen leben und sie als unumgänglichen Bestandteil der Hospitalisierung des Patienten akzeptieren muß. Das ist der Anfang. An diesem Punkt ist der Psychiater real, ist der Patient real, und ist die Situation real, besonders ihre regressiven Aspekte. Dieses Zugeständnis von seiten des Therapeuten bildet den Ausgangspunkt für die stationäre Psychotherapie.

Das entscheidende Hilfsmittel der stationären Therapie ist dann – ob wir nun die therapeutische Barriere, die Regression oder anderes im Auge haben – die Macht der Übertragung. Das bedeutet nicht, daß der Therapeut nun alles und jedes interpretieren sollte. Er muß sich nur der Macht der Übertragung bewußt sein. Er muß die Beziehung sehen, die der Patient zu ihm aufbaut, muß erkennen, daß es sich um eine Beziehung handelt, und muß dann diese Beziehung dazu nützen, den Patienten ganz allmählich mit so vielen Fakten oder Einsichten zu konfrontieren, wie er es für vertretbar und möglich hält.

Wir wollen dieses progressive Vorgehen in der Behandlung von stationären Patienten ein Stück weit verfolgen:

1. Der erste Schritt besteht in der Herausnahme des Patienten aus einer schwierigen Situation, aus seinen Interaktionen in der Außenwelt. Der Patient befindet sich nun im Krankenhaus. Das haben wir bereits hinter uns. Der Therapeut weiß, daß diese Maßnahme für den Patienten getroffen worden ist.

2. Der nächste Schritt besteht in der Wiederherstellung des Problems in allen Bereichen des Krankenhauses und in der Spaltung und daher Verwässerung der Übertragungsbeziehungen. Darüber haben wir heute gesprochen; die Wiederherstellung des Problems würde nach unseren Überlegungen bedeuten, daß der Patient sich mit seinem eigenen, für ihn charakteristischen Stil, mit seiner Symptomatik und seinem regressiven Muster hier gewissermaßen niederläßt und einrichtet. Er errichtet seine Psychose oder Neurose von neuem, und zwar überall im Krankenhaus.

Sie wird gegenüber allen Menschen sichtbar, mit denen er umgeht, und – wie nicht anders zu erwarten – auch gegenüber dem Therapeuten selbst. Dieser Schritt verlangt Ihnen selbst nichts ab. Der Patient unternimmt ihn von sich aus. Der Therapeut muß lernen, diese Entwicklung der Dinge und das Vorgehen des Patienten hinzunehmen. Der Patient bleibt von allen Reaktionen der Außenwelt und von aller Interaktion mit ihr verschont und errichtet nun sein Verhaltensmuster Ihnen und dem übrigen Krankenhauspersonal gegenüber von neuem. Der Therapeut muß lernen, das zu verstehen und zu tolerieren.
An diesem Punkt ist es vielleicht zweckmäßig, ein paar allgemeine Bemerkungen über die Symbolik, die das Krankenhaus verkörpert, anzufügen. Es ist sehr einfach, das Krankenhaus als ein Symbol für das Es zu betrachten; es ist die Mutter, die nährt und tröstet und von aller Verantwortung befreit. Es kann aber ebensogut auch ein Symbol für das Überich sein. Es handelt als Kontrollinstanz für das Verhalten. Hin und wieder wird Ihnen dieser spezielle Aspekt Ihres Auftretens gegenüber dem Patienten vielleicht Kummer bereiten. Das Krankenhaus kann auch Aufgaben stellen und explizit oder implizit Anreize zur Besserung bieten. In diesem Sinne ist das Krankenhaus ein Ichsymbol. Mit den ichbildenden Aspekten der Behandlung werden wir uns an anderer Stelle beschäftigen.
Bisher hat der Therapeut noch keine therapeutischen Schritte unternommen; wir haben uns aber nun eine Basis errichtet, von der aus solche Schritte möglich werden. Der Therapeut ist jetzt bereit, den regredierten Patienten zu ertragen und dessen Bindung an ihn – sowohl die reale als auch die in der Übertragung sichtbar werdende Bindung – so zu sehen, wie sie gegenwärtig besteht. Er ist weitgehend ein neutraler Beobachter.
3. Der dritte Schritt besteht in der Anwendung der zahlreichen durch die stationäre Beobachtung gewonnenen Daten auf die Behandlung. Der Therapeut hat jetzt die Möglichkeit, zum richtigen Zeitpunkt und im richtigen Ausmaß zu kontrollieren, zu konfrontieren, zu erziehen und zu interpretieren. An diesem Punkt sind wir in den aktiven *persönlichen therapeutischen Prozeß* eingetreten. Der »totale« therapeutische Prozeß kann in allen Bereichen des Krankenhauses beobachtet werden: Nehmen wir an, der Therapeut sammelt Daten über die Beteiligung und das Verhalten des Patienten in sozialen Gruppen, bei der Beschäftigungstherapie, bei den alltäglichen Aktivitäten auf der Station und in der therapeutischen Sitzung selbst. Er sammelt auch Daten, die darauf deuten, daß der Patient ihm zunehmend vertraut und auf ihn baut.
Wir wollen hier einen Augenblick innehalten und uns sagen, daß der Patient sich ja nicht nur mit dem Problem der Übertragung und der Spaltung der Übertragung herumschlägt, sondern auch mit den Schmer-

zen und Qualen des pathologischen Prozesses, das heißt mit seiner klinischen Symptomatik.

Kehren wir nun zum therapeutischen Prozeß zurück, um ihn etwas genauer zu betrachten. Der Therapeut sammelt die verschiedenen Daten über den Patienten, über sein Verhalten in den diversen Bereichen des Krankenhauses und im persönlichen Umgang in der Sprechstunde.

Zunächst muß der Therapeut sich ein schnelles und klares, zugleich aber von Toleranz geprägtes Bild dessen verschaffen, was in seinem Patienten vorgeht. Bis zu diesem Punkt sind Dinge und Menschen ausnahmslos real. Nun muß der Therapeut zusammen mit seinem Supervisor entscheiden, wo der Patient mit seinem eigenen Verhalten konfrontiert werden muß und wie weit und wie eindringlich ihm Stil, Art und Charakter seines Verhaltens vorgehalten werden müssen, und sei es auch nur zu Konfrontationszwecken. Möglicherweise quält und bekämpft der Patient jede Autoritätsperson, möglicherweise zeigt er sich in hohem Maße abhängig von Autoritäten, und möglicherweise ist er in unangenehmer Weise gierig, sei es im Sinne von Feindseligkeit oder von Abhängigkeit. Es kann sein, daß er sich an alte Menschen oder aber nur an junge anschließt, daß er ein homosexuelles oder sonst ein Muster zeigt. Wenn der Therapeut etwas erreichen möchte, dann sollte er auf das Lebens- und Verhaltensmuster und nicht auf die Symptome des Patienten achten. Das ist für den Patienten vielleicht überraschend, es paßt ihm nicht oder er hat es nicht erwartet, aber ein solches Vorgehen hat seine Vorteile. Neurosen lassen sich selten durch einen Frontalangriff beseitigen. Wenn der Therapeut feststellt, daß der Patient ihn einigermaßen gern hat und ihm genügend vertraut, dann kann er damit beginnen, den Patienten der (in dessen Augen) realen Natur aller dieser Ausdrucks- und Handlungsmuster zu berauben. Er tut das durch Konfrontation, durch den Vergleich oder schließlich durch Interpretation. Colby (1951) nennt in seinem sehr anschaulichen Buch über Psychotherapie deutlich abgestufte Formen der Interpretation und verschiedene Möglichkeiten, sie darzubieten. Genauer gesagt heißt das, die Interpretationen können der Klärung, der Gegenüberstellung oder schließlich der Wunschabwehr dienen. Sie können in die Form von Fragen, Vorschlägen, versuchsweise aufgestellten Behauptungen oder definitiven Erklärungen gekleidet sein.

Wir müssen die stationäre Aufnahme als eine Möglichkeit für den Patienten betrachten, sein psychodynamisches Muster unter Kontrolle und Beobachtung auszuagieren. Daran schließen dann die aktiven therapeutischen Bemühungen an.

Jedes Verhalten des Patienten trägt insofern zur Therapie bei, als es ein beobachtbares Geschehen darstellt und sich an geeigneter Stelle zu therapeutischen Zwecken einsetzen läßt. Ob der Patient agiert oder nicht, ist nur in der analytischen Situation von Belang, wo die Beobachtung sich auf das Zuhören beschränkt. Aber im Krankenhaus treten viele weitere Verhaltensmodalitäten auf, die ebenfalls der Beobachtung zugänglich sind.

Das Agieren des stationären Patienten läßt sich nicht in genau der gleichen Weise definieren wie das Agieren des ambulanten Patienten. Ein Patient, den man zur Beschäftigungstherapie geschickt hat, kann sich an den Beschäftigungstherapeuten klammern, oder aber er weigert sich, überhaupt dorthin zu gehen. Ich weiß nicht, ob wir sein Verhalten gegenüber dem Beschäftigungstherapeuten als Agieren betrachten sollten; wenn er sich aber weigert, zur Beschäftigungstherapie zu gehen, wenn er sich heimlich davonmacht, wenn er ständig zu spät oder zu früh zur Sitzung bei Ihnen erscheint, wenn er sich hartnäckig sträubt, ein Bad zu nehmen oder sein Zimmer aufzuräumen, dann können wir dies wohl als Agieren bezeichnen. Es ist schwierig zu bestimmen, was im stationären Bereich als Agieren zu gelten hat, denn wir sind ja darauf vorbereitet, uns von Anfang an mit dem gesamten Verhalten zu beschäftigen.

Es ist Ihre Sache, auf die Einzelheiten im Verhalten Ihres Patienten zu achten. Sie erinnern sich vielleicht, daß ein Kandidat der Psychotherapie und ein Supervisor vor einigen Jahren in diesem Krankenhaus eine Untersuchung durchgeführt haben, die zwar nicht veröffentlicht wurde, die aber genau in diesen Zusammenhang gehört. Sie unterzogen einen oder einige wenige Patienten einer intensiven Beobachtung, das heißt, es wurde mehrmals über eine Zeitspanne von vierundzwanzig Stunden hinweg *jedes* Verhalten des Patienten festgehalten und dem jeweiligen Therapeuten mitgeteilt. Das Ergebnis war überraschend; der Therapeut konnte sich ein erheblich besseres und brauchbareres Bild von seinem Patienten machen, als wenn er sich nur auf die üblichen routinemäßigen Berichte hätte stützen müssen. Ein angehender Therapeut sollte lernen, sich nonverbales Material zunutze zu machen und alles als Kommunikation zu betrachten. Der Patient glaubt vielleicht, daß er nicht kommuniziert, während es an Ihnen liegt festzustellen, in welcher Weise er es eben doch tut. Es ist falsch, im stationären Bereich versuchen zu wollen, Agieren von anderen Äußerungen zu trennen. Wir haben zwar versucht, dies hier in unserer Diskussion zu tun, aber im Grunde ist es gar nicht möglich. Wir machen uns einfach den Grundsatz zu eigen, uns alles Verhalten nutzbar zu machen.

Kandidat: Ich glaube, es geht darum, daß selbst Verhalten, das zur schließlichen Bewältigung der emotionalen Probleme nicht beiträgt, sich in der stationären Behandlung verwenden und in diese Behandlung einbeziehen läßt. Man könnte das auch so sagen, daß beobachtetes Verhalten in weitgehend der gleichen Weise genützt wird wie der Vorgang des Assoziierens bei der Gesprächstherapie.

Dr. Tarachow: Ja, genau das sollte man mit dem Begriff der stationären Behandlung verbinden. Wir diskutieren sie jetzt im Blick auf die erste wichtige Lektion für den künftigen Anstaltspsychiater: Wenn er sich um das Verhalten seines Patienten im Krankenhaus nicht kümmert, dann begibt er sich eines großen Teils der Möglichkeiten, die die stationäre Behandlung bietet.

Kandidat: Vielleicht fehlt uns in diesem Zusammenhang eine Unterscheidung zwischen Agieren und Aktion, denn im Begriff des Agierens klingt doch die analytische Situation an; er gehört per definitionem in die psychoanalytische Beziehung.

Dr. Tarachow: Das können Sie halten wie Sie wollen. »Agieren« läßt sich definieren als Widerstand gegenüber der Psychoanalyse, und es läßt sich definieren als plastisches Herausarbeiten der inneren Konflikte, unabhängig von der analytischen Situation. In der stationären Behandlung verwenden wir den Begriff nicht in einem speziellen Sinn. Agieren ist die Dramatisierung eines innerpsychischen Problems, während Aktion ein objektbezogenes, realitätsorientiertes Phänomen ist. Wir werden das im einzelnen besprechen, wenn wir uns mit der Psychopathie beschäftigen (Kapitel 16).

Stellen wir uns vor, ein Therapeut hat wiederholt Fragen über seine eigene Person zugelassen und beantwortet. Ohne sich bewußt zu sein, was er eigentlich tut, antwortet er, entweder weil es ihn selbst drängt zu antworten, oder weil er es einfach noch nicht in ausreichendem Maße versteht, die dynamischen Implikationen des Verhaltens seines Patienten auszusondern. Wenn der angehende Therapeut mit dem Patienten »gemeinsame Sache« macht, dann trägt er nichts zu dessen Heilung bei. Der Therapeut muß das Verhalten des Patienten nutzen, nicht aber sich ihm anschließen.

Kandidat: Die Diskussion über das Agieren ist für diejenigen von uns besonders wichtig, die mit Jugendlichen arbeiten, denn diese agieren ja ständig.

Dr. Tarachow: Ja. Bei jugendlichen Patienten wird das Agieren als selbstverständlich angesehen. Bei Erwachsenen verurteilt man es eher und ist bestrebt, es den Patienten gleichsam wegzunehmen. Bei den Jugendlichen ist das Agieren unter Umständen schon alles, womit Sie überhaupt arbeiten können.

Der letzte »als ob«-Schritt besteht darin, dem Patienten sein Recht zu agieren überhaupt zu nehmen. Das ist wirklich der letzte Schritt. Der

Therapeut ist vielleicht zu fasziniert oder zu erschreckt von den Symptomen, als daß er dem Gesamtverhalten des Patienten die gebührende Aufmerksamkeit zuwenden könnte. Die Behandlung erfolgt allerdings selten auf dem Weg über die Symptome, sie erfolgt vielmehr auf dem Weg über das gesamte Verhalten.

Nehmen wir an, wir beginnen die Arbeit mit einem Patienten, der sich beim ersten Gespräch sehr schlecht benimmt. Dem Therapeuten, der durch die regressiven Übertragungsreaktionen des Patienten verwirrt und verunsichert ist, fällt es vielleicht schwer zu sehen, daß der Patient durchaus gewisse positive Schritte unternommen hat, die in einem anderen Bereich Reife oder Einsicht bewirkt haben. Er sieht nur, daß sein Patient faselt oder unzusammenhängend spricht. Aber es könnte ja sein, daß der Patient ein sehr guter Schüler ist. Therapeutische Möglichkeiten ergeben sich also vielleicht an anderer Stelle im Krankenhaus und *losgelöst* von der Auge-in-Auge-Beziehung mit dem Therapeuten.

Wir müssen hier erneut darauf hinweisen, daß man einfach nicht darum herumkommt, sich ein Bild vom Gesamtverhalten des Patienten zu machen, davon, wie er sich in diesem Umfeld, im gesamten stationären »Betrieb« verhält. Der Therapeut, der an der Sprechstundenbeziehung festhält, hat einfach noch dazuzulernen.

Diese »gespaltenen« Situationen enthalten für den Therapeuten noch eine weitere Lektion: Wenn das Verhalten des Patienten gegenüber dem Therapeuten sich durch bestimmte Merkmale auszeichnet, dann kann das darauf deuten, daß der Patient den Therapeuten favorisiert. Der Therapeut ist möglicherweise das wichtigste Objekt für die regressiven Wünsche und Bedürfnisse des Patienten. Der Patient verhält sich gegenüber dem Therapeuten in dieser regressiven Weise, weil er andere Menschen nicht ertragen kann oder weil er nicht wagt, seine Wünsche und Forderungen anderswo vorzutragen.

Der Patient kann auf mehrfache Weise »Spaltungen« vornehmen; er kann seine Objekte, seine Gefühle und die Art seiner Beziehung zu den Objekten spalten, vor allem im stationären Umfeld mit seinen vielfältigen Versorgungs- und Zulieferdiensten. Das lückenlose Bild ist daher für den Therapeuten unumgänglich. Er muß die einzelnen Fragmente und die verschiedenen Bereiche der fokalen Regression auf ihren übergreifenden Zusammenhang hin prüfen.

Die gleiche Aufgabe stellt sich auch in der Psychoanalyse. Viele Analysen dauern jahrelang, weil irgendeine ganz simple Beobachtung, die die Ehefrau (bzw. der Ehemann) tagtäglich macht, dem Analytiker verborgen bleibt und so niemals darüber gesprochen wird. Im Krankenhaus sind wir da ganz eindeutig im Vorteil, wenn der Arzt sich diesen Vorteil auch nicht

immer zunutze macht.
Der stationäre Patient hat oft nicht die notwendige Ichstruktur, um eine in hohem Maße strukturierte Situation wie das Interview in der Sprechstunde des Therapeuten akzeptieren und sich in ihr zurechtfinden zu können. Es braucht schon ein gut funktionierendes und gelassenes Ich, um sich in einer solchen künstlichen Situation zu behaupten. Das ist ein Umstand, der leicht übersehen wird.
Der Therapeut muß lernen, die fragmentierten und regredierten Ichs zu akzeptieren, mit denen er es zu tun hat. Möglicherweise empfindet er die Situation als außerordentlich ärgerlich. Der Patient antwortet nicht, er nimmt an, daß Sie die Antwort ja schon wissen, oder er antwortet mürrisch und unfreundlich. Diejenigen unter Ihnen, die bereits einige Erfahrung haben, kennen das.
Kandidat: Wie weit ist Intoleranz gegenüber der Regression des Patienten auf den Neid oder den Ärger des Therapeuten zurückzuführen?
Dr. Tarachow: Das ist eine sehr gute Frage. Es kann sein, daß der Therapeut in der Regression ein Sich-Gehen-Lassen sieht. Ich glaube, wir haben über dieses Thema schon diskutiert, als wir über die unterschiedliche Einstellung gegenüber kindlichen und erwachsenen Patienten sprachen.
Kandidat: Schon die Tatsache, daß man ins Krankenhaus aufgenommen wird und es hinnehmen muß, daß man hier abhängig ist, bedeutet Regression. Es ist aber auch schon vorgekommen, daß man sich der Regression gegenüber allzu tolerant gezeigt hat. In diesem Krankenhaus hat sich einiges verändert, seitdem wir die Stationen umgebildet haben. Wir wollten, daß die Patienten ihren Klinikaufenthalt von Anfang bis Ende auf *einer* Station verbringen. Der gestörte Patient soll in eine Station kommen, auf der sich Patienten befinden, deren Zustand sich schon weitgehend gebessert hat und die sich einigermaßen gut unter Kontrolle haben.
Dr. Tarachow: Das ist ein sehr interessanter Gesichtspunkt. Mit anderen Worten, wenn man die schwerkranken Patienten in eine Gruppe eingliedert, in der es auch Leute mit verhältnismäßig gut funktionierender Ichstruktur gibt, dann werden diese kränkeren Patienten rascher aus ihrer Regression emportauchen.
Kandidat: Wir erwarten mehr von ihnen. Das gehört zu unseren wichtigsten Grundsätzen. Unser Ziel ist, nur das allergeringste Maß an Regression überhaupt zuzulassen. So kann man dem Prozeß der Ichzerstörung besser begegnen.
Dr. Tarachow: Man kann sagen, daß ein Glas halbvoll mit Wasser oder aber daß es halbleer ist, und beides trifft zu. Die »Antiregressionisten« würden sagen, daß wir dem Patienten nur das allergeringste bzw. das allernötigste Ausmaß an Regression zugestehen dürfen und ihm die thera-

peutische Aufgabe so schnell wie möglich aufbürden sollen. Ich würde sagen: Machen Sie sich klar, daß Regression vorhanden ist, dulden Sie sie, und bürden Sie dann dem Patienten die therapeutische Aufgabe nur langsam und in einer Dosierung auf, die er ertragen kann.

Ich möchte aus dieser Diskussion über die Regression und über die Faktoren, die regressive Tendenzen im Patienten begünstigen bzw. ihnen entgegenwirken, einen Grundsatz herausfiltern. Er lautet, daß das Krankenhaus auch eine ichbildende Funktion innehat. Wir kommen hier im Krankenhaus dieser Aufgabe, zur Ichbildung beizutragen, bewußter nach als in der privaten Sprechstunde, obwohl wir ja auch in der Sprechstunde eine formative Rolle innehaben (Sterba 1944). Es kann durchaus sein, daß die Zusammenführung von schwerkranken Patienten mit Patienten in gebessertem Zustand auf der gleichen Station einen Anreiz für die Ichbildung darstellt, und zwar implizit und in einer Weise, die nicht den Eindruck aufkommen läßt, als werde hier Druck von außen oder direkt von seiten des Therapeuten ausgeübt.

Die gleiche Erscheinung läßt sich übrigens auch auf anderen Gebieten beobachten. Im Krieg hielten sich viele Soldaten vorzüglich, solange sie bei einem Einsatz Seite an Seite mit Leuten kämpften, die sie kannten. Wenn der Einsatz vorüber war und sie zurückgeschickt wurden, war es aus mit ihrer Haltung. Unter dem Zwang, vor ihren Kameraden Haltung zu bewahren, nicht das Gesicht zu verlieren und ebenso gut zu sein wie der Nebenmann, ertrugen sie alle möglichen Strapazen.

Kandidat: Nach dem Krieg hat man daraus die entsprechende Lehre gezogen und jeweils die ganze Einheit bewegt. In der Gruppe taten die Leute einfach besser.

Dr. Tarachow: Das ist verständlich.

Kandidat: Es gibt buchstäblich Hunderte von solchen Manövern, die bei der stationären Behandlung von einer bestimmten Signifikanz sind. Auf die eine oder andere Weise machen wir uns genau diese Art von antiregressiven Faktoren ständig zunutze. Wir müssen wissen, welche Faktoren der Regression Widerstand bieten. Regression ist umkehrbar und spricht auf eine ganze Reihe von Einflüssen an.

Kandidat: In einer Hinsicht ist man hier im Krankenhaus ganz konsequent: wir machen jeder Form von Regression ein Ende, die dem Patienten ernsthaft schadet, durch die er sich – aus welchen Gründen auch immer – in Gefahr bringt. Wir sagen definitiv: »Das können wir nicht dulden. Wir lassen nicht zu, daß Sie sich selbst zerstören.«

Dr. Tarachow: Manchmal muß man dem Patienten sagen, daß er sich selbst zerstört. Ein gutes Beispiel dafür findet sich in Anna Freuds Abhandlung *Probleme der Lehranalyse* (1954 a). Douglas Bond beschrieb eine junge Patientin, die sich zu Tode hungerte. Monatelang arbeitete er täglich mit ihr und erreichte überhaupt nichts. Es ging ihr immer schlechter, und es war keine Frage, daß sie sterben würde. Schließlich sagte er zu ihr: »Wenn Sie so weitermachen, sterben Sie.« Sie begann wieder zu essen.

Ich selbst habe auch einen spannenden Fall einer schweren Regression gehabt, wobei die Patientin schließlich auf einen eindringlichen Appell an das Ich ansprach. Eine junge Frau litt nach der Geburt ihres ersten Kindes an Brechdurchfall, der sich einfach nicht unter Kontrolle bringen ließ. Innerhalb von weniger als einer Woche schwebte sie in Lebensgefahr. Ich wurde hinzugezogen. Sie war zwar eine intelligente Frau, aber für subtile dynamisch-psychotherapeutische Anregungen und Vorschläge keineswegs ansprechbar. Also besorgte ich mir ein kleines rotierendes Rad, das den Blick auf sich zieht und eine hypnotisierende Wirkung ausübt, setzte mich ganz einfach neben sie und sagte ihr in monotonleierndem Tonfall immer wieder ins Ohr, daß sie nur meine Stimme höre und daß sie genau das tun werde, was ich sagte. So verfuhr ich stundenlang, jeden Morgen und jeden Abend; ich leierte ihr immer wieder vor, daß sie essen könne. Sie begann zu essen, die Diarrhöe und der Brechreiz blieben aus. Nach weniger als einer Woche wurde sie entlassen und setzte die psychotherapeutische Behandlung in meiner Sprechstunde fort.

Etwa ein Jahr später war sie bereit, mir zu sagen, warum sie damals wieder zu essen begonnen hatte. Ich war auf irgendein tiefschürfendes Element der Übertragung und der symbiotischen Einheit mit mir gefaßt, aber sie sagte: »Wissen Sie, Sie haben sich so schrecklich viel Mühe gegeben, das hat mir eben leid getan.« Immerhin hatte ich einen massiven Versuch unternommen, an sie heranzukommen, und sie hatte reagiert.

Fassen wir noch einmal die drei Punkte zusammen, die bei der stationären Behandlung von besonderem Belang sind: Zunächst die *Regression*, die Sie erkennen und bis zu einem gewissen Punkt und für eine gewisse Zeit akzeptieren müssen. Wenn Sie sie für immer akzeptieren, wenn Sie gar nichts von Ihrem Patienten verlangen, dann ist das etwas anderes. Aber irgendwann müssen Sie gewisse Anforderungen an den Patienten stellen. Nun zu den beiden anderen Punkten. Ich weiß nicht, was ich an erster und was an zweiter Stelle nennen soll. Da ist einmal der Aspekt der *Ichbildung* und daneben der der *Einsicht*. Die Einsicht muß in wohlabgewogenen Dosen von Ihnen kommen. Die Ichbildung ist das Ergebnis von Faktoren, wie wir sie im Zusammenhang mit der Umorganisation der Station erwähnt haben, und von vielen anderen Faktoren, wie sie nun einmal mit dem Krankenhausbetrieb verknüpft sind. Damit sind natürlich andere Anstöße nicht ausgeschlossen, die sich aus der persönlichen therapeutischen Beziehung ergeben können.

Kandidat: Wir haben ganz kurz von der Verwässerung der Übertragung gesprochen. Ich möchte auf das merkwürdige Phänomen des Widerstandes gegenüber der Verwässerung der Übertragung aufmerksam machen. Ich habe mir überlegt, ob wir nicht diesen Widerstand definieren und vielleicht auch darüber diskutieren könnten, für welche Art von Regression der Patient sich entscheidet und welchen Einfluß wir auf diese Entscheidung haben. Läßt sich aus der Art unseres therapeutischen Einflusses möglicherweise ablesen, welche Manöver von seiten des Patienten wir akzeptieren bzw. nicht akzeptieren werden?
Dr. Tarachow: Das kann ich Ihnen nicht beantworten, aber ich will Ihnen sagen, was mir zu Beginn Ihrer Frage einfiel. Ihre Frage erfordert gewissermaßen eine verfeinerte Einschätzung des Patienten. Das ist ein wunderbares Thema für eine klinische Forschungsarbeit, eine Arbeit, durch die geklärt werden soll, welche Patienten sich ausschließlich an ihre Therapeuten halten und alle übrigen Personen, die man ihnen anbietet, als verhältnismäßig unwichtig betrachten, und welche Patienten ihre Übertragungen verwässern oder aufspalten und sich anderswo – bei zwei, drei, vier, fünf anderen Personen – stärker anlehnen als bei ihrem Therapeuten. Das ist ein ganz ausgezeichnetes Forschungsthema. Wir könnten es so formulieren: Welche Faktoren sind bestimmend dafür, ob und wie weit der Patient unter dem Einfluß der durch die Krankenhausstruktur gegebenen Möglichkeiten sich für eine Aufspaltung seiner Übertragung entscheidet? Das können äußere Faktoren sein, es können aber ebenso gut auch Faktoren sein, die in der Person des Patienten liegen.

Sie können mit der Art seiner Objektbeziehungen aus der Zeit vor der Hospitalisierung in Zusammenhang stehen. Ich könnte mir denken, daß die Frage eine Rolle spielt, wieviel Ambivalenz der Patient gegenüber seinen Objekten ertragen kann. Vielleicht ist seine Objektwahl schon immer »gespalten« ausgefallen.

Vielleicht hat der Patient niemals auch nur die geringste Ambivalenz ertragen können. Nehmen wir an, er hat *einen* Freund gehabt, den er sehr gern mochte und den er niemals kritisiert hat. Die meisten übrigen Menschen hat er abgelehnt. Ein solcher Patient kann ambivalente Gefühle gegenüber einer anderen Person einfach nicht ertragen. Vielleicht braucht dieser Patiententypus viele Übertragungsobjekte, die jeweils die Zielscheibe nur *eines ungeteilten* Gefühls sind. Sein Ich ist vermutlich nicht imstande, die gegensätzlichen Gefühle miteinander verschmelzen zu lassen.

Es kann auch gerade umgekehrt sein: Der Patient ist imstande, ambivalente Gefühle gegenüber ein und derselben Person zu ertragen. Er ist vielleicht ausschließlich auf den Therapeuten oder auf ein anderes Mit-

glied der Belegschaft fixiert und läßt sich nur auf diese eine einzige und sehr wichtige Beziehung ein. Die entsprechende Person wird zur Zielscheibe sowohl seiner Liebe als auch seines Hasses. Vielleicht weisen die Objektbeziehungen des Patienten in der Außenwelt noch andere Aspekte auf, die er im Krankenhaus wiederholt oder aber nicht wiederholt.
Dadurch, daß man seiner Vorgeschichte nachgeht, sollte man diesen Punkt klären können. Ich bin ein großer Befürworter der genauen Anamnese. Wenn Ihnen während der ersten ein bis zwei Wochen auffällt, daß der Patient sich an einen Angehörigen des Hilfspersonals und nur an diesen angeschlossen hat, nicht an Sie und auch sonst an niemand anderen, dann sollten Sie diesem Umstand Ihre besondere Aufmerksamkeit zuwenden und die Vorgeschichte des Patienten noch einmal durchleuchten. Welcher Hintergrund veranlaßt den Patienten entweder dazu, sich so zu verhalten, oder aber hindert ihn daran, sich anders zu verhalten?
Kandidat: Vielen Dank. Jetzt kann ich deutlich machen, was ich vorhin eigentlich sagen wollte: Prognostisch gesehen ist eine ambivalente Beziehung eine recht dürftige Objektbeziehung.
Unsere Kenntnis bzw. unsere Beobachtung, wie stark der Patient seine Übertragung »verwässern« kann, läßt uns vielleicht auch auf den Grad der Regression schließen, mit dem wir es zu tun haben werden. Wir kommen um solche Überlegungen nicht herum, wenn wir zu entscheiden haben, wo wir die Regression angreifen können, anstatt sie zu dulden. Ich denke auch an das Problem, das uns ein Patient aufgibt, der es fertigbringt, die gesamte Krankenhaussituation einschließlich des Arztes zu leugnen und seine Übertragung an einem Objekt in der Außenwelt auszuagieren.
Dr. Tarachow: Sie sollten sogar imstande sein, historische Daten aus dem Muster des stationären Verhaltens Ihres Patienten »vorherzusagen«, wenn Sie sich ein zureichendes Bild vom Verhalten des Patienten während seines Krankenhausaufenthaltes gemacht haben und ein gewisses Gespür für die Genese psychopathologischer Zustände besitzen.
Kandidat: Ein Thema, das in unserem Seminar gar nicht zur Sprache kam, ist – neben der Ichbildung – die Stärkung des Überichs, die bei bestimmten Zuständen ganz besonders wichtig ist.
Dr. Tarachow: Ich würde es gerne sehen, daß Sie alle Anna Freuds Abhandlung *Probleme der Lehranalyse* (1950) lesen, von der ich vorhin schon sprach. Sie werden in der langen Diskussion, an der zwölf oder fünfzehn Leute teilnahmen, eine höchst interessante Auslassung entdecken: Das Überich wird so gut wie gar nicht erwähnt. Die gesamte Diskussion kreist um Trieb und Abwehr; das Überich erfährt eine recht weitgehende Verschmelzung mit dem Ich als einer defensiven Struktur. Hier wird der

Vorschlag gemacht, die Gefahren von der Triebseite, von der Abwehrseite her zu erkunden. Sie aber ändern den Ansatz je nach der Richtung, aus der die größte Gefahr für den Patienten kommt. Wird die Abwehr den Patienten zerstören, oder wird der Trieb ihn vernichten? Das entscheidet über die Bedingungen der Behandlung. Ich bin sicher, daß Sie alle von dieser Lektüre profitieren würden. Es geht um Konzeptionen der Behandlung unter wechselnden Bedingungen, wenn auch nicht speziell unter stationären Bedingungen.

Bevor wir zum Ende kommen, möchte ich ganz kurz und im Grunde völlig unzureichend noch die Familie erwähnen. In einer Hinsicht leistet die Familie der Regression möglicherweise eher Vorschub als das Krankenhaus. Der Therapeut sollte sich erkundigen, wie die Reaktion der Familie auf die Abwesenheit des Patienten aussieht und wie weit die Familie imstande ist, sich zu verändern und eine Besserung und Veränderung des Patienten hinzunehmen.

Das ist so etwa alles, was wir in diesem Rahmen zum Problem der Regression, zur Frage der Realität der Beziehung, zum Thema des Agierens und zum Gebot der Toleranz gegenüber der Regression sagen können. Wir haben in diesem Seminar eine Theorie der stationären Behandlung umrissen und uns dabei auch mit den besonderen Belastungen beschäftigt, die in diesem Umfeld auf den Therapeuten zukommen.

6

Die Ziele der Behandlung aus klinischer Sicht

Heute wollen wir uns mit den Zielen der Behandlung befassen oder, besser gesagt, mit den Abstrichen, die man bei nüchterner Betrachtung der Dinge an den Zielen der Behandlung machen muß. Ich möchte noch etwas mehr auf die Haltung eingehen, die man gegenüber dem jeweiligen Problem einnehmen sollte. Beginnen wir mit den therapeutischen Absichten, die wir im Falle eines psychotischen Patienten verfolgen. Sie sind anders geartet und weniger ehrgeizig als das Ziel, das wir bei einem Neurotiker anstreben.
Zunächst einmal: Wenn Sie einem Patienten über seine psychotischen Probleme hinweghelfen und ihn als Psychoneurotiker »entlassen« können, dann ist das schon eine runde Leistung. Man kann die therapeutischen Absichten im Fall des Psychotikers aber auch anders sehen. Zum Beispiel könnte man der Symptomatik verhältnismäßig wenig Beachtung schenken, sich dafür aber besonders aufmerksam um die Aktivitäten des Patienten und ganz allgemein um seine Lebensgeschichte kümmern. Das gilt übrigens auch für viele Neurotiker. Seien Sie nicht beunruhigt, wenn die Behandlung sich lange hinzieht; das fällt nicht auf Sie zurück. Es ist ganz einfach eine klinische Tatsache. Ich habe einen Patienten, den ich seit etwa zwanzig Jahren behandele. Seine Symptomatik ist verändert, wenn auch nicht sehr stark, aber immerhin, sie hat sich geändert. Er ist verheiratet, er arbeitet, er hat Kinder. Er kommt zurecht, obwohl er ein kryptisch-paranoides Verhältnis zu bestimmten Bereichen der Realität und gelegentlich sogar zu mir hat. Ich betrachte den Fall durchaus als befriedigend und glaube, daß er noch weitere Fortschritte machen kann. Die Dauer der Behandlung sagt nichts über ihren Erfolg aus. Die Behandlung solcher Patienten kann auch mit Unterbrechungen durchgeführt werden. Sie können einen solchen Patienten so lange behandeln, wie es nötig ist, und ihn dann bedingt entlassen. Man muß es dem Patienten nicht gerade mit diesen Worten sagen; man weist ihn vielleicht an, von nun an so lange wie möglich ohne seinen Therapeuten auszukommen und ihn nur aufzusuchen, wenn sich irgendwelche Schwierigkeiten ergeben.
Ich habe Patienten, die längst entlassen sind und die mich etwa einmal im Jahr aufsuchen, wenn irgendeine kleinere oder größere Schwierigkeit auftaucht. Manchmal nehme ich sie wieder in Behandlung, unter Umständen nur zu dem Zweck, das aktuelle Problem zu umreißen und mit ihnen zu klären, durch das sie sich verunsichert fühlen. Manchmal wollen sie ganz

einfach mit mir sprechen. Sie wollen meine Stimme hören, und danach kann es vorkommen, daß ich wiederum jahrelang nichts von ihnen höre.
Das ist ein durchaus befriedigendes therapeutisches Ergebnis. Man kann nicht immer mit einem klaren und deutlichen Abschluß der Behandlung rechnen. In manchen Fällen müssen Sie der Ichstruktur solcher Patienten ständig als Stütze dienen. Diese Menschen sind ihren Impulsen oder ihren enormen Schuldmechanismen ausgeliefert und nicht selten in erschreckendem Ausmaß masochistisch oder aber selbstmordgefährdet; sie neigen dazu, sich selbst zu verletzen, ihre Gesundheit zu zerrütten, ihre beruflichen Möglichkeiten zu zerstören. Von Zeit zu Zeit nimmt ihre Selbstverleugnung geradezu wütende Formen an: sie hören plötzlich auf zu essen, sie beginnen eine außergewöhnlich harte Diät, sie geben das Rauchen auf. Sie werden von ihrem überstrengen Gewissen oder aber von ihren – libidinösen oder sadistischen – Impulsen hin- und hergestoßen. Sie brauchen jemanden, der ihnen hilft, diese machtvollen Kräfte in ihrem Innern, die sie selbst nicht kontrollieren können, einzudämmen.
Ich habe eine schizophrene Patientin, die ich dadurch vor dem Krankenhaus bewahre, daß ich sie jede Woche für zwei Minuten empfange. Vor einigen Jahren habe ich den Fehler begangen, sie »entwöhnen« zu wollen; nachdem ich sie zunächst ein oder zwei Jahre lang einmal pro Woche gesehen hatte, konnte ich diese Praxis mit Erfolg reduzieren; sie kam nun in Abständen von zwei, später von drei und sogar von vier Wochen, und ich hatte sie schon so weit, daß sie nur noch etwa alle sechs Wochen einmal kam, als mit einem Mal Schluß war. Sie landete im Rockland State Hospital. Das passiert mir kein zweites Mal! Jetzt spreche ich zwei Minuten pro Woche mit ihr, und das geht nun schon seit Jahren so. Sie hat eine Arbeit und ist imstande, ihre soziale Anpassung gerade eben noch zu wahren. Soviel zu den therapeutischen Ambitionen, wenn man es mit borderline-psychotischen oder psychotischen Menschen oder mit Patienten zu tun hat, deren Ichstruktur sehr gefährdet ist und die unsere aktive Unterstützung brauchen, um ihre innere Organisation zu festigen.
Nehmen wir nun den Fall des Zwangsneurotikers. Wenn Sie ihm helfen können, zum Hysteriker zu werden, dann können Sie auch das bereits als Erfolg werten. Ich fürchte nur, das gelingt nicht allzu häufig.
Dann gibt es die agierenden Patienten. Wenn Sie einen solchen Menschen so weit bringen können, daß seine Impulse in ausreichendem Maße zu Konflikten führen, so daß er schließlich neurotische Symptome zeigt, dann können Sie ebenfalls ganz zufrieden sein. Mit anderen Worten, wenn Sie es fertigbringen, daß der Patient sich auch nur um *eine* Stufe verbessert – was etwa seine Persönlichkeitsorganisation, seinen Umgang mit der Realität oder die Art seiner Symptome angeht –, dann haben Sie diesem

Patienten einen Dienst erwiesen. Ein Psychopath wird bezüglich seiner Symptome erst dann in Konflikt geraten, wenn er eine starke Bindung zu seinem Therapeuten eingegangen ist.
Ich komme jetzt zur Dauer der Behandlung und zur Häufigkeit der Sitzungen. Wie ich schon sagte, müssen manche Patienten ihr Leben lang oder doch über außergewöhnlich lange Perioden hinweg behandelt werden. In anderen Fällen wieder geht man – zufällig oder absichtlich – von einer ganz kurzen Behandlungszeit aus. Einmal hatte ich einen Patienten, dem nur drei Monate für die Behandlung zur Verfügung standen. Er war impotent und stand vor der Heirat. Seine Potenz war rechtzeitig wiederhergestellt. Seltsamerweise kann bei bestimmten Patienten gerade die besonders kurze Behandlung dramatische Erfolge zeitigen. Die auffälligsten Erfolge in meiner psychotherapeutischen Arbeit habe ich mit solchen Patienten erzielt, die ich sehr kurz behandelt habe, wobei die Dauer der Behandlung zwischen einem Jahr (mit ein bis zwei Sitzungen pro Woche) und insgesamt nur einer oder zwei Sitzungen schwankte.
Aber man muß auch Glück haben, und das Problem, an dem man arbeitet, muß einem gewissermaßen entgegenkommen. Sie können es mit einem Fall zu tun bekommen, bei dem die Kräfte, die den Patienten in die Gesundheit treiben, und die Kräfte, die ihn in die Krankheit treiben, nahezu gleich stark sind. Der Patient ist sich nicht im klaren, welche Kräfte da am Werk sind. Es kann sich um Haß oder Rivalität handeln, die einem besonders strengen Gewissen entgegenstehen. Manchmal ist es möglich, dem Patienten eine solche Situation in einer oder zwei Sitzungen zu verdeutlichen; das ganze Problem erfährt dabei eine Art dramatischer Kristallisierung, und der Patient vollzieht eine abrupte Wendung in Richtung seiner Heilung. Nicht jeder Patient braucht eine Analyse, nicht jeder Patient braucht langfristige Psychotherapie. Unter günstigen Umständen kann der Psychotherapeut so etwas wie ein Zauberer sein.
Aber das Spiel der Kräfte im Patienten muß Ihnen günstig sein. Hin und wieder haben Sie und hat Ihr Patient Glück. Nach meiner Erfahrung sind es unter anderem die Probleme sexueller Impotenz, die oft eine rasche und dramatische Heilung erfahren. In mehreren Fällen, an die ich mich im Augenblick erinnern kann, war das größte Problem nicht hysterischer, sondern zwanghafter Art. Es handelte sich um das Bedürfnis, Rache an den Frauen zu nehmen. Sobald der Patient imstande war zu erkennen, daß dieses Symptom sein Rezept war, um ins Gleichgewicht zu kommen, um seine Feindschaft oder seinen Zorn auszudrücken, verschwand die Impotenz. Vermutlich hat der Patient dann einen anderen Weg eingeschlagen, um seine Feindseligkeit zum Ausdruck zu bringen, oder die Kräfte kamen auf andere Weise ins Gleichgewicht, und er entwickelte andere Symptome.

Wenn seine Potenz wiederhergestellt ist, kommt der Patient nicht wieder. Er scheut sich, auch nur ein einziges Mal noch zur Sitzung zu kommen. Er fürchtet, daß Sie ihm wegnehmen könnten, was er von Ihnen bekommen hat. Der Hausarzt eines solchen Patienten – eines Mannes, den ich nur ein paar Wochen lang behandelt hatte – schickte mir einmal einen Folgebericht. Der Mann hatte inzwischen geheiratet, er hatte mehrere Kinder und wollte nichts von mir wissen. Schon der Gedanke an ein Nachsorge-Gespräch schreckte ihn.

Kandidat: Ich habe mich schon oft gefragt, ob die Tatsache, daß man den Abschluß der Behandlung zeitlich festlegt, für den Erfolg der kurzfristigen Therapie vielleicht ausschlaggebend ist.

Dr. Tarachow: Das glaube ich nicht. Termine festzusetzen hat seine Vor- und Nachteile.

Kandidat: Wenn Sie sich beim ersten Gespräch für die kurzfristige Behandlung als für die beste aller Möglichkeiten entscheiden, interpretieren Sie dann auch gleich in dieser Sitzung?

Dr. Tarachow: Manchmal ja. Man kann damit anfangen, bevor die erste Sitzung zu Ende ist, wenn es sich z. B. um einen akuten Notfall handelt. Sie müssen aber sicher sein, daß der Patient Sie auch wirklich als Therapeuten haben möchte. Das ist ein ganz wichtiger Punkt. Wenn Sie das Gefühl haben, daß der Patient sich im Grunde noch nicht für die Behandlung oder für die Behandlung *durch Sie* entschieden hat, dann sollten Sie nicht schon mit Interpretationen hereinplatzen.

Eine Kurztherapie ist in bestimmten Fällen ganz sicher die beste Methode. Die Persönlichkeit des Patienten macht es unter Umständen nicht nötig oder läßt es nicht zu, daß größere Veränderungen bewirkt oder genauere Erkundungen vorgenommen werden. In manchen Fällen fühlt der Patient sich durch einen einzigen Sachverhalt gestört. Der Therapeut bemüht sich nach Kräften, diesen einen Sachverhalt für den Patienten herauszukristallisieren. Mag sein, daß damit alles Notwendige bereits getan ist. Nicht jeder Patient muß verändert werden; wir dürfen nicht Gott spielen.

Kandidat: Geht die Besserung des Patienten auf die Richtigkeit der Interpretation zurück, oder leitet sie sich aus der positiven Übertragung her?

Dr. Tarachow: Das ist unterschiedlich. Mit dieser Frage haben wir uns ja schon im Rahmen des Seminars über die Formen der Psychotherapie näher beschäftigt (Kapitel 4). Es gibt natürlich so etwas wie Heilung durch Übertragung; und es kommt auch vor, daß Patienten, mit denen Sie sich viele Jahre lang beschäftigen, auf der Grundlage der Übertragung gewissermaßen *von Ihnen* leben. Als ich davon sprach, daß ein ganz bestimmter Sachverhalt für den Patienten herauskristallisiert werden müsse, dachte ich nicht an Heilung durch Übertragung. Ich meinte damit, daß man dem Patienten echte Einsicht in einen ganz bestimmten und ihn beunruhigenden Bereich seines Lebens vermittelt. Wenn der Patient bestimmte Faktoren seiner Persönlichkeit für sich selbst immer wieder herauskristallisieren kann, dann wird er wohl ohne allzu große Schwierigkeiten selbst weitergelangen. So etwas läßt sich in der kurzfristigen Therapie durch kurze interpretierende Arbeit erreichen, wobei die Interpretation rasch, aktiv und aggressiv ausfallen und auf den speziellen Punkt hin ausgerichtet sein muß.

Seltsamerweise braucht sie gar nicht immer richtig zu sein. Besser ist es natürlich, wenn sie zutrifft, aber hin und wieder geben Sie dem Patienten vielleicht eine falsche Interpretation, und der Patient nutzt sie in stabilisierender, therapeutischer Weise. Ich denke hier auch an Glovers Ausführungen zum Thema der ungenauen Interpretation (1931).

Dann gibt es den Typ des Patienten, der von der Interpretation lebt und sich an sie klammert. Solche Patienten sind manchmal auch nach Abschluß der Behandlung nur scheinbar gesund: »Ich war bei einem Psychiater in Behandlung. Ich weiß, was mit mir los ist.« Sie bewahren ihr Gleichgewicht, weil sie sich an ein ganzes System von Vorstellungen über die eigene Person klammern. Es ist eine prekäre Stabilität, aber viele, deren Behandlung keine völlige Gesundung bewirkte, kommen so mit ihrem Leben zurecht.

In der psychoanalytischen Behandlung bedeutet diese Einstellung einen Widerstand, der angegriffen und aufgelöst werden muß. Aber im Augenblick sprechen wir nicht über die Analyse, wir sprechen über die Vielzahl und Vielfalt klinisch praktikabler Lösungen und therapeutischer Resultate, die als befriedigend gelten können. Wir können uns für solche Resultate entscheiden, oder wir werden gezwungen, sie hinzunehmen.

Kandidat: Damit sind wir wieder bei der Frage des Durcharbeitens, und hier scheint es mir doch eine gewisse Dichotomie zu geben. Wir haben gehört, daß Interpretation allein noch nicht ausreicht. Der Patient muß imstande sein, sie durchzuarbeiten. Können Sie uns einen Hinweis geben, welche Dinge man *nicht* durcharbeiten muß? Das wäre ein wesentlicher Aspekt der Psychotherapie.

Dr. Tarachow: Selbstverständlich. Als wir Analyse und Psychotherapie einander gegenüberstellten, haben wir ja über die Dinge gesprochen, die man besser nicht durcharbeiten sollte. Das Entscheidende ist, daß Sie bei der kurzen oder punktuellen Interpretation nur einen begrenzten Sachverhalt zum Durcharbeiten anbieten. Diesen Sachverhalt wird der Patient durcharbeiten, wenn Sie ihm nicht zuviel auf einmal zumuten und sich wirklich an den Kern des Problems gehalten haben.

7 Gratifikation und Deprivation

Heute möchte ich über Gratifikation und Deprivation mit Ihnen diskutieren. Wir neigen dazu, die therapeutische Beziehung als im wesentlichen belohnend zu betrachten. Vor allem der Anfänger glaubt zunächst einmal, daß der Patient das Krankenhaus und den Therapeuten als Quelle der Befriedigung ansieht, was seine oralen Bedürfnisse und seine Abhängigkeitswünsche angeht. Die Aufnahme ins Krankenhaus kommt dem Bedürfnis des Patienten nach mütterlicher Fürsorge und nach Abhängigkeit entgegen; er wirft seine Verantwortlichkeiten von sich; sein Essen wird ihm zubereitet. Er ist von einer Reihe von Mutter- und Vaterfiguren umgeben. All das bedeutet eine beruhigende und tröstliche Regression. In der Individualtherapie oder in der Analyse wird dem Patienten eine ähnliche Regression geboten. Mit der Technik des freien Assoziierens wird die Regression nicht nur angeboten, sondern sogar verlangt. Der Erfolg der Analyse hängt von der Fähigkeit des Patienten ab, innerhalb des durch die Analyse vorgegebenen Rahmens zu einem regredierten Zustand zu gelangen, wenn auch nicht gerade durch Agieren.

Die interpretative Seite der Behandlung soll dem Patienten helfen, die Regression zu verstehen, ebenso seine Symptome und Abwehrmechanismen und all jene psychischen Vorgänge, die zwischen seinen kindlichen Gefühlen und Wünschen und seinem funktionierenden Ich liegen, das heißt, er soll die Barrieren, die Kompromisse, die Symptome verstehen, die dazwischengetreten sind.

Ohne Zweifel bietet das Krankenhaus regressive Belohnungen. Aber es bietet auch noch etwas anderes. Ich will dieses Etwas dadurch einführen, daß ich Ihnen ein klinisches Beispiel gebe. Ich werde einen Patienten beschreiben und Sie dann bitten, ihn auf die für ihn geeignete Station einzuweisen.

Der Patient ist ein zwölfjähriger Junge, der wegen zwanghafter Verletzungs- und Tötungsgedanken eingeliefert worden ist. Nun erhebt sich die Frage, auf welche Station man ihn legen soll. Es besteht die Möglichkeit, ihn auf die Kinderstation, auf die Jugendlichen-Station oder auf die Station der Erwachsenen zu bringen. Der Junge ist in einem so schlechten Zustand und so aufgeregt und unruhig, daß der erste Gedanke sein muß, ihm den ungeheuren Druck seiner fürchterlichen Zwangsvorstellungen

etwas leichter zu machen. Wo, glauben Sie, wäre der Junge am besten untergebracht – auf welcher der drei Stationen?
Kandidat: Auf der Erwachsenen-Station.
Dr. Tarachow: Warum? Können Sie das begründen?
Kandidat: Dort hätte er am wenigsten Gelegenheit, seine Zwangsvorstellungen in die Tat umzusetzen, weil die Leute in seiner Umgebung stärker wären als er und sich wehren könnten. Er müßte sich nicht so viele Gedanken darüber machen, wie er seinen zwanghaften Vorstellungen widerstehen könnte. Er wäre imstande, diesen Impulsen zu widerstehen, weil die äußere Welt noch eher imstande ist, sich ihnen zu widersetzen.
Dr. Tarachow: Genau. Die Erwachsenen-Station ist richtig für ihn. Die administrative Entscheidung mußte auf der richtigen Einschätzung der Bedürfnisse des Jungen zu diesem Zeitpunkt aufbauen. Er brauchte in diesem Augenblick keine Interpretationen. Sein Überich mußte gestützt oder gestärkt werden; und es wurde von außen her dadurch gestärkt, daß er von starken und aggressiven Männern umgeben war. Die Station der gestörten aggressiven Männer war der bestgeeignete Ort für ihn. Er war umgeben von Bundesgenossen für sein Überich. Das gehört übrigens zu den Tröstungen, wie sie manche Patienten mit aggressiver Problematik aus der Aufnahme ins Krankenhaus ziehen. Die spezifische Symptomatik – ob es sich nun um Phobien, Projektionen, Introjektionen, Depression handelt – ist hier ganz unwesentlich. Der Patient braucht Hilfe von außen in Form von Kontrolle. Sie sollten die Nützlichkeit einer geschlossenen Station für einen gestörten Patienten auf keinen Fall unterschätzen. Soviel ich weiß, hat man sich hier in der Jugendlichen-Abteilung ein Verfahren ausgedacht, nach dem die Patienten darum bitten, isoliert zu werden, wenn sie das Gefühl haben, daß ihre Selbstkontrolle allzu schwach ist (Glynn 1957).
Ich möchte auch noch hinzufügen, daß Patienten, gleichgültig wie psychotisch sie sind, sehr wohl auf die Realität reagieren. Der hochgradig gewalttätige wie auch der völlig zurückgezogene Psychotiker sehen beide die Realität und reagieren darauf.
Ich erinnere mich an einen außerordentlich gewalttätigen paranoiden Patienten, der in einer Gummizelle gehalten wurde. Allein traute sich kein Wärter, sich ihm auch nur zu nähern. Eines Tages betraten sechs männliche Wärter seine Zelle zur gleichen Zeit. Er mußte umziehen. Er sah die sechs Männer, und seine Psychose gab nach. Er war fromm wie ein Lamm. Er sagte: »Hallo, Jungens, was soll ich machen?«, und er tat, was sie von ihm wollten.
Kandidat: Wir haben die gleiche Erfahrung in einer Aufnahmestation gemacht. Es waren sechs Polizisten da, aber sie mußten niemals eingreifen.

Dr. Tarachow: Wir werden später auf diesen Punkt zurückkommen. Ich möchte noch einmal an unseren ersten Gedanken anknüpfen, an die Tatsache nämlich, daß der Patient die Autoritäten um sich herum sehr wohl anerkennt und auf sie reagiert. Der Patient setzt die Person, die sich seiner annimmt, dazu ein, seine Impulse und sein Verhalten zu kontrollieren. Ein Kollege erzählte mir von einem Erlebnis, das er mit einem psychotischen Patienten gehabt hatte. Er unterhielt sich in einem kleinen Raum, der nicht zur Station gehörte, mit dem Patienten, als dieser plötzlich aufstand und ihn zu verprügeln drohte. Der Arzt reagierte intuitiv; er stand auf und befahl dem Mann mit den vulgärsten Worten, sich wieder hinzusetzen. Der Patient tat es. Das ist ein gutes Beispiel dafür, wie man eine Notsituation, die für Leib und Leben gefährlich werden könnte, am besten bewältigt. Theoretisch haben wir es hier mit einem primitiven Überich zu tun, das noch imstande ist, neue Verhaltensmaßregeln in sich aufzunehmen, das heißt mit einer Regression des Überichs, wenn Sie so wollen. Hier besteht kaum ein Unterschied zwischen dem äußeren Befehl und dem inneren Verbot. Der junge und damals noch unerfahrene Psychiater appellierte in der archaischsten Form an den Patienten, er setzte ganz einfach seine nackte Autorität ein. Das sollten wir als eine Art »regressiver Gratifikation« für den Patienten ansehen. Selbstverständlich empfiehlt sich dieses Vorgehen nicht für den psychotherapeutischen Alltag, aber im Notfall hat es durchaus seine Berechtigung. Sie müssen verstehen, daß die Bedürfnisse des Patienten sich aus seiner Fähigkeit, Beziehungen zu unterhalten, herleiten, die aber eine stark regredierte und primitive Fähigkeit ist. Sie begründen nicht nur die liebende Beziehung von neuem, sondern auch die strafend-erzieherische. Liebe wie Haß werden vom Patienten internalisiert und helfen ihm unter bestimmten Umständen, Selbstkontrolle zu üben.
Kandidat: Was mich besonders interessiert, ist die mildere Form der Feindseligkeit, der Negativismus. Wenn Sie einem solchen Patienten einen strengen Befehl erteilen, dann verfliegt die negativistische Haltung oft.
Dr. Tarachow: Darauf sollten Sie sich nicht allzu fest verlassen. Ich glaube, hier ist der Hinweis angebracht, daß sich in der institutionellen Betreuung gestörter Kinder soeben eine beträchtliche Abkehr von dem theoretischen und praktischen Ansatz vollzieht, wie er von Aichhorn (1935) vertreten wird, dessen Buch *Verwahrloste Jugend* Sie übrigens alle lesen sollten. Dort wird der permissive und liebevolle Stil als Technik empfohlen, durch die man mit aggressivem Agieren fertig werden kann: man zeigt dem Kind immer wieder, daß man es liebt, gleichgültig, was es tut. Der Erzieher ist dann als Überichfigur annehmbar; die Aggressivität des Kindes legt sich. Aber in jüngster Zeit stellt man in der Arbeit mit Kindern fest,

daß die Kinder Disziplin einfach brauchen. Sie hilft ihnen, die Furcht vor ihrer eigenen Aggressivität zu überwinden und ihre Aggressionen unter Kontrolle zu halten. Kinder begrüßen es, wenn man ihnen Befehle erteilt, weil sie wissen, daß ihnen das nützt. In diesem Zusammenhang verdienen Melitta Sperlings (1951) und Geisels (1951) Arbeiten unsere Beachtung.
Ich nenne Ihnen noch ein Beispiel eines Patienten, der einen Verbündeten für sein Überich suchte. Ein Mann kam zu mir, weil er das Verlangen verspürte, mit Mädchen zu schlafen. Er hielt diesen Wunsch – er war Ende dreißig – für eine Krankheit und wollte sich in seinem Kampf gegen dieses Verlangen von mir helfen lassen. Ich sollte ihm helfen, diese Wünsche zu *unterdrücken*, nicht etwa zu *erfüllen*. Er suchte aktiv einen Bundesgenossen für sein Überich.
Ich komme jetzt auf einige Aspekte der therapeutischen Situation zu sprechen, mit denen sowohl Gratifikationen als auch Deprivationen verbunden sind: Befehle, guter Rat, Zuspruch haben durchaus ihre Gefahren und Nachteile.
Fangen wir mit der folgenden Situation an: Stellen Sie sich vor, ein Patient überfällt Sie mit einem Schwall von Fragen. »Wann bin ich wieder gesund? Was ist die Ursache psychischer Krankheit? Ist eine Neurose ebenso schlimm wie eine Psychose? Wie lange wird es dauern? Bin ich Ihr schlimmster Fall?« Sein Vorrat an solchen Fragen ist unerschöpflich. Was könnte das alles bedeuten? Worauf könnte der Patient es angelegt haben?
Kandidat: Er will Sie auf die Probe stellen.
Dr. Tarachow: Ja, das ist richtig. Das ist der eine Grund.
Kandidat: Es ist ein Versuch, die therapeutische Sitzung nach seinen eigenen Vorstellungen ablaufen zu lassen – so wie er möchte, daß sie verläuft.
Dr. Tarachow: Ja, es könnte aggressiv gemeint sein ...
Kandidat: Es könnte eine verschleierte Bitte um Zuspruch sein. Die Fragen dienen ihm nur als Vorwand.
Dr. Tarachow: Ja. Noch andere Vermutungen?
Kandidat: Ja, es könnte sich um eine manipulative Art der Verteidigung gegen die Fragen von Ihrer Seite handeln, und es könnte auch ein Versuch sein, eine Situation der Abhängigkeit zu schaffen und dann Befriedigung in den Antworten zu finden.
Dr. Tarachow: Ja. Weiter.
Kandidat: Es könnte ein Versuch sein, den Therapeuten zu provozieren.
Dr. Tarachow: Ja. Alle diese Antworten können je nach Fall zutreffen.
Kandidat: Es könnte ein Zeichen von Widerstand sein.
Dr. Tarachow: In der Analyse würde man es zweifellos als Widerstand betrachten; dadurch werden Assoziationen umgangen. Was ich aber meinte, war die Belohnung, die darin liegt, daß der Patient Ihre Stimme

hört. Solche Patienten stellen einfach deshalb Fragen, weil sie Sie sprechen hören wollen. Man darf sich vom Inhalt der Fragen nicht täuschen lassen; man muß sich über das Verhaltensmuster des Patienten im klaren sein. Friedländer (1942) bringt ein sehr lehrreiches Beispiel für das, was ich hier gerade beschrieben habe. Sie berichtet von einem Lehrer, der ein Kinderbuch schreiben wollte. Um sich zu vergewissern, welche Wirkung sein Buch auf Kinder haben würde, las er seinen Schülern das Manuskript vor, und zwar Kapitel um Kapitel, so wie er es zu Papier gebracht hatte. Die Klasse war hingerissen. Als das Buch fertig war, erwies es sich als kompletter Mißerfolg. Was der Lehrer nicht berücksichtigt hatte, war der Umstand, daß Kinder es lieben, wenn man ihnen vorliest.

Ganz kurz eine Randbemerkung technischer Art: Der Therapeut muß den Patienten überraschen können, indem er das Unerwartete interpretiert. Vermeiden Sie das, was offen zutage liegt; erzählen Sie dem Patienten nicht Dinge, die er schon weiß. Die wirksamsten Interpretationen sind diejenigen, die den Patienten ganz unvermutet treffen, weil Sie sich dem jeweiligen Problem von einer Seite her nähern, an die er gar nicht gedacht hat. Diese Methode kann sich als günstig erweisen, wenn man es mit einem Patienten zu tun hat, der einen mit einem Schwall von Fragen überschüttet.

Es gibt noch andere elementare Formen von Gratifikation und Deprivation, die wir nicht unterschätzen bzw. übersehen dürfen. Betreten und Verlassen des Raumes sind von großer Bedeutung. Eintreten bedeutet Liebe; Hinausgehen bedeutet Im-Stich-Lassen. Eine Patientin kam einmal wütend in mein Sprechzimmer zurück, weil ich nach ihrem Weggang die Tür hinter ihr geschlossen hatte. Das hieß für sie, daß ich froh war, sie los zu sein. Glauben Sie nicht, daß ich die Bedeutung, die diese Faktoren für die Patienten haben, übertreibe. Für die Patienten sind sie äußerst real, und Sie sollten auf alle diese Kleinigkeiten ein wachsames Auge haben. Ähnlich ist es übrigens auch mit der vorschnellen Erwähnung von Genesung oder Entlassung. Der Patient wird Ihnen dann vorwerfen, Sie wollten ihn eben los sein, und unter Umständen hat er damit ja sogar Recht.

Gratifikation zieht der Patient übrigens auch aus der Kenntnis seines Therapeuten. Das Ideal, das theoretische Ideal der Beziehungen in der analytischen oder der interpretativen Situation wäre der Zustand, daß der Patient nichts über Sie weiß, so daß alle seine Reaktionen von seinen eigenen Bedürfnissen und Problemen gelenkt werden. In der Psychotherapie wie in der Analyse ist es gut, wenn der Patient so wenig wie möglich über Sie weiß. Das kommt allerdings in der Praxis sehr selten vor; die Patienten wissen zwangsläufig etwas über Sie, und das ist eine wirkliche

Gratifikation. Sie freuen sich zu wissen, daß Sie ein ausgezeichneter oder ein erfolgreicher oder ein sehr gesuchter Arzt sind. Das ist gewissermaßen eine Erweiterung des kindlich-prahlerischen Satzes: »Mein Vater ist der Stärkste hier im Viertel!« Je nachdem, welche grundsätzliche therapeutische Position Sie gegenüber dem Patienten eingenommen haben, werden Sie sich entweder nicht weiter darum kümmern, sondern dem Patienten das Vergnügen seiner Beziehung zu Ihnen als einer starken und allmächtigen Figur lassen, oder Sie werden dieses Gefühl der Genugtuung als ein infantiles Bedürfnis interpretieren. Je mehr Sie allerdings davon überzeugt sind, daß Abhängigkeit in der Beziehung notwendig ist, desto zurückhaltender werden Sie mit solchen Interpretationen sein, die dem Patienten sein Bild von Ihnen als einer allmächtigen Person nehmen würden.

Manchmal geschieht in der therapeutischen Situation zufällig etwas, was den Patienten instand setzt, Ihnen zu vertrauen, was ihn dazu befähigt, wirklich in die Behandlung einzusteigen. Nehmen wir an, Sie haben einen Patienten, der unter seinen aggressiven Impulsen und Mordgedanken sehr leidet. Ein solcher Patient braucht das Gefühl, daß sein Psychiater ein starker Mann ist, der sich nicht im geringsten vor dem Patienten und seinen Aggressionen fürchtet und der dem Patienten sowohl verbieten als auch ihn daran hindern kann, seinen gefürchteten aggressiven Impulsen nachzugeben. Das ist häufig bei Phobikern der Fall; sie wollen, daß man stark ist. Eine Figur, die im allgemeinen phobische Ängste zu erleichtern vermag, ist der Polizist. Der Polizist steht nicht nur für Strafe, sondern auch für Liebe und Schutz. Wenn der Patient nicht vom Mut und von der Stärke seines Therapeuten überzeugt ist, kann sich die Behandlung lange Zeit in außerordentlich tastender und ungewisser Weise hinziehen.

Ich hatte einmal einen jungen Patienten mit starken, ja zwanghaften Mordgedanken gegenüber seiner Mutter. Er war sich lange Zeit nicht im klaren, ob er mir vertrauen konnte oder nicht, bis eines Tages ein Zufall alle seine Zweifel zerstreute. Damals war in meinem Büro das Bad auch vom Wartezimmer aus zugänglich. Der Patient kam an diesem Tage zu früh. Ich stand im Bad, die Tür zum Wartezimmer war nur angelehnt, und ohne daß ich es bemerkte, hörte der Patient mich urinieren. In der Sitzung war seine erste Bemerkung: »Jetzt habe ich Vertrauen zu Ihnen.« Ich konnte mir nicht erklären, wie er so plötzlich darauf kam. Er fuhr fort: »Ich habe Sie gehört, als Sie in der Toilette waren. Sie haben mitten in das Becken uriniert. Sie haben keine Angst. Wenn Sie ängstlich wären, dann hätten Sie an den Rand uriniert, damit man nichts hört, aber Sie haben in die Mitte uriniert.« Nach diesem Zwischenfall ging die weitere Behandlung sehr gut voran. Ich empfehle Ihnen das nicht als geplantes Vorgehen

– aber solche Dinge geschehen nun einmal, und manchmal verstehen unsere Patienten diese eher zufälligen Geschehnisse rascher und besser als wir.

Ich habe vor langer Zeit einmal einen Artikel über die analytische Behandlung eines stark zurückgezogenen Patienten gelesen, der zu seinem Analytiker einfach keinen Kontakt fand. Er betrachtete den Analytiker hartnäckig als eine Figur, die unnahbar, intellektuell und verbietend war; das ging lange Zeit so, es entwickelte sich keine richtige Beziehung zwischen Patient und Analytiker, und es kam auch nicht zu irgendwelchen Fortschritten. Der Patient war einfach nicht imstande, den Analytiker als reale Person anzusehen, bis dem Analytiker eines Tages mitten in der Sitzung und unüberhörbar eine Blähung entfuhr. Das war der Wendepunkt. Von diesem Tag an nahm die Behandlung einen zufriedenstellenden Verlauf. Der Vorfall hatte dem Patienten bewiesen, daß der Analytiker eine reale Person war. Er vermittelte diesem zurückgezogenen Kranken das Gefühl, in seinem Analytiker ein menschliches Wesen vor sich zu haben.

Kandidat: Dazu fällt mir ein Witz ein. Warum riecht ein Furz?

Dr. Tarachow: Nun also, warum?

Kandidat: Damit auch ein Tauber ihn mitkriegt.

Dr. Tarachow: Übrigens, an diesem Witz ist etwas dran. Was ist das Entscheidende an diesem Witz?

Kandidat: Er beschreibt einen aggressiven Akt.

Dr. Tarachow: Gewiß, aber das ist es nicht, was ich meine.

Kandidat: Er reizt zum Lachen, aber ich weiß nicht warum.

Dr. Tarachow: Es ist doch so, daß um diesen »Wind« herum eine Objektbeziehung besteht; er richtet sich gegen jemanden, und dieser andere kann ihn bemerken. Wenn man ihn schon nicht riechen kann, so kann man ihn doch hören. Wenn man ihn nicht hören kann, so wird man ihn doch riechen. Es handelt sich um eine Aktion, die sich auf ein Objekt richtet. Das Entscheidende an diesem Witz ist, daß die andere Person erreicht wird. Natürlich ist es im Grunde eine Aggression. Aber wir haben ja über die Frage gesprochen, wie der Analytiker oder Psychotherapeut den Patienten als reale Person erreicht. Deshalb ist Ihnen dieser Witz im Kontext unserer Diskussion nämlich eingefallen. Wir haben zuletzt nicht über Aggression gesprochen, sondern darüber, wie man jemanden als reales Objekt erreichen kann.

Einer meiner Patienten beschrieb mir fröhlich, wie er seine Analyse zu beginnen gedenke. Er würde sich auf die Couch legen und mir das Zimmer verstänkern. Entscheidend an dieser Geschichte und an dem Witz ist genau das, worauf ich im Augenblick hinaus will, nämlich die Begründung einer

Beziehung zwischen zwei Leuten. Wenn Sie jemanden auf die eine Art nicht erreichen können, dann gelingt es Ihnen auf die andere.
Die Übertragungsbeziehung, nebenbei gesagt, wird als real betrachtet. Ich würde sagen, sie ist besonders real für Borderline-Patienten, für Psychotiker und für hochgradige Neurotiker. Sie müssen mit dem, was Sie sagen, und auch wie Sie es sagen, außerordentlich vorsichtig sein. Ich gebe Ihnen ein konkretes Beispiel:
Ich behandle eine Frau, die unter schweren Depressionen leidet und sich unendlich einsam fühlt. Sie kann sich an niemanden wenden. Sie hat das Gefühl zu treiben. Sie hat keine Hoffnung. Es gibt niemanden, an den sie sich wenden, und nichts, woran sie sich festhalten könnte. In einem Augenblick, in dem meine Menschlichkeit über die Technik siegte, sagte ich zu ihr: »Aber Sie haben doch jemanden, an den Sie sich halten können. Halten Sie sich in der Behandlung doch an mich.« Wie, glauben Sie, hat sie auf diese Bemerkung reagiert? Bei der nächsten Sitzung zeigte sie eine ganz bestimmte Reaktion auf meine Worte.
Kandidat: Sie hat sich überlegt, wie lange die Behandlung noch dauern würde. Früher oder später würde sie ja doch zu Ende gehen müssen. Es wäre ein Wagnis für sie, sich an Sie zu klammern. Sie hat sich überlegt, wie lange Sie wohl an ihr interessiert sein würden.
Dr. Tarachow: Das ist schon ganz gut; machen Sie weiter.
Kandidat: Sie wollte irgendwie eine sexuelle Beziehung mit Ihnen eingehen.
Dr. Tarachow: Ja, Sie sind ganz dicht dran.
Kandidat: Vielleicht war sie zornig, vielleicht hat sie Sie verachtet, weil Sie Ihre Zuneigung verkaufen wollten.
Dr. Tarachow: Die Antwort liegt irgendwo in der Mitte zwischen Ihren beiden Vermutungen. Die Patientin kam wütend, verbittert und enttäuscht in die nächste Sitzung. Ich hatte sie geneckt. Ich hatte gesagt: »Halten Sie sich an mich«, aber ich hatte es eigentlich gar nicht so gemeint. Es war im Grunde so, daß sie ganz real den Wunsch hatte, mich festzuhalten; wenn sie meine Aufforderung aber wörtlich genommen hätte, dann hätte ich sie wohl zurückgestoßen. Sie wollte ein Verhältnis mit mir anfangen. Sie sagte: »Sie haben mich getäuscht.« Ich hatte eine Einladung ausgesprochen, die ernstzunehmen ich nicht vorhatte. Mein Versuch, ihr dadurch Erleichterung zu schaffen, daß ich ihr in dieser Weise zuredete, hatte sie nur in Wut versetzt und ihren Zorn und ihre Niedergeschlagenheit noch vergrößert. Ich halte mich so lange bei dieser Geschichte auf, weil die Übertragung für solche Patienten eine reale Sache ist. Diese Patientin pflegte mir sogar Vorwürfe zu machen, weil ich ihr bei der Begrüßung zulächelte. Sie betrachtete das Lächeln als einen von

meiner Seite nicht ernstgemeinten Versuch, sie zu verführen, den sie ihrerseits aber wörtlich nehmen sollte.
Für Ihre Patienten sind Sie realer, als Sie glauben. Wenn Sie einer Hysterikerin die Hand geben, dann heißt das für sie, daß Sie ihr Avancen machen. Für den Zwangsneurotiker ist der Handschlag eine Herausforderung, der Paranoiker sieht darin einen Angriff. Jeder Kontakt hat seine eigene Realität. Über Sinn und Bedeutung dieser Dinge können Sie u. a. bei Glover (1928) einiges nachlesen.
Wenn Sie übrigens mit altgedienten Psychotherapeuten über die ersten Jahre ihrer Tätigkeit sprechen, dann werden Sie immer wieder hören, daß sie in eben diesen ersten Jahren die größten Erfolge hatten. Was könnte wohl der Grund dafür sein?
Kandidat: Sie haben sich stärker engagiert.
Dr. Tarachow: Ja. Sie waren damals begeisterter, eifriger, interessierter, sie waren noch nicht müde oder gelangweilt. Aber es kommt noch etwas hinzu. Mit den Jahren stellt der Therapeut fest, daß er es immer wieder mit Undankbarkeit, Bosheit und Feindseligkeit von seiten der Patienten zu tun hat. Allmählich fordern diese Dinge ihren Tribut, und unmerklich schrumpft so die einst glühende Begeisterung. Die Patienten wissen, wie weit der Therapeut an ihnen interessiert ist, und verhalten sich entsprechend. Berman (1949) befaßt sich im Zusammenhang mit der Frage des Engagements des Therapeuten mit dieser Thematik.
Beschäftigen wir uns noch einen Augenblick mit den Schwierigkeiten, wie sie sich durch das beruhigende Zureden ergeben können. Das ist ein Thema, das man sogar experimentell erforschen könnte. Gutes Zureden ohne Rücksicht auf die Quelle der Ängste des Patienten sieht etwa so aus, daß der Therapeut sein magisches Wissen um die Zukunft spielen läßt und zum Patienten sagt: »Es kommt alles in Ordnung, machen Sie sich keine Sorgen.«
Ein solches Eingehen des Therapeuten auf das Leben des Patienten hat seine ganz bestimmten Folgen und Gefahren. Die Folgen lassen sich deutlich erkennen und mühelos voraussagen: der Patient wird auf die eine oder andere Art homosexuell reagieren. Beruhigendes Zureden bewirkt entweder homosexuelle Träume bzw. Befürchtungen oder aber masochistische oder paranoide Reaktionen – daran kann gar kein Zweifel bestehen. Wenn Sie Ihrem Patienten beruhigenden Zuspruch bieten, dann nehmen Sie eine allmächtige, gottähnliche Rolle ein – mit allen denkbaren Komplikationen, die sich aus dieser Rolle ergeben können. Implizit fordern Sie den Patienten auf, sich Ihrem Willen und Ihrem Wissen unterzuordnen. Das bestätigt sich, wenn Sie das unmittelbar folgende Material sorgfältig betrachten. Hier haben wir es mit einem klinischen Ablauf zu

tun, der sich sehr gut für experimentelle Untersuchungen eignet. In dem Augenblick, in dem Sie eine aktive und aggressive Rolle im Leben des Patienten einnehmen, rufen Sie eine unbewußte homosexuelle Reaktion hervor. In manchen Fällen mag das eine wünschenswerte Entwicklung sein. Wenn die Behandlung auf Stützung ausgerichtet ist, entsteht möglicherweise eine unbewußte homosexuelle Bindung des Patienten an Sie, die dem Patienten durchaus angenehm sein kann. Der Therapeut sollte diese Entwicklung sehr genau beobachten. In manchen Fällen wird er sich vielleicht dafür entscheiden, die Dinge nicht weiter zu beachten; in anderen wird er interpretieren wollen. Der Therapeut muß sich vor Augen halten, daß er in dem Augenblick, in dem er sich mit der Zukunft des Patienten befaßt, eine aggressiv-homosexuelle Position einnimmt. Er muß sich dieses Ablaufs bewußt sein; wir könnten ihn als Erschwernis des beruhigenden Zuredens bezeichnen.
Kandidat: Was geschieht, wenn Therapeut und Patient nicht dem gleichen Geschlecht angehören?
Dr. Tarachow: Dann kommt es zum sexuellen Angriff, d. h. es wird von beiden Geschlechtern als sexueller Angriff aufgefaßt. Aber eine Frau in eine passive Beziehung zu drängen, ist nicht ganz so gefährlich wie der Versuch, dies mit einem Mann zu tun. Die sexuelle Ausrichtung der Frau wird ja als eine passive weithin akzeptiert. Was bei einem Mann eine paranoide Reaktion bewirken wird, könnte bei der Frau ein hysterisches Echo hervorrufen.
Kandidat: Nehmen wir an, der Therapeut hat eine aktive Rolle gegenüber einer katatonen Patientin inne, der es sehr schwer fällt, Objektbeziehungen einzugehen. Vielleicht entwickelt sie ein romantisches Interesse für ihren Therapeuten. Ist das ein Signal, daß man aufhören muß?
Dr. Tarachow: Wenn Sie wissen, was sich da abspielt, müssen Sie nicht unbedingt aufhören. Nehmen wir an, Sie lassen sich von der Reaktion der Patientin nicht verführen und wissen genau, wie die Dinge aufeinander folgen – dann brauchen Sie nicht aufzuhören. Die imaginäre Liebesbeziehung der Patientin mit Ihnen befreit die Patientin vielleicht aus einer inneren Realität und hilft ihr, ihre Interessen nach außen zu verlagern. Damit wir uns recht verstehen: all das kann noch sehr weitgehend unter dem Druck der inneren Phantasien erfolgen. Im Krankenhaus kann man solche Reaktionen eher zulassen. Wichtig ist, daß Sie wissen, was Sie tun, und was die jeweilige Reaktion der Patientin bedeutet.
Sie können das Ausmaß an Gratifikation, das Sie Ihrem Patienten bieten, regulieren. Sie bieten ihm Gratifikationen, um zu erreichen, daß er – über das Interesse an Ihnen – sich an die Realität hält. Der Therapeut ist unter Umständen der einzige Weg zur Realität.

Ich will Ihnen ein vereinfachtes Beispiel dafür nennen, wie man die Gratifikationen in der Übertragung dosiert. Eine Patientin fährt nach Paris und kommt mit zehn neuen Hüten zurück. Zur ersten Sitzung nach der Reise erscheint sie mit einem der neuen Hüte. Ich mache eine Bemerkung dazu. In jeder folgenden Sitzung trägt sie wieder einen anderen Hut. Was würden Sie tun?
Kandidat: Man sollte nicht interpretieren, wenn es sich um eine Psychotikerin handelt. Wenn man überhaupt darauf reagiert, dann sollte man ihr lieber ein Kompliment machen.
Dr. Tarachow: Das habe ich getan, aber an einem gewissen Punkt habe ich beschlossen, der Romanze, die da im Entstehen begriffen war, ein Ende zu machen. Erst nachdem ich ihr mindestens ein halbes Dutzend Komplimente über den jeweils neuesten Hut gemacht hatte, bot ich eine Interpretation an. Ich hob darauf ab, wie sehr sie mein Interesse und meine Bewunderung suche. Nach dieser Intervention kam sie nicht mehr mit neuen Hüten, aber sie war enttäuscht und unglücklich. Sie sehen, daß ich die Interpretation nicht schon beim Auftauchen des ersten Hutes geliefert habe. Ich ließ der Patientin zunächst ihren Spaß an dieser Sache. Ich gestattete ihr die Gratifikationen bis zu einem bestimmten Punkt. Als ich der Meinung war, nun werde die Sache eher mühsam als hilfreich, machte ich ihr ein Ende. Die Interpretation bedeutete eine Deprivation; im Grunde war sie die Aufforderung, allmählich ein gewisses Maß an Deprivation hinzunehmen.
Ein solcher psychotherapeutischer Ansatz setzt voraus, daß der Therapeut sich über die Vorgänge im klaren und imstande ist, seinerseits den Gratifikationen zu widerstehen, die in der romantisch-gespannten Situation enthalten sind. Für uns als Psychiater ist die Tendenz der Patientin, ihre Phantasie um unsere Person kreisen zu lassen, eine ganz wesentliche Gratifikation. In den Vorstellungen seines Patienten wächst der Therapeut nur zu leicht ins Unermeßliche. Sie werden feststellen, daß Sie alle Tugenden unter der Sonne besitzen – bis Ihr Zwangsneurotiker anfängt, Ihnen zuzusetzen.
Kandidat: Es wird häufig von der Gefahr gesprochen, daß man sich von seinem Patienten verführen lasse. Ich sehe da eigentlich keine wirkliche Gefahr. Von falschen Interpretationen abgesehen kann ich nicht sehen, wie irgendeine reale Sache überhaupt passieren sollte.
Dr. Tarachow: Da haben Sie unrecht. Die Gegenübertragung ist ebenso eine Gefahrenquelle wie die Übertragung. Es kommt immer wieder vor, daß Psychiater von ihren Patientinnen und, wie ich glaube, auch von männlichen Patienten verführt werden. Für den Patienten entstehen viele Gefahren: Eine Patientin kann ihre Übertragungsliebe für den Therapeu-

ten dadurch ausagieren, daß sie »draußen« eine Liebesbeziehung eingeht. Ich kenne einen Therapeuten, der wütend und vielleicht auch eifersüchtig wurde, weil seine Patientin genau das tat, und der sie aus der Behandlung hinauswarf, anstatt dieses Ausagieren der Übertragung zu interpretieren. Er benahm sich wie ein abgewiesener Liebhaber. Dann gibt es noch eine weitere Schwierigkeit für den Patienten. Wenn der Patient einen Therapeuten des gleichen Geschlechts hat, dann glaubt er unter Umständen, er müsse eine heterosexuelle Beziehung eingehen, um sich gegen die Macht der unbewußten homosexuellen Übertragungsliebe zu schützen. Es gibt viele Gefahren in diesem Zusammenhang. Nehmen Sie Übertragung und Gegenübertragung auf keinen Fall zu leicht.

Ich habe Patienten gehabt, die sich auf dem Fußboden herumwälzten, die sich krümmten und mich anzischten; in der pathologischen Übertragungssituation tun Patienten alles mögliche. Das kann so weit gehen, daß der Therapeut erschrickt oder den Manifestationen nicht länger Einhalt gebieten kann. Sie werden sich erinnern, daß Breuer aus diesem Grunde seine Zusammenarbeit mit Freud abbrach. Breuer konnte die Übertragungsliebe nicht ertragen. Er nahm sie wörtlich und nicht als therapeutisches Instrument.

Es gibt noch andere, subtilere Formen der Verführung, in denen der Therapeut sich gefangen sehen kann. Besonders verlockend sind sadomasochistische Beziehungen. Der Patient kann den Therapeuten zunehmend in Zorn, Gereiztheit und moralische Empörung versetzen; der Therapeut treibt in feindselige Interventionen hinein, die er vor sich solide rationalisiert hat. Er bezeichnet dann als Interpretation, was in Wahrheit Verweis, Vorwurf, Strafe, Gewährung oder auch Verlockung und Verführung ist. Ich bot einmal einem Patienten die Interpretation, daß bestimmte Umstände in der gegenwärtigen Situation mir seine Absicht anzeigten, sich von seiner Frau scheiden zu lassen. Er tat das prompt und brach zugleich die weitere Behandlung ab.

Kandidat: Ich erinnere mich an eine schlimme Situation, in der ich mich befand. Ein nervös angespannter schizophrener Patient erzählte mir, daß er sehr wütend auf einen andren Menschen sei, und fragte mich dann ganz ruhig, ob ich glaube, daß er zu einem Mord fähig sei. Ich antwortete »Nein.« Der Patient geriet in Wut. Wenn ich jetzt zurücksehe, dann erkenne ich, daß meine Antwort möglicherweise eine homosexuelle Attacke war, weil ich ihm gut zuredete. Implizit hatte ich ihm zu verstehen gegeben: »Machen Sie sich keine Sorgen. «

Dr. Tarachow: Ja. Den Patienten einfach eine Beurteilung wissen zu lassen, bedeutet Aggression, aber in Ihrem Fall kann es sogar noch komplizierter gewesen sein, als Sie vermuten. Der Patient hat vielleicht gefürchtet, daß

Sie die Gefahren, mit denen er kämpfte, *unterschätzten.* Er fürchtete, daß er einen Mord begehen könnte; und ich würde sagen, dies war im Grunde sogar eine berechtigte Furcht. Er hatte wirklich Angst, seine Impulse nicht kontrollieren zu können. Als Sie diese Gefahr unterschätzten, erschrak er und geriet in Zorn, weil Sie ihm keine Hilfe waren. Sie erkannten seine schreckliche Lage noch nicht einmal.
Kandidat: Genau das sagte er auch. Ich möchte aber doch wissen, ob da auch ein homosexuelles Element im Spiel war.
Dr. Tarachow: O ja. In dem Augenblick, in dem Sie dem Patienten gegenüber eine positive Bemerkung machen, bringen Sie ihn in eine passive Stellung Ihnen gegenüber.
Kandidat: Was hätten Sie in diesem Fall getan?
Dr. Tarachow: Meine Reaktion würde etwa folgendermaßen aussehen: »Ihre Furcht, daß Sie einen Mord begehen könnten, ist ein Problem, über das wir etwas ausführlicher sprechen müssen, damit wir es verstehen und etwas dagegen tun können.« Ein solcher Ansatz ist eine indirekte Beruhigung, denn Sie behandeln seine Furcht, er könnte einen Mord begehen, nicht allzu beiläufig. Sie akzeptieren sie als reales Problem, werden aber auf diese Weise dem Patienten gegenüber nicht allzu aggressiv. Es ist sehr wichtig, daß man dem Patienten gegenüber nicht zu aggressiv wird. Beruhigung und Zuspruch sind insofern ein aggressives Vorgehen, als sie den Patienten seines freien Willens berauben. Damit nehmen wir dem Patienten die Beurteilung seiner selbst, und damit nehmen wir ihm etwas sehr Wesentliches, auch wenn es sich dabei um eine selbstkritische Beurteilung handelt.
Das Beste ist, neutral zu bleiben und Hilfe anzubieten, aber alle Regeln haben natürlich ihre Ausnahme. In bestimmten Fällen ist es selbstverständlich nötig, daß man eingreift und Teil des funktionierenden Ich des Patienten wird.
Kandidat: Hat die Patientin mit den vielen Hüten sich in ihrer Enttäuschung an jemand anderen gewandt?
Dr. Tarachow: Bei dieser Patientin wechselten paranoide Reaktionen mit nicht-paranoiden Reaktionen ab. Ich konnte ihre paranoiden Reaktionen auf ein Minimum beschränken, indem ich die durch die Übertragung bewirkte Nähe zu mir auf einem Minimum hielt. Wenn ich sie zu nahe an mich herankommen ließ, war das ein Anreiz für ihre Paranoia. Es ist eine delikate Sache, dem Patienten zu zeigen, daß Sie an ihm interessiert sind, ihm auch gewisse Gratifikationen zu gestatten, dabei aber nicht zuzulassen, daß die Beziehung zu intensiv, zu turbulent oder zu mühevoll gerät. Es gibt alle möglichen Gratifikationen, etwa die, daß man dem Patienten eine Zigarette anbietet oder ihm sagt, wie spät es ist. Sie werden die

absurdesten Fragen zu hören bekommen, etwa: »Wo ist die nächste Bushaltestelle?« Wie Sie mit solchen Fragen umgehen, wird vom individuellen Fall abhängen. Ein Mittel, zu dem Patienten gerne greifen, ist die visuelle Zärtlichkeit. Es gibt Patienten, die nach der Sitzung nicht gehen, bevor ihre Augen sich nicht mit denen des Therapeuten getroffen haben. Als Zurückweisung empfinden die Patienten es auch, wenn Sie nichts sagen.

Noch ein Wort zur Interpretation als einer Deprivation: Jede Interpretation bedeutet Deprivation, gleichgültig welche Haltung wir interpretiert haben. Der Patient möchte alle seine infantilen Wünsche behalten. Zwischen ihm und dem Therapeuten ist ein ständiger Kampf im Gang; der Patient hütet seine Abwehrmanöver und infantilen Wünsche, und der Therapeut möchte sie ihm wegnehmen. In der Mehrzahl der Fälle will der Patient sich nicht zu dem Verzicht aufraffen, den Sie von ihm fordern.

8
Objektbeziehungen

Es ist sehr wichtig, daß man den Charakter der Objektbeziehungen des Patienten frühzeitig untersucht und erkundet. Meiner Meinung nach läßt sich an der Fähigkeit zur Begründung geglückter Objektbeziehungen Entscheidendes ablesen, unabhängig davon, wie die klinisch-psychiatrische Diagnose lautet.

Es gibt schizoide oder schizophrene Patienten, deren Entwicklungsgeschichte den Eindruck entstehen läßt, daß sie adäquate oder auch extensive Beziehungen mit anderen Menschen unterhalten. Diesem Eindruck muß man sehr sorgfältig nachgehen. Unter Umständen handelt es sich um zwar bewegte, aber im Grunde doch unechte Beziehungen. Die Patienten täuschen sich und andere, indem sie vorgeben, viele Freunde zu haben und vielen Aktivitäten nachzugehen. Zurückgezogene oder schizophrene Menschen ziehen gelegentlich einen anderen in ein intensives Gespräch. Eine rege Konversation wird häufig als Ersatz für eine echte Beziehung akzeptiert, oft ist das aber nur der Versuch einer Beziehung. Wir müssen zwischen realen und vorgeblichen Beziehungen unterscheiden.

Einer meiner Patienten hatte die Gewohnheit, alle Männer mit dem gleichen männlichen und alle Frauen mit dem gleichen weiblichen Vornamen anzusprechen. Er war scheinbar mit jedem in Kontakt, aber dies war nur seine Form der Abwehr gegen den Gedanken, eine echte Objektbeziehung mit einem ganz bestimmten Menschen einzugehen. Seine Abwehr bestand darin, daß er im Umgang mit anderen so unpersönlich und allgemein blieb. Als ich anfing, diesen Abwehrmechanismus systematisch anzugreifen, stieg er aus der Behandlung aus.

Mit manischen Patienten ist es ähnlich. Eine Unterhaltung zwischen zwei Manikern ist keine richtige Konversation. Vielmehr laufen hier zwei Monologe zeitlich nebeneinander ab. Beide Beteiligten peinigt der ständige innere Druck, und beide reagieren nicht auf den Inhalt oder den realen Kontakt, sondern nur auf die externe und ganz oberflächliche Stimulierung. Das ist zweifellos die manische Form der Abwehr gegen Schmerz und Depression. Sie werden noch feststellen, daß echte Unterhaltungen sehr selten sind, selbst unter »normalen« Menschen. Jeder der Beteiligten verfolgt eigentlich nur seine eigenen Gedankengänge.

Kandidat: Welches sind die Kriterien einer guten Objektbeziehung?

Dr. Tarachow: Ja. Ein starkes Interesse an der anderen Person, Zuneigung für sie, die Bereitschaft, dem anderen zuliebe etwas aufzugeben, Zeit mit ihm zu verbringen, Verantwortung für ihn zu übernehmen. Es ist durchaus eine Leistung, wenn man ein reales Interesse für den anderen aufbringt und imstande ist, ihm zuliebe auf etwas zu verzichten. Bei Ihren neurotischen Patienten werden Sie feststellen, daß nur sehr wenige unter ihnen diese Reifestufe wirklich erreicht haben. In einer guten Objektbeziehung hat die Liebe den Sieg über den Haß davongetragen. In der Beschreibung von Patienten hört man so viel über die Schwierigkeiten, die es bereitet, Aggressivität auszudrücken, und so wenig über die Schwierigkeiten, Liebe zum Ausdruck zu bringen. Dabei ist das letztere wirklich sehr viel wichtiger, denn die Aussichten auf Heilung hängen von der Liebesfähigkeit ab und nicht von der Fähigkeit zur Aggression.

Manchmal ist der Ehepartner nur das vermittelnde Objekt. Das wahre Objekt ist ein anderer; beispielsweise heiratete einer meiner Patienten, weil seine angehende Frau einen Bruder hatte. Er war ein Einzelkind gewesen und hatte sich sein Leben lang einen Bruder gewünscht; irgendwann heiratete er das erstbeste Mädchen, das einen Bruder hatte. Später gab es natürlich schrecklichen Ärger. Zu seiner Verzweiflung zog der Bruder in eine andere Stadt.

Es ist leichter, eine schlechte Objektbeziehung zu kennzeichnen, als zu sagen, wodurch sich die gute Objektbeziehung auszeichnet, aber ich habe Ihnen doch einige elementare Merkmale der guten Objektbeziehung genannt. Vielleicht erstaunt es Sie, wie schwierig es ist, die Menschen dazu zu bringen, daß sie ihre Forderungen und Erwartungen an ihr Gegenüber aufgeben. So manche Beziehung besteht aus Ansprüchen und Forderungen und wird irrtümlich für Liebe gehalten. Ich habe einmal einen Mann behandelt, dessen Mutter ihm sein Leben lang die Brote gestrichen hatte. Er hatte sich nicht ein einziges Mal ein Brot selbst zurechtgemacht. Natürlich erwartete er von seiner Frau, daß sie ihm sein Brot ebenfalls streichen würde; aber sie wollte seine Frau sein, nicht seine Mutter. Es wurde ein jahrelanger Kampf. Für diesen Mann war es durchaus eine Leistung, wenn sie auch widerstrebend erbracht wurde, als er sich schließlich einmal selbst ein Brot schmierte.

Sie sehen also, es gibt viele Objektbeziehungen von infantiler Qualität.

Kandidat: Können Sie uns vielleicht noch ein paar Unterschiede nennen zwischen Leuten, die allem Anschein nach nur *eine* ganz intensive Objektbeziehung eingehen können, und anderen Menschen? Zum Beispiel: Zwei Eheleute lieben einander sehr, aber nun bauen sie eine Mauer um sich herum. Offensichtlich können sie draußen keine Objektbeziehungen eingehen. Das ist doch wohl ein Widerspruch. Wenn jemand überhaupt fähig ist, Objektbeziehungen zu begründen, dann tut er das doch mit allen Menschen, mit denen er zusammentrifft.

Dr. Tarachow: Das stimmt nicht. Manchmal gelingt es ihm mit einem einzigen Objekt, und auch das nur unter großen Schwierigkeiten. So etwas endet häufig mit Depressionen, weil das eine und einzige Objekt die ganze Welt verkörpert, und wenn der Mensch dieses verliert, dann ist er in einer fürchterlichen Lage.
Gesünder ist es, mehr als nur ein Objekt zu haben. Warum wünschen sich Kinder viele Geschwister, warum haben sie die Großeltern so gern? Es ist gut für ein Kind, eine große Familie und damit viele Objekte zu haben. Es hat dann eine bessere Grundlage, es wurzelt in mehr Objektbeziehungen, und es fühlt sich weit sicherer. Es entwickelt die Fähigkeit, Objektbeziehungen einzugehen und zu erhalten. Es hat auch mehr Möglichkeiten, ambivalente Gefühle auszuleben; Ambivalenz ist für das Kind dann weniger gefährlich.
Kandidat: Objektbeziehungen oder *keine* Objektbeziehungen – das ist also wohl der große qualitative Unterschied. Ich meine, wenn jemand auch nur *eine* gute Objektbeziehung eingehen kann ...
Dr. Tarachow: Der Mann bzw. die Frau ist dennoch in einer gefährlichen Lage.
Kandidat: Ich habe eine solche Patientin. Sie war schon 21 Jahre alt, als sie ihre erste Objektbeziehung einging. Es war eine Beziehung, die sich mit den Worten »alles oder nichts« kennzeichnen läßt. Sie war Jüdin und interessierte sich sehr für einen nichtjüdischen jungen Mann; die beiden wollten auch heiraten. Das Mädchen war in einem fürchterlichen Konflikt, denn sie war streng religiös erzogen. Der junge Mann kam ums Leben, und sie war noch ein Dreivierteljahr später in Gefahr, sich umzubringen. Sie hatte alles auf eine Karte gesetzt; sie trauert noch heute. Sie sagt: »Jetzt habe ich gar nichts mehr auf der Welt.«
Dr. Tarachow: Es ist fraglich, ob es gut war, als erstes gerade eine solche Objektbeziehung einzugehen.
Kandidat: Wie ist es denn mit Kindern, die sich vorstellen, sie seien verwaist?
Dr. Tarachow: Das ist etwas anderes. Sie haben vorübergehend das Gefühl, von ihren Eltern abgelehnt zu werden. Wenn aber ein junger Mann oder ein junges Mädchen das Elternhaus verläßt, um auf die Universität zu gehen, und dann nur eine einzige Freundschaft schließen kann, dann ist das immerhin bedenklich.
Eine Briefmarkensammlung kann ein Objekt sein. Menschen können selbstverständlich ebenso »gesammelt« werden wie Briefmarken. Man kann in dieser Weise Freunde sammeln. Ich habe einmal einen Zwangsneurotiker behandelt, der folgendes tat: er führte eine Liste seiner Freunde. Und zwar hatte er sie nicht nur ganz genau und vollständig erfaßt, sondern sie auch noch danach eingeteilt, ob sie gute Freunde oder

nur mäßig gute Freunde waren. Diese Art, Objekte zu sammeln, entspricht dem Briefmarkensammeln, dem Horten von Vorräten und anderen Beschäftigungen, die für die analerotische Phase kennzeichnend sind; es ist ein Versuch, Objektbeziehungen auf sehr ängstliche, infantile Weise zu unterhalten. Ein anderer Patient von mir hat ein Verzeichnis aller seiner Besitztümer angelegt. Er führt Buch über sein Geld, seine Hemden, seine Unterwäsche, seine Schuhe, seine Freunde usw. Die Freunde hat er zudem nach Geschlecht, Altersgruppe usw. eingeteilt. Eine meiner Patientinnen notierte sich alle schmeichelhaften Bemerkungen und alle Komplimente, die ihr von anderen Leuten gemacht wurden. Das sind Beispiele für eine hochgradig zwanghafte Form von Objektbeziehungen – sie erinnert an Vorratshaltung. Der Patient behandelt seine Objekte auf die einzige Art und Weise, die ihm möglich ist.

Sie haben ein wunderbares technisches Hilfsmittel an der Hand – die Übertragung, die Beziehung des Patienten zu Ihnen als dem Therapeuten. Je nach Fall nützen Sie die Beziehung oder Sie schaffen sie sich, und Sie interpretieren das Verhalten des Patienten Ihnen gegenüber. Der Patient kann sich Ihnen gegenüber sehr gehässig verhalten, er kann sich sehr feindselig oder aber lammfromm geben, er kann sehr liebevoll und sehr zärtlich sein. Wenn der Patient überhaupt keine Objektbeziehung zu Ihnen unterhält (wir sprechen hier natürlich vom schizophrenen Patienten), dann müssen Sie versuchen, eine solche Beziehung zu begründen.

Bei manchen psychotischen Patienten laufe ich während der Sitzung ständig herum. Der Patient sitzt auf seinem Stuhl, ich gehe umher. Ich stehe auf. Ich bewege mich unablässig. Ich setze mich auf meinen Schreibtisch, ich setze mich auf meinen Stuhl. Ich nehme auf diese Weise den Patienten vor seinen paranoiden Befürchtungen in Schutz, vor seiner Angst gegenüber den Objekten, indem ich mich an eine Stelle begebe, wo er mich sehen und hören und beinahe berühren kann. Ich werfe mich gewissermaßen mit aller Kraft auf ihn. Das Wichtigste ist, daß ich mich dem Patienten als ein Objekt aufdränge. Diese Methode ist nicht ganz ungefährlich, aber sie ist wirksam.

Vor einigen Jahren hatte ich einen Hausbesuch zu machen. Ich sollte mit einem jungen Mann von etwa zwanzig Jahren sprechen, der sein Zimmer seit zehn Monaten nicht verlassen hatte. Er hatte sich in der ganzen Zeit nicht einmal die Haare schneiden lassen. Wollen Sie mal versuchen herauszufinden, was sein Hobby war? Es war natürlich ein schizophrener Patient.

Kandidat: Etwas zu erforschen.

Dr. Tarachow: Er war seit zehn Monaten nicht aus seinem Zimmer gekommen. Er war Funkamateur; aus der Beschreibung, die er mir von anderen

Funkamateuren gab, scheint das ein Hobby zu sein, das sich für schizoide Persönlichkeiten geradezu wundervoll eignet.

Als Funkamateur kann der Schizophrene sich seinen wahnhaften Vorstellungen von Kommunikation über den Äther hingeben. Er empfängt ständig Wellen, er spricht mit Menschen und erhält Botschaften. So materialisiert er eine wahnhafte Existenz. Mein junger Patient hatte vertraute Freunde in Australien, in England, in Südamerika, aber keinen Menschen in seinem Viertel. Er hatte ein starkes Gerät zum Senden und Empfangen; er unterhielt sich die ganze Nacht lang eifrig mit Menschen in Kalifornien oder in Alaska, aber er wechselte niemals ein Wort mit seinem Nachbarn, sozusagen von Angesicht zu Angesicht. Solche Patienten sind sehr interessant und sehr krank. Ich machte aber auf jeden Fall den Versuch, den Jungen zu erreichen. Ich besuchte ihn, und das Ergebnis war, daß er aus seiner Isolation herauskam und mich viele Jahre lang in meiner Sprechstunde aufsuchte. Heute hat er einen Job, er repariert und wartet Funkgeräte für Flugzeuge. Er kommuniziert noch immer über den Äther, aber doch wenigstens auf einer sehr viel realistischeren und angepaßteren Stufe.

9
Probleme der Administration

Heute möchte ich auf das Problem zu sprechen kommen, daß die Beziehung zwischen Arzt und Patient durch administrative Vorkehrungen, durch Disziplinarmaßnahmen und ähnliche Momente kompliziert werden kann. Am besten vergleichen wir zu diesem Zweck die beiden wichtigsten, einander entgegengesetzten Strukturen, wie sie in einem psychiatrischen Krankenhaus denkbar sind:

1. Die Aufgaben des Arztes beschränken sich streng auf die Behandlung, und alle Fragen im Zusammenhang mit Disziplin, Administration und Strafen, mit Beschneiden oder Gewähren von Privilegien betreffen ausschließlich die Verwaltung;
2. der Arzt ist nicht nur Therapeut, sondern zugleich auch Administrator, Wahrer der Disziplin, Herr über die Privilegien usw.

Beginnen wir mit der Trennung der Funktionen, also der Trennung von therapeutischer und administrativer Funktion. Kann mir jemand sagen, welche Vorteile diese Aufteilung der Funktionen möglicherweise haben könnte?

Kandidat: Sie begünstigt die positive Übertragung. Der Patient liebt seinen Therapeuten dann eher, und das erleichtert das Zutagebringen und Durcharbeiten des Materials ganz erheblich.

Dr. Tarachow: Das ist richtig. Noch etwas?

Kandidat: Eine solche Trennung der Funktionen verhindert auch ein mögliches Agieren von seiten des Therapeuten. Da seine emotionalen Reaktionen dem Patienten gegenüber ja immer wieder anders ausfallen, wäre er vielleicht versucht, zu rasch zu belohnen oder zu bestrafen, wenn er auch für die Disziplin verantwortlich wäre.

Dr. Tarachow: Sehr gut. Noch weitere Vorteile?

Kandidat: Mit einer solchen Trennung hat man auch die Neigung des Patienten, Realität und Phantasie in bezug auf seinen Therapeuten miteinander zu vermischen, besser unter Kontrolle. Wenn der Therapeut zugleich Administrator wäre, dann würde das die Vorstellung von seiner Allmacht noch begünstigen.

Kandidat: Mir scheint, es wäre besser, wenn man die beiden Funktionen voneinander trennen würde. Der Therapeut könnte die feindseligen Aspekte der Übertragung dennoch durcharbeiten, indem er ganz bestimmte Dinge tut und den Patienten in der Übertragung Gratifikationen und Deprivationen erfahren läßt, so daß die Feindseligkeit hervorgerufen und dann bearbeitet werden könnte.

Dr. Tarachow: Ich bin nicht sicher, ob ich mich Ihnen da anschließen kann. Wir sprechen über die Wirkungen aller Aktionen des Therapeuten auf den Patienten. Sie sollen hier nicht mit einem Sack voll Tricks versehen werden, die Sie beim Umgang mit dem Patienten anwenden können, sondern es geht uns ganz wesentlich darum, daß Sie verstehen, welche Wirkung Ihre Person und Ihre Aktionen auf den Patienten haben. Provokative oder manipulative Maßnahmen sollten nur angewandt werden, wenn man bereits umfangreiche Erfahrungen gesammelt hat, und ich empfehle sie Ihnen ganz bestimmt nicht zum augenblicklichen Zeitpunkt. Natürlich passieren immer wieder Dinge rein zufällig, und dann sollten Sie genug wissen, um solche Vorfälle zu verstehen und sie sogar in der richtigen Weise zu nutzen.

Kandidat: Ein weiterer Grund, weshalb die beiden Funktionen getrennt werden sollten, scheint mir darin zu liegen, daß der Patient auf diese Weise besser auf das Leben draußen vorbereitet wird.

Schließlich gibt es Leute, die der Patient mag, und andere, die er nicht mag; die gleiche Konfiguration findet sich bei dieser Funktionstrennung auch im Krankenhaus.

Dr. Tarachow: Eine solche Spaltung der Objektbeziehung ist keine bessere Vorbereitung auf die Realität. Außerdem entspricht ja der ganze Rahmen des Krankenhauses nicht der Wirklichkeit. Zunächst einmal ist eine von Spaltung gekennzeichnete Objektwahl schwieriger anzugehen als Ambivalenz gegenüber einem einzelnen Objekt. Ein Mann braucht, sagen wir, zwei Frauen, eine zum Hassen und eine zum Lieben; ein anderer braucht vielleicht zwei Frauen, von denen die eine als die desexualisierte Mutter behandelt wird, die andere dagegen ihm das – als minderwertig beurteilte – sexuelle Vergnügen verschaffen soll. Im Gegensatz zu dem Patienten mit einer solchermaßen auf Spaltung beruhenden Objektwahl steht derjenige, der diese beiden widerstreitenden Haltungen der *gleichen* Frau gegenüber einnimmt. Die Patienten der ersten Gruppe sind schwieriger zu heilen. Die Ambivalenz richtete sich *ursprünglich* auf eine Frau, und sie muß in der Behandlung wieder auf eine Frau *zurückgeführt* werden, damit sich die gemischten Gefühle verbinden oder versöhnen. So ist es auch mit unseren stationären Fällen. Wenn wir unsere Patienten darauf vorbereiten wollen, daß sie draußen bessere Objektbeziehungen eingehen, dann müssen wir ihnen zumindest einige Erfahrung vermitteln, wie sie alle ihre gemischten Gefühle in der Übertragung zum Therapeuten versöhnen können. Das erreichen wir dadurch, daß wir alle ambivalenten Gefühle sich auf die *eine* Person des Therapeuten richten lassen. Damit ist

der Patient besser auf das Leben vorbereitet als durch die administrative Teilung. In dem Fall, in dem die therapeutische von der administrativen Funktion getrennt ist, würde das Krankenhaus zumindest für eine Weile eine echte Dekompensation anbieten. Natürlich stellt sich in diesem Zusammenhang grundsätzlich die Frage, welche Patienten auf die eine und welche auf die andere Weise behandelt werden sollten. Die Antwort darauf sollte vielleicht so lauten, daß wir zunächst bei allen unseren Fällen auf die vollständige Trennung achten sollten, daß die Patienten aber dann, wenn es ihnen besser geht, gezwungen werden müßten, sich mit dem Therapeuten auch in seiner Rolle als Administrator auseinanderzusetzen. Sie wären dann gehalten, auch die übrigen Probleme durchzuarbeiten, die eine solche Beziehung nun einmal hervorruft – die Aggressionen, den Masochismus, die Homosexualität, das heißt alle Aspekte der Ambivalenz, die sich auf die eine Person des Therapeuten richtet.
Kandidat: Wie steht es mit der Empfehlung, der Therapeut möge durchaus aggressiv mit dem Patienten umgehen? Das muß ja die Aggressionen, den Masochismus oder die Homosexualität des Patienten provozieren – alles Aspekte der Ambivalenz.
Dr. Tarachow: Wir müssen da einen Unterschied machen. In manchen Fällen handeln wir aggressiv, begründen so eine latente homosexuelle oder masochistische Reaktion und planen auf dieser Basis das therapeutische Ergebnis. So entsteht die therapeutische Beziehung. Bis zu einem gewissen Grade ist das auch Rosens Technik. Sie wissen, daß er sehr aktiv vorgeht. Er erzählt seinen Patienten, daß er Vater, Mutter oder Gott sei, und daß sie ihm gehorchen sollten – und das tun sie. In der Psychotherapie, wie wir sie verstehen, geschieht es auch, daß wir die latente homosexuelle Reaktion nicht zum Vehikel der Behandlung machen wollen, sondern sie nur als Material, mit dem wir arbeiten, nutzen. Manche Patienten haben eine viel bessere und stärkere Ichstruktur, so daß die homosexuelle oder masochistische Reaktion sich in der Behandlung bearbeiten läßt. Das gilt aber durchaus nicht in allen Fällen. Manchmal werden wir die unbewußte homosexuelle Anlehnung tatsächlich als Vehikel oder als Basis der psychotherapeutischen »Heilung« nützen wollen.
Lassen Sie sich nicht auf eine geheime Verschwörung mit dem Patienten gegen die Verwaltung ein. Hin und wieder werden Sie versucht sein, das zu tun. Sie schließen sich damit nur dem Agieren des Patienten an und verlieren das klare Bild von der Übertragungsbeziehung.
Kandidat: Es gibt aber auch Situationen, in denen man sich unmöglich an diese Regel halten kann, wenn man sich das Vertrauen des Patienten erhalten will. In der therapeutischen Sitzung erzählt mir der Patient vielleicht, daß er gegen bestimmte administrative Regeln verstoßen hat. Ich

kann ihn nicht bestrafen lassen – das hieße dafür sorgen, daß ihm bestimmte Privilegien entzogen werden. Er würde mich niemals wieder ins Vertrauen ziehen.

Dr. Tarachow: Als Gruppe interessiert es Sie vielleicht, von einer Erfahrung (bzw. einem unbeabsichtigten Experiment) zu hören, die man vor einigen Jahren hier an diesem Krankenhaus gemacht hat. Eines Tages gefiel dem Ärztlichen Direktor die Praxis, den Patienten freie Wochenenden zu gewähren, nicht mehr so recht. Es war der Eindruck entstanden, daß diese Wochenenden zu Hause für den Patienten eine Gelegenheit darstellten, allein und unbeobachtet einmal so richtig zu agieren. Der Ärztliche Direktor beschloß, die Wochenendfahrten aller stationären Patienten drastisch zu beschneiden. Außerdem wurde beschlossen, daß nun – anders als bisher – der Patient von seinem Psychotherapeuten darüber belehrt werden sollte, daß seine Wochenendausflüge zum Teil gestrichen worden seien. Vorher waren diese unliebsamen Mitteilungen dem Patienten immer durch die Verwaltung gemacht worden, man hatte die Übertragungsbeziehung zwischen dem Patienten und seinem Therapeuten nicht mit dieser Extrabürde – der Enttäuschung, der Wut, den masochistischen Reaktionen des Patienten usw. – belastet.

Der Neuerung lagen folgende Überlegungen zugrunde: Allem Anschein nach waren die Therapeuten allzu rasch bereit, sich mit den Patienten zu identifizieren und als Fürsprecher der Patienten, die sie direkt zu betreuen hatten, beim Ärztlichen Direktor aufzutreten. Diese Neigung, sich zum Fürsprecher des Patienten zu machen, ging zum Teil auf die Identifikation mit dem Patienten, zum Teil aber wohl auch auf den Wunsch zurück, eine möglichst starke positive Übertragungsbeziehung mit dem Patienten herzustellen, und vielleicht sogar auf eine Abneigung dagegen, sich mit den feindseligen Aspekten der Reaktionen des Patienten zu beschäftigen. Wenn der Patient bemerkte, daß sein Therapeut zugleich als sein Fürsprecher und Verteidiger beim Leiter des Krankenhauses (der die hier geltende Ordnung verkörperte) auftrat, dann würden wohl seine positiven Gefühle die Oberhand gewinnen, und eine negative Übertragung würde möglicherweise von vornherein verhindert.

In der persönlichen psychoanalytischen Arbeit mit einem nichtstationären Psychoneurotiker kann der Analytiker durch seine genaue Kenntnis der umfangreichen Daten, die ihm der Patient geliefert hat, sowohl die positiven als auch die negativen Seiten der Übertragungsbeziehung identifizieren und analysieren, ohne daß er die negativen erst dadurch hervorlocken muß, daß er dem Patienten eine unliebsame Mitteilung überbringt. Aber im Krankenhaus und in der psychotherapeutischen Arbeit kommt eine so gründliche Analyse vielleicht niemals zustande, insbesondere dann nicht, wenn der Patient seine Ärzte in die Kategorien von gut (sein Therapeut) und böse (der Krankenhausdirektor) einteilen kann. Diese Überlegungen führten zu dem Schluß, daß eine solche Dichotomie dafür sorgen mußte, daß der Patient bei seiner Entlassung die feindseligen Aspekte der Übertragung unbesehen und unanalysiert wieder mit hinausnehmen und damit vielleicht für einen Rückfall noch anfälliger sein würde. Zugleich bestünde die Gefahr, daß der Therapeut sich einseitig darum bemühen würde, die positiven Elemente der Übertragung aufzuspüren und sich auf den Direktor zu verlassen, der ihm gleichsam helfen sollte, negative Gefühle in seinem Patienten in bezug auf ihn selbst zu verhindern.

Das Echo auf die Neuregelung der Wochenendbesuche ließ nicht lange auf sich warten, weder von seiten der Therapeuten noch von seiten der Patienten. Dabei fielen die Beschwerden von seiten der Therapeuten möglicherweise noch lautstärker aus: für die Ärzte bedeutete die neue Politik eine schwerere psychische Belastung als für die Patienten. Sie bekamen nun die Feindseligkeit oder den Masochismus der Patienten mit aller Wucht zu spüren. Bei einer der damals üblichen routinemäßigen Fallbesprechungen mit den Therapeuten äußerte sich ihr Unmut gegenüber dem Direktor besonders heftig. Erst nachdem ihnen alle Überlegungen, die der Entscheidung vorangegangen waren, noch einmal dargelegt worden waren, zeigten sie sich allmählich bereit, die Last zu akzeptieren, die ihnen aufgebürdet worden war. Das klinische Material über einen Patienten, mit dem man sich bei dieser Konferenz beschäftigte, erhärtete dann die Auffassung, daß dieses neue Verfahren Informationen in die Behandlungssituation einbringen würde, die andernfalls verborgen geblieben wären. Dieser Patient hatte unmittelbar auf die Mitteilung seines Therapeuten hin, daß er zum Wochenende nun doch nicht nach Hause fahren dürfe, mit einem Traum reagiert, der seine masochistisch-homosexuelle Einstellung gegenüber dem Therapeuten enthüllte – Material, das bis dahin gar nicht aufgetaucht war.

Kandidat: Wir haben vorhin über einen Patienten gesprochen, der seinem Therapeuten erzählte, daß er eine Regel übertreten habe; dabei handelte es sich um eine Übertretung, die ihn nach Meinung des Therapeuten nicht persönlich in Gefahr brachte. Ich denke jetzt an einen bestimmten Patienten, der das Krankenhausgelände verließ und sich in der Stadt einen Milchshake leistete. Die Frage ist, was man in einem solchen Fall tut. Ich wollte den Vorfall damals nicht der Verwaltung melden, und zwar deshalb, weil ich mit einer solchen »Anzeige« die Kommunikation zwischen dem Patienten und mir unterbunden hätte. Warum sollte er mir dann erzählen, was so alles passiert? Er müßte nicht nur meine Mißbilligung, sondern auch die Strafe fürchten, die auf der Regelübertretung steht.

Kandidat: Ich sage dem Patienten in solchen Fällen immer, daß er eben entsprechend bestraft werden wird, wenn ihn jemand bei einer Regelverletzung erwischt.

Dr. Tarachow: Ja, jetzt frage ich Sie alle: Wie würden *Sie* vorgehen?

Kandidat: Dieser Patient hat nur einen Shake getrunken. Der nächste holt sich vielleicht ein Barbiturat. Was soll man in so einer Situation tun?

Dr. Tarachow: Die absolut neutrale Position, die der Therapeut draußen innehat, ist nicht notwendig die einzige oder die beste Position, die er in einer Institution einnehmen kann. Die Umstände sind einfach nicht dieselben. Sie sind vielleicht neutral gegenüber dem Patienten, aber Sie wissen gleichzeitig doch ganz genau, daß Sie Ihr Urteil fällen werden. Wenn der Patient das Anstaltsgelände verläßt und agiert, möglicherweise zu seinem eigenen oder zum Schaden eines anderen Patienten, dann müssen Sie einschreiten. Es ist schwer zu sagen, wo die Grenze liegt.

Kandidat: Meiner Meinung nach besteht ein großer Unterschied zwischen dem Patienten, der sich draußen ein Milchgetränk bestellt, und dem, der sich Schlafmittel beschaffen will. Wenn draußen ein Patient in Ihre Sprechstunde kommt und Ihnen erzählt, daß er sich ein Gewehr gekauft hat, dann möchte ich doch mal wissen, wie neutral Sie als frei praktizierender Therapeut noch sind.

Dr. Tarachow: Ich will Ihnen sagen, wie wenig neutral ein Therapeut sein kann. Ich kenne einen Therapeuten, der nur mit der Pistole unter seinem Stuhl überhaupt Sprechstunde hält. Das ist kein Witz. Der Mann hat ein ausgesprochenes Talent für die Behandlung borderline-psychotischer und psychotischer Patienten, und zwar unter ambulanten Bedingungen. Aber natürlich möchte er dabei nicht unbedingt umkommen; er weiß, daß es im Rahmen der Übertragung hin und wieder zu gefährlichen Provokationen kommt und er sich unter Umständen verteidigen muß.

Kandidat: Aber dann handelt er nicht als Psychiater, sondern in Notwehr und zu seinem eigenen Schutz.

Dr. Tarachow: Das stimmt. Aber der Patient kommt vielleicht mit einem Gewehr herein. Vielleicht schaffen Sie es, ihn so lange zu beschwatzen, bis er Ihnen das Gewehr gibt. Vor Jahren fragte ein Dozent am New York Psychoanalytic Institute seine Studenten: »Nehmen Sie einmal an, Ihr Patient steht von der Couch auf, steigt auf das Fensterbrett und macht Anstalten, auf die Straße zu springen. Was tun Sie?« Manche Zuhörer sagten: »Man sollte gar nichts unternehmen. Man würde nur die Übertragung stören.« Ich sage dazu: Stören Sie lieber die Übertragung und behalten Sie einen lebendigen Patienten.

Sie dürfen nicht vergessen, daß Ihre stationären Patienten kränker sind; es gibt einen Punkt, an dem Sie unter Umständen eingreifen müssen.
Wenn man es mit schweren Formen des Agierens außerhalb des Krankenhauses zu tun hat, dann gibt es nur eine einzige erfolgversprechende Methode: Man gestattet dem Patienten, jedes denkbare Risiko einzugehen, auch das Risiko, verhaftet zu werden. Nehmen wir an, ein Patient stiehlt ständig in Warenhäusern. Sie erreichen nichts, wenn Sie sagen: »Lassen Sie das; versuchen Sie, nicht zu stehlen«; er wird höchstens noch mehr stehlen. Bei solchen Problemen sind Erfolge dünn gesät, aber um sich wenigstens die geringe Aussicht auf einen Erfolg offenzuhalten, müssen Sie absolut neutral sein.
Allerdings dürfen Sie die ideale, die makellose Übertragungsbeziehung der analytischen Behandlung draußen nicht mit der therapeutischen Beziehung im Krankenhaus verwechseln. Wir haben diesen ganzen Komplex administrative kontra therapeutische Überlegungen vor allem deshalb diskutiert, damit Sie entscheiden können, was jeweils zu tun ist, wann also die beiden Funktionen getrennt und wann sie nicht getrennt werden müssen. In manchen Fällen können Sie die Rolle des guten Freundes, des guten Therapeuten, des guten Vaters oder der guten Mutter beibehalten; in anderen Fällen allerdings werden Sie Kontrolle üben müssen. Es könnte beispielsweise sein, daß Sie einen Hypomaniker haben, der wegläuft und eine Reihe unvernünftiger oder gefährlicher Dinge anstellt.
Kandidat: Ein Problem, das immer wieder einmal auftaucht, ist, daß die Verwaltung selbst nicht immer konsequent verfährt. Manchmal wird der Patient erwischt und bestraft, manchmal nicht. Manchmal sieht die Strafe so aus, manchmal anders. Es gibt da bestimmte Regeln, die allen bekannt sind. Niemand dürfte sich über diese Regeln hinwegsetzen. Es ergeben sich alle möglichen Komplikationen, wenn der eine Patient bestraft wird und der andere nicht.
Dr. Tarachow: Das ist ein echtes Problem. Wenn die Vorschriften immer in der gleichen Weise angewandt werden, dann dient das der konsequenten Strukturierung der Behandlungsbedingungen, selbst wenn diese Struktur dem einen oder anderen Therapeuten mißfällt. Und wenn die therapeutischen Bedingungen einheitlich strukturiert sind, dann läßt sich diese Struktur als Bezugsrahmen sowohl für den Therapeuten als auch für den Patienten nutzen. Sie sehen, daß ich auf die einheitliche Struktur im Interesse der *Therapeuten* Wert lege.
Kandidat: Die Patienten vergleichen ihre Therapeuten miteinander und stellen fest, daß der eine ihnen mehr Privilegien verschafft als der andere. Da ist eine gewisse Ungerechtigkeit im Spiel. Es gibt Zeiten, in denen

einige Patienten Privilegien genießen und andere nicht; aber das ist nun einmal der Lauf der Welt und damit auch der Krankenhausverwaltung.
Dr. Tarachow: Aber gut ist das nicht.
Kandidat: Zur Realität gehört gelegentlich auch Ungerechtigkeit.
Dr. Tarachow: Nein, nein. Das ist schlechte psychotherapeutische Technik. Sie lassen sich auf ein heimliches Einverständnis mit dem Patienten gegen die Verwaltung ein, und das ist eine üble Technik.
Kandidat: Aber wir sprechen über Realitäten.
Dr. Tarachow: Sie müssen sich an die Krankenhausstruktur insgesamt halten. Sie sind allzu bereit, mit dem Patienten zu sympathisieren. Der Patient ist im Krankenhaus, und das ist diejenige Realität, die er verstehen und an die er sich anpassen muß. Sie können nicht sagen: »Es ist Realität, daß die Verwaltung hier von Tag zu Tag wieder anders verfährt.« Damit würden Sie nämlich nur die unaufgelösten Geschwisterrivalitäten des Patienten verstärken. Sie würden ihm sagen: »Ja, einigen Kindern geht es hier besser als anderen.« Sie würden ihn in seinen infantilen Haßgefühlen noch bestärken.
Kandidat: Aber die Verwaltung kann im Unrecht sein.
Dr. Tarachow: Die Verwaltung ist im Unrecht, wenn sie nicht so handelt, wie die Verwaltung versprochen hat zu handeln. *Sie* müssen in Ihrer Haltung gegenüber den Krankenhausregeln konsequent sein. Bei der außerstationären Behandlung besteht Ihre Konsequenz in Ihrer Neutralität. Im Krankenhaus bedeutet Konsequenz, die verwaltungsmäßige Struktur, eine gewisse Teilung der Autorität zu akzeptieren. Das ist die Struktur, an die Sie sich halten müssen, so wie Sie sich in der Analyse an Ihre absolute Neutralität halten. Bei der stationären Behandlung nehmen Sie auch eine überwachende Haltung ein und üben eine gewisse Aufsichtsfunktion aus. Das ist die Struktur des Krankenhauses. Sie dürfen die außerstationäre Analyse oder Psychotherapie nicht mit der stationären Psychotherapie durcheinanderbringen. Stationäre Patienten haben immer agiert, waren auch von jeher unfähig, eine eigene Struktur aufzubauen, und waren ebenso unfähig, sich ihren Impulsen oder ihrer Tendenz zur Selbstbestrafung zu widersetzen. Im Krankenhaus sind Sie als Therapeut nun einmal nicht unabhängig, Sie sind ein Arm des Krankenhauses. Dem Patienten fehlt es an Ichstärke; das Krankenhaus bietet eine strukturierte Situation, und Sie sind ein Arm dieser strukturierten Situation. Sie müssen auf der Seite der Administration bleiben, selbst wenn die Administration sich in der Durchsetzung ihrer eigenen Regeln einmal irrt.
Kandidat: Manchmal sprechen wir mit unseren Supervisoren über diese Schwierigkeiten und versuchen sie zu bewegen, ihren Einfluß geltend zu machen, damit die jeweilige Regel geändert wird. Ich habe gelegentlich

meinen Supervisor auch schon gebeten, bei der Administration eine Ausnahme zu erwirken.

Dr. Tarachow: Die Bitte an den Supervisor, sich um die Änderung einer Vorschrift zu bemühen, ist kein schlechter Weg. Die Regel würde dann für alle geändert. Der Therapeut muß es aber vermeiden, als Anwalt seines Patienten aufzutreten. Streiten Sie nicht mit der Verwaltung für Ihren Patienten, denn zu einem gewissen Grade sind Sie ein Organ der Administration, gleichgültig, wie klar die therapeutischen von den administrativen Funktionen getrennt sind.

10 Die Struktur der therapeutischen Beziehung

Heute wollen wir uns mit einer Reihe von Fragen beschäftigen, die sich aus der Struktur der therapeutischen Beziehung ergeben. Damit meine ich die Festlegung von Tag und Stunde der Sitzungen und die Einhaltung oder Nichteinhaltung von Verabredungen. Wir wollen uns weniger mit dem strukturellen Rahmen als vielmehr mit den Einzelheiten befassen, wie sie sich aus der Beziehung ergeben; ferner mit den zeitlichen Vereinbarungen und mit den vielfältigen Situationen, die diese Struktur mit sich bringt.
Sie sollten nach Möglichkeit alle zufälligen und alle aktuellen Ereignisse für die Behandlung nutzen. Zu den wichtigsten Ereignissen in diesem Zusammenhang gehören vielleicht die Ferien. Warum muß man dem Patienten rechtzeitig sagen, daß man in Urlaub geht? Was ist die Begründung dafür?
Kandidat: Sie haben gerade angefangen, das Gefühl der Zurückweisung oder ähnliche Reaktionen der Patienten durchzuarbeiten. In den nächsten Sitzungen kann er Ihnen darüber berichten. Wenn Sie dem Patienten erst im letzten Augenblick mit der Mitteilung kommen, daß Sie Ferien machen wollen, dann haben Sie nicht die Zeit, an diese Reaktionen heranzukommen.
Dr. Tarachow: Ja. Und weiter?
Kandidat: Wenn Sie regelmäßig mit jemandem zu tun haben, ist es doch nur normal und ein Gebot der Höflichkeit, daß Sie ihn von der bevorstehenden Reise unterrichten.
Dr. Tarachow: Es ist höflich, natürlich, aber es hat daneben auch noch praktische Aspekte. Sie verschaffen sich damit die Möglichkeit, die Reaktion des Patienten – oder seine mangelnde Reaktion – durchzuarbeiten. Ich wäre sogar mißtrauischer, wenn er keine Reaktion zeigte. Unsere Abwesenheit wird von den Patienten ganz unterschiedlich aufgenommen. Gewöhnlich fühlen sie sich zurückgewiesen, aber es sind auch andere Reaktionen denkbar. Wie könnte ein Patient die Tatsache, daß Sie Urlaub machen, sonst noch aufnehmen?
Kandidat: Mit großer Erleichterung.
Dr. Tarachow: Ja, mit großer Erleichterung. Das ist eine Beleidigung, die der Patient Ihnen entgegenschleudert, daß er Ärger oder Geld spart; aber es gibt noch etwas anderes und sogar noch Wichtigeres.
Kandidat: Er ist voller Verständnis und freut sich für Sie. Er begreift, daß

Sie einmal ausspannen müssen. Sie haben doch so schwer gearbeitet.
Dr. Tarachow: Ja, aber seien Sie auf der Hut vor Mitleid – wenn der Patient anfängt, Sie zu bemitleiden, dann müssen Sie aufpassen. Nein, es ist noch etwas anderes.
Kandidat: Sexuelles Agieren.
Dr. Tarachow: Sexuelles Agieren oder eine andere Form des Agierens. Es kommt häufig vor, daß man von einer Urlaubsreise zurückkehrt und feststellt, daß der Patient geheiratet oder erste sexuelle Erfahrungen gemacht oder seine Arbeitsstelle aufgegeben hat. Hin und wieder macht der Patient sich Ihren Urlaub in dieser Weise zunutze. Wenn die Katze nicht zu Hause ist, tanzen die Mäuse.
Kandidat: Es könnte sich um den Versuch handeln, Sie zu provozieren.
Dr. Tarachow: Mit welchen Schwierigkeiten würden Sie bei der Wiederaufnahme der Behandlung rechnen? Es gibt da eine Reihe von Problemen, mit denen ich es wiederholt zu tun gehabt habe.
Kandidat: Der Patient macht Ihnen Vorwürfe. Ihm ging es schlecht in dieser Zeit, in der Sie sich ein schönes Leben gemacht haben.
Dr. Tarachow: Es stimmt alles, was Sie sagen, aber es ist nicht das, was ich jetzt hören möchte. Ich will Ihnen ein klein wenig helfen. Wir sprechen über männliche Patienten. Manchmal kommt der Patient in schrecklicher Panik zur ersten Sitzung nach der Sommerpause. Alle seine Symptome sind in heftiger Form wieder aufgelebt, und er ist sehr besorgt und unruhig. Ihre Rückkehr hat eine homosexuelle Panik ausgelöst. Der Patient war während der Behandlungspause von den Spannungen der Übertragung und von seinen Gefühlen Ihnen gegenüber befreit; wenn die Behandlung jetzt nach Ihrem Urlaub (oder meinetwegen auch nach dem Urlaub des Patienten) weitergeht, dann sind möglicherweise alle seine Gefühle Ihnen gegenüber intensiver. Ich erlebe das regelmäßig und bin schon darauf vorbereitet. Wenn ich von meinem bevorstehenden Urlaub spreche, dann erwarte ich ganz bestimmte Reaktionen: entweder fühlt der Patient sich im Stich gelassen, gerät in Depressionen und entwickelt Haßgefühle, oder er hat das Bedürfnis zu agieren, insbesondere auf sexuellem Gebiet. So stehen die Dinge, wenn ich wegfahre. Wenn ich wieder zurück bin, suche ich nach Anzeichen einer homosexuellen Panik und mehr oder weniger offen zutage liegenden Symptomen homosexueller Ängste oder gelegentlich nach der einen oder anderen Abwehrreaktion. All dies kann sich in unangebrachter Aggressivität, in paranoiden Vorstellungen, masochistischen Symptomen und schließlich in dem Wunsch, die Behandlung abzubrechen, zeigen. Weibliche Patienten neigen dazu, ihre inzestuösen sexuellen Wünsche in Richtung auf den Therapeuten zu intensivieren.
Kandidat: Warum, was glauben Sie, geraten die männlichen Patienten in

Panik, wenn Sie aus dem Urlaub zurückkommen?
Dr. Tarachow: Weil sie während der Dauer des Urlaubs des Therapeuten von ihren Gefühlen ihm gegenüber befreit waren; seine Rückkehr gleicht der Rückkehr eines Geliebten, sie bedeutet eine unbewußte homosexuelle Provokation.
Kandidat: Von welchen Patienten sprechen Sie im Augenblick?
Dr. Tarachow: Von allen männlichen Patienten, Neurotikern wie Psychotikern. Voltaire irrte – er soll gesagt haben: »Lassen Sie zwei Männer allein in einem Raum, und sie werden sich über die Frauen unterhalten.« Ich würde sagen: Lassen Sie zwei Männer allein in einem Raum, und es entsteht ein homosexuelles Problem zwischen ihnen. Mit dem Wiederbeginn der Behandlung sind die homosexuellen Spannungen da.
Man kann die Urlaubszeit im Rahmen des gesamten Behandlungsplans aber auch vorteilhaft nutzen, indem man z. B. Entlassungen zu diesem Zeitpunkt vorsieht. Vor Jahren hörte ich von Bertram D. Lewin, daß der Urlaub eine ausgezeichnete Möglichkeit sei, Patienten endgültig oder auch versuchsweise zu entlassen. Die Sommerferien sind dafür sehr gut geeignet. Ich habe das Datum der Entlassung schon bis zu sechs Monaten im voraus festgelegt, damit der Patient genügend Zeit hatte, mit seinem Gefühl des Verlassenseins nach Abschluß der Behandlung fertigzuwerden. Der Juni ist eine vernünftige Zeit. Den Patienten ist es viel lieber, wenn sie im Juni entlassen werden als etwa zu Weihnachten, denn im Sommer verreist doch jeder, und die Dinge brechen ohnehin auseinander. Der Sommer eignet sich auch gut dazu, die Fähigkeit des Patienten zu testen, ohne Sie zurechtzukommen. Wenn er während des Sommers nicht ohne Sie auskommt, dann ist er im Herbst wieder da. In der privaten Praxis werden die meisten von Ihnen es als sehr zweckmäßig empfinden, die Ferien in dieser Weise zu nutzen.
Um eine andere Facette in der Struktur der therapeutischen Beziehung handelt es sich bei den abgesagten oder nicht eingehaltenen Sitzungen. Nehmen wir an, ein Patient kommt nicht zur Sitzung, und zwar aus einem Grund, für den er nichts kann, vielleicht wegen eines schweren Unwetters oder eines Sturmes. Am Ende des Monats berechnen Sie ihm diese Sitzung nicht. Mit welcher Reaktion des Patienten rechnen Sie, wenn Sie sein Fehlen entschuldigen und diese Sitzung nicht auf die Rechnung setzen? Erwarten Sie, daß er erfreut oder daß er nicht erfreut ist? Das klingt nach einer Trickfrage, und es ist auch eine. Nennen Sie mir die Gründe für beide Reaktionen. Manche Patienten sind mit einer solchen Regelung zufrieden, anderen gefällt sie nicht. Können Sie sich vorstellen, warum ein Patient nicht damit einverstanden sein könnte?
Kandidat: Ein im oralen Sinne abhängiger Patient könnte das als Affront

gegen seine neu erworbene Unabhängigkeit und Selbständigkeit auffassen.
Dr. Tarachow: Richtig. Patienten, die sich nach Kräften um ihre Befreiung, um ihre Unabhängigkeit bemühen, werden auf Bezahlung der Sitzung bestehen. Sie widersetzen sich allen Vergünstigungen.
Aber es gibt auch noch einen anderen Grund, weshalb der Patient die Sitzung bezahlen möchte und sich zurückgewiesen fühlt, wenn Sie ihn nicht zahlen lassen wollen. Manche Patienten glauben, wenn sie die nicht stattgefundene Sitzung bezahlen, dann sind sie in gewisser Weise trotzdem bei Ihnen gewesen. Wenn Sie die Bezahlung für diese Sitzung nicht annehmen wollen, dann haben solche Patienten das Gefühl, in der fraglichen Zeit aus Ihrem Leben ausgestoßen gewesen zu sein. Ich habe Patienten gehabt, die sehr enttäuscht waren, wenn ich ihnen eine ausgefallene Sitzung nicht berechnet hatte. Sie empfanden das als Zurückweisung. Sie hatten das Gefühl, mich in der fraglichen Zeit *nicht* gehabt zu haben, mich verloren zu haben. Sie hätten gerne bezahlt, um sicher zu sein, daß sie mich auch in dieser bestimmten Zeit sozusagen in ihrem Leben gehabt hatten.
Kandidat: Ist das eine ganz bewußte Empfindung des Patienten, oder liegt sie irgendwo tief vergraben?
Dr. Tarachow: Ich habe das als unmittelbare und bewußte Klage von einem Patienten gehört: »Es tut mir leid, daß Sie mir die Sitzung nicht in Rechnung gestellt haben, denn nun habe ich das Gefühl, daß ich im letzten Monat eine Sitzung weniger bei Ihnen hatte. Ich hatte weniger von Ihnen.«
Kandidat: Sie müssen den Kontakt zur Realität völlig verloren haben.
Dr. Tarachow: Keineswegs. Sie dürfen Ihre Bedeutung für den Patienten nicht unterschätzen. In dem Augenblick, in dem die Behandlung beginnt, »hat« der Patient Sie in der Weise, wie er dies will, das heißt in der Form der Objektbeziehung, die zu unterhalten er imstande ist. Er besitzt Sie, er will Sie ganz für sich, und er will so viel von Ihnen wie nur möglich. Am liebsten wäre er Ihr einziger Patient, und wenn er Ihnen schon widerwillig gestattet, neben ihm noch weitere Patienten zu betreuen, dann ist das mindeste, was er will, daß ihm keine Sitzung verloren geht. Die Bezahlung spielt dabei keine besondere Rolle. Das Geld als solches wird nach einer Weile unwesentlich und findet kaum noch Erwähnung, außer eben bei dieser Gelegenheit, wenn der Patient Ihnen Vorwürfe macht, weil Sie die ausgefallene Sitzung nicht berechnet haben. Sie müssen auf alle möglichen Reaktionen gefaßt sein. Mich hat diese Reaktion damals noch überrascht.
Kandidat: Wann würden Sie die Gebühr für eine bestimmte Sitzung erlassen?

Dr. Tarachow: Das hängt von der jeweiligen therapeutischen Situation und von der Schwere des Falles ab. Wenn der Patient eine Analyse macht, dann wird erwartet, daß er alle Sitzungen bezahlt. Manche Analytiker bestehen sogar auf der Bezahlung, wenn der Patient krank war, andere tun es nicht. Es gibt da keine absolut gültige Regel. Wenn ich überzeugt bin, daß der Patient körperlich krank war, dann berechne ich die Zeit nicht. Wenn ein Patient aber wegen geschäftlicher Verpflichtungen oder wegen einer Dienstreise nicht zur Sitzung kommen konnte, dann zahlt er trotzdem dafür. Jedesmal, wenn Sie Ihrem Patienten einen Gefallen tun, laden Sie ihm Schuldgefühle auf. Daran müssen Sie denken. In der Analyse bzw. in der psychotherapeutischen Behandlung spielt unsere Freundlichkeit uns seltsame Streiche.

Die scheinbare Grausamkeit der analytischen Beziehung oder der psychotherapeutischen Beziehung, die von Interpretation getragen wird, hat durchaus ihren Sinn. Wenn Sie dem Patienten für jede kleine Unpäßlichkeit etwas nachlassen, dann werden ihm Schuldgefühle aufgebürdet, weil er Ihnen Geld genommen hat. Er wird unsicher, ober er nun überhaupt krank ist oder nicht. Wenn er aber für alle Sitzungen zahlt, dann ist die Sache bereinigt, und die Arbeit geht besser vonstatten. Er kann dann krank sein, ohne sich darüber Sorgen machen zu müssen.

Einem psychiatrischen Patienten Gefälligkeiten zu erweisen, ist eine zweifelhafte Praxis, denn jede wie auch immer geartete Vergünstigung, die Sie ihm gewähren, läßt Schuldgefühle in ihm aufkommen, weil er anspruchsvoll ist, weil er aggressiv ist und weil er mehr will, als andere Leute wollen. Es ist tatsächlich am besten und freundlichsten, wenn man so geschäftsmäßig wie möglich vorgeht. Dadurch wird die Behandlung für alle Teile einfacher. Das gilt auch für die Psychotherapie. Bei manchen Patienten halte ich mich mit Freundlichkeiten ganz besonders zurück. Es gibt keine festen Regeln, so lasse ich mich manchmal wohl von Vermutungen leiten. Einem depressiven Patienten will ich nicht noch einen weiteren Grund geben, weshalb er sich schuldig fühlen müßte. Seine Schuldgefühle sind schon groß genug. Gefälligkeiten gegenüber dem depressiven Patienten bringen Sie und Ihren Patienten tatsächlich nur in Schwierigkeiten. Der Patient sinkt dann einfach noch tiefer in seine Depression.

Überlegen Sie sich vorher, wie Sie mit Ihrem depressiven Patienten umgehen wollen, und halten Sie sich dann daran. Wenn Sie nämlich allzu liebenswürdig zu ihm sind, dann vergrößern Sie nur seinen Masochismus. Er fühlt sich schuldig; vor allem seine Gier bereitet ihm Gewissensbisse. Es ist schwierig, sich einem depressiven Patienten gegenüber freundlich zu geben. Sie müssen andere – indirekte – Wege finden, sich Ihrem Patienten gegenüber freundlich zu erweisen. Das heißt aber nicht, daß Sie

trotzdem nicht flexibel sein können. Vielleicht haben Sie einen Patienten, dessen Schwierigkeiten gerade in die entgegengesetzte Richtung zeigen: Er ist unfähig, Anliegen vorzutragen, die völlig legitim sind. Hier müssen Sie natürlich entsprechend anders vorgehen.
Kandidat: Wie bringen Sie dem Patienten den Gedanken der Zahlungsverpflichtung nahe?
Dr. Tarachow: Gleich zu Beginn, und ich begründe das auch. Die meisten Patienten suchen mich regelmäßig auf. Ich sage ihnen, daß sie im Grunde diese Zeit kaufen; wenn sie nicht kommen – und sei der Grund dafür auch noch so zwingend –, dann kann ich mit dieser Zeit nicht mehr viel anfangen. Sie tragen die Verantwortung. Das ist dem Gedanken der Reife sehr förderlich. Im Grunde ist den Patienten eine solche Abmachung am liebsten. Sie haben dann nicht das Gefühl, daß der Psychiater sie wie kleine Kinder behandelt.
Kandidat: Was tun Sie, wenn der Patient Sie rechtzeitig fragt, ob Sie die nächste Sitzung auch zu einem anderen Zeitpunkt als dem üblichen Termin anberaumen können?
Dr. Tarachow: In der Regel erkläre ich mich dazu bereit, und zwar unter Hinweis darauf, daß ich nicht dazu verpflichtet bin, daß ich es aber gern tue, wenn es sich einrichten läßt. Sie müssen in diesem Punkt sehr vorsichtig sein; wenn der Patient Sie um etwas bittet, müssen Sie sicher sein, daß es sich nicht um eine Form des Agierens handelt. Der Patient könnte versuchen, entgegen den Regeln, die Sie aufgestellt haben, entgegen dem Arrangement, dem er ja zugestimmt hat, etwas bei Ihnen zu erreichen. Es ist immer gefährlich, Ausnahmen zuzulassen, auch wenn es manchmal doch notwendig wird. Sie müssen auf der Hut sein, sonst werden Sie in irgendeine subtile Form von Agieren hineingezogen.
Auf jeden Fall müssen alle diese strukturellen Fragen, die mit der Durchführung der Behandlung zusammenhängen, bedacht und geklärt werden. Alles, was mit der Behandlung irgendwie zu tun hat, läßt sich als therapeutisches Material entsprechend nutzen.
Ich hatte einmal ein Erlebnis mit einer Patientin, das erzählt zu werden verdient, weil es nicht so sehr mit der Fähigkeit des Patienten zu tun hat, die Übertragung zu erdulden, als vielmehr mit der Fähigkeit des Therapeuten, mit seiner Gegenübertragung und den entsprechenden Impulsen fertigzuwerden.
Ich wußte, daß es für die depressive Patientin sehr schlecht wäre, wenn sie auch nur einen Termin bei mir nicht wahrnehmen könnte, gleichgültig aus welchem Anlaß. Wegen einer Tagung mußte ich an mehreren Tagen alle Termine streichen; ich sagte also bis auf die Verabredung mit dieser Patientin alle Vereinbarungen ab. Mit der Patientin machte ich aus, daß

sie diesmal nicht zur üblichen Stunde, sondern gleich morgens zeitig in meine Sprechstunde kommen sollte. Wir würden dann unsere Sitzung abhalten, und ich könnte immer noch an der Tagung teilnehmen. Ich wußte im voraus, daß ich deshalb früher als gewöhnlich aufstehen und frühstücken mußte.
An jenem Morgen erwachte ich um neun Uhr. Ich machte mich in aller Ruhe und mit dem angenehmen Gefühl fertig, den Tag für mich zu haben. Gegen zehn Uhr fuhr ich kurz an meiner Praxis vorbei, um die Post mitzunehmen, und erfuhr, daß eine völlig aufgelöste Frau morgens zeitig im Wartezimmer gesessen und auf mich gewartet habe. Ich hatte den Termin völlig vergessen.
Ich rief die Patientin an und entschuldigte mich, was die Sache nicht viel besser machte. Die Patientin beschimpfte mich zu Recht. Schließlich sagte ich ihr etwas, was meiner Ansicht nach korrekt war. Welche Position könnte man Ihrer Meinung nach jetzt einnehmen, oder was könnte man der Patientin in dieser Situation sagen?
Kandidat: Ich würde vor allem auf meine gute Absicht hinweisen, darauf, daß ich versucht hätte, ihr doch noch einen Ersatztermin einzuräumen, und dann sagen: »Ich habe es verschlafen.«
Kandidat: Wenn die Beziehung gut wäre, würde ich der Patientin sogar sagen, daß ich für diesen Tag alle meine Verabredungen mit Ausnahme dieses einen Termins gestrichen hätte, weil ich ja wisse, wie wichtig unsere Verabredungen für sie seien. Und daß ich im Sinne dieses Wissens gehandelt hätte, indem ich ja diese eine Verabredung traf. Sie konnten sich selbst zudem sagen, daß Sie auch das Recht gehabt hätten, die Sitzung zu streichen.
Dr. Tarachow: Was ich antwortete, war nahezu das gleiche. Zunächst sagte ich ihr das, was Sie eben vorschlugen. Ich sprach von meiner guten Absicht und davon, daß ich wirklich vorgehabt hatte, etwas für sie zu tun. Dann aber fuhr ich fort: »Aber ich denke, auch die Freundlichkeit gegenüber einem anderen hat irgendwo Grenzen, und ich bin da keine Ausnahme.« Ich sagte ihr, daß ich mit meiner Zusage, diese zeitige Verabredung einzuhalten, in Wahrheit wohl mehr versprochen hatte als ich tun konnte. Ich wurde fast vertraulich, ich sagte, daß ich zwar die besten Absichten gehabt hätte, aber nun einmal nicht imstande gewesen sei, wirklich *so* gut zu sein; es ging einigermaßen zufriedenstellend aus.
Kandidat: Wenn eine Sitzung länger dauert als vorgesehen, dann ist das schlimm.
Dr. Tarachow: Das ist eine andere Sache. Hier können wir nur über die Wirkung sprechen, die das auf das Wechselspiel zwischen Ihnen und dem Patienten hat. Wenn Sitzungen ständig länger dauern als vorgesehen,

dann müssen Sie Ihre Verabredungen anders legen, das ist alles. Ich habe keine Patentlösung, die Sie aus Ihrer Verpflichtung gegenüber Ihren Patienten befreit. Wenn Sie ständig zu spät zu Ihren Verabredungen mit den Patienten kommen, dann ist das nicht zu entschuldigen.
Kandidat: Bei mir mußten die Patienten einmal warten, als eine Ärztebesprechung zu lange dauerte; alle Ärzte kamen gleichzeitig aus dem Sitzungszimmer, und so war es ganz klar, daß meine Verspätung legitim war. Ich entschuldigte mich vier- oder fünfmal bei meiner nächsten Patientin, und sie sagte: »Es ist schon in Ordnung.« Sie fügte hinzu, sie habe ja gesehen, daß alle Ärzte zur gleichen Zeit herausgekommen seien, und es war weiß Gott gut, daß sie das gesehen hatte.
Kandidat: Ja, und was machen Sie dann mit dem nächsten Patienten? Sie haben sich mit der ersten um fünf Minuten verspätet, und jetzt kommt die nächste auch fünf Minuten später dran.
Kandidat: Dann muß man versprechen, die Zeit beim nächsten Mal nachzuholen.
Kandidat: Wir bestellen die Patienten häufig so, daß zwischen den einzelnen Sitzungen überhaupt keine Pause bleibt. Der nachfolgende Patient ist sowieso eifersüchtig auf die Zeit, die sein Vorgänger ihm raubt, und er ist es noch mehr, wenn die vorangehende Sitzung ein paar Minuten länger als vorgesehen dauert.
Dr. Tarachow: Wenn Sie mit einem Patienten spät dran sind, dann ist es besser, Sie nehmen die Verantwortung dafür auf sich und versprechen, ihn das nächste Mal zu entschädigen, als daß Sie die Sache mit allen übrigen Patienten, die an diesem Tag noch bestellt sind, von neuem durchfechten. Es hängt alles davon ab, wieviele Klagen und feindselige Anschuldigungen Sie vertragen können. Sie können die Sache mit dem ersten Patienten ausfechten und haben dann mit den übrigen Patienten keine Schwierigkeiten mehr, oder Sie bekennen sich zu Ihrer Verspätung, lassen jeden warten, der an diesem Vormittag oder Nachmittag noch bestellt ist, und handeln die Sache mit jedem einzelnen von neuem aus. Wie Sie sich entscheiden, hängt ganz davon ab, was Sie vertragen können.
Kandidat: Ich habe noch eine andere Frage im Zusammenhang mit der Verspätung. Wenn der Patient zu spät kommt, räumen Sie ihm ja wohl kaum irgend welche Extrazeiten ein. Wie eröffnen Sie in diesem Fall die Sitzung, und wie beenden Sie sie, wenn die Zeit um ist?
Dr. Tarachow: Fangen Sie damit an, daß er zu spät gekommen ist.
Kandidat: Sie meinen, Sie fragen ihn dann: »Warum kommen Sie zu spät?«
Dr. Tarachow: Fragen Sie den Patienten oder aber sagen Sie ihm, warum er zu spät gekommen ist. Sie sollten ja zu Beginn jeder Sitzung das Material aus der vorangegangenen Sitzung parat haben. Wenn das nicht der

Fall ist, sind Sie ein schlechter Therapeut. Sie sollten genau wissen, wie die letzte Sitzung geendet hat, und wenn Sie sich auf Ihr Gedächtnis nicht verlassen können, dann sollten Sie sich jeweils Notizen machen. Frischen Sie Ihr Gedächtnis auf, so daß Sie zu Beginn der nächsten Sitzung das Material aus der letzten Zusammenkunft unverzüglich nutzen können. Auch wenn Sie einen Patienten nur einmal in der Woche empfangen, so behandelt er die Sitzungen doch als ein Kontinuum, und Sie sollten das ebenfalls tun. Die sieben Tage dazwischen wirken dann in keiner Weise als Unterbrechung. Am Anfang jeder Sitzung nehmen Sie die Beziehung zu Ihrem Patienten an dem Punkt auf, wo die letzte Sitzung aufgehört hat. Wenn der Patient zu spät kommt, dann agiert er. *Das müssen Sie jedenfalls annehmen.* Andernfalls betreiben Sie keine rationale Psychotherapie. Ob Sie sich entschließen, diesen Umstand zu interpretieren oder nicht – Sie müssen ihn als agierendes Verhalten betrachten.

Zunächst einmal sollten Sie, wenn Sie mit dem Material vertraut sind, eine gewisse Vorstellung davon haben, was die Verspätung des Patienten bedeuten könnte. Rufen Sie sich ins Gedächtnis, was in der letzten Sitzung vorgegangen ist. In aller Regel ist es so, daß der Patient sich davor fürchtet, daß bestimmte Dinge in der Sitzung auftauchen, oder aber, daß er ärgerlich auf Sie ist. Ihr erster Schachzug könnte die Frage sein: »Warum sind Sie ärgerlich auf mich?« In vielen Fällen wird der Patient Ihnen sofort antworten. Scheuen Sie sich nicht, Ihre Allmacht, Ihr Wissen und Ihre Zauberkraft auszuspielen, indem Sie sich so genau an das erinnern, was in der letzten Sitzung vorgefallen ist. Sie sollten es ja ohnehin wissen. Dazu kommt, daß der Patient sich durch Ihr großes Interesse an ihm beruhigt und geschmeichelt fühlt.

Kandidat: Sie meinen, daß Sie es dem Patienten einfach sagen?

Dr. Tarachow: Wenn Sie es für angebracht halten, ja. Sie sollten sich das natürlich genau überlegen, aber wenn es angezeigt ist, dann legen Sie ruhig los. Sie erreichen damit mehreres: Zunächst einmal beweisen Sie dem Patienten, daß Sie an seinen Schwierigkeiten interessiert sind. Zweitens beweisen Sie, daß Sie sich erinnern, daß Sie also zugehört haben. Und schließlich sind Sie auf diese Weise ein besserer Therapeut. Sie wissen, was vorgeht, Sie sind mit der Stimmung und mit dem Material des Patienten vertraut, Sie können ohne Umschweife anfangen. Allein die unbestreitbare Tatsache, daß Sie sich an das erinnern, worüber der Patient gesprochen hat, ist von erstaunlicher Wirkung.

Manchmal sprechen die Patienten von ihren Besuchen beim Psychiater als von »Behandlungen«, also im Plural. Das muß man unbedingt korrigieren. Es handelt sich um einen Singular, um *die Behandlung.* Die Behandlung ist ein kontinuierlicher Prozeß.

Kandidat: Ich möchte gerne wissen, wie der Therapeut sich gegenüber Vorfällen verhalten sollte, die sich außerhalb der therapeutischen Sitzung abspielen. Die Patienten stehen ja häufig in Verbindung mit anderen Patienten ihres Therapeuten bzw. mit Patienten anderer Therapeuten.
Dr. Tarachow: Unter bestimmten Umständen sollten Sie Ihre Kenntnis realer Situationen und Geschehnisse durchaus ins Gespräch einbringen. Ich eröffne die Sitzung häufig – bei manchen Patienten sogar immer – mit einer Bemerkung über den Gesichtsausdruck oder das Benehmen des Patienten. Manchmal komme ich schon mit dem Material aus der letzten Sitzung, bevor der Patient noch irgend etwas gesagt hat. Das geschieht natürlich nicht routinemäßig, aber wenn etwas sehr Wichtiges in der letzten Sitzung nicht zum Abschluß gekommen ist oder wenn ich vermute, daß es zu Komplikationen geführt hat, dann nehme ich diesen Punkt sofort auf, ohne auf irgendwelche Assoziationen des Patienten zu warten. In der Regel ist es allerdings besser, wenn man den Patienten zunächst seine Assoziationen vorbringen läßt.
Kandidat: Sagen Sie es ausdrücklich, wenn Sie ein wichtiges Thema wieder aufgreifen und mit dem Patienten weiterverfolgen? Sollte man sich für ein bestimmtes Problem mehr Zeit lassen und versuchen, es zu Ende zu bearbeiten?
Dr. Tarachow: Ja, das ist in der Psychotherapie wichtig. Ich würde sagen, in der Psychotherapie wählt man aus dem gesamten Material des Patienten das aus, woran gearbeitet werden soll; selbst in der Analyse legt der Therapeut Wert darauf, die ganze Zeit über vor den Augen des Patienten einen roten Faden zu verfolgen.
Ich selbst würde großes Gewicht darauf legen, natürlich erst, wenn ich weiß, was die wunden Punkte sind und welche man angehen kann. Bei manchen Patienten läßt man bestimmte Bereiche am besten ganz aus. Sie fragen im Grunde nach der sektoriellen Psychotherapie. Meiner Meinung nach bedeutet Psychotherapie per definitionem sektorielle Behandlung.
Kandidat: In einem Ihrer früheren Seminare sagten Sie, Ihrer Meinung nach sei es besser, den Patienten das Tempo bestimmen zu lassen und mit dem zu beginnen, was er im Sinn hat.
Dr. Tarachow: Ja.
Kandidat: Deshalb hat es mich gewundert, daß Sie nun heute vorschlagen, das Ende der letzten Sitzung gleich zu Anfang noch einmal in die nächste Sitzung einzubringen.
Dr. Tarachow: Wenn die Behandlung erst einmal in Gang gekommen ist, ob es nun Psychotherapie oder Analyse ist, dann sollten Sie dem Patienten auf jeden Fall das Gefühl vermitteln, daß es sich dabei um ein Kontinuum handelt. Der Patient sieht, wie Sie seinen Vorgänger verabschieden

und seinen Nachfolger begrüßen, und Sie müssen irgendwie zum Ausdruck bringen, daß Sie ihm wirklich zuhören, daß Sie ihm Aufmerksamkeit schenken. Im allgemeinen werden Sie feststellen, daß sich das Material, das der Patient präsentiert, Ihrem Gedächtnis besser einprägt als seinem. Sie haben ja nicht so sehr das Bedürfnis, so denke ich, das zu verzerren oder zu vergessen, was der Patient gesagt hat. Und es ist nun einmal nützlich, wenn man imstande ist, gleich mitten in die Sitzung einzusteigen. Ich glaube, wenn man das hin und wieder tut, dann sind die Vorteile bei weitem größer als die möglichen Nachteile.
Kandidat: Man soll es aber nur gelegentlich tun, nicht routinemäßig.
Dr. Tarachow: Gewiß. Sie sollten dann so vorgehen, wenn Sie es für angezeigt halten, und nicht so aggressiv sein, daß Sie jede Sitzung in dieser Weise beginnen. Das hieße dem Patienten gewissermaßen etwas in die Kehle stopfen und ihn nicht zu Wort kommen lassen.
Wenn Sie aber einen ganz besonders wichtigen Punkt nicht zu Ende gebracht haben, dann können Sie die folgende Sitzung mit der Bitte an den Patienten eröffnen, mit diesem Thema zu beginnen; meistens wird der Patient dann sagen, das sei genau das, woran er auch gedacht habe. Es gibt keinen besseren Beweis für Ihr Interesse.
Ich muß noch einmal etwas zur Bezahlung sagen. Manchmal vergißt man, dem Patienten eine Sitzung zu berechnen, oder man macht einen Fehler in der Rechnung. Die Patienten sind keineswegs glücklich, wenn man ihnen zu wenig berechnet. Vielleicht wundert Sie das, aber es stimmt. Ich habe schon ernsthafte Vorwürfe einstecken müssen, weil ich dem einen oder anderen Patienten eine Sitzung zu wenig berechnet hatte. In gewissem Sinne waren die Vorwürfe berechtigt. Die Patienten sagten: »Wie konnten Sie mir das antun? Wie konnten Sie vergessen, daß ich bei Ihnen gewesen bin?« Sie waren sehr aufgebracht.
Die Rechnung ist keine Frage des Geldes, sie ist ein weiteres Mittel des Kontaktes zwischen Ihnen und dem Patienten. Auch bei der Festlegung der Behandlungstermine geht es um den Kontakt mit dem Therapeuten. Nehmen wir an, Sie arbeiten von Montag bis Freitag und haben einen Patienten, den Sie dreimal in der Woche bestellen wollen. Was beeinflußt Ihre Wahl der Tage für die Sitzungen mit diesem Patienten? Wie würden Sie das Programm gestalten?
Kandidat: Da sind zwei Faktoren zu berücksichtigen. Vielleicht will man die Sitzungen in gleichmäßigen Abständen festlegen, wenn es sich um abhängige Patienten handelt, die es nicht lange ohne das Gespräch mit dem Therapeuten aushalten. Vielleicht will man aber auch aufeinanderfolgende Sitzungen an aufeinanderfolgenden Tagen, besonders wenn der Patient immer wieder dort ansetzt, wo er das letztemal aufgehört hat. Ich

denke, daß das zwei einander entgegengesetzte Richtungen sind.
Dr. Tarachow: Im Grunde ist das richtig. Auch wenn Sie einen Patienten zweimal in der Woche empfangen und sich für Dienstag und Freitag mit ihm verabreden, so ist das bereits eine Form der Stützung, auch wenn Sie gar nicht weiter auf diesen Umstand aufmerksam machen.
Wenn Sie aber wollen, daß die Beziehung auf eine andere Art der Behandlung hin orientiert ist, wenn Sie dem Patienten also zu verstehen geben möchten, daß es sich hier nicht um ein stützendes Verfahren handelt, dann müßten die Sitzungen an aufeinanderfolgenden Tagen stattfinden.
Kandidat: Erklären Sie das Ihren Patienten, wenn sie entsprechende Fragen stellen?
Dr. Tarachow: Eigentlich selten.
Kandidat: Werden die Patienten dann ärgerlich?
Dr. Tarachow: Ja. Der Patient, den Sie für Montag und Dienstag einteilen, wird ärgerlich. Der andere, den Sie für Dienstag und Freitag bestellen, wird es nicht, denn das ist ja ein Zeichen von Zuneigung. Sie tun alles, was in Ihren Kräften steht, um dem Patienten zu helfen, die Woche zu überbrücken; also mag er Sie. Der Patient, mit dem Sie stützend umgehen, ist beruhigt und hat das Gefühl, daß Sie ihm die ganze Woche über gewogen sind. Der Patient, bei dem Sie das Schwergewicht auf die Interpretation legen, wird Ihnen vielleicht heftige Vorwürfe machen, weil er so viele Tage nacheinander im Stich gelassen wird. Ob es sich um eine stützende oder nichtstützende Behandlung handelt, wird in dieser indirekten Weise sichtbar.
Manche Patienten stellen viele Fragen. Dabei wollen sie möglicherweise nichts anderes als Ihre Stimme hören. Sie stellen Fragen; an Ihnen ist es zu entscheiden, ob Sie die Fragen beantworten wollen. In manchen Fällen werden Sie das tun, nur um zu sprechen. Manchmal werden Sie alle Fragen eines Patienten beantworten, manchmal nur sehr wenige.
Hin und wieder drehen und wenden Sie sich ein wenig, und mit diesem ausweichenden Verhalten meine ich folgendes: Selbst ein sehr abhängiger Patient braucht eine Aufgabe, auch sein Wunsch nach Abhängigkeit von Ihnen muß bearbeitet werden. Irgendwann muß er mit diesem Problem konfrontiert werden. Nehmen Sie an, Sie haben einen Patienten, der sich mit seiner Abhängigkeit von Ihnen auseinandersetzen soll. Sie sind zu dem Schluß gekommen, daß er sich wohl genug fühlt, um das zu tun. Aber im Augenblick ist er noch nicht so ganz bereit, diesen Gedanken zu tolerieren. Irgendwann muß es dann aber sein. Einem solchen Patienten sage ich hin und wieder, ich könne seine Fragen nicht beantworten. Manchmal gehe ich sogar noch weiter und nenne ihm einen allgemeinen Grund dafür, warum ich seine Frage nicht beantworten kann. Aber inzwi-

schen habe ich schon eine Menge an ihn hingeredet. Ich habe ihm wortreich erklärt, warum ich eigentlich überhaupt nicht mit ihm reden sollte. Auf diese Weise hat der Patient das therapeutische Ziel stets vor Augen, und zugleich trägt die Technik der momentanen Schwäche des Patienten Rechnung. Wieviel Sie der Schwäche des Patienten auch immer zugutehalten, Sie dürfen nicht ganz und gar auf die Rolle des »Arbeitgebers« gegenüber dem Patienten verzichten: Ihre Funktion besteht darin, daß Sie dem Patienten eine therapeutische Aufgabe vor Augen halten. Sie haben für sich wie für den Patienten eine therapeutische Ausgangsposition eingenommen, die Sie im Umgang mit dem Patienten leiten wird.

An diesem Punkt möchte ich auch das Thema Beendigung der therapeutischen Situation anschneiden und ihre möglichen Variationen diskutieren. In einem der vorangegangenen Seminare (Kapitel 6) habe ich mehrere solche Variationen erwähnt, ich habe z. B. von der Möglichkeit gesprochen, daß der Patient zeit seines Lebens immer wieder zu Ihnen zurückkommt. Es gibt noch eine andere Form der Beendigung: Sie gestatten einem Patienten den Weggang, obwohl er Ihnen noch Geld schuldig ist. Dieser Weggang »als Schuldner« kann unterschiedlich aussehen. Man kann bei Abschluß der Behandlung eine Vereinbarung treffen, wie und wann der Patient den noch ausstehenden Betrag bezahlen wird. Nehmen wir an, ein Patient verläßt die Behandlung; er hat seine letzte Monatsrechnung nicht bezahlt und will dies auch gar nicht tun. In manchen Fällen sollten Sie nicht an den Dingen rühren. Aber Sie müssen vorsichtig sein. So etwas ist unter bestimmten Umständen statthaft – nicht bei einem Neurotiker und nicht bei einem Psychopathen, der agiert –, aber bei bestimmten Typen, die einen psychotischen Borderline-Fall darstellen. In diesen Fällen könnte Ihre behutsame Zurückhaltung sich positiv auf die Stabilität des Patienten auswirken. Der Patient hat noch gewisse Möglichkeiten zu agieren, und das ist belohnend für ihn. Es ist ein Zeichen Ihrer Zuneigung für ihn, das er für den Rest seines Lebens mit sich herumtragen kann; er hat etwas von Ihnen bekommen. Sie haben sicher nicht geahnt, daß Sie so in die Patsche geraten könnten, als Sie mit der Psychiatrie begannen, oder?

Kandidat: Wie lange macht einem diese Art von Humanität Spaß?

Dr. Tarachow: Lassen Sie nicht jeden so laufen. Ich bin auch schon hinter den Patienten hergelaufen und habe kassiert. Aber anderen habe ich eben auch gestattet, mit Schulden von mir wegzugehen; es hat zu ihrer Stabilität beigetragen. Es hat ihnen geholfen. Der Schuldbetrag blieb als Band zwischen uns erhalten. Manchmal kommt ein solcher Patient nach Jahren wieder und möchte weiterbehandelt werden. In solch einem Fall bezahlt er in der Regel die längst überfällige Rechnung ohne Kommentar, so, als ob die Behandlung gar nicht unterbrochen worden wäre und die Rechnung sich einfach auf den letzten Monat bezöge. Gelegentlich fällt es dem Patienten leichter als Ihnen, die Behandlung als Kontinuum anzusehen. Die Verneinung der Trennung spielt bei der Weigerung zu zahlen eine große Rolle, ist aber nicht der einzige Faktor.

Kandidat: Wenn jemand die letzte Rechnung nicht bezahlt, könnte man das aber auch andersherum betrachten; könnte das Ganze nicht statt einer positiven Wirkung auch eine negative Wirkung auf den Borderline-Patienten haben?

Dr. Tarachow: Ja, diese Gefahr besteht. Ich gehe davon aus, daß Sie die seelische Struktur und die seelischen Prozesse des betreffenden Patienten kennen, so daß Sie, wenn der Patient weggeht und Ihnen Geld schuldet, im Blick auf das wohlverstandene Interesse des Patienten rational entscheiden können, was zu tun ist.

Es kommt auch vor, daß der Patient Sie betrügt. Ich hatte einmal einen Patienten, der mir erzählte, was sein Problem war; wir diskutierten es, beschlossen, daß er behandelt werden sollte, und stellten einen Sitzungsplan auf. Schließlich kamen wir zur Frage der Bezahlung. Ich sagte: »Ja, ich weiß nicht, wie hoch die Gebühren sein sollen, weil ich nicht weiß, wieviel Sie verdienen.« Er nannte mir die Höhe seines Einkommens, ich setzte die Gebühr fest, und wir fingen an. Wochenlang sagte er immer wieder: »Was ich doch für ein Lügner bin. O, ich bin ein schrecklicher Lügner.« Er konnte von seinen Selbstbeschuldigungen einfach nicht lassen und nannte mir viele Beispiele dafür, warum er ein solcher Lügner sei. Als die Sache gar kein Ende nehmen wollte, fiel mir ein, daß sie wohl etwas mit mir zu tun haben mußte; mir kam der Gedanke, daß das, worüber er mich wahrscheinlich angeschwindelt hatte, sein Einkommen war.

Ich platzte in seine Selbstanklagen und Selbstbezichtigungen hinein und sagte: »Na, wieviel verdienen Sie denn nun wirklich?« Er sagte: »Ich bin froh, daß Sie mich danach fragen!« Ich erhöhte die Gebühr, und uns beiden war danach wohler.

11
Erziehung und Realität

Heute komme ich zu einem ganz anderen Thema, der Rolle von Erziehung und Realität innerhalb der Behandlung. Der Therapeut hilft dem Patienten, die Realität, andere Menschen und psychologische Gesetze ganz allgemein zu verstehen. Der Patient wird weniger im Blick auf seine inneren neurotisch-symbolischen Verzerrungen »erzogen«, als vielmehr im Blick auf die schlichte Erweiterung seines Wissens; so wird er etwa über sexuelle Fakten belehrt. Wir befassen uns in dieser Sitzung mit jenem Bereich der Behandlung, der mit der Erziehung des Patienten, mit der Realität und mit den interpersonalen Beziehungen zu tun hat. Das muß gelegentlich geschehen – ganz gewiß im Umgang mit stationären Patienten, gewiß auch im Umgang mit Patienten, die anderweitig psychotherapeutisch betreut werden, hin und wieder auch im Umgang mit Patienten, die eine Analyse machen. Sie müssen sich als Therapeuten einfach auch mit Dingen beschäftigen, die außerhalb des Patienten und außerhalb seiner Neurose liegen. Manchmal kann ein Patient seine eigenen Schwierigkeiten nur erkennen, wenn sie von außen her auf ihn zurückgeworfen werden. Manchmal muß man dem Patienten Fakten liefern, und manchmal muß man ihm Einsicht in das Verhalten anderer vermitteln.

Sie sollten beispielsweise einen Patienten darauf hinweisen, daß er stiehlt oder lügt, und zwar nicht als einer, der Strafe oder Unheil androht, sondern als jemand, der ihm hilft, das Leugnen oder das psychotische Wunschdenken zu überwinden.

Wenn Sie einen Patienten mit psychotischen Wünschen und Bedürfnissen haben, dann sind Sie möglicherweise gezwungen, auf reale Grenzen oder auf reale Strafen hinzuweisen. Das ist aber mit Sicherheit nicht die Art von Erziehung, die sie eigentlich leisten sollen oder wollen. Die allgemeinste Form der Intervention besteht darin, daß man dem Patienten zeigt, welche Wirkung sein Verhalten auf andere Personen hat. Eine solche Erklärung ist häufig nötig, wenn es sich um Zwangsneurotiker handelt.

Ich will Ihnen ein Beispiel aus meiner klinischen Erfahrung nennen. Einer meiner männlichen Patienten ist ein hochgradiger Zwangsneurotiker und ein großer Zauderer. Was immer er tut, er tut es erst im letzten Augenblick. Seine Steuererklärung schickt er beispielsweise am allerletzten Tag um Mitternacht ab. Mehr brauche ich wohl nicht dazu zu sagen.

Er verabredet mit seiner Frau, daß sie an einem bestimmten Abend, sagen wir Mittwoch, zusammen essen und sich anschließend ein Stück im Theater ansehen; sie wollen sich um 19.30 Uhr im Restaurant treffen, damit sie in Ruhe essen können und rechtzeitig im Theater sind. Natürlich hat er das alles erst ausgemacht, nachdem seine Frau die Theaterkarten besorgt hatte. Das mußte sie tun, denn sie haben noch zwei weitere Leute dazugebeten. Am festgesetzten Tag hat er ungewöhnlich viel zu tun, bestimmte Dinge müssen unbedingt noch erledigt werden. Um 19.30 Uhr ist er noch in seinem Büro und ruft von dort seine Frau an. »Es tut mir furchtbar leid, aber ich kann nicht. Ich habe zu viel zu tun. Iß du schon mal etwas, ich treffe dich dann im Theater.« Er kommt in dem Augenblick, in dem der Vorhang hochgeht, er ist völlig aus der Fassung, er hat sich schrecklich beeilt, er hat den ganzen Tag wie ein Pferd gearbeitet, und er erwartet nun, daß seine Frau ihn bemitleidet, daß er ihr leid tut, weil er so schwer hat arbeiten müssen, daß sie ihn tröstet, weil er den ganzen Tag nur Ärger hatte. Er ist erstaunt zu sehen, daß seine Frau wütend ist, weil er ihr das Essen und den Theaterbesuch verdorben hat. Er erzählt mir dies am nächsten Tag und läßt dabei jede Einsicht in sein sadistisches Zögern und Abwarten vermissen.

Einem solchen Patienten müssen Sie erklären, daß sein Verhalten, das ja schon für ihn selbst störend war und ihm nichts als Aufregung, Unruhe und Verwirrung eingebracht hat, zugleich auch grausam gegenüber seiner Frau ist. Es reicht nicht, wenn Sie sagen: »Sie sind ein Sadist«, oder »Das ist doch Verzögerungstaktik«. Sie müssen ihn mit der Nase darauf stoßen: »Schauen Sie, was das für Ihre Frau bedeutet. Ihre Frau hat auf Sie gewartet. Sie haben sie warten lassen. Das war ihr peinlich wegen der Gäste, die Sie dazugebeten hatten. Sie ließen sie die ganze Situation allein bewältigen. Sie haben sich geweigert, ihr zu helfen; sie hat aber doch mit vollem Recht annehmen dürfen, daß Sie sich ebenfalls verantwortlich fühlen, wenn Sie mit Freunden zusammen essen gehen ... Ihr Verhalten hat sie geärgert, gequält und beleidigt.« Manchmal hat selbst eine so detaillierte Erklärung nicht die beabsichtigte Wirkung.

Unter Umständen müssen Sie nach einem anderen Plan vorgehen. Sie können versuchen, den Patienten die Gefühle dessen empfinden zu lassen, mit dem er so wenig einfühlsam umgegangen ist. Das gelingt manchmal nur dadurch, daß man den Patienten bittet, die Rollen einmal umzukehren. Nur dann erkennt er die Wirkung seines Verhaltens auf andere. Häufig muß man dem Ehemann die weibliche Psyche erst erklären oder ihn mit den Erwartungen, die seine Frau hegt, bekanntmachen, oder man muß einem jungen Mann klarmachen, was seine Freundin sich von ihm erhofft.

Nehmen wir an, der besagte junge Mann nimmt zwar intime Beziehungen

zu dem Mädchen auf, aber wegen seiner emotionalen Schwierigkeiten verhält er sich dabei außerordentlich passiv. Es ist ein Schock für ihn, daß das Mädchen kaum ein Echo auf die gewaltige Anstrengung zeigt, die es ihn gekostet hat, diesen Schritt zu tun. In der Sitzung beklagt er sich bitter, daß seine Freundin ihn nicht liebt, daß sie nicht auf ihn eingeht, daß sie anscheinend ohne Gefühl und Leidenschaft ist. Der Therapeut muß die normalen sexuellen Erwartungen eines jungen Mädchens erklären, er muß erklären, daß eine normale Frau ein gewisses Maß an Aggressivität und an erotischer Brutalität erwartet. Da er, der Patient, Probleme mit seiner eigenen Aggressivität hat, kann er diesen Erwartungen in keiner Weise genügen. Das Mädchen hat also einen recht lahmen Liebhaber. Das muß er einfach einsehen lernen, das heißt, er muß nicht nur die Interpretationen verstehen, die sich auf die genetischen Grundlagen seines Verhaltens stützen, er muß auch die Wirkung seines Verhaltens auf andere Menschen kennenlernen. Sonst kommt bei der Behandlung nichts als Selbstmitleid heraus.
Manche Patienten nützen das Wissen, das sie in der Behandlung erworben haben, um ihr »So-Sein« zu rechtfertigen. Ein Mann tut beispielsweise keinem anderen Menschen jemals einen Gefallen. Er will einfach niemandem etwas Gutes erweisen. Er will nichts ändern, nur um irgend jemandem irgend etwas zu erleichtern. Sie machen ihm das klar, und er antwortet: »Aber sehen Sie doch, wie mein Vater mich behandelt hat. Denken Sie an all die Entbehrungen, die ich erleiden mußte.« Solche Patienten nutzen ihre Einsichten nicht dazu, sich zu ändern, sondern dazu, so zu bleiben wie sie sind. Auch das muß man dem Patienten zeigen, aber das führt uns jetzt zu weit von unserem Thema weg. Manchmal muß man dem Patienten zeigen, wie er auf andere Menschen wirkt; hin und wieder muß man auch mit einiger Ausführlichkeit auf Dinge eingehen, die vorwiegend die Probleme oder die psychischen Merkmale eines Partners zu sein scheinen – sei dieser Partner das Kind, der Geschäftsfreund, der Vater, die Mutter, der Bruder des Patienten. Ich hatte einmal einen depressiven Zwangsneurotiker, dessen Frau sehr gut zu ihm war. Ihr Verständnis für diesen Mann und ihre Bereitwilligkeit, ihm zu verzeihen, setzten mich in Erstaunen. Ich mußte den Patienten auf die Eigenschaften seiner Frau im einzelnen aufmerksam machen, die er über seiner sadistischen und zwanghaften Art des Umgangs mit ihr und seinen Anforderungen an sie überhaupt nicht wahrgenommen hatte. Er war nicht imstande zu erkennen, daß er eine gute Frau hatte. Ich verwandte viel Zeit darauf, ihm zu zeigen, daß seine Frau klug war, daß sie ihn verstand, daß sie gut zu ihm war und ihm in vielen Dingen entgegenkam.
Kandidat: Hilft es weiter, wenn Sie so etwas tun?

Dr. Tarachow: Bei manchen Patienten ja. Manche Leute weisen Einsichten zurück, die die eigene Person betreffen, aber sie akzeptieren Einsichten, wenn es sich um einen anderen Menschen handelt; auch das ist eine Frage der Erziehung. Die Analyse oder die Psychotherapie sind nicht immer nur Interpretation von Ersatzmechanismen, Abwehrmechanismen, symbolischen Mechanismen oder der Ichverteidigung. Manchmal müssen Sie Ihren Patienten tatsächlich über die Fakten des Lebens, über das, was andere Menschen sind, unterrichten. Der Patient sieht nicht auf andere Menschen. Er ist so sehr mit sich selbst und mit seinen eigenen Problemen beschäftigt, daß ihm seine Wirkung auf andere Menschen gar nicht klar ist und seine Einschätzung und Beurteilung der anderen verzerrt und verbogen ausfällt. Das muß man ihm ganz deutlich machen. Jede Neurose mündet in eine Art von ängstlich-narzißtischem Eigeninteresse. Das müssen wir überwinden.

Sie dürfen nicht einfach nur der Therapeut sein. Manchmal müssen Sie den Erzieher für diese Menschen spielen, und manchmal müssen Sie sich unterbrechen, die Bedeutung einfacher Worte erklären, grundlegende Informationen liefern, insbesondere im sexuellen Bereich. Mit manchen Patienten müssen Sie über anatomische Zusammenhänge, mit anderen über die Menstruation sprechen. Es ist erstaunlich, daß sich ganz falsche Vorstellungen über die Menstruation, über die Masturbation oder sogar den Geschlechtsverkehr weitgehend unkorrigiert selbst unter erwachsenen Menschen halten können.

Die Einstellungen der Eltern oder der Großeltern müssen Sie Ihren Patienten möglicherweise auch erklären. Ich habe wiederholt festgestellt, daß es notwendig war, den Patienten begreiflich zu machen, warum Großeltern sich nun einmal so und nicht anders verhalten. Ich habe dann das simple Konzept vom Wiederaufleben ihrer Bedeutung als Eltern diskutiert. Die Eltern ärgern sich über die Großeltern, weil diese sich zu stark für die Enkel interessieren. Manchmal genügt eine einfache Erklärung. Es ist immer die gleiche Geschichte. Man sieht Großeltern mit ihren Enkeln im Park spazierengehen – sie sind sehr stolz, manchmal stolzer als die Eltern selbst. Großeltern sind manchmal glücklicher über das Kind als die Eltern selbst. Ihre Beziehung zum Enkelkind ist weniger konfliktreich, sie können ihre Enkel uneingeschränkt lieben. Die Eltern sind es, die ihren Kindern gegenüber ambivalente Gefühle haben. Großeltern erleben ein Wiederaufflackern ihrer Jugend und haben in der Regel Vergnügen und Freude an den Enkeln, während ihnen die Verantwortung und der tägliche kleine Ärger erspart bleiben.

Stellen Sie sich vor, daß eine junge Frau sich in eine heftige Rivalität mit ihrer Mutter hineinsteigert, weil die Mutter sich so intensiv mit dem kleinen Kind ihrer Tochter beschäftigt. Ihre junge Patientin entwickelt vielleicht eine heftige neurotische Reaktion im Zusammenhang mit dem Wiederaufleben ihrer alten Feindseligkeit gegen die Mutter. Manchmal läßt sich das neurotische Problem dieser jungen Frau wenigstens teilweise packen, indem man darauf hinweist, daß auch die Großeltern nicht sorgenfrei leben, und die Patientin zu einer eher nachgiebigen statt kämpferischen Haltung den eigenen Eltern gegenüber anhält. Die Patientin ist dann vielleicht in der Lage, ihrer Mutter zu verzeihen.

Ich greife nur ein paar Situationen heraus, um zu zeigen, wann und warum es nötig werden kann, dem Patienten die Psychologie eines Dritten, dessen Bedürfnisse oder Reaktionen auf den Patienten zu erläutern. Das macht nämlich wiederum dessen Problem sehr viel leichter; zugleich ist es ein Akt der Erziehung. Es bedeutet eine Erweiterung des Ich des Patienten. Er weiß mehr, und das verleiht ihm ebenfalls Stärke.

Damit sind die erzieherischen Möglichkeiten, die Sie gegenüber Ihren Patienten haben, natürlich längst nicht erschöpft. Ich habe beispielsweise einen Patienten, der aus allen Wolken fiel, als ich ihm sagte, daß manche Kinder ihre Eltern lieben. Er hatte seine beiden Eltern mit gutem Grund gehaßt; in seinem Weltbild haßten Kinder ihre Eltern eben. Diese Überzeugung hatte natürlich alle seine Unternehmungen beherrscht. Die einzige Art von Liebesbeziehung, zu der er fähig war, war eine Beziehung, in der es ständig Streit gab.

Kandidat: Könnten Sie uns sagen, welche Haltung wir zu den unterschiedlichen Auffassungen über die Behandlung, wie sie vor allem bei unseren gestörten und unseren sogenannten pseudoneurotischen Schizophrenen bestehen, einnehmen sollten? Sie haben ganz falsche Vorstellungen davon, was Behandlung, was Psychotherapie wirklich ist. Diese Vorstellungen stammen häufig aus früheren Behandlungsperioden, aus einer jahrelangen früheren Behandlung. Wir möchten unseren Ansatz gegen dieses falsche Verständnis stellen. Der Patient möchte frei assoziieren, aber wir sind vielleicht der Meinung, daß er Erziehung oder Ichstützung nötiger hätte. Sollen wir ihm erklären, was wir tun?

Dr. Tarachow: Manchmal müssen Sie das tun. Manchmal müssen Sie das Verfahren erklären, an das Sie sich halten, und das Verfahren, an das sich nach Ihrer Vorstellung der Patient halten soll. Es kommt vor, daß der Patient die Initiative an sich reißt und Sie in Schwierigkeiten bringt, indem er nicht nur eine Erklärung der Art der Behandlung, die er erhält, sondern sogar ihre genaue Definition von Ihnen verlangt. Ist es Psychotherapie, oder ist es Psychoanalyse? Er will sich nicht mit der zweitbesten Form der Behandlung zufriedengeben. Beispielsweise haben Sie in Ihrem Plan vorgesehen, den Patienten einmal in der Woche zu empfangen, und

er möchte Sie fünfmal in der Woche aufsuchen – seine Vorstellungen von Zusammenarbeit unterscheiden sich eben von den Ihren grundsätzlich. Ihr Wunsch, den Patienten einmal in der Woche zu sehen, entspringt vielleicht der Furcht, daß häufigere Begegnungen seine Übertragungswünsche oder -ängste gefährlich verstärken könnten. Er könnte zum Psychotiker werden. Die beste Art, Ihre Anordnungen zu begründen, ist der Hinweis, daß Sie ja der Psychiater sind, daß es sehr viele Methoden gibt, und daß Sie wirklich wissen, welche Methode für den Patienten am besten geeignet ist. Er muß sich mit Ihrer Begründung zufriedengeben. Eine gute Antwort auf die Kritik eines solchen Patienten besteht auch in der Erklärung, daß die Techniken sich in den letzten zwanzig Jahren außerordentlich stark gewandelt haben und daß es jetzt modernere Vorgehensweisen gibt. Sie vermitteln dem Patienten damit die Vorstellung, daß er die fortschrittlichste Behandlung erhält, die heute überhaupt möglich ist.
Kandidat: Manchmal kommt es im Verlauf des Erziehungsprozesses zu Schwierigkeiten. Wenn man den Patienten bittet, die Rolle des anderen zu übernehmen, sich zu überlegen, was der andere empfindet, wenn man auf die Qualitäten des anderen verweist, dann hat der Patient ganz einfach das Gefühl, daß man nun zusammen mit dem anderen gemeinsame Sache gegen ihn, den Patienten, macht.
Dr. Tarachow: Ja, ich höre gelegentlich solche Vorwürfe, allerdings nicht von stark distanzierten Zwangsneurotikern. Im Umgang mit den letzteren stelle ich immer wieder fest, daß ich die Wirkung ihres neurotischen Verhaltens auf andere Menschen noch dramatisieren muß. Dann gibt es zwei Möglichkeiten; entweder sagen sie: »Mein Gott, Sie haben ja Recht«, oder meine Vorhaltungen kommen überhaupt nicht bei ihnen an. Die Isolation tut weiter ihre Wirkung. Allerdings decken meine Erfahrungen keineswegs alle Möglichkeiten ab. Bei einer Reihe von Patienten ist dies das einzige Mittel, ihnen ihr neurotisches Verhalten wirklich vor Augen zu führen. Man kann ihnen ihr sadistisches Zögern, ihre Verschleppungstaktik einfach nicht verständlich machen, wenn man nicht sagt: »Versetzen Sie sich in die Lage des anderen, den Sie haben warten lassen – überlegen Sie, wie lästig, wie ungeheuer ärgerlich es ist, wenn Ihnen jemand verspricht, bestimmt zu kommen, und dann doch nicht auftaucht.« Einer meiner Patienten machte folgendes: Wenn seine Frau abends Gäste eingeladen hatte, stellte er jedesmal plötzlich fest, daß er noch in seinem Büro bleiben und arbeiten müsse. Er war niemals zu Hause, wenn sie Gäste hatten, und störte sich nicht im mindesten daran, daß seine Frau infolgedessen die Aufgaben des Gastgebers ganz allein wahrnehmen mußte. Er hatte seine eigenen Aggressionen so stark abgesondert, daß er nicht imstande war zu erkennen, daß dieses Verhalten

einfach böswillig gegenüber seiner Frau war. Er konnte es nicht sehen, bis ich ihn *zwang*, es zu sehen. Ich fragte: »Was würden Sie wohl empfinden, wenn Ihnen das wiederholt von einem anderen Menschen angetan würde?«

Die Beispiele für diese Form der Erziehung, die ich eben genannt habe, beziehen sich sämtlich auf schwer zwangsneurotische Patienten. Offensichtlich muß man Interpretationen der *Außenwelt* zu Hilfe nehmen, wenn die Isolation gegen die *Innenwelt* zu stark wird. Irgendeine Form des Zugangs zu diesen Patienten muß sich einfach finden lassen.

Kandidat: Ich machte einmal die Entdeckung, daß ich mich einem Zwangsneurotiker gegenüber so lange überhaupt nicht verständlich machen konnte, wie ich das Wörtchen »Sie« verwendete. Ich mußte ihn in der dritten Person anreden.

Dr. Tarachow: Das leuchtet mir ein. Er hatte sich seinen eigenen Gedanken und Gefühlen gegenüber so stark ins Abseits begeben, daß man sich ihm nur auf seine Weise nähern konnte. Seine Furcht, mit den eigenen Gefühlen konfrontiert zu werden, muß ungeheuer gewesen sein.

Kandidat: Ich mußte sogar sagen: »Das hat gar nichts mit Ihnen zu tun. Sie sitzen im Kino und schauen auf die Leinwand.«

Dr. Tarachow: Manchmal muß man einfach zu solchen Mitteln greifen, um den Patienten soweit zu bringen, daß er Zusammenhänge zwischen bestimmten Tatsachen oder Daten überhaupt zugibt. Aber irgendwann müssen Sie das »Sie« einführen, oder die Behandlung schlägt fehl.

Kandidat: Was da eben erwähnt wurde, ähnelt der Methode des Agierens im Psychodrama. Es ist interessant, Patienten zu beobachten, die über sich und andere nichts Konkretes sagen können. Sie beobachten in der Regel zunächst einmal, wie andere eine Vorstellung dramatisieren; das erwärmt sie für den Gedanken, eine Rolle zu übernehmen. Dann beschreiben und bekunden sie ihre eigenen Gefühle in einer Weise, als seien es die Gefühle einer anderen Person.

Dr. Tarachow: Das hängt mit dem eben Gesagten zusammen. Arbeiten Sie mit der Abschließung des Patienten gegen seine Innenwelt, er wird dann später das Gefühl oder den Gedanken auf sich selbst beziehen.

Wir können unser Gespräch über Erziehung und Realität in der Behandlung nicht beenden, ohne uns kurz mit Borderline-Zuständen zu beschäftigen. Gerade für solche Zustände ist der erzieherische Ansatz ganz besonders geeignet und ganz besonders notwendig. Ich kann in diesem Zusammenhang auf die Aufsätze von Bychowski (1953) über die latente Psychose und von Frosch (1961) über den psychotischen Charakter hinweisen. Bevor ich mich den therapeutischen und technischen Aspekten des Problems zuwende, möchte ich diese Patienten kurz charakterisieren.

Die Symptome des borderline-psychotischen Patienten sind unter Umständen sämtlich neurotischer Art, aber der Therapeut hat dennoch das Gefühl, daß der Patient ganz von sich selbst absorbiert ist und sein Interesse an der Realität weitgehend aufgegeben hat. Die Tendenz dieses Patienten, die Realität außer acht zu lassen, ist der Schlüssel, sich ihm therapeutisch zu nähern. Das Vorgehen beruht auf dem Realitätscharakter von drei Bereichen: 1. Realität der Übertragung, 2. realitätsorientierte Behandlung, 3. Erziehung des Patienten mit dem Ziel, ihm die ihn umgebende Realität verständlich zu machen.

1. Die Realität der Übertragung. Solche Patienten verstehen die Beziehung zu Ihnen nicht. Sie *haben* die Beziehung zu Ihnen als eine tatsächliche und reale Angelegenheit. Ihre Bemerkungen werden wörtlich genommen, d. h. der Patient schließt daraus: Sie mögen ihn oder Sie mögen ihn nicht. Mit Interpretationen hat der Patient nichts im Sinn. In gewisser Hinsicht gilt das für Psychotiker ebenso wie für Borderline-Fälle. Eine meiner Patientinnen versuchte beharrlich, jedesmal noch eine Bemerkung anzuschließen, wenn ich das Ende der Sitzung bereits angekündigt hatte. Ich gewöhnte mir an zu sagen: »Heben Sie das doch bitte für die nächste Sitzung auf.« Das ärgerte die Frau sehr. Schließlich sagte sie mir, warum sie so ärgerlich war. Ihre Bemerkungen am Ende der Sitzung waren in Wahrheit so etwas wie Fäzes, die sie mir geben wollte. Im Grunde hatte ich sie gebeten, einen Mundvoll Fäzes bis zur nächsten Sitzung aufzusparen. Der Borderline-Fall oder der psychotische Patient möchte Ihnen manchmal etwas schenken; das sollte man annehmen. Jede Interpretation des Geschenkes wird schlicht als Zurückweisung aufgefaßt. Wenn der Therapeut sich weigert, ein Geschenk anzunehmen, dann kann das für ihn sehr unangenehm werden. Eine Patientin, die bei mir eine Analyse machte, bot mir einmal zwei Eintrittskarten für ein Erfolgsstück am Broadway an. Ich lehnte die Karten natürlich ab und deutete an, daß mich ihre Assoziationen im Zusammenhang mit dem Wunsch, mir ein Geschenk zu machen, interessierten. Die Patientin erhob sich halb, wandte sich um und sagte: »Herr Doktor, Sie tun mir wirklich leid.«

2. Die Behandlung orientiert sich an der Realität. Diese Patienten schwanken ständig zwischen der völligen Versenkung in die eigenen Symptome und ihrem Interesse an Beziehungen zu anderen Menschen. Dieses Schwanken ist gewissermaßen der schmale Grat, von dem aus Sie arbeiten können. Das therapeutische Ziel besteht darin, das Interesse des Patienten an realen Objekten zu vergrößern. Die Bemerkungen und Interventionen des Therapeuten gelten weniger dem Erfassen und Begreifen von Symptomen als vielmehr dem besseren Verständnis der zwischenmenschlichen Beziehungen. Lassen Sie die Symptome und die Beschäftigung mit dem Körper außer acht. Das Schwergewicht sollte auf den realen Beziehungen zu anderen Menschen liegen. Schon diese Gewichtung hat einen gewissen therapeutischen Wert. Sie erinnert implizit daran, daß der Patient nicht außerhalb dieser Welt steht, daß er mit vielen anderen Menschen zusammen *in* der Welt ist. Er selbst wird daran erinnert, daß er ein menschliches Wesen ist. Seine Isolierung wird auf diese Weise ohne alles Aufhebens abgebaut. Auch der Borderline-Psychotiker ist isoliert, wenn auch nicht in der gleichen Weise wie der Zwangsneurotiker. Er wird aufgefordert, sein Interesse auf die Realität zu richten.

3. Unterstützung des Borderline-Patienten bei der Aufgabe, andere Menschen zu verstehen. Die Technik, dem Patienten seine Wirkung auf andere Menschen deutlich zu machen, gleicht dem, was ich für die Arbeit mit Zwangsneurotikern schon vorschlug; aber es mag sein, daß wir auf eine ganz andere Situation stoßen: Der borderline-psychotische oder der psychotische Patient *versteht* unter Umständen den anderen Menschen *tatsächlich,* aber er *zögert* und ist sich nicht sicher, ob das Bild, das er vom anderen hat, stimmt. Seine Wahrnehmungen treffen zu, aber sein Ich ist zu schwach, um eine bestimmte Position einzunehmen. Einer meiner Patienten gab mir einmal eine ganz eindringliche und verständnisvolle Beschreibung seines heranwachsenden Sohnes und der Beziehung des Sohnes zu ihm. Am Ende seines Berichtes fragte der Patient: »Habe ich recht?« Ich bestätigte ihm, daß er recht hatte. Das hat ihm außerordentlich geholfen.
Bei der Behandlung solcher Fälle müssen wir einen Nebenaspekt berücksichtigen: wir müssen jederzeit imstande sein, spannungsreduzierende Hilfen anzubieten. Das konkreteste Mittel ist das Telefon. Der Patient darf sich nicht scheuen anzurufen, wenn er in einer Notlage rasch Hilfe braucht oder wenn er eine zusätzliche Verabredung treffen will. Vielleicht raten wir zu Verzögerung und Aufschub; wir müssen aber kleine Gratifikationen anbieten, wir müssen Information liefern. Soviel ich weiß, hat Federn seinen Patienten sogar Schokolade angeboten. Und bei Freud (in den *Bemerkungen über einen Fall von Zwangsneurose,* 1909) heißt es kurz und bündig: »Er (der Patient) war hungrig und bekam etwas zu essen.«

12
Werte in der Psychotherapie

Bei Mowrer (1950) findet sich eine interessante Überlegung im Zusammenhang mit der Behandlung von Neurotikern. Er weist darauf hin, daß der Neurotiker in der Regel als ein Mensch beschrieben wird, der von seinem unbarmherzig strengen Überich gefangen gehalten wird und unfähig ist, seinen natürlichen biologischen Impulsen Ausdruck zu verleihen; und daß der Therapeut sich im Kampf des Patienten gegen sein übermäßig strenges Überich mit dessen Ich oder Es verbündet. Mowrer macht ferner darauf aufmerksam, daß der erste Impuls des Patienten der Identifizierung des Therapeuten mit seinem eigenen Gewissen gilt. Auf dieser Grundlage entfaltet er dann die Vorstellung, daß es ganz falsch wäre, dieser Tendenz entgegenzutreten, daß der Therapeut sie vielmehr als logisch, natürlich und therapeutisch notwendig begrüßen sollte. Für Mowrer wird der Therapeut zum Bundesgenossen des Gewissens des Patienten, nicht des Ich des Patienten. Er argumentiert, daß das Gewissen Träger der Normen und der kulturellen Werte sowohl der Eltern als auch der größeren Gruppe ist. Als normales soziales Wesen muß der Patient voll und ganz mit seiner Kultur und seiner Gruppe identifiziert sein; im anderen Fall führt er ein eingeschränktes und isoliertes Leben. Durch sein Überich wird dem Patienten bewußt, daß er sich mit übergreifenden, geistigen Werten identifiziert; es ist die Entwicklung des Überichs, die zu Reife und kultureller Entfaltung führt. Nach Mowrer muß der Psychotherapeut daher jenen Teil des Patienten unterstützen, der der Gesellschaft, den in dieser Kultur vorherrschenden Empfindungen und Werten am engsten verbunden ist, so daß das Individuum zum reiferen und besser angepaßten Mitglied seiner Gruppe wird. Das ist ein interessanter und überzeugend vorgetragener Gedankengang.

Bevor wir Mowrers Ansatz der Kritik unterziehen, sollten wir uns zunächst fragen, wo wir ihm zustimmen können, und uns daran erinnern, daß ähnliche Überlegungen auch von führenden Vertretern der Psychoanalyse angestellt werden. Insbesondere könnten wir nach Anzeichen für eine Abkehr von der biologischen und eine Hinwendung zur sozialen Orientierung suchen, zu einer Orientierung, die von den Objektbeziehungen ausgeht. Zweifellos gibt es diese Abkehr von der Betonung der biologischen Grundlagen des psychoanalytischen Denkens und die Hinwendung zur sozialen Ausrichtung der Analyse. Michael Balint (1950) macht in einem aufschlußreichen Artikel auf diesen Trend aufmerksam. Er verweist auf die Tatsache, daß die Triebtheorie eine »Einpersonen-Psychologie« ist (um einen Ausdruck von Rickman zu verwenden), und erinnert zugleich daran, daß die Probleme, wie wir sie in der Behandlung des Neurotikers vorfinden, nicht Einpersonenprobleme, sondern Zweipersonenprobleme sind, das heißt, der Patient befindet sich in ständiger Interaktion mit dem Analytiker oder mit anderen Menschen. Balint betont, daß die Psychoanalyse jetzt vor der Aufgabe steht, eine umfassende Theorie der Entwicklung der Objektbeziehungen zu schaffen und sie der umfassenden Theorie der Triebentwicklung, die wir bereits besitzen, gegenüberzustellen. Das heißt, die soziale Seite der Psychologie des Einzelnen muß der biologischen Seite gegenübergestellt werden. Die Entwicklung der Triebe kann recht stereotypen Mustern folgen, während die Entwicklung der Objektbeziehungen sehr unterschiedlich verlaufen kann. Allerdings folgt auch sie in der Regel den vielfältigen Bahnen, die durch die kulturellen und die durch die Gruppe bestimmten Werte vorgegeben sind. Balints Ansatz stimmt in mancher Hinsicht mit Mowrers Standpunkt überein, wenn auch Mowrer die Neurose über das Überich angeht, während Balint den Weg über das Ich, über die Beziehungen zu den Objekten nimmt. Sowohl Mowrer als auch Balint haben sich von der alleinigen Beschäftigung mit den Trieben abgewandt. Beide nähern sich der Neurose von der sozialen Seite her. Der soziale Ansatz in der Therapie, über das Ich oder das Überich, wenn Sie so wollen, findet seine Rechtfertigung auch noch von einer anderen Richtung her: Melitta Sperling (1951) vertritt einen ähnlichen Standpunkt. Sie macht darauf aufmerksam, daß Disziplin für die normale Entwicklung des Charakters notwendig ist. Aber dabei muß es sich um eine innere Disziplin handeln. Der einzige Weg zu diesem Ziel liegt in der Identifizierung mit einer Person, die das Kind liebt. Es besteht ein enger Zusammenhang zwischen der inneren Disziplin und den Werten, die ein Mensch von seinen Eltern übernimmt. Selbst bei der Analyse erwachsener Neurotiker und charaktergestörter Patienten ist das Agieren innerhalb der analytischen Situation nicht gestattet. Sperling sagt, daß Eltern, die sich vor ihren eigenen Impulsen fürchten, unter Umständen auch nicht die Impulse des Kindes kontrollieren können und damit eine Situation schaffen, die für das Kind voller Gefahren steckt: Die Charakterbildung wird gestört, die Impulse werden nicht gehemmt und rufen möglicherweise große Beunruhigung hervor. Solche Situationen sind der Bildung eines nachsichtigen Überichs keineswegs förderlich. Das Kind wächst mit einer ganz ausgeprägten Neigung zur Selbstbestrafung auf, einfach weil es seine unkontrollierten Instinkte fürchtet. Erziehung kann nicht ohne Vorschriften und Werte auskommen, die das Leben des Kindes

in die richtigen Bahnen lenken, ihm die Kraft geben, seine Instinkte unter Kontrolle zu halten, und es daran hindern, zu stark zur Selbstbestrafung zu neigen. Bei der Behandlung schwerer Verhaltensstörungen hat man festgestellt (Geisel 1951), daß ein uneingeschränkt gewährendes Verhalten die Besserung nicht fördert.
Selbst in der streng orthodoxen Analyse gibt es wohl kaum einen Therapeuten, der nicht irgendwann einmal, explizit oder implizit, ein Werturteil über den einen oder anderen Aspekt der Persönlichkeit seines Patienten abgibt. Wenn man die Phantasie gewähren läßt, ist dies in sich schon ein Werturteil. Wenn eine Analyse weit genug vorangeschritten ist, dann nehmen die Assoziationen und Phantasien des Patienten (genau wie bei einem Psychotiker) eine eigene Realität an. Die Hilfe, die der Analytiker bei der Aufdeckung dieser Phantasien (die für das Unbewußte Handlungen sind) leistet, ist ein Werturteil, das für den Patienten häufig Aufforderungs- oder sogar provokativen Charakter hat. In der Psychotherapie sind die Werte noch wichtiger als in der Analyse. Hier wählen wir die zu behandelnden Symptome und die zu interpretierenden Verhaltensweisen entschiedener aus; wir wenden mehr Aufmerksamkeit auf die augenblicklichen Ichhaltungen. Der Patient faßt dieses selektive Vorgehen als Werturteil von seiten des Therapeuten auf. Die Symptome und Handlungen, die eine Interpretation erfahren, gelten ihm jetzt als »schlecht«. Die Symptome und Handlungen, die weiter keine Erwähnung finden, gelten als »in Ordnung – gut«.

Jede Interpretation – in der Analyse wie in der Psychotherapie – wird zunächst einmal als Frustration oder als Kritik aufgefaßt. Der Patient soll ja etwas aufgeben. Das gilt für alle Kategorien von Störungen, wenngleich sich vielleicht gewisse psychopathische und psychotische Patienten, die ihre Wünsche ausagieren oder doch in Gedanken voll ausleben, am empfindlichsten davon getroffen fühlen. Unbewußt fürchtet der Patient, daß wir ihn seiner inneren infantilen Impulse berauben wollen, aus denen sich die Symptome oder Handlungen herleiten. Deshalb wappnet er sich, um die Gratifikationen zu behalten, die er hat. Manchmal wird sogar das analytische Verfahren insgesamt als ein wertendes Verfahren empfunden. Ich hatte einen Patienten jahrelang in Analyse; er konnte einfach nicht zugeben, daß er krank war. Noch nach Jahren fühlte er sich angegriffen, wenn ich die Meinung äußerte, daß er die Analyse tatsächlich brauche.
Zwischen Psychoanalyse und Religion bestehen gewisse Gemeinsamkeiten. Beide befassen sich mit dem System der Beziehungen des Menschen zu seinen Mitmenschen, beide fällen sie Urteile über das menschliche Verhalten, insbesondere über die Aggressivität und die Sexualität. Meist,

wenn auch nicht immer, ist es die Religion, die die Aggressionen und die Sexualität in Schach zu halten sucht, während die Analyse eben diese Funktionen von ihren pathologischen Behinderungen befreien möchte; allerdings gibt es diese Dichotomie nicht immer. Die Analyse beschäftigt sich auch mit Psychopathen und Impulsneurotikern, die Kontrollen brauchen, und manche Religionen rationalisieren libidinöse oder aggressive Exzesse.

Die Werte spielen in dem Augenblick in die analytische Situation hinein, in dem der Patient eine neue Stufe der Sexualität und der Aggression integrieren muß. Wenn alle Faktoren bedacht und berücksichtigt sind, dann besteht der entscheidende Umstand, der den Patienten motiviert, etwas zu ändern, in der Übertragung. Der Therapeut bietet dem Patienten Einsicht, aber zugleich auch Werte. Der Charakter und das Verhalten des Analytikers implizieren die Werte. Er hilft dem Psychopathen wie dem Neurotiker, sein Überich und sein Ich zu modifizieren. An diesem Punkt bin ich nicht der gleichen Meinung wie Mowrer. Werte beschränken sich nicht auf das Überich, sie gelten auch für das Ich und für das Ichideal.

Die therapeutische Beziehung ist keineswegs eine intellektuelle Beziehung zwischen Patient und Arzt. Ich hatte einmal eine junge schizophrene Patientin, für die ich das einzige Bindeglied zur Realität war. Ich mochte sie, und sie mochte mich. Das war der einzige Punkt, der ihre Realitätsorientierung einigermaßen aufrechthielt. Eine Interpretation von meiner Seite bedeutete tatsächlich ein Werturteil, das ließ sich gar nicht vermeiden. Ähnlich, wenn auch nicht ganz so kraß, ist es bei der Analyse des Neurotikers. Man muß sich darüber im klaren sein, daß der Patient unter Umständen gewisse Aspekte der analytischen Situation als Werturteile betrachtet; auch diese Aspekte sollten dann der Analyse unterworfen werden, um das zugrundeliegende Problem lösen zu können.

Kommen wir noch einmal auf die Religion zurück. Je ausgeprägter das bewußte religiöse Empfinden eines Patienten ist, desto größer ist meiner Meinung nach das Problem seiner Feindseligkeit gegenüber Objekten. Ich hatte einen homosexuellen Patienten, einen eifrigen und überzeugten Katholiken, der buchstäblich der Meinung war, es wäre nur rechtens, wenn man alle Protestanten umbringen würde. Die Christen haben ihren Antichrist, die Puritaner hatten ihre Hexen. Mich hat Simmels (1946) Überlegung sehr beeindruckt, daß die religiösen Forderungen den abendländischen Menschen dazu zwingen, gewissermaßen »über seine Verhältnisse« zu leben, das heißt mehr Aggression zu opfern, als er eigentlich aufzugeben vermag. Nach Simmel müssen die aggressiven Bedürfnisse, vornehmlich oraler Art, auf dem Weg über Haßgefühle oder über ein System von Vorurteilen irgendwie Auslaß finden. Auch das religiöse System selbst muß ein Ventil für Aggressionen bieten. Der Antichrist und der Teufel sind notwendig. Das allzustrenge Überich des Zwangsneurotikers sorgt dafür, daß der Neurotiker eben auch »über seine Verhältnisse« lebt. Seine Aggression – nachdem sie zunächst verstoßen und ihr abgeschworen worden ist – findet ihren Ausdruck in den zwanghaften Symptomen. So wie die Religion den Aggressionen gewisse Bahnen zubilligen muß, so muß auch die Psychoanalyse dies tun. Der Patient hat *sein* Bündel von Werten; wir müssen ihm dafür ein *anderes* bieten. Wir be-werten seine Aggressionen wie seine Zuneigung. Er hat bisher nur sein Überich bewertet. Für das infantile Denken und Empfinden des Patienten bedeuten Interpretationen entweder Versagung oder Billigung – ohne Zweifel also Wertäußerungen. Aber eine Analyse muß zweierlei bewirken. Sie muß einmal tief genug gehen, um jene infantile Stufe des Denkens zu erreichen, auf der die Interpretation als Befehl, als Verbot oder als Werturteil empfunden wird; und dann muß sie darüber hinausgehen und solche infantilen Wertungen überwinden, so daß der Patient die Bemerkungen des Analytikers als rational akzeptieren und sie für sich selbst annehmen kann. Das alte Paradoxon liegt eben darin, daß dieser letzte rationale Schritt nur gelingen kann, wenn die emotionale Übertragungsbeziehung befriedigend ist, das heißt, wenn der Patient seinen Analytiker schätzt.

Eine Gesellschaft, die den Frieden plant, steht vor größeren psychologischen Schwierigkeiten als eine Gesellschaft, die den Krieg plant. Friede im Innern des Landes und Friede im Innern der Person erfordern beide erhebliche Anstrengungen. Je höher eine Kultur entwickelt ist, desto zahlreicher sind die Institutionen, die der Erhaltung des Friedens im Lande und zugleich der des persönlichen Friedens dienen sollen. Unter den Institutionen, die die Beziehungen zwischen den Menschen regeln sollen, stehen an erster Stelle das Recht, die Religion, die Ehe und die Ehescheidung, die Grundsätze, die das regeln, was mit Krieg, mit Arbeit und Geld zu tun hat, und schließlich das System der Vorurteile. Die Vorurteile habe ich hier ganz bewußt mit aufgezählt. Ich meine damit sehr viel mehr als die Phänomene des Antisemitismus, des Antikatholizismus, des Rassismus und so weiter. Der Mensch braucht anscheinend noch viel mehr Vorurteile. Die Reichen betrachten harte und schwere Arbeit abschätzig, der Arbeiter empfindet Verachtung für die Welt der Reichen. Der Luftwaffenangehörige verachtet den Infantristen, die Marine die Armee, der Soldat haßt seine Offiziere. Wir alle suchen nach Ventilen für unsere Aggressionen – und wir bringen es fertig, unsere Vorurteile zu institutionalisieren. Es ist schwierig, die regulierenden Instanzen und Institutionen ihrer Bedeutung entsprechend in irgendeine bestimmte Reihenfolge zu

bringen. Im Grunde müßten wir noch eine Reihe weiterer Institutionen nennen, Theater und alle Formen der Fiktion, Sport, Musik und Tanz, Glücksspiel, Bruderschaften, Bestattungsunternehmen. Unter den genannten Institutionen sind meiner Meinung nach die beiden wichtigsten das Recht und die Religion. Womit wir uns in diesem Seminar befassen, sind im Grunde von den letzteren hergeleitete Prozesse. Die Psychoanalyse, eine vom Patienten akzeptierte kulturelle Institution, der es um Veränderungen des Ich und des Überich geht, ist als Institution nicht allzuweit von Religion und Recht angesiedelt. Der Unterschied besteht darin, daß es sich bei der Analyse um einen plastischen Prozeß handelt, nicht um eine statische Sache, und daß sie auf einer realistischen Sicht der Triebe *und* der Realität aufbaut. Die Frage der Werte kann vom Analytiker nicht vollständig umgangen werden. Wenn wir zu keinem Problem einen Standpunkt beziehen, dann sind wir kein realistisches Objekt für unsere Patienten.
Manche Patienten bemühen sich nach Kräften, den Analytiker so weit herauszufordern, daß er sie beschimpft, und hin und wieder gelingt ihnen das auch. In der Regel sollte eine derartige Provokation von seiten des Patienten analysiert werden (Schelten gilt als Bruch der korrekten analytischen Technik), aber manchmal kann sie sich – gewissermaßen unversehens – als nützlich erweisen. Der Analytiker wird zur realen Figur für den Patienten, und sei es auch auf dem Weg über das elterliche Überich. Indem wir Wertvorstellungen äußern, beweisen wir unser reales Interesse an unserem Patienten. Die Beschimpfungen werden vom Patienten eher als Zeichen der Liebe akzeptiert als eine monatelange gewährende Neutralität. Bevor wir als Therapeut vom Patienten akzeptiert werden, müssen wir uns zunächst als Elternfigur qualifizieren – und zwar durch unsere Realität, durch unseren moralischen Mut, unser Bekenntnis zu Werten und unser Interesse am Wohl des Patienten.

II
Spezielle klinische Probleme

13 Das Erstinterview

Fangen wir damit an, daß Sie mit dem Erstinterview gewisse Verpflichtungen übernehmen. Ich will kurz schildern, welcher Art die Verpflichtungen sind, die Sie bereits mit den ersten ein bis zwei Interviews auf sich genommen haben. Ihre wichtigste Verpflichtung besteht darin, daß Sie Ihre Bereitschaft, zu helfen, zeigen. Dazu braucht es keine spezielle Handlung oder Tat, sondern dieser Verpflichtung kommen Sie nach, indem Sie im Verlauf des Gesprächs immer wieder zu erkennen geben, daß Sie Verständnis für den Patienten haben. Es ist erstaunlich, wie rasch und sicher der Patient, wenn er mit Ihnen spricht und Ihnen seine Probleme darlegt, spürt, ob Sie ihn verstehen oder nicht.

Zu Ihren Verpflichtungen gehören dagegen *nicht* gewisse andere Aspekte, die hier und da empfohlen werden. So legen etwa Gill u. a. (1954) großen Wert auf die Begründung einer herzlichen Beziehung. Im G.A.P.-Report (Group for the Advancement of Psychiatry, 1961) wird sogar empfohlen, bereits in der ersten Sitzung mit der Behandlung zu beginnen. Ich kann mich beiden Empfehlungen absolut nicht anschließen. Der Psychiater kann interessiert und einfühlsam sein, ohne sich dabei ausgesprochen freundlich zu geben. Diese Freundlichkeit ist oft künstlich und unaufrichtig und kann das Mißtrauen und die Ängste des Patienten noch schüren. Wichtiger als Freundlichkeit sind Selbstvertrauen und die Fähigkeit des Therapeuten, sich rasch Einblick in den Fall zu verschaffen. Freundlichkeit kann zerstörerisch sein. Die Behandlung bereits im ersten Gespräch zu beginnen, halte ich für unfair gegenüber dem Patienten. Er hat das Recht, zumindest ein Interview zu erleben, bevor er entscheidet, ob er sich von Ihnen behandeln lassen will oder ob er sich auf eine Behandlung überhaupt nicht einlassen möchte. Sie haben kein Recht, seine Abwehrmanöver zu stören und mehr Ängste oder Übertragungsschwierigkeiten heraufzubeschwören, als bei einem taktvollen Erkundungsgespräch sowieso schon geschaffen werden. Wenn der Patient zum zweiten Gespräch wiederkommt, dann sind Sie schon freier.

Colby (1951) zeigt in seiner ausgezeichneten und klar aufgebauten Einführung in die Psychotherapie sehr anschaulich, unter welchen Umständen der Therapeut einen Patienten lieber nicht zur Behandlung annehmen sollte. Seine Argumente und Vorschläge sollten Pflichtlektüre für alle angehenden Psychotherapeuten sein. Allerdings versäumt er es – wie übrigens die meisten Autoren, die sich mit diesem Thema beschäftigen –, auch die Möglichkeit in Betracht zu ziehen, daß der *Patient* beschließt, sich *nicht* von Ihnen behandeln zu lassen. Das Recht des Patienten, dies zu tun, muß gewahrt bleiben, und das bringt gewisse technische Beschränkungen für den Erstinterviewer mit sich.

Auch wenn der Interviewer es sorgfältig vermeidet, schon während des Erstinterviews die Rolle des Therapeuten einzunehmen, und auch wenn der Patient sich ganz bewußt das Recht vorbehält, sich nicht auf eine Behandlung einzulassen – so müssen wir doch auch die unbewußten Wünsche des Patienten in diesem Zusammenhang berücksichtigen. Unbewußt hegt er bereits magische Hoffnungen und betrachtet das Gespräch als eine therapeutische Veranstaltung. Fisher (1954) konnte nachweisen, daß Patienten auch dann, wenn ihnen ausdrücklich gesagt worden war, daß ihre Beteiligung an psychologischen Experimenten allein zu Zwecken der wissenschaftlichen Forschung erbeten wurde und *keinem* therapeutischen Zweck diente, durch ihre Träume und anderweitigen Reaktionen anzeigten, daß sie das Experiment doch als Behandlung auffaßten. Nun können wir zwar dem Unbewußten des Patienten im Erstinterview nicht Einhalt gebieten, wir sollten aber doch zumindest unser Interviewverhalten genau unter Kontrolle haben.

Ihre nächsten Verpflichtungen bestehen in der Einschätzung der Störungen des Patienten, der Möglichkeiten der Behandlung, der Gefahren der Krankheit und auch der Gefahren der Behandlung selbst. Das sind die Verpflichtungen, die Sie implizit mit dem Erstinterview übernehmen.

Ich spreche hier nicht über das Schema, biographische Daten des Patienten und Informationen über seinen psychisch-geistigen Zustand zu bekommen, wie es bei Kirby (1921) oder in anderen Handbüchern der staatlichen Krankenhäuser (Cheney 1934, Preu 1943) beschrieben wird, die das Material umreißen, das Sie abdecken müssen. Dieses Material ist sehr umfangreich, da es statistischen und Forschungszwecken dienen soll. Natürlich sind Sie auch wegen statistischer Zwecke, wegen Ihrer Berichterstattung und künftiger Forschungsbemühungen zur Vollständigkeit verpflichtet. Sie sind es aber auch im eigenen Interesse – Sie müssen sicher sein, daß Sie alle Daten beisammen haben, die klinisch von Belang sind.

Ich sehe meine Aufgabe in diesen Seminaren darin, Ihnen gewisse Richtlinien und Denkweisen aufzuzeigen, die Sie kennen sollten, und Ihnen bestimmte Zielsetzungen zu nennen. Die Zielsetzungen sollten systematisch sein, sie werden Ihre Fragen lenken und Ihre anamnestischen Bemühungen insgesamt in bestimmten zielgerichteten Bahnen verlaufen lassen. Das heißt nicht, daß Ihre Aufzeichnungen über den Patienten einem ganz genau umrissenen Muster folgen müßten; Sie können dies so flexibel gestalten wie Sie mögen, so daß der Patient den Eindruck größter Spontaneität gewinnt. Aber in Gedanken sollten Sie sich dabei doch an ein festes Schema halten, was die Fragenkomplexe angeht, die Sie anschneiden wollen, bzw. die Richtungen, die Sie einzuschlagen beabsichtigen. Manche Biographie läßt eher die eine als die andere Richtung angezeigt erscheinen. Darauf wollen wir gleich zu sprechen kommen.

Ich möchte zunächst einige allgemeine Bemerkungen zur Erhebung der Krankengeschichte machen, bevor ich kurz die einzelnen Richtungen umreiße, in die Ihr Erstinterview gehen wird.

Zunächst einmal sollte es kein ungesteuertes Interview sein. Ich halte nicht das geringste von ungesteuerten Erhebungen bzw. ungesteuerten Erstinterviews. Das Interview sollte weitgehend in Ihrer Hand liegen, ganz gewiß dann, wenn es sich um stationäre Patienten handelt, aber auch mit allen anderen Patienten. Sie sollten die Situation unter Kontrolle haben. Es gibt gewisse Dinge, die Sie wissen, gewisse Dinge, die Sie herausfinden müssen, um sich – und zwar rasch – einen Eindruck über bestimmte Bereiche bilden zu können. Sie steuern in bestimmte Richtungen; die Zukunft des Patienten liegt in Ihrer Hand, und es liegt an Ihnen, ob Sie die Situation erfassen, insbesondere, wenn es sich um psychotische Patienten handelt, aber auch bei den anderen Patienten. Der Patient fühlt sich sicherer, wenn Sie die Situation unter Kontrolle haben und sie mit Intelligenz und Takt lenken.

Beim Erstinterview sind Ihre Verpflichtungen zu vielfältig, als daß Sie sich auf die passive Position zurückziehen könnten, wie sie von Deutsch und Murphy (1955) im Zusammenhang ihrer sogenannten »assoziativen Anamnese« empfohlen wird. Damit ist der Patient zu stark belastet, und es besteht die Gefahr, daß sehr viel Zeit vertan wird. Bei diesem Verfahren ist der Interviewer den anfänglichen Abwehrmanövern des Patienten ausgesetzt. Das Erstinterview ist eine aktive Erkundung; es ist kein analytisches oder gar psychogenetisches Gespräch, es sei denn, der Interviewer zieht bereits konkrete Schlußfolgerungen daraus. Der Interviewer kann auf aktive Weise Angaben zu erhalten suchen, die seine Vermutungen möglicherweise bestätigen werden, ohne daß der Patient die Zusammenhänge auch nur ahnt. Allerdings kann es sehr wohl sein, daß der Patient erstaunt ist zu sehen, daß die Fragen des Interviewers allem Anschein nach auf kritisches biographisches Material hinführen. Diese Entdeckung, daß der Interviewer unerklärlicherweise gewisse Dinge ja schon im voraus zu wissen scheint, legt es dem Patienten nahe, die Behandlung bei diesem Therapeuten zu beginnen. Selbst das Erstinterview vor einer Analyse sollte ein gelenktes und erkundendes Interview sein (Saul 1957, Stone 1954). Das

ist das eine: Sie müssen das Interview unbedingt unter Kontrolle haben. Dann ist da noch ein ganz anderer Aspekt. Mit der Anamnese ist eine Anschuldigung verbunden; der Patient glaubt, daß Sie damit jemanden anklagen möchten. Seine Verwandten nehmen es ganz bewußt so auf. Von den Bereichen, die Ihnen interessant und des Erkundens wert erscheinen, nimmt der Patient ganz automatisch an, daß sie im moralischen oder in einem anderen geheimnisvollen Sinne schlecht sind, schlecht in einer Weise, die er nicht begreift. Sie sollten zwar zielgerichtet vorgehen und nichts auslassen; zugleich müssen Sie aber auch taktvoll und behutsam sein; es ist erstaunlich, wieviele Informationen Sie selbst in einem Erstinterview bekommen können, wenn Sie bei aller Beharrlichkeit dem Patienten gegenüber trotzdem behutsam vorgehen.
Das Problem liegt nicht so sehr in der Bereitschaft oder mangelnden Bereitschaft des Patienten, Ihnen etwas über sich selbst zu erzählen. Das Problem ist vielmehr Ihre eigene Bereitschaft, Fragen zu stellen, Ihre eigene Fähigkeit, dem schon entdeckten Material nachzugehen und es nach verschiedenen Richtungen hin zu erweitern. Wenn der Patient sich schämt, über ein bestimmtes Thema zu sprechen, und Sie sich schämen, ihn danach zu fragen, dann wird Ihr biographisches Gerüst nicht sehr weit gedeihen.
Sie können von Ihrem Patienten eine vollständige und ausführliche Geschichte bekommen, wenn Sie bereit sind, sich wirklich darum zu kümmern und dafür zu interessieren. Andererseits ist auch das Gegenteil richtig: Auch wenn er die besten Absichten hat, kann der Patient Ihnen nicht alles erzählen. Sie werden gelegentlich feststellen, daß ein Patient sich nicht an Geschehnisse erinnern kann, die er am selben Tag erlebt hat. Einen Tag, eine Woche, einen Monat oder auch ein Jahr später – je nach der Art des Kontaktes, den Sie mit dem Patienten unterhalten – wird er Vorfälle und Einzelheiten nachtragen, über die er in dieser Vollständigkeit früher tatsächlich nicht berichten konnte.
Sie haben also einerseits die Aufgabe, allem und jedem nachzugehen und möglichst keine Lücken offenzulassen. Andererseits müssen Sie Nachsicht üben und es hinnehmen, daß der Patient Ihnen beim besten Willen nicht alles erzählen kann.
Was die Details anbetrifft, so halten Sie sich unter allen Umständen an den chronologischen Zusammenhang mit dem Lebenslauf des Patienten insgesamt und nicht so sehr an einzelne Kalenderdaten. Interessieren Sie sich besonders dafür, wie und wann die jeweilige Krankheit ihren Anfang nahm. Wenn Ihre Überlegungen schon in bestimmte Richtungen gehen, ist jede Einzelheit von Bedeutung. Denken wir beispielsweise an den langsamen und schleichenden Beginn einer psychischen Störung im Gegen-

satz zu ihrem plötzlichen Ausbruch. Wie sieht Ihre diagnostische Orientierung aus? Der langsame Beginn ist vom gewohnten Tageslauf des Patienten nur schwer abzutrennen. Irgendwelche Kommentare?
Kandidat: Er hat vielleicht prognostische Bedeutung. Er deutet möglicherweise auf eine Belastung in der Umwelt des Patienten hin, die als Auslöser fungiert hat.
Dr. Tarachow: Möglich. Aber im Augenblick geht es mir um die diagnostische Ausrichtung. Es ist ein Hinweis, aber in welche Richtung geht er?
Kandidat: Er könnte eine Antwort auf die Frage sein, ob es sich um einen reaktiven psychotischen Zustand oder aber um einen chronischen Zustand handelt.
Dr. Tarachow: Nein, wir wissen ja nicht einmal, ob wir es mit einem psychotischen oder mit einem neurotischen Zustandsbild zu tun haben. Das ist genau der Punkt, der mich im Augenblick interessiert. Die Geschichte einer Neurose läßt sich von der Lebensgeschichte des Patienten häufig gar nicht trennen; der Neurotiker kann Ihnen kaum jemals sagen, wann seine Krankheit angefangen hat. Der Psychotiker kann oft genau den Augenblick nennen, in dem seine Krankheit eingesetzt hat. Psychosen brechen aus und kommen wieder zum Stillstand, sie haben einen Anfangs- und einen Endpunkt – wobei der Endpunkt nicht etwa bedeutet, daß der Patient nun gesund wäre. Immerhin ist dies aber doch ein wichtiger Unterschied. Psychosen haben ihr eigenes Verlaufssystem. Der Neurotiker kann, im Unterschied zum Psychotiker, selten angeben, wann seine Krankheit ausgebrochen ist. Ich erwähne das jetzt nur im Zusammenhang mit den Erkundungen zur Vorgeschichte des Patienten, wobei es mir darum geht, daß jedes Detail Sie dazu veranlassen sollte, in die eine oder die andere Richtung zu denken und sich zu überlegen, wie das nachfolgende Material aussehen könnte.
Ein Beispiel: Ihr Patient schildert Ihnen den akuten und plötzlichen Ausbruch seiner Krankheit. Welche weiteren Informationen allgemeiner Art werden Sie jetzt sofort interessieren? Wenn etwas Sie vermuten läßt, daß Sie es hier mit dem Beginn einer Psychose zu tun haben, an welchem weiteren Material sind Sie dann sofort interessiert? Ich würde in diesem Fall ein wachsameres Auge auf die Familiengeschichte haben als üblicherweise. Was ich hier für Sie ablaufen lasse, ist der Gang meiner Überlegungen im Prozeß der anamnestischen Erhebungen. Wenn etwas auf eine Psychose hindeutet, dann würden meine Fragen danach, ob es in der Familie psychotische Zustandsbilder gab und gibt, gezielter und direkter ausfallen.
Ich empfehle Ihnen noch einmal, den allerersten Symptomen, dem Moment des Krankheitsbeginns bei Ihren Nachforschungen ganz besondere

Aufmerksamkeit zu widmen. Das ist der Punkt in der klinischen Geschichte, wo Sie unbedingt neugierig sein sollten. Sie müssen festhalten, wann, wo und bei welcher Gelegenheit sich eine Phobie zum ersten Mal bemerkbar machte. Wohin ging der Patient, woher kam er gerade, was war seine Absicht, als er jene U-Bahn-Fahrt, Flugreise oder was immer unternahm? Der Zeitpunkt und alle übrigen Umstände sollten sorgfältig erfragt und festgehalten werden, weil sie Ihnen Hinweise auf weitere Einzelheiten geben können. Sie eröffnen Ihnen weitere Fragenbereiche und weisen in eine Anzahl von Richtungen. Sie weisen nach innen und nach außen, auf die innerpsychische Struktur des Patienten und auf Dinge, die außerhalb seiner Person liegen. Ereignisse, die sich zu dieser Zeit abspielten, können Hinweise dafür liefern, welche anderen Menschen an der Krankheit des Patienten irgendwie beteiligt sind.
Ich möchte diese allgemeinen Bemerkungen über die Anamnese mit der Empfehlung abschließen, daß Sie sich ein klares Bild jener ganz speziellen Umstände verschaffen, die den Patienten in die Behandlung oder aber ins Krankenhaus geführt haben. Man darf wohl ohne weiteres annehmen, daß kein Patient gerne ins Krankenhaus oder zur psychotherapeutischen bzw. analytischen Behandlung kommt. Niemand möchte sich selbst zu gut kennenlernen. Niemand möchte analysiert, niemand möchte behandelt werden. Niemand will, daß seine Motive den Blicken anderer ausgesetzt sind, nicht einmal der angehende Psychoanalytiker. Was also führt die Menschen ins Krankenhaus bzw. zur Behandlung?
Kandidat: Ich denke, es gibt, grob gesprochen, zwei Möglichkeiten: entweder sie verletzen einen anderen Menschen, oder sie tun sich selbst etwas an.
Dr. Tarachow: Wenn sie einem anderen etwas antun, dann bringt sie das nicht in sich schon zur Behandlung. Sie meinen, sie geraten in Schwierigkeiten.
Kandidat: Wenn sie sich in der Familie in einer schmerzlichen oder bedrückenden Lage befinden, dann kommen sie.
Dr. Tarachow: Man kann es krasser formulieren: Familien ertragen in der Regel schmerzliche Situationen recht lange. Eine Familie handelt vielleicht dann, wenn der Patient irgendeine unmögliche Situation heraufbeschworen hat. Aber worauf ich hinauswill, ist, daß die Menschen nur dann zur Behandlung kommen, wenn sie in eine Krise geraten sind. Niemand kommt zur Behandlung, ohne daß er sich in einer Krise befände; die Krise ist entweder dadurch ausgelöst worden, daß der Patient in seiner Umgebung Unheil angerichtet und Ärger bekommen hat, oder sie hat eine weniger dramatische Ursache: beispielsweise ist eine Ehe in die Brüche gegangen oder kurz davor, in die Brüche zu gehen, oder dem

Patienten droht die Scheidung, die Trennung oder das Gefängnis, wenn er nicht in eine Behandlung einwilligt. Oder aber der Patient steht unter einer großen Belastung, unter starkem psychischem Druck. Es ist immer eine Krise ausgebrochen, entweder im Umkreis des Patienten oder in seiner Person. Setzen Sie alles daran, diese Krise kennenzulernen.

Jetzt können wir uns den spezielleren Fragenbereichen zuwenden, an die Sie in jedem Fall bei der Anamnese denken sollten. Bei Ihren Erhebungen sollte es Ihnen in erster Linie darum zu tun sein, zu einer Diagnose zu gelangen. Gegen Ende des ersten Gesprächs, ja unter Umständen schon nach den ersten zwei Minuten des Gesprächs müssen Sie sich eine Art Arbeitsdiagnose zurechtgelegt haben.

Nehmen wir zum Beispiel an, Ihr Patient ist ein Mann von 45 Jahren, auf den eines der beiden klinischen Zustandsbilder zutrifft: Er präsentiert entweder den akuten Beginn, die ersten Anzeichen einer psychischen Krankheit – einer Psychose oder einer Neurose –, oder er hat schon seit vielen Jahren geringfügige neurotische bzw. psychotische Merkmale gezeigt. Jetzt, da er 45 Jahre alt ist, bricht plötzlich eine akute Krankheit aus. Wir wollen einmal annehmen, daß dieser Mann sein Leben lang in gewissem Maß zwanghaft gedacht und gehandelt hat und nun heftigste Zwangsvorstellungen entwickelt, oder daß er plötzlich in schwere Depressionen verfällt. Woran denken Sie jetzt sofort? Sie erfahren in der ersten Minute Ihres Gespräches, daß dies der erste akute Anfall bei einem 45jährigen Mann ist. In welchen Bahnen denken Sie weiter?

Kandidat: Involutionsmelancholie?

Dr. Tarachow: Ich habe die Frauen ja ausgelassen. Bei Frauen sollte man selbstverständlich auch an so etwas denken, bei Männern weniger. Haben Sie noch weitere Ideen? Es handelt sich um den ersten Anfall bei einem 45jährigen.

Kandidat: Schwierigkeiten im Beruf?

Dr. Tarachow: Nein, nein. Sie sollten sofort an eine organische Hirnkrankheit denken. Die Alzheimersche Krankheit oder auch andere Formen organischer Hirnkrankheiten können zuerst Symptome wie eines der klassischen Krankheitsbilder psychogener Störungen aufweisen.

Kandidat: Ich habe das noch nie gesehen.

Dr. Tarachow: Ja, es ist wirklich schade, daß Sie so spät geboren sind. Wenn Sie zwanzig oder dreißig Jahre früher auf die Welt gekommen wären, dann hätten Sie gesehen, daß die progressive Paralyse sich in eben dieser Weise äußert. Aber es gibt andere Krankheiten, die uns auch heute noch mit solchen Überlegungen konfrontieren, zum Beispiel ein organisches Syndrom wie das Alzheimersche. Solche Zustände können klinisch als psychogene Störungen beginnen. Ich habe es erlebt, daß die progressive Paralyse eines Mannes von Anfang vierzig mit dem klassischen Syndrom der endogenen manisch-depressiven Erkrankung einsetzte. Ich kenne Fälle von chronischen Zwangscharakteren, die ganz plötzlich in schwere Depressionen verfielen – das erste Bündel von Symptomen, die zur präsenilen Demenz hinführten. Die Symptome sind psychischer Natur – und die organische Schädigung ist möglicherweise kaum zu erkennen. Es kann sein, daß Sie sie gar nicht wahrnehmen. Aber wenn Sie erst einmal eine organische Krankheit vermuten und danach suchen, dann werden Sie auf den winzigen organischen Defekt stoßen. Wenn Sie nicht danach suchen, werden Sie ihn auch nicht finden. Eine Patientin mittleren Alters zeigte Hysterie als erstes Syndrom eines Gehirntumors.

Es gibt noch andere Eigenschaften des Patienten, die Sie sorgfältig beobachten sollten, weil sie in eine bestimmte diagnostische Richtung weisen. Ein wichtiges Zeichen ist zum Beispiel das Ausmaß der Reserven, über die der Patient verfügt, das Ausmaß seiner Intaktheit. Wenn Sie feststellen, daß der Nagellack einer Patientin ganz abgeblättert und zerstört ist, was ist dann Ihr erster Eindruck, mit dem Sie arbeiten?

Kandidat: Ihr Äußeres ist ihr gleichgültig geworden. Die normale weibliche Eitelkeit, was ihre äußere Erscheinung betrifft, ist ihr verloren gegangen. Die Fingernägel sind vielleicht das erste Anzeichen dafür.

Dr. Tarachow: Also ich würde sagen, meine Gedanken würden in die Richtung einer Psychose gehen. Frauen achten ja normalerweise sehr stark auf solche Dinge. Wenn eine Frau Nagellack verwendet, dann wird sie diesen Schmuck nur vernachlässigen, wenn eine wirklich ernsthafte Desorganisation ihrer Persönlichkeit im Spiel ist. Eine nichtpsychotische Frau würde sich wohl kaum gestatten, mit schlecht gepflegten Fingernägeln herumzulaufen. Das ist mein persönlicher Eindruck, keine statistische Feststellung, sondern einfach mein klinischer Eindruck. Ich würde ernsthaft an eine tiefgreifende Persönlichkeitsdesorganisation denken, wenn eine Frau solchen Dingen keine Aufmerksamkeit schenkt.

Es gibt noch ein Anzeichen, besonders wenn Sie den Patienten in einem geschlossenen Büro empfangen. Ich weiß nicht, ob Sie Ihre Interviews in der Regel auf der Station oder im eigenen Sprechzimmer durchführen?

Kandidat: Im Sprechzimmer.

Dr. Tarachow: Gut. Sie bitten einen Patienten in Ihr Sprechzimmer und gehen zuerst hinein, der Patient folgt Ihnen. Er setzt sich hin und kümmert sich nicht darum, daß die Tür noch offen steht. Was ist Ihr Eindruck? Das Interview hat noch nicht einmal angefangen, und Sie haben bereits einen diagnostischen Eindruck – zumindest *ich* habe einen. Der Patient kommt herein, setzt sich, läßt die Tür offen und ist sprechbereit.

Kandidat: Der Psychiater ist unhöflich.

Dr. Tarachow: Ja, vielleicht. Die einfachsten Antworten sind manchmal die besten. Wenn es eine weibliche Patientin ist, dann sicher, vielleicht aber auch, wenn es ein Mann ist. Aber lassen wir die Unhöflichkeit des Psychiaters mal aus dem Spiel und tadeln wir den Patienten.
Kandidat: Es kann auf eine Psychose hindeuten.
Dr. Tarachow: Ja, und welcher Art?
Kandidat: Organische Hirnkrankheit.
Dr. Tarachow: Ja, ganz klar. Solche Patienten können sehr gleichgültig sein, sie haben gar kein Interesse an einer privaten Sphäre.
Kandidat: Vielleicht Schizophrenie.
Dr. Tarachow: Ja, speziell Schizophrenie. Das ist noch keine Diagnose, sondern einfach eine Richtung, in der Sie denken. Warum? Der Patient kommt herein, läßt die Tür offen und will anfangen zu reden. Warum denke ich in einem solchen Fall an einen schizophrenen Prozeß?
Kandidat: Allem Anschein nach ist der Patient keineswegs nervös und hat auch gar keine Skrupel hinsichtlich dessen, was er sagen will; vielleicht glaubt er es so vollständig, daß ihm gar nicht der Gedanke kommt, man könne ihn für gestört halten.
Dr. Tarachow: Das ist richtig. Es läßt sich aber noch mehr sagen. Man kann noch viel weiter gehen.
Kandidat: Die Realitätsprüfung ist dürftig, denn er trennt nicht zwischen sich und der Tür oder zwischen sich und der Außenwelt; andererseits ängstigt ihn vielleicht der Gedanke an das Gespräch mit dem Psychiater mehr als die Vorstellung, andere Leute könnten die Unterhaltung von draußen mit anhören.
Dr. Tarachow: Das könnte alles zutreffen.
Kandidat: Ich glaube, er ist nur an sich und an dem interessiert, was er zu sagen hat.
Dr. Tarachow: Das ist absolut richtig; er ist so sehr mit sich selbst beschäftigt, daß es ganz gleichgültig ist, ob die Tür offensteht oder nicht. Er könnte auch mitten auf einem Acker stehen. Ja, aber es ist noch etwas anderes.
Kandidat: Er ist vielleicht sprechbereit, aber er hat sich noch eine Öffnung, ein Loch gelassen, und er ist noch nicht wirklich bereit, Kontakt aufzunehmen.
Dr. Tarachow: Möglich; manche Paranoiker verhalten sich genau in dieser Weise. Aber ich meine noch etwas anderes. Alles, was bisher gesagt worden ist, trifft durchaus zu, aber man könnte noch anderes anführen.
Kandidat: Ja, also, seine Umgebung interessiert ihn überhaupt nicht. Es ist ihm zum Beispiel ganz gleichgültig, ob irgendein Dritter zuhört, wenn er von seiner persönlichen Krankheit spricht.

Dr. Tarachow: Warum ist das dem Paranoiker gleichgültig?
Kandidat: Weil er ganz in seinen eigenen Phantasien gefangen ist.
Dr. Tarachow: Das ist schon gesagt worden. Es interessiert ihn aus einem anderen sehr wichtigen Grund nicht.
Kandidat: Wegen seines enormen Bedürfnisses nach Selbstdarstellung?
Dr. Tarachow: Auch möglich, aber ich meine etwas ganz Grundsätzliches. Denken Sie an die fragmentierten Ichgrenzen des Schizophrenen. Spielt es für ihn irgendeine Rolle, ob die Tür geschlossen oder offen ist? Welche Wahnvorstellungen hegt der Schizophrene in der Regel in bezug auf seine Gedanken und Vorstellungen?
Kandidat: Daß jeder sie kennt.
Dr. Tarachow: Ja. Macht es also etwas aus, ob die Tür offen oder geschlossen ist? Sie haben nun einmal keine Privatsphäre, alles ist den Blicken der anderen preisgegeben. Ihre Gedanken liegen offen zutage, ihre Genitalien sind sichtbar, sie masturbieren in der Öffentlichkeit, sie masturbieren auf dem Krankenhausflur oder auf der Straße. Häufig ist dieser letztgenannte Umstand das erste Symptom, das die Einlieferung des Schizophrenen ins Krankenhaus bewirkt. Sie sind bereits »in Kommunikation«, deshalb kommt ihnen nicht der Gedanke, die Tür zu schließen.
Stellen Sie sich in diesem Zusammenhang jetzt vor, daß Sie eben diesen Patienten etwas fragen. Sie fragen ihn, und er antwortet nicht. Er lacht, aber er antwortet nicht. Oder er betrachtet Sie voller Mißtrauen. Warum will er nicht antworten?
Kandidat: Er glaubt wahrscheinlich, daß Sie die Antwort ja kennen müssen.
Dr. Tarachow: Ja. Sie kennen sie sowieso, und Sie versuchen, ihn zum Narren zu halten und ihm einen Streich zu spielen. Warum sollte er Ihnen etwas erzählen, was Sie schon wissen? So ist also bereits im Erstinterview eine Vielzahl von Dingen unmittelbar für Sie sichtbar; die Frage der Reserven des Patienten, des Kontakts mit Ihnen bzw. mit der Umgebung, die Frage des Persönlichkeitszerfalls, des Zusammenbruchs der herkömmlichen Distanz zwischen Ihnen und dem Patienten. All das vermittelt Ihnen augenblicklich gewisse Hinweise auf die Art des Problems, mit dem Sie es zu tun haben, und wirkt sich so aus, daß Ihre Fragen und Ihr Interesse gezielter und direkter in eine bestimmte Richtung gehen können. Soviel dazu; wir wollen uns jetzt nicht mit speziellen Diagnosen aufhalten.
Wir haben uns jetzt mit einer Richtung, nämlich mit der diagnostischen Richtung, befaßt. Die nächste Richtung, auf die ich näher zu sprechen kommen möchte, ist die prognostische. Sie sollten daran denken, während des Erstinterviews auch eine Prognose zu stellen. Der einzige und ganz

wichtige Faktor, der dabei von Belang ist – und das ist ganz und gar unabhängig vom klinischen Bild der Symptome – ist die Geschichte der Objektbeziehungen des Patienten. Sie machen gewissermaßen eine doppelte Anamnese. Die eine ist die klinisch-psychiatrische Geschichte des Patienten, die andere seine Lebensgeschichte. Im Zusammenhang mit der Prognose, mit der Lebensgeschichte, ist die Entwicklung der Objektbeziehungen von großer Wichtigkeit. Wie sehen die intensiven, die affektbeladenen oder emotional bedeutungsvollen Beziehungen zu seinen Angehörigen aus, bzw. wie weit mußte ein solcher Mensch enge Beziehungen entbehren?

Objektbeziehungen sind nicht das gleiche wie zärtliche Beziehungen. Objektbeziehungen können sadistischer oder masochistischer Art sein, aber je reicher die Vorgeschichte des Patienten in bezug auf andere Menschen ist, mit denen er wichtige Beziehungen unterhalten hat, desto günstiger wird die Prognose ausfallen. Die therapeutische Zukunft des Patienten ist unter Umständen schon gerettet, wenn man feststellt, daß es doch *einen* Menschen gegeben hat, der ihm wichtig war. In Fällen, in denen sowohl der Vater als auch die Mutter dem Patienten sehr fernstanden, haben Sie bzw. hat der Patient vielleicht das Glück, daß es da auch noch einen Onkel gab. Eine Lieblingstante oder ein Lieblingsonkel sind manchmal die rettenden Figuren in einer im übrigen kalten und öden Familienszene. Kann mir jemand erklären, warum das so ist? Warum ist die Geschichte der Objektbeziehungen so bedeutsam für die Prognose? Warum ist es besser, zumindest ein Objekt als gar keines zu haben? Was ist die Erklärung dafür?

Kandidat: Was die therapeutischen Möglichkeiten angeht, so hat man auf diese Weise eine Basis, auf der sich die Übertragung entfalten kann.

Dr. Tarachow: Ja, genau das meinte ich. Die Beziehung zu dem einen Menschen ist der Prototyp für die Übertragungsbeziehung zu Ihnen. Wenn die Geschichte des Patienten nur vom Imstichlassen, Vernachlässigen, Zurückziehen handelt, dann beobachten Sie sein Leben sehr sorgfältig. Vielleicht finden sie jemanden – einen Vetter, eine Tante, eine Schwester. Es ist so wichtig für Kinder, eine große Familie zu haben. Es ist ein großer Unterschied, ob man eine große oder eine kleine Familie hat, ob man viele oder ob man wenige Verwandte hat. Ich habe Kinder unter meinen Patienten gehabt, deren Eltern nicht mit ihren eigenen Herkunftsfamilien zusammenlebten. Die Eltern waren junge Leute, die aus ihrem Heimatort weggezogen waren und jetzt in einer anderen Stadt wohnten. In dieser anderen Stadt hatten sie überhaupt keine Angehörigen. Die Kinder hatten nur ihren Vater und ihre Mutter, während alle ihre Spielkameraden Onkels, Tanten und Großeltern in der Nähe hatten. Diese

Kinder erfanden häufig Geschichten, die zeigen sollten, daß sie ebenso viele Verwandte hatten wie ihre Spielkameraden. Das gab ihnen das Gefühl, fest verwurzelt zu sein.
Die Frage der Objektbeziehungen ist vielleicht im Zusammenhang mit Depression von größerem Interesse als im Zusammenhang mit anderen Störungen. Bei der Depression ist das psychologische Moment eng mit dem Verlust eines Objektes verknüpft. Wenn ich es mit einem depressiven Syndrom zu tun habe, dann betrachte ich die Geschichte der Objektbeziehungen des Patienten und versuche festzustellen, ob irgendeine ganz bestimmte Person mit der persönlichen Geschichte des Patienten oder mit der Geschichte seiner augenblicklichen Krankheit in einem besonders engen Zusammenhang stand. Wenn man im späteren Leben einen Menschen verliert, dann wird immer wieder die Tatsache lebendig, daß man früher schon einmal eine bestimmte Person verloren hat.
Die Frage der Objektbeziehungen ist von einmaliger und besonderer Wichtigkeit für die Prognose. Wir können uns aber auch mit klinischen Details, mit Geschehnissen in der Biographie und mit bestimmten Erfahrungen des Patienten befassen, die ebenfalls geeignet sind, den prognostischen Eindruck zu festigen. Vorher allerdings möchte ich noch etwas zwischenschalten, nämlich den Umstand, daß der Patient sich selbst nach der Prognose erkundigt.
Sie haben einen Patienten zum Erstinterview bei sich; er hat das Recht, Sie zu fragen: »Können Sie mir helfen, Herr Doktor?« Nehmen wir an, er stellt Ihnen diese Frage gegen Ende des Erstinterviews. Sie brennen darauf, ihn wegzuschicken, aber der Patient ist nun einmal nicht so entgegenkommend; er fragt Sie: »Können Sie mir helfen?« Was sollten Sie in diesem Fall tun, und von welchen Grundsätzen sollten Sie sich dabei leiten lassen? Oder was sollten Sie nicht tun? Wie wird man am besten mit dieser Frage fertig?
Kandidat: Ja, vom rechtlichen Standpunkt aus bekommen Sie Schwierigkeiten, wenn Sie irgendeine Heilung zusagen. Sie müssen wissen, um welche Krankheit es sich handelt.
Dr. Tarachow: Ja, und abgesehen von den rechtlichen Aspekten? Der Patient möchte die Prognose wissen. Wie würden Sie in diesem Fall vorgehen?
Kandidat: Wenn Sie bereits eine gewisse Vorstellung davon haben, was Sie mit diesem Patienten tun wollen, dann können Sie ihm kurz darlegen, was und wie Sie vorgehen wollen; wenn es sich nicht einrichten läßt, daß er regelmäßig kommt, dann überweisen Sie ihn an jemand anderen; oder aber Sie sagen ihm, daß Sie ihn sowohl medikamentös als auch psychotherapeutisch behandeln wollen.

Dr. Tarachow: Sie würden den ganzen Behandlungsplan mit ihm diskutieren?
Kandidat: Ohne dabei zu sehr in die Einzelheiten zu gehen, ja.
Dr. Tarachow: Ich will meine Frage einmal anders formulieren, damit deutlicher wird, worauf ich hinaus will. Wo liegen die Gefahren, wenn Sie eine günstige Prognose ohne alle Vorbehalte abgeben oder sie sogar an bestimmten Punkten noch qualifizieren? Warum ist es riskant, dem Patienten schon gegen Ende des Erstinterviews eine Prognose zu stellen?
Kandidat: Der Patient hat das Bedürfnis, Ihnen als Person oder Ihnen als Therapeut entgegenzuwirken; er lehnt sich vielleicht gegen den Gedanken auf, daß man ihm hilft, denn jetzt fühlt er sich herausgefordert, ohne Hilfe auszukommen, Sie bloßzustellen.
Dr. Tarachow: Ja, das ist gut möglich. Ein störrischer und boshafter Patient wird wohl versuchen, Ihre Pläne über den Haufen zu werfen. Andererseits kann es so sein, daß der Patient sich vor einer bestimmten Handlung oder Tätigkeit fürchtet. Zu mir kam einmal ein Patient, der Angst davor hatte, Saxophon zu spielen. Das war sein phobisches Symptom. In meinem jugendlichen Eifer und Überschwang sagte ich zu ihm: »Ja, wieso denn – ganz klar, ich helfe Ihnen, Saxophon zu spielen.« Er kam niemals wieder, denn ich hatte ihn mit meinen Worten nur noch stärker verängstigt. Er war schon ängstlich genug gewesen, ohne ein Saxophon auch nur zu berühren, bevor er in meine Sprechstunde kam. Mein sofortiges Versprechen, daß ich ihn heilen würde, war für ihn eine Drohung, daß er spielen müsse; also kam er nicht wieder.
Aber das ist noch immer nicht das, worauf ich hinaus will.
Kandidat: Der Gedanke, daß man den Patienten erschrecken könnte, ist mir auch gekommen, aber das ist ja offensichtlich nicht das, was Sie hören wollen. Er kommt schon mit gemischten Gefühlen, wie eben gesagt wurde, und wenn man ihm dann verspricht, ihn zu heilen, dann kann ihn das verschrecken.
Dr. Tarachow: Das stimmt alles, und Sie sollten auch an alle diese Möglichkeiten denken. Die allzufrühe Erwähnung der Heilung kann zerstörerisch wirken. Aber etwas anderes ist wichtiger, und Sie sollten sich dessen bewußt sein. Und zwar folgendes: Am Schluß des ersten Interviews hat der Patient Ihnen noch nicht allzuviel erzählt. Er hat es vielleicht sorgfältig vermieden, Ihnen sein schlimmstes Problem überhaupt mitzuteilen. Er hat vermieden, Ihnen zu sagen, warum er sich für unheilbar hält. Patienten denken gewissermaßen auf mehreren Ebenen. Während sie mit Ihnen sprechen, denken sie gleichzeitig an etwas anderes. Bei aller Vollständigkeit, die wir meiner Meinung nach schon im ersten Interview erreichen können, ist doch immer noch dieser andere Faktor im Spiel: Der Patient kann Ihnen nicht alles erzählen; er kann Ihnen entweder ganz

bewußt nicht alles erzählen, oder er hat etwas vergessen, oder er schämt sich. Im Augenblick wollen wir uns allerdings mit den Dingen beschäftigen, die er Ihnen bewußt nicht erzählen kann. Er kann Ihnen nicht sagen, was er für seine peinlichsten und unangenehmsten Probleme hält. Und nun erzählen Sie ihm am Ende dieses Interviews, bei dem er Ihnen nicht einmal mitgeteilt hat, was ihn am meisten quält, daß Sie ihn heilen können. Er hält Sie für einen Narren, den er kein zweites Mal aufzusuchen braucht, und er hat ganz recht. Das Beste, was Sie tun können, ist ihm zu sagen, daß Sie ihm wohl helfen können, sich selbst zu helfen.

Was habe ich getan, wenn ich sage: »Ich glaube, ich kann Ihnen helfen, sich selbst zu helfen?« Ich habe verschiedene sehr wichtige Dinge getan, wenn ich es so formuliere.

Kandidat: Sie haben dem Patienten die Aufgabe zugeschoben, die therapeutische Beziehung aufrechtzuerhalten und sich auf die Behandlung einzulassen.

Dr. Tarachow: Richtig. Sie haben dem Patienten verschiedenes gegeben. Sie haben ihm Hoffnung gegeben, und zugleich haben Sie die Last zwischen sich und dem Patienten aufgeteilt. Sie haben einen Teil der Last auf sich genommen, aber auch er hat einen Teil der Last und der Verantwortung auf sich genommen. Damit ist er dann auch »am Erfolg beteiligt«, wenn die Sache gut für ihn ausgeht. Dieses Gefühl dürfen Sie einem Patienten niemals nehmen. Wenn Sie den Patienten dieser Beteiligung berauben wollen, dann lassen Sie damit nicht zu, daß er gesund wird. Der Patient muß den Erfolg ebenso weitgehend sich selbst zuschreiben dürfen wie Sie dies tun. Wenn seine Genesung etwas ist, was Sie allein dem Patienten vermittelt oder für ihn getan haben, dann nehmen Sie ihm damit etwas sehr Wichtiges, und das wird er Ihnen mit Sicherheit übelnehmen.

Wenn Sie immer nur sagen: »*Ich* will Ihnen helfen, *ich* will dies und jenes für Sie tun«, dann wird der Patient einmal ums andere, Woche für Woche in Ihre Sprechstunde kommen und darauf warten, daß Sie ihn heilen. Er bringt Ihnen gewissermaßen seinen Körper. Er erwartet, daß Sie ihm die Heilung *geben.* Patienten können zum Zuschauer bei ihrer eigenen Behandlung werden. Teilen Sie also die Last auf, teilen Sie die Verantwortung, teilen Sie Erfolge und Mißerfolge und machen Sie dem Patienten zugleich Hoffnung. Seien Sie sich der Tatsache wohl bewußt, daß dem Patienten klar ist, daß er Ihnen nicht alles erzählt hat. Man könnte so sagen: Wenn Sie wissen, daß der Patient weiß, daß er Ihnen nicht alles erzählt hat, dann weiß auch der Patient, daß Sie dies wissen. Damit sind Sie aufrichtig gegenüber dem Patienten und gegenüber sich selbst. Soviel zur Erörterung der Prognose mit dem Patienten.

Kommen wir jetzt wieder zurück zum Thema der Prognose selbst. Es gibt eine Anzahl wichtiger klinischer Momente, die häufig im ersten Interview zur Sprache kommen und die Ihnen helfen, einen gewissen prognostischen Eindruck zu gewinnen. Denken Sie bitte daran, daß wir hier über die Richtung sprechen, die unser Denken einschlagen sollte, und nicht etwa über feststehende diagnostische oder prognostische Regeln. Sie wissen niemals im voraus, ob Ihr Patient gut oder schlecht mitarbeiten wird. Und über die Richtungen, in die Ihre Gedanken und Vermutungen meiner Meinung nach gehen sollten, wollen wir uns jetzt etwas näher unterhalten.

Bei der Frage der Prognose muß uns die »masturbatorische« Vergangenheit des Patienten und der Zeitpunkt interessieren, zu dem er zu masturbieren begonnen hat. Auch hier gilt, daß Sie keine Antworten erhalten werden, wenn Sie nicht fragen. Denken wir uns zwei Patienten, von denen der eine mit 12 Jahren zu masturbieren anfing, der andere mit 22. Was bedeutet das für die Prognose?

Kandidat: Ich bin überzeugt, daß die Prognose für den Patienten günstiger ausfällt, der mit 12 Jahren zu masturbieren begonnen hat. Wenn ich höre, daß ein Patient erst sehr spät zu masturbieren begonnen hat, dann habe ich zunächst einmal den Eindruck, daß das prognostisch gesehen ein schlechtes Zeichen ist.

Dr. Tarachow: Ja, das ist sicher richtig. Je später die Masturbation einsetzt, desto schwieriger wird es, sich durch die sexuellen Ängste hindurchzuarbeiten. Manchmal hören Sie sogar Krankengeschichten, in denen von Masturbation überhaupt nicht die Rede ist; dann wird die Sache noch schwieriger, und der Verdacht auf Schizophrenie kommt auf.

Kandidat: Halten Sie solche Geschichten für wahr, oder glauben Sie eher, daß der Patient das entsprechende Material verdrängt hat?

Dr. Tarachow: Eine ausgezeichnete Frage in diesem Zusammenhang. Die Geschichte kann ungenau wiedergegeben oder sogar bewußt falsch dargestellt sein. Der Patient hat vielleicht masturbiert und hat es vergessen. Ein 30jähriger Patient kann ganz vergessen haben, daß er mit 15 Jahren einmal masturbiert hat. Sie haben ganz recht. Der Patient ist vielleicht nicht imstande, die wirkliche Geschichte zu erzählen. Aber denken wir an das Erstinterview: Wenn der Patient so etwas vergißt, dann ist auch das ein Problem. Wenn der Patient sich gestattet, sich die Sache rascher wieder ins Gedächtnis zu rufen, wenn er bereit ist, sich damit zu beschäftigen, sich dieser Sache zu stellen, dann ist seine Angst weniger groß und die Prognose günstiger.

Kandidat: Ich wüßte gerne, ob sich Männer und Frauen in bezug auf ihre Fähigkeit und Bereitschaft, die Geschichte ihrer Masturbationspraktiken

zu erzählen, denn in irgendeiner Weise voneinander unterscheiden.
Dr. Tarachow: Sie meinen, ob Männer eher bereit sind als Frauen, Ihnen diese Geschichte zu erzählen?
Kandidat: Ich glaube, was Sie bisher gesagt haben, galt eher für Männer als für Frauen.
Dr. Tarachow: Alles hängt von Ihrer eigenen Bereitschaft und Fähigkeit ab, die entsprechenden Fragen zu stellen. Wenn es Ihnen unangenehm ist, eine weibliche Patientin nach ihren Masturbationspraktiken zu fragen, dann wird es ihr ebenfalls unangenehm sein, Ihnen darüber zu berichten. Sie fügen der Scheu der Patientin Ihre eigene Scheu noch hinzu und werden auf diese Weise niemals erfahren, was Sie wissen wollten. Beide, Männer wie Frauen, haben ihre Erfahrungen mit dem Masturbieren, und zwar entsprechend der physiologischen und psychologischen Entwicklung von Mann und Frau. Aber auf ein Kriterium im Zusammenhang mit der masturbatorischen Vergangenheit von Frauen möchte ich hier ausdrücklich hinweisen: Diese Vergangenheit gleicht nicht derjenigen von Männern. Das verspätete Einsetzen der Masturbation, ihr völliges Ausbleiben oder die Tatsache, daß die Erinnerung daran schwerer fällt, ist, prognostisch gesehen, für Frauen nicht so schwerwiegend wie für Männer. Die masturbatorische Vergangenheit der Frau ist komplizierter. Das Nichtvorhandensein eines Penis kann der Frau bei jedem Akt von Masturbation wieder bewußt werden. Folglich wird sie in vielen Fällen den Wunsch zu masturbieren wohl verdrängen. Bei Männern ist die Geschichte einfacher und, was die Prognose angeht, aussagekräftiger.
Kandidat: Ich habe noch eine Frage. Könnte es sein, daß der Patient das, was wir als Masturbation bezeichnen, gar nicht als solche betrachtet?
Dr. Tarachow: Selbstverständlich. Der Patient kann eine Gewohnheit haben oder ein geziertes Gehabe zur Schau stellen, die für das verschobene masturbatorische Bedürfnis stehen, wobei er sich dieses Zusammenhanges nicht bewußt ist. Aber im Erstinterview können wir nur über die Masturbation sprechen, die der Patient als solche anerkennt, und selbst dieses Material kann uns zum Teil entgehen. Ich glaube, viele junge und unerfahrene Therapeuten geben sich damit zufrieden, daß der Patient ihnen auf ihre Frage nach der Masturbation erzählt, welche Bilder und Vorstellungen die Handlung begleiteten und welche Art der äußeren Stimulierung am Werk war. Damit haben sie aber auf wichtige Informationen verzichtet, die sich mit ein paar weiteren Fragen herauslocken ließen. Was am häufigsten übersehen oder nicht genügend beachtet wird, sind die speziellen masturbatorischen Techniken. Es gibt gewaltige Unterschiede in der Art, in der die Menschen masturbieren, und zwar bei Männern wie bei Frauen. Männer wie Frauen können beim Masturbieren eine männli-

che Rolle oder aber eine weibliche Rolle einnehmen. Oder aber die Art der Masturbation enthüllt ein ungeahntes Maß an Narzißmus, etwa die Masturbation vor dem Spiegel. Der männliche Patient wird Ihnen zwar auf Ihre entsprechende Frage antworten, aber er wird Ihnen nicht von selbst erzählen, daß er masturbiert, indem er den Finger in den Anus einführt oder auf seinen Penis einschlägt. Ungefragt erzählt er Ihnen diese Einzelheiten nicht. Er schämt sich zu sehr, um Ihnen solche Dinge von sich aus zu berichten.

Zwischen Schuld- und Schamgefühlen besteht ein ganz großer Unterschied. Schuldgefühle bringen Material in das Gespräch ein, Scham hält das Material draußen. Es gibt viele Handlungen, deren sich die Patienten schämen, etwa das Bohren in der Nase und das Aufessen des Herausgebohrten, das Spiel mit dem Rektum, das Daumenlutschen etc. Solche Praktiken werden manchmal jahrelang verschwiegen, selbst in einer gründlichen Analyse. Es sind vor allem Zwangsneurotiker, die zum Nasebohren, zur analen Masturbation und zu direkten oder verschobenen koprophagischen Handlungen neigen*. Die Hypothese, daß jeder schwere Fall von Zwangsneurose zugleich ein Koprophage ist, hat sich in der Klinik als sehr brauchbar erwiesen.

Finden Sie also heraus, wie Ihr Patient – sei es Mann oder Frau – masturbiert. Wird die Art der Masturbation dem männlichen oder eher dem weiblichen Bild gerecht? Die Antwort auf diese Frage erleichtert Ihnen bereits die Prognose. Wenn Sie eine Patientin haben, die in »maskuliner« Weise masturbiert, dann liegt der Fall schwieriger, und wenn ein Mann beim Masturbieren die weibliche Rolle einnimmt oder aber sowohl den männlichen als auch den weiblichen Part spielt, dann sind die Schwierigkeiten ebenfalls erheblich.

Kandidat: Mich würde mehr interessieren, wieviel Zeit dabei dem Tagträumen gewidmet wird.

Dr. Tarachow: Sie haben ganz recht, daß Sie auf diesen Punkt zu sprechen kommen. Ein Patient kann masturbieren, weil er sich gewissen anhaltenden Phantasien und Tagträumen hingibt und aus der Realität zurückgezogen hat. Er kann aber auch ganz bewußt bestimmte habituelle Phantasien oder Praktiken einsetzen, um seine Erregung zu steigern und das Masturbieren zu erleichtern. Verhältnismäßig häufig ist die Vorstellung, daß er schlägt oder geschlagen bzw. unterjocht wird. Man sollte versuchen, Einzelheiten, die mit diesen Phantasien zusammenhängen, ans Licht zu befördern. Alles dient dem prognostischen und schließlich dem therapeutischen Zweck. Wenn Schläge in der Phantasie des Patienten

* Koprophagie: Kotessen

eine Rolle spielen, dann wird sich die Behandlung ziemlich schwierig gestalten.
Kandidat: Ist das nicht Material, das man im allgemeinen als ungeeignet für das Erstinterview betrachtet?
Dr. Tarachow: Es kommt darauf an, wie Sie vorgehen. Mit Takt, Verständnis und Behutsamkeit kann man all dieses Material bereits im ersten Interview bekommen, und dieses Vorgehen muß nicht gefährlich oder zerstörerisch für den Patienten sein. Ich will Sie hier nicht dazu anhalten, sich blindwütig in Ihre Erhebungen und in das Material zu stürzen. Mir liegt daran, daß Sie eine klare Vorstellung von Ihren Zielen haben und in bestimmten Situationen wissen, in welche Richtung Ihre Fragen zielen müssen. Ich empfehle Ihnen nicht, Ihren Patienten in Panik zu stürzen. Aber ich möchte unbedingt erreichen, daß Sie bestimmte Vorstellungen davon haben, wie Sie mit dem jeweiligen Material weiterarbeiten wollen. Sie sollten bereits in den ersten drei Minuten eine ganze Reihe von Vermutungen darüber haben, in welche Richtung Ihre Fragen gehen müssen, damit Sie möglichst ergiebige Antworten bekommen.
Kandidat: Wenn man im ersten Interview schon Material aufdeckt, das für den Patienten sehr stark besetzt ist, könnte das bei ihm so viel Angst bewirken, daß der Patient nicht wiederkommt?
Dr. Tarachow: Das könnte es sicher. Mit wachsender Erfahrung werden Sie diese Gefahr immer besser beurteilen können. Sie werden hin und wieder feststellen, daß ein Patient an Sie überwiesen worden ist, sich aber nie gemeldet hat, oder daß ein Patient ein einziges Mal kommt und dann für immer wegbleibt. Und dann gibt es auch Patienten, die kommen und zur Behandlung bei Ihnen bleiben. Es gibt unendlich viele Möglichkeiten, je nach Angst, Motivation und anderen Faktoren.
Patienten bleiben bei Ihnen, wenn sie das Gefühl haben, daß sie Ihnen ihre Probleme anvertrauen können. Sie bleiben, wenn sie überzeugt sind, daß der Therapeut ihre Mitteilungen in einfühlsamer und freundlicher Weise aufgenommen hat, daß er ganz allgemein Sympathie für seine Patienten empfindet und daß er ein Mensch ist. Sie wissen es, sie spüren es, sie werden dem Therapeuten unendliches Vertrauen schenken, und sie werden wiederkommen und ihren Eindruck bestätigt sehen wollen. Wenn sie aber etwas anderes in der Person des Therapeuten zu spüren meinen, dann kommen sie nicht wieder. Es gibt auch Patienten, die in den besten Händen sind und die trotzdem nur zum Erstinterview und dann niemals wieder kommen. Sie sind erschreckt. Selbstverständlich gibt es die Angst vor der Behandlung und vor dem Psychiater, aber wir befassen uns heute ja nicht mit der Psychotherapie. Heute möchte ich Ihre Neugierde und Ihr Interesse anregen bzw. auf weitere Bereiche ausdehnen und erreichen, daß Sie

Verständnis für die Möglichkeit und Notwendigkeit entwickeln, Ihre Gedanken gerade im Erstinterview denkbar weit schweifen zu lassen.
Bevor wir weitergehen, möchte ich ganz kurz noch auf eine populäre Klassifizierung der Psychiater eingehen. Das Schlußlicht bilden diejenigen, die am wenigsten mit ihren Patienten zurechtkommen und kaum Verständnis für sie aufbringen. Die Patienten, die zu ihnen kommen, gehen ihnen rasch wieder verloren. Die mittlere Gruppe versteht ihre Patienten besser. Sie kann sie auch halten, aber so gut wie niemals wieder entlassen. Die dritte und beste Gruppe kann die Patienten halten und nach der Behandlung auch wieder ziehen lassen.
Zurück zur Frage der Prognose. Es ist interessant zu beobachten, wie der Patient sich ausdrückt, insbesondere wie er die Verben benutzt. Es ist ein großer Unterschied, ob ich ein transitives oder ein intransitives Verb benütze bzw. ob ich es im aktiven oder im passiven Sinne verwende. Sie lernen viel über Ihren Patienten, wenn Sie sich merken, welche Art von Verben er mit Vorliebe verwendet, die transitiven oder die intransitiven, die aktiven oder die passiven. Es ist ein sehr aufschlußreicher Unterschied, ob jemand sagt: »Ich liebe dich«, oder aber ob er sagt: »Ich bin verliebt«, oder »Ich bin voller Liebe« – so werden die unterschiedlichen Grade von Passivität oder Aktivität sichtbar. Je stärker der Patient zu den intransitiven (anstatt den transitiven), zu den passiven (anstatt den aktiven) Verben neigt, desto mehr haben Sie es mit dem Problem der Gehemmtheit, mit dem Problem der Passivität zu tun. Gehemmtheit und Passivität zeigen sich auch darin, daß der Patient Substantive gegenüber Verben bevorzugt. Passive Patienten, die ihrem aktiven Triebleben gehemmt gegenüberstehen, verwandeln häufig Verben in Substantive.
Ich erinnere mich an eine Sitzung mit einem hochgradigen Zwangsneurotiker. Eines Tages sprach ich davon, wie sehr er seinen Vater haßte. Er protestierte: »Ich hasse ihn nicht.« Als ich ihn fragte, worüber wir denn in all diesen vielen Monaten gesprochen hätten, antwortete er: »Wir sprachen über meine Feindseligkeit. Ich hasse ihn nicht.« Dieser Patient zog das Substantiv dem Verb vor. Ein verbreitetes Sprachmuster besteht auch darin, Adjektive so zu verwenden, daß ihr Sinn unbestimmt und nur vage umrissen erscheint: »ein eher großer Mann«, »von bräunlicher Farbe«.
Solche Hinweise verhelfen Ihnen nicht etwa schon zu einer Diagnose, das keinesfalls. Aber sie vermitteln Ihnen eine Vorstellung davon, wie Ihr Patient seinen Impulsen gegenübersteht, ob er sich eher aktiv oder eher passiv verhält. Das bezieht sich auf alle Bereiche, auf sein Sexualleben, auf seine Hoffnungen und Sehnsüchte, auf seine Kämpfe und Auseinandersetzungen usw.

Auch die Symptome selbst können eine prognostische Aussage enthalten. Ich will hier auf zwei klinische Phänomene hinweisen. Zwischen den Symptomen der vorzeitigen und der verzögerten Ejakulation besteht ein großer Unterschied. Weiß jemand von Ihnen, welche Probleme in der Regel mit der verzögerten Ejakulation einhergehen?

Kandidat: Die psychotische Depression?

Dr. Tarachow: Das ist möglich. Ein depressiver Patient hat ohnehin kein sehr ausgeprägtes sexuelles Interesse. Verzögerte Ejakulation findet sich häufig bei starken Alkoholikern und bei hochgradigen Zwangsneurotikern. Sie ist ein Anzeichen für tiefverwurzelten Starrsinn; die therapeutischen Aussichten für diese Patienten sind in der Regel ungünstig.

Ein anderes Symptom, das Sie hellhörig machen sollte, ist das Erröten bzw. die Furcht vor dem Erröten bei Männern. Dieses Symptom steht häufig in Zusammenhang mit beträchtlichen unbewußten homosexuellen Problemen; besonders bei Männern ist es ein Anzeichen dafür, daß die Behandlung sich äußerst schwierig gestalten wird.

Als Michael Balint vor einigen Jahren das Kings County Hospital besuchte, machte er für die Prognose einen Vorschlag, den ich für sehr interessant halte. Er meinte, man könne im Erstinterview ein recht gutes Bild von den therapeutischen Aussichten des Patienten gewinnen, wenn man als Therapeut irgendwann in dieser ersten Sitzung eine Bemerkung mache, die den Patienten auf sanfte Art dazu veranlasse, über die Gründe seiner Krankheit nachzudenken. Es genügt eine ganz allgemeine Bemerkung psychogenetischer Art. Damit fordern Sie den Patienten auf, ein Echo zu zeigen. Das Ausmaß der Bereitschaft des Patienten, sich in Gedanken mit seiner Krankheit zu beschäftigen, ist von prognostischem Interesse. Im gleichen Sinne äußert sich auch Coleman (1949). Wenn unsere Andeutung überhaupt kein Echo bewirkt, dann sind die Aussichten trübe. Das bedeutet nun natürlich nicht, daß Sie gleich in der ersten Sitzung so richtig »dreinhauen« und versuchen sollen, den Patienten zu heilen. Sie versuchen nur, selbst einen Eindruck zu gewinnen und dem Patienten das Gefühl zu vermitteln, daß es Sie interessiert, was vorgeht. Wenn der Patient bereit oder fähig ist, die Aufforderung, selbst neugierig zu sein und nachzudenken, zu befolgen, dann sind die Aussichten viel günstiger. Statt zu harsch mit Ihrem unwilligen Patienten umzugehen, sollten Sie sich lieber überlegen, daß allein schon das Konzept des »Unbewußten« seinem Narzißmus erheblich zusetzen könnte.

Soviel also zu Ihrer Ausrichtung, was 1. die Diagnose, 2. die Geschichte der Objektbeziehungen und 3. gewisse allgemeine und spezielle prognostische Hinweise angeht. Wir wollen uns jetzt einigen anderen Bereichen zuwenden, die sich im Erstinterview bereits strukturieren lassen.

Zunächst beschäftigen wir uns mit der Geschichte der sexuellen Identifikation des Patienten, mit seiner sexuellen Orientierung. Wir könnten es auch die Art und Weise nennen, wie der Patient sein ödipales Problem gelöst hat. Mit anderen Worten, hat der Patient das wichtigste Problem in seiner Beziehung zu seinem Vater und seiner Mutter »männlich« oder »weiblich« gelöst? Ein wichtiger Aspekt in der Beziehung des Patienten zu seinem Vater und zu seiner Mutter ist die Tendenz, das Verhältnis der Eltern zueinander vollständig und gewissermaßen mit bloßem Auge erkennbar auf sein eigenes Leben zu übertragen. Diese fatalistische Neigung des Patienten, in seinem eigenen Leben und in seiner eigenen Ehe die Beziehung seiner Eltern ganz genau zu wiederholen, läßt sich immer wieder beobachten. Bei Rangell (1952) findet sich eine sehr überzeugende Beschreibung dieses Phänomens.

Nehmen wir ein ganz einfaches Beispiel zu Hilfe: Vor einigen Jahren hatte ich einen Patienten, der morphiumsüchtig war. Im Verlauf der sehr stürmischen Behandlung hatte ich mehrmals Gelegenheit, mit seiner Frau zu sprechen, und dabei erfuhr ich, daß auch ihre Mutter einen Morphinisten geheiratet hatte.

Welche Elemente, die leicht zu beobachten und leicht wieder aufzudecken sind, sagen uns etwas über die grundlegende sexuelle Identifikation des Patienten? Was deutet bei einem männlichen Patienten auf eine ausgeprägte weibliche Identifikation?

Kandidat: Sein Beruf?

Dr. Tarachow: Ja.

Kandidat: Krankenpfleger, Innendekorateur, Kosmetiker.

Dr. Tarachow: Ja. Was noch? Denken Sie an Tätigkeiten, bei denen diese weibliche Identifikation nicht ganz so offen zutage liegt, an den Lehrberuf etwa. Auch der Arztberuf erfordert eine ausgeprägt mütterliche Haltung gegenüber den Menschen, insbesondere der Beruf des Psychiaters. Sie müssen geben können, und der Gedanke an Rache oder Vergeltung muß Ihnen fern liegen. Das ist das größte Risiko in der Psychiatrie.

Kandidat: Künstlerische Tätigkeiten, Seelsorge.

Dr. Tarachow: Ja. Wie steht es mit den persönlichen Gewohnheiten, mit der äußeren Erscheinung? Es gibt da alle möglichen bezeichnenden Kleinigkeiten. Ich erinnere mich an einen Patienten, der ein Gummiband um sein Handgelenk trug; ohne sich dessen bewußt zu sein, trug er damit ein weibliches Schmuckstück mit sich herum. Ich möchte auch noch ein Wort zur weiblichen Kleidung anfügen. Normale weibliche Kleidung und alles, was an ihr und um sie herum baumelt und schlenkert – Ohrringe, Anhänger, Kettchen, Fransen usw. – ist gut und schön. Eine normale Frau erkennt die Tatsache ihrer Kastration an und versucht, mit ihrer Klei-

dung (wie auch mit ihren Schwangerschaften) die Illusion ihrer »Wiederherstellung« zu wecken. Eine Frau, die sich zu einfach oder zu männlich kleidet, will nicht zugeben, daß sie kastriert worden ist, und tut, als brauche sie weder Ersatz noch Wiederherstellung. Es gibt einen Witz, der diese Art von Frauen beschreibt: Eine Frau kommt zum Psychiater zur Behandlung. Sie wird von der Phantasie beunruhigt, sie habe keinen Penis. Solche Frauen können ihre Weiblichkeit nicht zugeben. Je männlicher eine Frau in ihrer Neurose ist, desto weniger exhibitionistisch gibt sie sich. Für eine normale Frau ist es dagegen richtig, sich in Kleidung und Bewegungen exhibitionistisch zu geben. Das deutet darauf, daß sie sich ihrer Anatomie (und der damit verbundenen Schmerzen) bewußt ist und eine Vielzahl von (verschobenen) Reparaturen und Wiederherstellungsarbeiten unternommen hat.
Kommen wir nun zur Ehe. Kann mir jemand den Typus einer Ehe beschreiben, der in unserem Zusammenhang von Belang ist?
Kandidat: Eine Ehe, in der die Frau ein übermäßiges Dominanzstreben zeigt und das gesamte Familienleben beherrscht.
Dr. Tarachow: Das könnte man noch als normal bezeichnen. Kann mir jemand eine pathologische eheliche Situation beschreiben? Hat der eine oder andere von Ihnen Noël Cowards Buch *Design for Living* gelesen? Er beschreibt dort zwei Männer und eine Frau. Sie werden auch in der Wirklichkeit auf eheliche Situationen treffen, in denen es entweder noch einen weiteren Mann oder noch eine weitere Frau, sozusagen als Zubehör, gibt. Sie werden es nicht selten erleben, daß ein Mann nur dann überhaupt sexuell zu erregen ist, wenn noch ein weiterer Mann intime Beziehungen zu seiner Frau unterhält. Die Umstände sind natürlich in jedem Fall verschieden, aber es kommt häufig vor, daß ein Mann seine Frau in die Arme eines anderen treibt – gewöhnlich handelt es sich dabei um seinen besten Freund, hin und wieder aber auch um einen völlig Fremden.
Vor Jahren hatte ich einmal einen Patienten, der es zuließ, daß der Geliebte seiner Frau ins Haus kam und mit ihr im Schlafzimmer verschwand, auch wenn er selbst ebenfalls zu Hause war. Er pflegte dann seine Geige zu nehmen und wie wild vor der Schlafzimmertür zu musizieren (er glaubte, auf diese Weise große Wut angesichts der Situation zum Ausdruck zu bringen), während seine Frau sich drinnen mit dem anderen Mann vergnügte. Solche pathologischen Ehesituationen deuten auf pathologische Weiblichkeit bei Männern.
Da wir gerade bei diesem Thema sind, möchte ich eine weitere Sache zur Sprache bringen, die damit in Zusammenhang steht. Wenn Sie in der Vergangenheit eines Patienten nach homosexuellen Erfahrungen suchen,

dann werden Sie häufig auf die folgende Geschichte stoßen: Der Patient erzählt ihnen, daß er als Junge in der Tat ein traumatisches homosexuelles Erlebnis hatte. Ein anderer Junge, der aggressiver war als er selbst, hatte an Ihrem Patienten einen für diesen traumatischen offenen homosexuellen Akt vorgenommen. Welche Wirkung könnte das auf die weitere Entwicklung des Jungen haben? Ich spreche von einer einmaligen homosexuellen Erfahrung, die schmerzlich, aufregend und sehr traumatisch war.

Kandidat: Ich glaube, es wird keine große Wirkung auf ihn haben, wenn seine Entwicklung sonst normal verläuft. Vielleicht ist er über den Vorfall deprimiert, und das ist alles.

Dr. Tarachow: So einfach ist es nicht. Im Normalfall glättet sich unsere sexuelle Identifikation mit fortschreitender Lebenserfahrung; wir haben sowohl männliche wie weibliche Vorbilder; jeder hat das. Diese Vorbilder liefern uns Vater, Mutter, Lehrer, ältere Geschwister, Onkels und Tanten und schließlich alle möglichen Erlebnisse und Erfahrungen. Dabei denke ich an ichsyntone Erfahrungen, bei denen die heterosexuelle und die homosexuelle Liebe sich mit der normalen psychischen Entwicklung verbinden.

Wie kann nun aber eine solche isolierte homosexuelle Erfahrung zur anhaltenden Schwierigkeit bzw. zum chronischen Problem werden? Warum sollte ein einzelnes homosexuelles Erlebnis, das sich sofort wieder ins Gedächtnis rufen läßt und das so nachhaltig abgelehnt wird, langanhaltende Probleme schaffen? Welche weiteren Schwierigkeiten könnte es – von der unangenehmen Erinnerung abgesehen – bewirken?

Kandidat: Wenn Sie annehmen wollen, daß es in jedem Menschen einen homosexuellen Anteil gibt ...

Dr. Tarachow: Ja, ich setze das voraus.

Kandidat: Dann muß ein solcher Akt Angst hervorrufen. Das heißt, wenn der Akt ein gewisses Maß an lustvoller Befriedigung bewirkt hat, dann ruft dieses Lustgefühl Angst hervor und muß daher unterdrückt werden. Später dann, im Rahmen heterosexueller Identifizierungen, wird dieses Element ...

Dr. Tarachow: Hören Sie besser auf. Bis hierhin haben Sie Ihre Sache gut gemacht. Was ich meinte, war, daß diese traumatische Erfahrung mit der *normalen* Sublimierung und der *normalen* Einverleibung homosexueller Empfindungen durch die gesunde Persönlichkeit in Widerspruch gerät. Das bringt dann eine Reihe von Weiterungen mit sich. Die homosexuelle Liebe, die durch das Erlebnis hervorgerufen worden ist, wäre ein starkes und Angst auslösendes Gefühl, zugleich aber würde sie vom Ich zurückgewiesen werden; sie würde nicht als ichsyntones Gefühl akzeptiert und

verinnerlicht. Man liebt seinen Vater oder Bruder oder Onkel, nicht aber den homosexuellen Verführer.
Eine solche Erfahrung kann der Grund dafür sein, daß ein vorhandenes Maß an Homosexualität nicht sublimiert wird, und sie kann mit der *späteren* Sublimierung homosexueller Empfindungen interferieren. Das würde die Prognose erschweren.
Wenn man sich ein Bild von der sexuellen Ausrichtung, der sexuellen Identifikation, der sexuellen Orientierung in der Ehe, den Gewohnheiten, der Beschäftigung, den pathologischen Momenten gemacht hat, dann bildet all das zusammen ein Paket von Informationen, das uns einen prognostischen und therapeutischen Index über den Patienten liefert.
Ein anderer Bereich, in dem wir uns ein Bündel von Informationen sammeln können, ist das Ausmaß der Regression oder das Ausmaß der Desorganisation in der Ichstruktur des Patienten. Nehmen wir an, der Patient erzählt uns einen Traum, der ganz eindeutig homosexueller, inzestuöser oder kannibalistischer Art ist. Er hat vielleicht geträumt, daß ein Hund einen menschlichen Arm gefressen oder daß ein Mensch einen Hund verspeist hat. Was läßt sich über einen Patienten sagen, der solche Träume hat?
Kandidat: Gerade wenn die Dinge so eindeutig und einleuchtend aussehen, kann eine ganz andere Bedeutung dahinterstecken.
Dr. Tarachow: Sehr gut möglich. Ich möchte hier ein paar Bemerkungen über den Traum einflechten. Träume stellen unser innerpsychisches Leben dar und verschleiern es zugleich. Beides ist von gleicher Wichtigkeit – die Darlegung wie auch die Verschleierung unseres Innenlebens. Die Verschleierung ist notwendig. Wenn wir ohne irgendeinen Schutz vor unserem infantilen und archaischen Innenleben aufwachsen müßten, dann würden wir den Zustand des Erwachsenseins nicht erreichen. Wir wären ganz einfach »archaische« Kleinkinder, und das für alle Zeiten. Träume mit all ihren geheimnisvollen und sonderbaren Einzelheiten sind ein Hinweis darauf, daß unser psychischer Apparat arbeitet. Die Organisation, die Darstellung, die Umsetzung des Archaischen in einen Zustand, der sich durch eine gewisse Kohärenz auszeichnet, der sich darlegen und ausdrücken läßt – all das ist notwendige Arbeit. Freud bezeichnete es als die Traumarbeit. Wenn Sie dies alles bedenken, was können Sie dann über einen Traum sagen, der eindeutig Inzest, Homosexualität oder Kannibalismus zum Inhalt hat?
Kandidat: Er ist wohl ein Anzeichen dafür, daß die Ichentwicklung des betreffenden Patienten sehr dürftig ausgefallen ist oder daß sein Ich sich insofern nicht normal entwickelt hat, als er nicht in der Lage war, diese primitiven Vorstellungen im Traum zu transformieren oder zu verschleiern.

Dr. Tarachow: Ja, im Traum sollte man imstande sein, solche archaischen Elemente in Schach zu halten und sie in relativ zivilisierte Bilder zu übersetzen. Das muß nicht notwendig für den Patienten gelten, der sich seit geraumer Zeit in Analyse befindet. In diesem Fall ist das Ziel ja gerade die Aufdeckung und genaue Bestimmung eben dieser Probleme. Wenn aber die Traumarbeit eines Menschen, der nicht behandelt wird und sich nicht in Analyse befindet, darauf deutet, daß sein Ichapparat nicht arbeitet, das heißt also sein archaisches Innenleben nicht kontrolliert, dann leidet dieser Mensch an einer sehr erheblichen Ichstörung.

Ich bin sicher, daß Sie alle den Unterschied zwischen dem manifesten und dem latenten Trauminhalt kennen; es gehört zu den Grundregeln überhaupt, daß zwischen beiden ein gewisser Unterschied bestehen sollte. Wenn der manifeste und der latente Inhalt identisch sind, dann bedeutet das, daß der psychische Apparat nicht so arbeitet wie er soll – ein sehr bedeutsames und im Blick auf die Prognose ungünstiges Zeichen.

Die Beschaffenheit der Symptomatik ist besonders dann von Bedeutung, wenn die Symptome gewissermaßen das ganze Verhalten des Patienten abdecken. Denken wir beispielsweise an den Mann, der jeweils sehr viel Zeit darauf verwendet, heiß zu baden, oder an die Frau, die von ihrem Mann verlangt, daß er sie stundenlang massieren soll. Sie werden auf Fälle stoßen, bei denen Verhaltensweisen und Symptom zu einem Gesamtverhalten verschmolzen sind, das für den Patienten akzeptabel ist. Übermäßige Gier wäre ein Beispiel dafür. Fallen Ihnen noch weitere Beispiele für Verhaltensweisen ein, die man als symptomatisch für eine extrem kindische oder infantile Form der Bewältigung regressiver Bedürfnisse bezeichnen könnte?

Kandidat: Das Daumenlutschen.

Dr. Tarachow: Ausgezeichnet. Daumenlutschen kann anhalten, bis der Mensch erwachsen ist, bis er die Dreißig oder gar die Vierzig überschritten hat. Es ist ein ernstzunehmendes Symptom. Ich habe es bei zwangsneurotischen und depressiven Patienten beobachtet.

Wir können noch ein anderes Beispiel heranziehen, die extreme Unsauberkeit. Ich erinnere mich an einen Patienten, der es einfach nicht fertigbrachte, die Spülung zu bedienen, wenn er auf der Toilette gewesen war. Er pflegte seinen Stuhl zu befühlen; er war ein schwerer Fall von Zwangsneurose. Es schmerzte ihn tief und bedeutete einen Verlust für ihn, wenn er sah, wie der Stuhl schließlich hinuntergespült wurde. Übrigens zahlte er auch seine Rechnungen nicht gern. Das gehört natürlich zum klinischen Gesamtbild.

Ein anderer Patient beklagte sich darüber, daß die Mädchen im Hotel niemals sein Zimmer saubermachten; er fühlte sich verfolgt und war in großer Unruhe, weil ungeachtet aller seiner Beschwerden bei der Hoteldirektion keine der Angestellten sein Zimmer betrat. Ich ging der Sache nach und stellte fest, daß der Mann niemals die Spülung in der Toilette zog; sein Zimmer roch wie ein Schweinestall. Er badete fast nie. Ich mußte ihm buchstäblich beibringen, wie man die Spülung bedient, wie er seine Gewohnheiten verbessern konnte, und ich mußte ihm ganz eindringlich klarmachen, daß er auf dem besten Wege war zu verwahrlosen. Ich erwähne alle diese Dinge, um das Problem der Desintegration der Persönlichkeit, der Desintegration der Ichfunktionen aufzuzeigen. In diesem Sinne können wir archaische Träume durchaus in einem Atemzug mit Persönlichkeitsschwierigkeiten nennen, bei denen infantiles oder archaisches Verhalten ohne weiteres akzeptiert wird. Es handelt sich in jedem Fall um prognostische Anzeichen.

Im Bereich der Ichfunktionen interessiert uns weiter die Art der Assoziationen des Patienten. Eine normale Assoziationskette sollte Ihnen ohne weiteres verständlich sein, das heißt, Sie sollten imstande sein, dem Inhalt eines rationalen Denkprozesses zu folgen.

Traut sich jemand von Ihnen zu, die Denkstörung des Schizophrenen kurz und einfach zu charakterisieren? Welches Phänomen spielt bei der Denkstörung des Schizophrenen die größte Rolle?

Kandidat: Das Nichtvorhandensein eines Zieles?

Dr. Tarachow: Sie meinen das Nichtvorhandensein eines Zieles, das Ihnen sichtbar wäre.

Kandidat: Unzusammenhängende Assoziationen?

Dr. Tarachow: Ja, und weiter?

Kandidat: Die Unfähigkeit, Gedanken im Unbewußten zu halten. Dem Schizophrenen wird alles bewußt. Deshalb sind seine Gedanken so ungeordnet.

Dr. Tarachow: Ja, so kann man es sagen.

Kandidat: Ich glaube, zugrunde liegt ein Mangel an Realitätsprüfung.

Dr. Tarachow: Ja, die Realitätsprüfung fehlt, und es ist kein Ziel vorhanden, so wie Sie sich ein Ziel vielleicht vorstellen. Wenn man vom Standpunkt der Realität ausgeht, gibt es bei Schizophrenen keine Organisation.

Kandidat: Meiner Meinung nach sind die Assoziationen des Schizophrenen persönlich-autistischer Art.

Dr. Tarachow: Ja, das wollte ich hören. Ich habe auf eine Bemerkung gewartet, die den positiven Aspekt dieses Vorgangs zeigt. Für den Schizophrenen ist alles mehr oder weniger logisch. Die Assoziationen werden wahrgenommen als etwas, das ausschließlich in der Innenwelt abläuft, im Gegensatz etwa zu den Assoziationen des Manikers, die – aus welchen Gründen auch immer – von der äußeren Realität bestimmt sind. Sie kennen das Phänomen der Klangassoziationen. Der Maniker flieht den eigentlichen Inhalt, das heißt das, was in ihm selbst vorgeht. Seine Assoziationen leiten sich aus der Außenwelt her; das hilft dem Patienten, das zu leugnen und zu umgehen, was in seinem Innern vorgeht. Beim Schizophrenen sind die Assoziationen ausschließlich durch den inneren Inhalt bestimmt, hier aber nun so intensiv und unter so geringer Inanspruchnahme des organisierten mentalen Apparates, daß man ihnen kaum oder gar nicht folgen kann.

Hier müssen Sie also ebenfalls auf die Art der Assoziationen achten. Ich sage es noch einmal: ich bin nicht so sehr an der Diagnose interessiert, sondern mich interessieren eher die Aussichten – die Prognose – und die Art des Kontaktes, den man mit solchen Patienten eingehen kann.

Ich komme jetzt zu einem anderen Bereich, dem psychogenetischen und biogenetischen Bereich, also der Familiengeschichte. Das ist ein schwieriges Gebiet, und meine Bemerkungen dazu sind keineswegs allgemeingültig; Sie werden, je nachdem, mit wem Sie es zu tun haben, ganz unterschiedliche Standpunkte zu hören bekommen. Aber der Vergleich von Patienten mit psychotischer Familiengeschichte und solchen, in deren Familie es keine Fälle von Psychose gab – gleichgültig, ob der Patient Neurotiker oder Psychotiker ist –, hat mich gelehrt, daß das gehäufte Auftreten psychotischer Zustände in der Vergangenheit der Familie eine günstige Prognose für die Therapie nicht zuläßt. Wenn Sie eine psychotische Familiengeschichte vorfinden, dann müssen Sie – im Gedanken an die Prognose – zwei Dinge voneinander scheiden. Auf der einen Seite haben Sie den genetischen Faktor, der sich so schwer definieren läßt und der, wie manche von uns doch glauben, Schwierigkeiten schafft, und auf der anderen Seite steht der psychologische Faktor, wie er sich aus dem Verhalten und dem Einfluß der psychotischen Angehörigen ergibt. Der Umgang mit psychotischen Familienmitgliedern ist ein schwieriges psychologisches Problem, weil immer der Versuch gemacht wird, das Problem zu leugnen und sich mit dem schwerkranken Menschen zu identifizieren. Es gibt in diesem Zusammenhang viele Schwierigkeiten; Ihr Patient muß sich mit affektiven Erlebnissen auseinandersetzen, die höchst intensiver Art sind, die regressiver Natur sind, die ihn sehr stark stimulierten, denen er unter Umständen nicht widerstehen kann und die die Schwierigkeiten der Behandlung noch unendlich vergrößern. Das macht die Behandlung nicht unmöglich, aber sie wird erheblich erschwert.

Was die biogenetische Seite angeht, so habe ich den allgemeinen, wenn auch nicht bestätigten Eindruck, daß Patienten mit einer psychotischen Familiengeschichte größere Schwierigkeiten haben, mit ihren Impulsen

fertigzuwerden, und daß die Muster, die sie entwickelt haben, einer Veränderung weniger leicht zugänglich sind.
Ich möchte die psychogenetische Vergangenheit auch noch in einer etwas anderen Weise betrachten, indem ich nämlich mit den Symptomen beginne und mich nach rückwärts arbeite. Die Symptome weisen in zwei Richtungen zurück. Sie weisen einmal auf die innerpsychische Organisation des Patienten selbst, und sie weisen zum anderen auf die Familie. Betrachten wir zum Beispiel das Symptom der Schluckschwierigkeiten. Ein junger Patient hat Schwierigkeiten mit dem Hinunterschlucken. Das Symptom kann auf das Innenleben des Patienten zurückverweisen, es kann aber auch auf irgendeinen Faktor in seiner Umgebung, auf irgendeine wichtige Person hindeuten. Irgendwelche Vermutungen von Ihrer Seite, welche der beiden Möglichkeiten für diesen Fall zutreffen könnte?
Kandidat: Vielleicht hatte er Schwierigkeiten mit dem Essen, vielleicht hat seine Mutter ihn gedrängt, zuviel zu essen.
Dr. Tarachow: Ja, es ist sehr gut möglich, daß er als Säugling oder als Kind Probleme hatte; mit anderen Worten, das Symptom verweist zurück auf die orale Thematik, soweit die Persönlichkeitsentwicklung des Patienten betroffen ist, und es könnte infolgedessen auch auf die Mutter zurückweisen. Sagen wir es noch anders: Das Symptom verweist auf die libidinöse Ebene des Patienten und auf seine Umgebung. Gibt es noch eine andere Richtung, in die Ihre Wißbegierde Sie lenken könnte?
Kandidat: Zurschaustellung von Sexualität?
Dr. Tarachow: Welcher Art von Sexualität?
Kandidat: Homosexualität.
Dr. Tarachow: Ja. Schwierigkeiten mit dem Essen können ein verschleiertes homosexuelles Symptom sein, der getarnte Gedanke an die Praxis der Fellatio; das Symptom verweist deshalb auch auf den Vater zurück. Ich erwähne das nicht, weil dieses oder jenes bestimmte Symptom Sie etwa ganz mechanisch auf eine bestimmte Person zurückführen sollte, sondern ich möchte, daß die Symptome Ihre Neugierde jeweils gezielt in eine spezielle Richtung lenken.
Nehmen wir zum Beispiel an, Sie hören von einem 20jährigen jungen Mann mit paranoider Symptomatik. In welche Richtung lassen Sie Ihre Gedanken augenblicklich gehen, soweit es die Objekte in der Familie betrifft?
Kandidat: In Richtung auf den Vater.
Dr. Tarachow: Auf den Vater. Ja, zumindest anfangs. Sie werden sofort hellhörig für die Geschichte der Beziehung zwischen dem Patienten und seinem Vater; Sie setzen sich ein Persönlichkeitsbild des Vaters zusammen. Wenn Sie dann noch tiefer in das Problem der Homosexualität

eindringen, dann führt Sie das auch zur Mutter, aber in der unmittelbaren klinischen Situation ist der Vater wichtig.
Fettleibigkeit läßt Sie sofort an die Beziehung des Patienten zu seiner Mutter denken. Eine ganz simple Sache, die man sich immer vor Augen halten sollte, ist auch der Umstand, daß so viele neurotische und psychotische Symptome mit der Anatomie zusammenhängen. Das wird nur zu leicht übersehen, weil es so einleuchtend ist. Die Symptome haben mit der Anatomie zu tun, die Träume haben mit der Anatomie zu tun. Die Theorie des Symbolismus besagt, daß aller Symbolik das Thema der Anatomie zugrunde liegt.
Ich erinnere mich an einen Patienten, der sich vor einer verhältnismäßig einfachen Handbewegung – nämlich davor, ein Glas mit Wasser hochzuheben – sehr stark fürchtete, weil er Angst hatte, etwas zu verschütten. Wohin wird Ihre Aufmerksamkeit gelenkt, wenn Sie ein solches Symptom vor sich haben?
Kandidat: Auf das Urinieren?
Dr. Tarachow: Ja, auf Schwierigkeiten im Zusammenhang mit dem Harnlassen. Diesen Mann erfüllte der Gedanke an das Harnlassen und an sexuelle Betätigung mit großer Beunruhigung, und er war zudem Bettnässer. Jedes Symptom kann Ihnen etwas sagen. Die Geschichte der Symptome, ob sie nun neurotischer oder psychotischer Art sind, sollte sehr sorgfältig und in allen Einzelheiten festgehalten werden, sowohl was den Zeitpunkt des ersten Auftretens als auch was die Lebenssituation angeht, in der sich der Patient zu diesem Zeitpunkt befand.

Ich komme noch zu einem weiteren Unterthema. Es handelt sich gewissermaßen um die Würze, die Sie Ihren anamnestischen Erhebungen geben. Die beste klinisch-psychiatrische Geschichte einschließlich der Geschichte der Symptome, der Schilderung des Familienhintergrundes und der genauen zeitlichen Bestimmung aller Ereignisse kann dennoch armselig und langweilig sein, wenn ihr eine ganz bestimmte Eigenschaft fehlt: sie sollte die Qualität einer Erzählung besitzen. Sie sollte nicht einfach ein detaillierter klinischer Bericht über die Symptome sein, sondern eine Art Roman, eine romanhafte Erzählung über den Patienten. Betrachten Sie sie ruhig in dieser Weise, als die persönliche Tragödie oder die persönliche Odyssee eines bestimmten Menschen. Wenn Sie sich an dieses Kriterium halten, dann werden Sie insgesamt zielgerichteter vorgehen und die Geschichte des Patienten rascher begreifen.
Kürzlich legte mir ein Kandidat einen Fall vor; es handelte sich um eine vollständige und sorgfältige Darlegung der Geschichte der Symptome, der Beziehungen in der Familie der Patientin und ihres beruflichen Werde-

gangs. Es war alles erwähnt – außer der Tatsache, daß das Mädchen sich in den Sohn ihres Chefs verliebt hatte. Alle Symptome und alle Fakten in dieser Biographie hatten einen Bezug zu der in mehrfacher Weise neurotisch gefärbten Liebesgeschichte. Der Kandidat hatte sich die Geschichte dieser Romanze berichten lassen, ohne wirklich zuzuhören. Die Patientin hatte versucht, ihm ihre Liebesgeschichte zu erzählen, aber er hatte für dieses wahre Märchen kein Gehör gehabt. Er war damit beschäftigt gewesen, eine langweilige psychiatrische Geschichte zusammenzutragen. Das faszinierende Moment des Märchenhaften und Romantischen war in seiner Darstellung des Falles nirgendwo zu entdecken. Nachdem die Romanze zunächst aus dem übrigen Material herausgelöst und dann von neuem in die Geschichte eingebracht worden war, hatte die Darstellung jene Lebendigkeit gewonnen, die ihr zuvor vollkommen abgegangen war.

Das also ist gewissermaßen der grobe Rahmen, den ich Ihnen für Ihre Denkarbeit und Ihre Wißbegierde bei der Erstellung der Anamnese empfehle. Ich möchte ganz kurz noch einmal zusammenfassen, was wir besprochen haben:

Ihre Fragen zur Vorgeschichte des Patienten sollten ziel- und zweckgerichtet sein und das diagnostische wie das prognostische Interesse erkennen lassen. Sie sollten imstande sein, dem Patienten die Geschichte seiner Objektbeziehungen und die Geschichte seiner sexuellen Identifikation zu entlocken, Sie sollten die sexuelle Ausrichtung des Patienten in Erfahrung bringen und sich ein Bild von der Integration bzw. der Desintegration seines mentalen Apparates machen können – dies nach Prüfung der Frage, wieweit er imstande ist, sein gegenwärtiges Verhalten selbst zu steuern und das archaische Material zu organisieren. Sie sollten über die genetischen und psychogenetischen Faktoren im Zusammenhang mit der Familiengeschichte bzw. im Zusammenhang mit den Symptomen selbst Bescheid wissen. Die Symptome müssen als Indikatoren für die libidinöse Ebene und zugleich als Hinweise auf ganz bestimmte signifikante Personen in der Vergangenheit des Patienten betrachtet werden. Und schließlich das Wichtigste: Sie sollten imstande sein, diese ganze Geschichte als ein romanhaftes Geschehen, als eine Art Erzählung zu sehen.

Es empfiehlt sich, alle diese Faktoren stets vor Augen zu haben, auch wenn sich nicht jede Patientengeschichte dazu eignet, alle genannten Aspekte in Erfahrung zu bringen. Die eine ist möglicherweise besonders ergiebig, was die diagnostische Neugierde des Therapeuten angeht, die nächste bietet andere fruchtbare Ansatzpunkte.

14
Ein Anamnese-Seminar

Kandidat: Die Patientin ist 39 Jahre alt, amerikanische Jüdin, Hausfrau, Mutter von vier Kindern und zum dritten Mal verheiratet. Sie leidet an paranoiden Zuständen und Depressionen und ist uns von einer anderen Klinik zur weiteren Behandlung überwiesen worden.

Die Patientin ist das vierte von fünf Geschwistern und berichtet, daß sie der Liebling ihres Vaters gewesen sei. Der Vater wurde in der Wohnung seiner Geliebten erschossen, als die Patientin drei Jahre alt war.

Der Vater hatte ein Verhältnis mit dieser anderen Frau gehabt; die Mutter entdeckte diesen Umstand kurz vor seinem gewaltsamen Ende. Am Abend seines Todes hatten die Eltern der Patientin miteinander gestritten. Der Vater wollte ein letztes Mal zu seiner Geliebten gehen, um das Verhältnis zu lösen. Die Mutter wollte ihn nicht fortlassen. Wie die Patientin später erfuhr, hatte sie selbst im Nebenzimmer geweint, und die Mutter war gekommen, um sie zu beruhigen. Diesen Augenblick nützte der Vater, um sich davonzumachen und zu seiner Freundin zu gehen.

Dr. Tarachow: Das fängt ja an wie ein Roman.

Kandidat: Ja, es ist schon eine spannende Geschichte. Die Patientin erinnert sich mit Entsetzen an das Waisenhaus, in dem sie drei Wochen lang lebte, als sie vier Jahre alt war. Kurz nach diesem Aufenthalt im Waisenhaus hatte sie offensichtlich eine Depression, die möglicherweise mit Mutismus einherging. Die Mutter heiratete zum zweiten Mal, als die Patientin fünfzehn Jahre alt war. Zwei Jahre später stellten sich bei der Patientin Depressionen und Ängste ein. Der Stiefvater hatte in der Zwischenzeit wiederholt versucht, sich der Patientin sexuell zu nähern.

Die Patientin sagt, sie sei ihr ganzes Leben lang deprimiert und einsam gewesen. Nur während ihrer Schwangerschaften habe sie sich nicht einsam gefühlt.

Dr. Tarachow: Daß jemand darüber klagt, er sei sein ganzes Leben lang deprimiert gewesen, ist ein interessantes Symptom. An welche klinischen Möglichkeiten denken Sie, wenn Sie eine solche Klage hören?

Kandidat: Vielleicht hat sie ein hochgradig traumatisches Erlebnis gehabt, und dieses Thema beschäftigt sie nun immer und immer wieder. Vielleicht ist es deshalb so schnell zur Sprache gekommen.

Dr. Tarachow: Nein. Die Klage lautet: »Ich bin mein ganzes Leben lang deprimiert gewesen.« Ich beziehe mich auf das klinische Symptom selbst,

nur als klinisches Phänomen, nicht auf seine Psychogenese. Was meinen Sie zu diesem Symptom?
Kandidat: Es ist hysterisch . . .
Dr. Tarachow: Nein, nein, keine Diagnose und keine genetische Erklärung, bitte; einfach das klinische Faktum. Nun also, es kann stimmen oder nicht stimmen. Sie ist möglicherweise wirklich ihr ganzes Leben lang deprimiert gewesen. Ich bezweifle das zwar, aber es ist möglich. Am Tiefpunkt einer Depression sagt der Patient allerdings: »Ich bin mein ganzes Leben lang deprimiert gewesen.« Es könnte in der Rückschau falsch dargestellt worden sein. Es ist Ihre Aufgabe, das herauszufinden. Wenn es stimmt, dann ist es von höchster Wichtigkeit. Wenn es, wie das so häufig vorkommt, eine Ausgeburt der augenblicklichen Stimmung ist, dann ist es nicht ganz so wichtig. Die Patienten lügen nicht; sie empfinden tatsächlich so.
Kandidat: Sie ist insgesamt dreimal verheiratet gewesen und von den ersten beiden Männern geschieden.
Dr. Tarachow: Bevor wir weitergehen – sehen Sie irgendeine Ähnlichkeit zwischen der Patientin und ihrem Vater? Welche Gemeinsamkeit erkennen wir schon aufgrund der wenigen Angaben, die wir bisher besitzen?
Kandidat: Die Unfähigkeit, eine dauernde Beziehung aufzubauen.
Dr. Tarachow: Ja. Der Vater hatte eine Frau und eine Geliebte; diese Frau hier hatte einen Mann, trennte sich von ihm, dann einen weiteren Mann, von dem sie sich ebenfalls trennte, und schließlich einen dritten Mann. In einem Bereich ihres Lebens hält sie sich an das gleiche Muster wie ihr Vater, indem sie von einem Objekt zum anderen wechselt; sie kann nicht bei dem einen bleiben. Wir wissen noch nicht, wie stark ihr Verhalten dem ihres Vaters ähnelt, bzw. ob es identisch mit dem väterlichen Verhalten ist, oder ob die Ähnlichkeit im Grunde nur oberflächlich ist. Aber das sind so die Bahnen, in denen meine Überlegungen sich bewegen, während die Falldarstellung vor mir abläuft. Das ist die Geschichte: Der Vater hatte mehrere Frauen, sie hatte mehrere Männer; es besteht da eine starke Ähnlichkeit.
Kandidat: Sie beschwert sich darüber, daß es sich immer um schwache Männer gehandelt habe, die ihr nicht die Zuwendung und Unterstützung zu geben vermochten, die sie brauchte; sie waren in der Hauptsache am Sex interessiert.
Die gegenwärtige Krankheit hat vor etwa zwei Jahren eingesetzt, als ihre älteste Stieftochter sich verlobte und ihr nichts davon sagte. Sie fühlte sich deprimiert und wurde allmählich mißtrauisch gegenüber den übrigen Kindern und gegenüber ihrem Mann. Sie hegte den Verdacht, daß ihr Mann ein Verhältnis mit einer anderen Frau haben könnte; dieser Arg-

wohn verdichtete sich allmählich und schloß alle Nachbarinnen und alle übrigen Frauen ein, mit denen sie zusammentraf.
Dr. Tarachow: Ich darf hier noch einmal unterbrechen. Ich wollte eine Frage stellen, aber Sie haben mir die Antwort darauf bereits gegeben. Ich wollte die Gruppe fragen, ob es noch eine andere Möglichkeit gibt als nur eben die, daß die Patientin das Muster ihres Vaters wiederholt. Das ist *ein* Aspekt ihrer Persönlichkeit. Aber vielleicht gibt es noch etwas anderes? Wiederholt sie irgendwo auch das Muster ihrer Mutter dadurch, daß sie mehrere Ehemänner hatte? Ich wollte fragen: Wiederholt diese Frau das Leben ihrer Mutter, indem sie mehrere Männer hat, und zwar immer solche, die an ihrer Person gar nicht interessiert sind und sie wieder verlassen? Sehen Sie den Unterschied zwischen den beiden Darstellungen? Es könnte eine Identifikation mit dem Vater im Spiel sein – sie wiederholt sein Lebensmuster und wechselt von einem Objekt zum anderen –, oder aber sie folgt dem Vorbild der Mutter, die mehrere Männer hatte, die sie nicht wirklich liebten. Vielleicht haben wir hier das Muster, das den Scheidungen zugrunde liegt. Sie haben mir die Antwort schon gegeben, bevor ich meine Frage stellen konnte. Der erste Mann der Patientin hat sie entweder wirklich und wahrhaftig nicht geliebt, oder sie hat sich das eingebildet, der Gedanke ist ihrer psychotischen Phantasie entsprungen. In dieser Hinsicht also wiederholt sie das Muster der Mutter, ob zu Unrecht in ihrer Wahnvorstellung oder aber zu Recht in der Realität. Im Grunde ist das nicht einmal so wichtig. Es gibt eine kleine Abhandlung von Rangell (1952), die Sie alle lesen sollten. Er diskutiert und belegt Fälle von Patienten, die die Lebenssituation ihrer Eltern bis ins kleinste rekapitulieren. Er bringt wirklich eine gut lesbare Erörterung genau dieses Sachverhalts.
Kandidat: Die Patientin hatte das Gefühl, daß alle Menschen über sie sprachen oder sich in Gedanken mit ihr beschäftigten. Dann traten ausgeprägte Wahnvorstellungen auf, und seit etwa einem Jahr glaubt sie, daß das Fernsehen Meldungen über sie verbreitet. Mit den Knöpfen am Armaturenbrett im Auto ihres Mannes werden Aufnahmegeräte eingeschaltet, die ihre Stimme aufnehmen und wiedergeben; kurz, fast alle Dinge haben irgendeinen Bezug zu ihrer Person.
Sie hat sich an unser Krankenhaus gewandt, weil eine Tante von ihr einmal hier behandelt worden ist. Sie kam zu uns, als die wahnhaften Zustände bereits mindestens ein Dreivierteljahr lang aufgetreten waren.
Dr. Tarachow: Würden Sie mir bitte die Wahnvorstellungen noch einmal schildern?
Kandidat: Sie glaubte, daß ihr Mann sich mit anderen Frauen treffe, daß das Fernsehen über sie berichte, daß im Auto ihres Mannes Geräte instal-

liert seien, die ihre Stimme aufnehmen sollten, und daß ihre Kinder und die Nachbarn ebenfalls an der Verschwörung gegen sie beteiligt seien, insofern nämlich, als sie vor ihr geheimzuhalten suchten, daß ihr Mann sie betrog.

Dr. Tarachow: Das läßt mich daran denken, daß sie mit diesem Wahn möglicherweise Ereignisse rekapituliert, die sich in ihrer Kindheit tatsächlich so abgespielt haben, daß die Mutter nämlich lange Zeit versucht hatte, die Untreue des Vaters vor dem Kind zu verbergen. Später kam das Mädchen dahinter, entweder durch Zufall oder weil die Mutter es so wollte. Dieser Wahn könnte die Wiederholung einer realen Situation sein. Paranoide Wahnzustände erweisen sich manchmal als die verzerrte Wiederholung tatsächlicher Ereignisse aus dem Leben des Patienten. Dieser Sachverhalt wird bei Niederland (1969) unter Bezugnahme auf den klassischen Fall Schreber sehr einleuchtend besprochen. Niederland geht bis zur wirklichen Lebensgeschichte des beschriebenen Falls, nämlich Schrebers selbst, zurück und zeigt, daß und wie die Wahnzustände bestimmte tatsächliche Erlebnisse des Patienten mit seinem Vater in verzerrter Weise wiederholten.

Ich erwähne das, um Ihnen zu zeigen, wie Sie sich von den unmittelbaren klinischen Symptomen her gewissermaßen zurückarbeiten und sich Leitlinien schaffen können, mit deren Hilfe Sie möglicherweise auf entscheidende Informationen stoßen. Vielleicht ist die Patientin in der Lage, Ihnen die Informationen zu geben, nach denen Sie suchen, vielleicht aber auch nicht. Möglicherweise hat die Mutter später, als die Patientin etwas älter war, mit ihr über den Vater gesprochen.

Kandidat: Man hat sie hier untersucht und ihr zur stationären Aufnahme geraten. Vorher war sie elf Wochen lang in einem anderen Krankenhaus. Dort haben sich die groben paranoiden Vorstellungen rasch gelegt, aber gelegentlich zeigt sie sich doch wieder mißtrauisch. Sie schloß sich dort sehr eng an einen der Ärzte an, und der Gedanke an die Trennung war ihr entsetzlich.

Dr. Tarachow: War es ein Arzt oder eine Ärztin?

Kandidat: Ein Arzt.

Dr. Tarachow: Es gibt da einen Bereich in der Vorgeschichte der Patientin, von dem im Aufnahmebericht kurz die Rede war und um den man sich später nicht mehr weiter gekümmert hat. Im Aufnahmebericht steht eine Bemerkung über das, was zur ersten Scheidung geführt hat. Die zweite Scheidung wird dann aber gar nicht weiter erwähnt. Was war der Grund für die erste Scheidung? Die wirkliche Untreue des Mannes oder seine angebliche Untreue?

Kandidat: Im Grunde hatte sie ganz einfach genug von diesen beiden

Ehen. Vor kurzem war davon die Rede, daß sie in beiden Fällen nach etwa drei Jahren die Sache einfach leid war. Anlaß für die erste Scheidung war die Tatsache, daß sie ein Kind von dem Mann erwartete, der dann ihr zweiter Ehemann wurde. Sie hatte das Gefühl, daß ihr erster Mann sie nicht liebte.
Dr. Tarachow: Wann setzten die wahnhaften Gedanken, sie werde betrogen, bei der Patientin ein?
Kandidat: Mit der dritten Ehe.
Dr. Tarachow: Aha. – Die erste Ehe hat also drei Jahre gehalten.
Kandidat: Sieben Jahre.
Dr. Tarachow: Sie sagten doch, daß sie nach drei Jahren von beiden Ehen genug hatte.
Kandidat: Die Ehe ging von da an nur noch sehr schlecht – etwa vom dritten Jahr an.
Dr. Tarachow: Die erste wie die zweite?
Kandidat: Ja.
Dr. Tarachow: Und wie lange dauerte es nach der dritten Eheschließung, bis die wahnhaften Zustände anfingen?
Kandidat: Etwa viereinhalb Jahre, allerdings nahmen die depressiven Zustände, die auch Teil der augenblicklichen Krankheit sind, schon ein Jahr früher ihren Anfang.
Dr. Tarachow: Also auch so um's dritte Jahr herum ... Wie alt war die Patientin, als sie das traumatische Erlebnis mit dem Vater hatte?
Kandidat: Drei Jahre.
Dr. Tarachow: Nun, wir wissen zwar nicht, was das bedeutet, aber es ist ein interessantes Zusammentreffen. Man sollte sich solche zeitlichen Zusammenhänge vor Augen halten. Alle möglichen Probleme treten zyklisch auf oder nach einem bestimmten zeitlichen Muster. Wenn Sie eine Patientin stationär behandeln, die inzwischen neun Monate da ist, dann wundern Sie sich nicht, wenn sie Ihnen mit der Vorstellung einer Schwangerschaft oder einer Entbindung kommt. Das ist nichts Ungewöhnliches, noch weniger in der privaten Praxis, in der Sie die Patientin ja sehr lange behalten. Ich hatte einmal eine Patientin, die mir alle neun Monate wieder von einem Baby erzählte. Sie war jahrelang bei mir in Behandlung und »schenkte« mir zwei oder drei Kinder. Sie war schizophren, aber sie bemühte sich nach Kräften, »meine Frau« zu sein.
Im Augenblick wissen wir noch nicht, was die Periode von drei Jahren bedeutet, aber Sie können ziemlich sicher sein, daß auch die Zeitspanne von viereinhalb Jahren in der dritten Ehe etwas bedeutet. Irgend etwas hat die zeitliche Sequenz gestört, in der bestimmte innere Vorstellungen zu Ende gelebt wurden. Im gegenwärtigen Augenblick wissen wir noch

nicht, was es ist. Aber wir sollten es unbedingt herausfinden.
Kandidat: Sie sagte, daß sich aus diesem Grunde ihre Aufnahme bei uns verzögert hat.
Dr. Tarachow: Aus welchem Grund?
Kandidat: Daß sie so sehr an dem andern Arzt hing.
Dr. Tarachow: Aha, ich verstehe.
Kandidat: Im Augenblick hat sie das Gefühl, daß sie gar nicht weiß, warum sie zu uns gekommen ist, und daß sie im Grunde lieber in dem anderen Krankenhaus und bei dem früheren Arzt geblieben wäre.
Im letzten Jahr entwickelte sie paranoide Symptome und hatte das Gefühl, daß ihr Mann sich mit einer anderen Frau treffe und ihre ganze Familie sich verschworen habe, diese Tatsache vor ihr geheimzuhalten. Dabei handelte es sich um alle Angehörigen außer ihrer Mutter und ihren Geschwistern. Ihre eigenen Kinder, die Nachbarn und ihr Mann haben sich alle gegen sie verschworen.
Dr. Tarachow: Sie nimmt also ihre Mutter und ihre Geschwister davon aus. Wieviele Geschwister hat sie?
Kandidat: Vier. Zwei ältere Brüder, eine ältere Schwester und eine jüngere Schwester.
Dr. Tarachow: In ihren Wahnvorstellungen sind außer ihrer Mutter und ihren vier Geschwistern alle Angehörigen an dem Komplott beteiligt.
Kandidat: Sie glaubte, daß im Haus und im Auto ihres Mannes Tonbänder installiert waren und daß das Fernsehen über sie berichtete, was wir ja vorhin schon besprochen haben. Nachts stand sie häufig auf, so gegen vier oder fünf Uhr, weil sie sich ängstigte, Herzklopfen hatte und das Gefühl nicht loswerden konnte, daß gleich irgend etwas geschehen werde. All das hat im Sommer 1960 begonnen, den sie in einem Ferienort in den Bergen verbrachte. Dort traf sie einen Mann, der sich, wie sie sagte, um ihre Freundschaft bemühte; das beunruhigte sie ein wenig, und so kehrte sie nach Hause zurück. Zu jener Zeit begann sie, ihren Mann zu verdächtigen. Die paranoiden Vorstellungen bestehen seit etwa einem Jahr, damals war ihr jüngstes Kind dreieinhalb.
Dr. Tarachow: Welche ganz simple Feststellung läßt sich über den Beginn der wahnhaften Vorstellungen treffen?
Kandidat: Sie folgten ihren eigenen Wünschen.
Dr. Tarachow: Ja. Es kommt jemand, der ihren geheimen Wunsch, ihren Mann zu betrügen, stimuliert; sie reagiert auf diesen Umstand, indem sie projiziert. Sie schiebt es ihrem Mann zu. Der andere Mann hat also das Thema in ihr aufgerührt, sie hat den Wunsch verleugnet und dann projiziert.
Kandidat: Vielleicht projizierte sie auf ihren Mann das Gefühl, daß da

jemand alle Register zog, um sie dann ganz für sich einzunehmen.
Dr. Tarachow: Ja, das ist eine gute Idee. Es kann sehr gut sein, daß sie von einer sexuellen Annäherung träumte, daß sie aus irgendeinem uns nicht bekannten Grunde für den Ausbruch des wahnhaften Systems bereit war. Wenn jemand »Guten Morgen« zu ihr sagte, dann war das für sie bereits ein Zeichen der sexuellen Annäherung. Das ist eine sehr gute Überlegung. Ihr Wahn kann praktisch aus dem Nichts oder doch aus einer echten Lappalie entstanden sein.
Uns interessiert nun der Grund, warum die wahnhaften Vorstellungen gerade zu diesem Zeitpunkt einsetzten. War es ein Zufall? Der Boden muß in jedem Fall gut vorbereitet gewesen sein. Welche Vermutung könnten wir hegen hinsichtlich der beiden vorangegangenen Ehen, in denen die Patientin jeweils nach einer gewissen Zeit von ihrem Mann genug hatte?
Kandidat: Sie hat sich für einen anderen Mann interessiert bzw. einen anderen Mann kennengelernt.
Dr. Tarachow: Also, ich will es einmal so sagen: Was wir vermuten können, ist, daß sie bereits gewisse Probleme hatte, die latent psychotisch waren, aber für einen Ausbruch in der Form eindeutiger Wahnzustände noch nicht ganz reif waren. Wir können vielleicht eine latente Psychose annehmen, die bereits viele Jahre lang bestanden hat. Latent vorhandene Wahnvorstellungen können sogar im Traum auftreten. Es wäre interessant zu wissen, ob sie sich an irgendwelche Träume aus der Zeit ihrer ersten beiden Ehen erinnern kann.
Auf jeden Fall möchte ich jetzt einmal annehmen, daß bereits in den ersten beiden Ehen latent psychotische Probleme wirksam waren. Es ist Aufgabe des Therapeuten, hier nachzufassen und im einzelnen herauszufinden, welcher Art die Beziehung zu dem jeweiligen Ehemann und welcher Art die Gefühle waren, die sie für ihn empfand. Wissen Sie darüber irgend etwas, wissen Sie überhaupt Näheres über den Typ von Mann, den sie geheiratet hat? Sie haben erwähnt, glaube ich, daß es sich um schwache Persönlichkeiten handelte bzw. einer von ihnen eine schwache Persönlichkeit war?
Kandidat: Sie waren bzw. sind alle drei schwach. Ihr erster Mann war vierzehn Jahre älter als sie. Sie war etwa drei Jahre lang glücklich mit ihm. Allerdings nahm sie gegen Ende dieser ersten Ehe psychiatrische Hilfe in Anspruch. Sie erfuhr, daß sie durchaus stabil sei und eine Scheidung sehr wohl bewältigen könne.
Dr. Tarachow: Wissen Sie denn Genaueres, wie sie ihrer Ehe, ihrem Mann gegenüber empfand, oder warum sie das Interesse an ihm verlor? Was war der Grund für die Scheidung?
Kandidat: Die Gründe für die erste Scheidung hat sie sich aus den Fingern

gesogen. Weiter weiß ich mit Sicherheit, daß sie in dieser ersten Ehe niemals einen Orgasmus hatte. Mit den beiden anderen Männern ist sie zum Orgasmus gekommen.

Dr. Tarachow: Wie sieht ihre Geschichte als Mutter aus?

Kandidat: Sie hat vier Kinder, zwei von ihrem ersten Mann, eins vom zweiten und eins vom dritten.

Dr. Tarachow: Was ist an der Tatsache erstaunlich, daß sie bei dieser Biographie vier Kinder hat? Sie wissen ja, ich will nur klinische Beobachtungen hören.

Kandidat: Die grundsätzliche Identifikation mit dem Vater und eine möglicherweise ungenügende weibliche Identifizierung. Kinder zu haben ist eine weibliche Funktion, und dabei scheint sie sich doch nicht allzu betont als Frau zu sehen; trotzdem hat sie nun einmal alle diese Kinder.

Dr. Tarachow: Die Frage, die ich stellen wollte, geht nicht einmal so weit wie Ihre Bemerkungen. Was liegt hinter ihrem Streben, so viele Kinder zu haben?

Kandidat: Ihre Mutter hatte auch viele Kinder.

Dr. Tarachow: Wieviele?

Kandidat: Fünf.

Dr. Tarachow: Was mich neugierig macht, ist der Wunsch, so viele Kinder zu haben, obwohl doch ihre Beziehungen zu den verschiedenen Ehemännern offensichtlich sehr dürftig waren und sind.

Kandidat: Ist es vielleicht eine Art angstvoller Gegenhandlung?

Dr. Tarachow: Vielleicht, aber ich glaube es eigentlich nicht. Ich stelle ganz allgemeine Fragen. Wir haben hier eine Frau, die sich anscheinend eine große Familie aufbauen will, deren Männer aber wohl nicht allzuviel zählen. Möglicherweise hat sie das gesamte Lebensmuster ihrer Mutter wiederholt; sie hat das Leben ihrer Mutter in Wirklichkeit nachgelebt. Ihre Mutter hatte fünf Kinder, sie selbst hat vier (und dazu noch zwei Stiefkinder) und einen untreuen Ehemann. Fast die gleiche Geschichte wie bei ihrer Mutter.

Was ist dann eigentlich mit dem Mann der Mutter geschehen?

Was passierte ihm in jener traumatischen Situation?

Kandidat: Er betrog seine Frau.

Dr. Tarachow: Nein, ich meine, wie erging es ihm?

Kandidat: Er kam ums Leben.

Dr. Tarachow: So kann man das nicht sagen: *er wurde umgebracht.* Welches Problem könnten wir vor diesem Hintergrund für die Patientin annehmen?

Kandidat: Sie hofft oder erwartet oder befürchtet, daß nun ihr Mann sterben wird.

Dr. Tarachow: Oder *umgebracht wird.* Aber das meine ich nicht einmal, ich vermute eher, daß sie im Unbewußten Vorkehrungen für seinen Tod trifft. Jetzt wird dic Sache wirklich geheimnisvoll. Vielleicht sind wir den Gründen, warum die Krankheit sich gerade jetzt entwickelt hat, inzwischen etwas näher gekommen. Wie alt ist ihr eigenes viertes Kind?
Kandidat: Viereinhalb.
Dr. Tarachow: Und sie ist seit zwei Jahren krank.
Kandidat: Sie hat vor fünfeinhalb Jahren wieder geheiratet. Die jetzige Krankheit hat vor zwei Jahren eingesetzt, als das Kind zweieinhalb war. Die paranoiden Vorstellungen traten etwa ein Jahr später auf, als das Kind dreieinhalb Jahre alt war.
Dr. Tarachow: Als ihr jüngstes Kind etwa drei Jahre alt war – so alt wie die Patientin, als ihr Vater umgebracht wurde –, setzten die Wahnvorstellungen ein. Sie verlor jeweils nach drei Jahren das Interesse an ihren ersten beiden Ehemännern. Wenn wir uns jetzt an diesen Gang der Ereignisse halten und das Konzept von der makroskopischen Übertragung der Kindheitssituation auf das Erwachsenenleben akzeptieren, was wird die Patientin wohl erwarten? Sie erwartet, daß ihr Mann umgebracht wird, was zweifellos ausreichen würde, um sie in eine Depression zu stürzen. Sie inszeniert das Leben ihrer Mutter erneut in ihrem eigenen Leben. Sie ist die Urheberin des Wiederholungsmusters. In ihren Wahnvorstellungen gibt es in diesem Bild noch eine andere Frau, und sie wartet unbewußt darauf, daß diese Frau ihren Mann töten wird. Die Krankheit, das Wahnsystem setzte ein, als ihr jüngstes Kind etwa drei Jahre alt war. Ihr Wahnsystem folgt – wenn wir von dem einen Kind einmal absehen – einer unbewußten arithmetischen Ordnung. Wir sollten uns vielleicht daran erinnern, daß die Patientin ihrerseits auch ein viertes Kind ist.
Kandidat: War es in ihrer Vorstellung die Mutter, die den Vater umgebracht hat?
Dr. Tarachow: Man weiß niemals ganz genau, was ein Kind denkt. Die Mutter bat den Vater inständig, zu Hause zu bleiben und jene andere Frau nicht aufzusuchen. Dann wandte sie sich von ihm ab, weil sie sich um die Patientin kümmern mußte, und in dem Augenblick, in dem sie ihm den Rücken zuwandte, ging der Vater zu der anderen Frau und wurde umgebracht. Das dreijährige Mädchen kann sich sehr wohl den Vorwurf gemacht haben, am Tod des Vaters schuld zu sein.
Kandidat: Diesen Eindruck hatte ich, als sie mir ihre Geschichte erzählte.
Dr. Tarachow: Sie glaubt, sie sei schuld am Tod ihres Vaters. Sehen Sie jetzt, warum es so wichtig ist, sich besonders aufmerksam mit Daten, mit der Position des einzelnen in der Familie, mit bestimmten Zeitpunkten oder Zeitspannen zu befassen? Wir wissen nicht, ob die Geschichte, die

wir uns hier aufgebaut haben, zutrifft, aber sie klingt zumindest plausibel. Unterschätzen Sie nicht die Tatsache, daß der Patient sich ja eine Realität schaffen muß, die seinen inneren Phantasien entspricht. Orens (1958) beschäftigt sich sehr nachdrücklich gerade damit. Und unsere Patientin brauchte einen Wahn, um Realität für sich zu erschaffen. Ich würde sogar sagen, es besteht eine gewisse Gefahr, daß diese Frau ihren Mann umbringt. Wenn wir an die historisch-biographischen Daten und an unsere Konstruktion denken, dann müssen wir annehmen, daß diese Gefahr besteht.

Kandidat: Die Technik, die sie anwandte, war die Projektion. Wenn sie wieder einen psychotischen Ausbruch haben sollte, dann könnte sie in ihrem nächsten Wahn doch auch glauben, daß der Mann tot ist – sie müßte ihn also nicht unbedingt umbringen.

Dr. Tarachow: Das ist eine Möglichkeit, aber Sie dürfen die Tatsache nicht unterschätzen, daß depressive wie paranoide Patienten Mörder sind. Ich werde niemals einen Patienten vergessen, den ich in meinem ersten Jahr als angehender Therapeut am Psychiatrischen Institut kennenlernte, einen Mann, der eine agitierte Depression entwickelte, weil er befürchtete, seinem ältesten Sohn werde irgend etwas Fürchterliches zustoßen. Er wurde stationär aufgenommen und blieb einige Monate lang bei uns. Als es so aussah, als habe er sich beruhigt, durfte er ein Wochenende bei seiner Familie verbringen; bei dieser Gelegenheit brachte er seinen Sohn um. Das war das furchtbare Geschehen, von dem er befürchtet hatte, es werde seinem Sohn zustoßen.

Wie äußerten sich denn, klinisch betrachtet, die Ängste, die Ihre Patientin morgens um vier oder um fünf Uhr nicht mehr schlafen ließen? Hatten sie irgendein Objekt? Handelte es sich um eine Phobie? Hatte sie sich zuvor Sorgen um ihren Mann gemacht bzw. Befürchtungen bezüglich seiner Person geäußert? Sie scheint ja dem Wahn zu unterliegen, daß die Menschen den guten Ruf ihres Mannes schützen wollen und deshalb sein Fehlverhalten vor ihr geheimhalten. In den Wahnvorstellungen scheint mir der Versuch zu stecken, sich selbst vor irgendwelchen feindseligen Handlungen gegen ihren Mann zu schützen.

Kandidat: Ihre nächtlichen Angstzustände bezogen sich darauf, daß irgend etwas Entsetzliches nahe bevorstünde. Ich würde gerne wissen, zu welcher nächtlichen Stunde ihr Vater umkam.

Dr. Tarachow: Das ist eine gute Frage.

Kandidat: Ich weiß nicht, um wieviel Uhr es geschehen ist.

Dr. Tarachow: Vom klinischen Standpunkt her bin ich davon überzeugt, daß die Frau jene frühe Situation von neuem durchlebt; daß sie unbewußt das Gefühl hat, jetzt sei die Zeit, in der ihr Mann sterben müsse, so wie

ihr Vater starb; daß sie deshalb in großer Angst ist und daß klinisch durchaus die Gefahr besteht, daß sie einen Mord begeht. Ich würde da wirklich sehr aufpassen.
Ich hatte einmal eine depressive Patientin, deren Mutter sich nach der Geburt ihres dritten Kindes das Leben genommen hatte. Die Patientin geriet in eine akute Depression und suchte mich in meiner Sprechstunde auf. Die Depression war nach der Geburt ihres zweiten Kindes eingetreten. Während der Behandlung wurde sie zum dritten Mal schwanger und war entschlossen, das Kind zur Welt zu bringen. Der Mann wollte es, und die Patientin wollte es, aber ich erlaubte ihr diese dritte Schwangerschaft nicht. Entgegen dem Wunsch der beiden Eheleute bestand ich auf einer therapeutischen Abtreibung. Ich brachte sie in ein Krankenhaus, das bekannt dafür ist, daß es therapeutische Abtreibungen nur ungern vornimmt, und nannte den Ärzten dort genau diesen Grund: Es bestand die Gefahr, daß diese Frau das Schicksal ihrer Mutter von neuem durchleben, daß heißt nach der Entbindung von ihrem dritten Kind Selbstmord begehen würde. Die Abtreibung wurde vorgenommen.
Unser heutiger Fall ist ein wunderbares Beispiel einer nahezu perfekten Wiederholung. Ich würde dieser Patientin auf jeden Fall dringend davon abraten, ein fünftes Kind zu haben. Damit wäre nämlich die Möglichkeit der nahtlosen Wiederholung gegeben.
Kandidat: Ich kann dem Gedanken nicht ganz folgen, daß sie ihren Mann umbringt. Warum sollte sie das tun?
Dr. Tarachow: Insofern, als die Phantasie ja ihre Ausführung finden muß.
Kandidat: Mir ist noch etwas anderes eingefallen. Es scheint doch eine gewisse Identifizierung mit dem dreijährigen Kind zu bestehen, das sie jetzt so betrachtet, als sei es sie selbst. Sie war sozusagen der Grund für den Tod des Vaters. Ich möchte wissen, welche Gefühle sie dem Kind gegenüber hegt.
Dr. Tarachow: Dann müßte sie den Mord also durchführen, um zu beweisen, daß sie die Ursache für den Tod ist, nicht wahr.
Kandidat: Wenn sie ihren Mann umbringt, wird sie auch zur Geliebten des Vaters.
Dr. Tarachow: Wir sollten unsere Spekulationen nicht zu weit treiben. Bis hierher haben wir, glaube ich, noch nichts über Gebühr strapaziert.
Kandidat: Das war eine Beschreibung der Geschehnisse. Können Sie eine bestimmte Dynamik für diesen Drang zur Wiederholung nennen?
Dr. Tarachow: Das Bedürfnis zu wiederholen beruht auf der Tatsache, daß wir gewisse innere Vorstellungen haben, was das Leben, was die Mutter, was der Vater, was Liebe und was Enttäuschung ist. In gewissem Sinne können wir gar nicht handeln, wenn die Grenzen dieser Vorstellung über-

schritten werden; deshalb machen wir uns erbarmungslos daran, unser Leben so zu gestalten, daß es mit diesen Vorstellungen in Einklang steht. Ich will Ihnen ein ganz simples Beispiel nennen, eine Vorstellung, die einer meiner Patienten heute morgen hatte. Er war auf dem Weg zu mir und sah einen Mann aus einem Haus herauskommen, das er von weitem für mein Büro hielt. Sofort kam ihm der Gedanke: »Das muß Dr. Tarachows jüngerer Bruder sein.« Warum nimmt er an, daß ich einen jüngeren Bruder habe? Er hat einen jüngeren Bruder. Achten Sie auf solche Beispiele der Übertragung des Familienmusters; Ihre Patienten wiederholen es immer und immer wieder. Die dynamische Kraft rührt dabei aus der Begrenztheit unserer eigenen Erfahrung. Wir werden unerbittlich in den Grenzen unserer Erfahrungen aus der Kindheit festgehalten. Und über diese Grenzen hinauszugelangen ist ein hartes Stück Arbeit. Das ist einer der Gründe dafür, warum es in der Adoleszenz so turbulent zugeht, wenn der Jugendliche versucht, die familiären Bande zu durchbrechen.

Kandidat: Und was ist nun mit der Aussage: »Ich bin mein ganzes Leben lang deprimiert gewesen«?

Dr. Tarachow: Sie hat damit gesagt, daß sie ihr ganzes Leben lang eine Schuld mit sich herumgetragen hat. Vorher war sie sich dessen gar nicht bewußt. Seltsamerweise ist es wahr, was sie Ihnen erzählt; in einem latenten Sinne ist sie ihr ganzes Leben lang schuldig gewesen. Man hat den Eindruck, daß sie die Schuld für den Tod des Vaters auf sich genommen hat; weil sie in dem Moment ihre Mutter in Anspruch nahm, wandte sich diese vom Vater; in diesem Augenblick verließ der Vater das Haus und fand gleich darauf den Tod. Wenn sie also sagt: »Ich bin mein ganzes Leben lang deprimiert gewesen«, so trifft das im klinischen Sinne nicht zu. Ich glaube nicht, daß sie ihr ganzes Leben lang bewußt deprimiert war. Aber es trifft zu in dem Sinne, daß sie ihr ganzes Leben lang unter einer latenten Depression gelitten hat, weil sie sich von jeher für den Tod ihres Vaters verantwortlich fühlte.

Was sich in ihren Wahnvorstellungen ereignet, ist vollkommen logisch und bedeutet eine Wiederherstellung der früheren Realität. Ich möchte nicht in der Haut ihres Mannes stecken.

Kandidat: Ich habe mir überlegt, welche Gründe wohl zur zweiten Scheidung geführt haben. Ich glaube, es war seelische Grausamkeit. Die Umstände waren nicht ganz eindeutig. Sie sagte, sie sei es allmählich leid gewesen, sie habe den Mann nicht mehr geliebt und der Sache ein Ende machen wollen. Auch hier setzten diese Überlegungen etwa im dritten Ehejahr ein.

Dr. Tarachow: Es ist wirklich atemberaubend. Die Frau hat sich ihr Leben lang auf ihre Psychose vorbereitet. Sie hat an ihrem Leben gezimmert und dabei immer den Punkt im Auge gehabt, an dem sie die Erfahrung, die sie als Dreijährige gemacht hatte, wiederholen konnte. Als Menschen spielten die Ehemänner überhaupt keine Rolle.

Kandidat: Würden Sie noch mit weiteren Parallelen rechnen, wenn es sich um die Wiederholung einer Erfahrung aus der frühen Kindheit handelt? Könnte etwa die Jahreszeit, in der sich das Geschehene ereignete, eine Rolle spielen?

Dr. Tarachow: Die Jahreszeiten sind in diesem Fall nicht von Belang, aber Depressionen stehen häufig in Zusammenhang mit der Jahreszeit. Manche Patienten haben jedes Frühjahr oder jeden Sommer Depressionen, im Herbst kommt dann eine manische Periode. Sie reagieren gewissermaßen entgegen den biologischen Wachstumsprozessen in der Natur. Wenn draußen alles keimt und wächst, dann verfallen sie in die Depression. Wenn die Natur stirbt, leugnen sie diesen Umstand und reagieren manisch.

Kandidat: Noch ein anderes Muster könnte sich wiederholen. Ich würde gerne wissen, wie alt die Kinder waren, als sie den ersten bzw. den zweiten Mann verließ, und ob die Trennung von ihren Männern unter anderem mit dieser zentralen Phantasie zu tun hatte.

Dr. Tarachow: Ja, angesichts unserer Versuche, hier ein Muster zu entdekken und sichtbar zu machen, ist das eine gute Frage. Ist sie vielleicht vor dem Gedanken an seinen unvermeidlichen Tod geflohen? Hat sie ihren ersten Mann verlassen, als eines ihrer Kinder drei Jahre alt war, und hat sie den zweiten verlassen, als das andere drei Jahre alt war?

Kandidat: Waren es Mädchen oder Jungen?

Dr. Tarachow: Darauf hat sie ja keinen Einfluß. Das Geschlecht der Kinder muß sie hinnehmen. Aber wie war denn das? Welchem Geschlecht gehörten die ersten beiden Kinder an?

Kandidat: Von den beiden ersten war das eine ein Mädchen, das andere ein Junge.

Dr. Tarachow: Die Ehe hielt sieben Jahre, und sie hatte einen Jungen und ein Mädchen, und wir brauchen ein dreijähriges Kind, und zwar eine Tochter.

Kandidat: Es waren ein zweijähriger Junge und ein sechsjähriges Mädchen.

Dr. Tarachow: Schade, aber so kommen wir nicht weiter. Immerhin ist es eine gute Frage. Denn wenn wir an einen innerpsychischen Determinismus glauben, dann betrachten wir die Entwicklung der Dinge ja dynamisch und akzeptieren die Geschichte (und haben uns mit Sicherheit ein überzeugendes Bild geschaffen, was den Beginn der Psychose angeht). Wir könnten auch wieder nach dem gleichen Geschehen suchen, nach

gleichen oder ähnlichen Faktoren, die sie veranlaßten, sich von dem jeweiligen Mann zu trennen. Aber vielleicht finden wir das nicht ...
Kandidat: Es gab ein Mädchen von sechs Jahren. Sie sagte, die Ehe sei nur drei Jahre lang glücklich gewesen. Nach drei Jahren, nämlich zu dem Zeitpunkt, als das Kind drei Jahre alt war, geriet die Patientin mehr und mehr aus dem Gleichgewicht.
Dr. Tarachow: Ja, die Zahl drei kann sehr wohl in einem Zusammenhang mit dem Einsetzen der Symptome stehen. Was mich im Augenblick interessiert, ist der Ausbruch ihrer gegenwärtigen Krankheit zu einem Zeitpunkt, als die jetzige Ehe dreieinhalb Jahre lang bestanden hatte. Da stimmt das arithmetische Muster nicht ganz. Wir rechnen mit einem Dreijahres-Intervall; und nun beschäftigt uns diese halbjährige Differenz und die Frage, warum die Schwierigkeiten etwas später einsetzten als in den vorangegangenen Ehen. Natürlich können wir nicht alles erklären. Aber auf jeden Fall ist das Bild insgesamt doch sehr überzeugend. Ich halte es für eine interessante Übung zu beobachten, mit welcher Eindeutigkeit sich frühere Erfahrungen wiederholen, und für ebenso interessant und wichtig, auf die jeweilige Biographie zu achten und festzustellen, wie weit sich solche Dinge nutzen und herausarbeiten lassen. Dieser Fall hier ist tatsächlich recht dramatisch; die paranoiden Wahnvorstellungen setzten ein, als die Ehe viereinhalb Jahre bestanden hatte und das Kind dreieinhalb Jahre alt war.
Kandidat: Ich glaube, wir sollten auch daran denken, daß solche Dinge sich sehr häufig ganz zufällig ergeben, obwohl die Einzelheiten ja fast nahtlos zusammenzupassen scheinen. Wir ignorieren es gern, daß sie sich hier und da eben doch nicht so leicht zusammenfügen, und gehen dann über Ungereimtheiten leichtfertig hinweg. Die Patientin ist 39, ihre Mutter war damals 29, und es sind nicht drei, sondern viereinhalb Jahre. Damals war es Winter, in unserem Fall ist es Herbst. Unsere Überlegungen passen zwar gut zusammen, sind aber doch nicht präzise genug.
Dr. Tarachow: Sie haben recht, es handelt sich nicht um eine statistische Untersuchung, wir haben keinen Korrelationskoeffizienten; wir haben nur ein einziges N. Sie sollten aber dessen ungeachtet im klinisch-psychiatrischen Zusammenhang nach solchen Formen der Wiederholung suchen; Sie werden sie finden, und zwar immer und immer wieder und praktisch bei jedem Ihrer Patienten. Ob Sie nach klinischen Gesichtspunkten suchen oder sich für Gemeinsamkeiten zwischen der Ehe Ihres Patienten und der seiner Eltern interessieren, Ihre Entdeckungen werden nicht so detailliert sein und nicht in so großer Zahl auftreten wie im vorliegenden Fall; aber Sie werden Gemeinsamkeiten finden. Und wenn Sie dies im Auge behalten, dann hilft Ihnen das klinisch weiter, denn auf diese Weise

suchen Sie nach Daten und Zusammenhängen, für die Sie andernfalls keinen Blick hätten.

Ich gebe Ihnen durchaus zu, daß das kein statistisches Vorgehen ist; es ist ein klinischer Eindruck. Ich würde Ihnen raten, die Probe einmal mit Ihren eigenen Daten zu machen. Sie werden erstaunt sein, mit welcher Folgerichtigkeit Kindheitsmuster sich wiederholen. Jeder Fall einer exakten Wiederholung sollte sofort die ungeteilte Aufmerksamkeit des Klinikers auf sich ziehen.

Kandidat: Ich habe kürzlich gelesen, daß manche Frauen nach der Geburt eines ihrer Kinder einen psychotischen Zusammenbruch erleben. Es sind Frauen, die einen Elternteil verloren haben und deren psychotische Schübe dann einsetzen, wenn das Kind so alt ist wie sie selbst waren, als sie den Vater bzw. die Mutter verloren; und zwar trifft das in einer statistisch signifikanten Zahl von Fällen zu.

Dr. Tarachow: Ich will Sie noch auf eine andere Veröffentlichung aufmerksam machen (Tarachow und Fink 1953), die sich mit dem Verlust eines Elternteiles als einem für die Ausprägung der Neurose bestimmenden Faktor befaßt. Wir fanden eine positive Korrelation zwischen dem Verlust eines Elternteiles und der Art der Krankheit. Unsere Vermutung ging dahin, daß der Verlust eines Elternteils mit einer gewissen Unfähigkeit in Zusammenhang stehen könnte, ambivalente Gefühle miteinander zu versöhnen, wie sie z. B. bei Zwangssymptomen zu beobachten ist, nicht aber bei Hysterie. Hysterische Patienten haben in der Regel noch beide Eltern, während Zwangsneurotiker gewöhnlich im Alter von 14 oder 15 Jahren bereits einen Elternteil verloren haben. Unsere Hypothese ging vom Problem der Ambivalenz und ihrer Bewältigung aus. Wir untersuchten eine Gruppe hysterischer und eine Gruppe zwangsneurotischer Patienten. Der Unterschied war signifikant insofern, als in der einen Gruppe in der Regel beide Eltern noch lebten, in der anderen aber nur noch ein Elternteil. Damals erregte uns diese Feststellung sehr. Wir hatten das Gefühl, nur einen Blick auf die Diagnose werfen zu müssen, um sagen zu können, ob es in der Familie noch beide Eltern oder nur noch einen Elternteil gab.

Kandidat: Waren das wirklich die richtigen Bezugspunkte?

Dr. Tarachow: Wir haben eine einzige Variable gewählt und dann eine Korrelation aufgestellt. Dieses Seminar hat nicht zum Ziel, neue Wege der Forschung einzuschlagen. Es ist ein klinisches Seminar, und wir versuchen, klinische Ratschläge zu geben. Ich kann Ihnen versichern, daß es hilfreich ist, sich die Wiederholung eines frühkindlichen Musters im späteren Leben des Erwachsenen vor Augen zu halten. Klinisch betrachtet, sind wir unweigerlich gehalten, unsere Kindheitsmuster zu wiederholen. Ich glaube, ich habe kürzlich von der Frau gesprochen, die einen

Morphinisten heiratete. Auch ihre Mutter war mit einem Morphinisten verheiratet gewesen.

Kandidat: Was geschieht mit einem Patienten, der es nicht fertigbringt, ein solches Muster zu wiederholen? Die Patientin, die wir heute kennengelernt haben, hatte Glück, sie hat ein Stiefkind. Vielleicht hat sie dieses Kind zum Brennpunkt ihrer wahnhaften Wiederholungen erwählt.

Dr. Tarachow: Wir wissen es nicht. Vielleicht hätten die wahnhaften Vorstellungen sonst auf sich warten lassen, bis sie noch ein weiteres Kind mit dem dritten Ehemann gehabt hätte. Das ist eine klinische Annahme; vielleicht hätte sich sonst der Ausbruch der wahnhaften Vorstellungen verzögert, bis sie ihre eigene Familie »aufgerundet« und fünf eigene Kinder gehabt hätte. Das kann man nur vermuten. Mit Sicherheit wissen wir, daß das Wahnsystem dieser Patientin einsetzte, als sie vier eigene Kinder hatte. Übrigens sollte uns auch die Tatsache interessieren und hellhörig machen, daß die Patientin das Muster ihrer Mutter nicht genau wiederholen konnte. Welche Faktoren waren hier von Einfluß? Wir können diese Fragen nicht alle beantworten. Die Patientin ist ein viertes Kind.

Ganz offensichtlich fällt die Arithmetik der Kindheit der Patientin nicht nahtlos mit der Arithmetik ihrer wahnhaften Zustände und ihres Erwachsenenlebens zusammen. Aber aus didaktischen Gründen ist die Argumentationsreihe, der wir gefolgt sind, doch immer noch ein Weg, den ich Ihnen empfehlen möchte. Es handelt sich um eine Form des imaginativen Denkens, die Ihnen dabei helfen wird, das Muster des Lebens bzw. der Wahnzustände Ihres Patienten zu begreifen, auch wenn die unbewußte Arithmetik der Patientin, über die wir heute gesprochen haben, nicht immer ganz fehlerfrei war.

15 Zwangsmechanismen

Einführung und grundsätzliche Erwägungen

Mein einleitender Kommentar zum Thema der Zwangsneurose lautet schlicht, daß es sich um die schwerwiegendste Form von Psychoneurose überhaupt handelt, um einen Zustand, der durch deutliche Ambivalenz, extreme anale Regression sowie durch archaisches und magisches Denken gekennzeichnet ist. Das bemerkenswerteste Kennzeichen der Zwangsneurose ist das Vorkommen sadistischer und aggressiver Elemente. Die erotisch-libidinöse Komponente wird vehement geleugnet und unterdrückt.

Bei einem Patienten, der sich mit Problemen der Aggression und des magischen Denkens herumschlägt, nehmen die Abwehrmechanismen unweigerlich zwanghafte und verzweifelte Formen an. Die Behandlung solcher Menschen ist äußerst langwierig und stellt hohe Anforderungen an den Therapeuten.

In unserem heutigen Seminar werden wir uns in der Hauptsache mit typischen zwanghaften Abwehrmechanismen beschäftigen.

Die Behandlung von Zwangsmechanismen ist am Grundsatz der Überbrückung der affektiven Isolierung ausgerichtet. Menschen, die zwanghaft handeln und denken, vermeiden den Affekt: man hat kaum Mühe, den Inhalt aufzudecken. Der Patient schleudert seinem Therapeuten den Inhalt geradezu entgegen. Im Interesse seines Wohlbefindens und der nötigen Abwehr hat der Patient eine affektive Distanz zum Inhalt errichtet. Der Ansatz, den wir hier vorschlagen, befaßt sich nicht mit der archaischen Analität und mit den sadistischen Komponenten. Man kann beträchtliche therapeutische Erfolge schon dadurch erzielen, daß man sich nur mit den oberflächlichen Derivaten der archaischen Probleme befaßt.

Der wichtigste Abwehrmechanismus ist die Isolierung des Affekts, aber es gibt noch weitere bedeutsame und symptomatische Abwehrmechanismen. Dazu gehören das Grübeln, die Intellektualisierung, das Handeln und Zurücknehmen der Handlung, die Verschiebung und die Reaktionsbildung. Diese Patienten sind außerordentlich störrisch. Sie können sich niemals entscheiden, sie sind ständig von Zweifeln geplagt. Sie handeln unter Zweifel und machen ihre Handlungen unter Zweifel wieder rückgängig, sie bewirken Dinge, zu denen sie sich nicht frei bekennen möchten, und machen wieder rückgängig, was sie bereits getan oder gedacht

haben. Sie sind feindselig und in lästiger Weise fordernd. Sie ärgern und provozieren ihr Gegenüber, und dies gelegentlich in einer Form, die einem gar nicht voll zum Bewußtsein kommt: Der Therapeut stellt unter Umständen fest, daß er sich zunehmend gereizt fühlt, ohne daß er einen Grund dafür angeben könnte.
Nehmen wir beispielsweise an, Sie fragen Ihren Patienten: »Wie alt waren Sie, als Ihre Schwester geboren wurde?« Der Patient antwortet: »Wie alt war ich, als meine Schwester geboren wurde? Ach ja, ich war sechs.« Was machen Sie mit einer solchen Antwort? Charakterisieren Sie diesen Patienten. Er gibt Ihnen eine Menge Informationen über sich selbst.
Kandidat: Er ist besonders gründlich und formuliert die Frage noch einmal von neuem. Oder er kann nicht spontan antworten. Irgend etwas steht der Kommunikation im Wege, deshalb muß er die Frage wiederholen.
Kandidat: Er ist Ihrer Frage gewissermaßen zuvorgekommen.
Dr. Tarachow: Mag sein, aber können Sie diesen Gedanken noch etwas weiter ausführen?
Kandidat: Ja. Er leistet Widerstand, indem er die Antwort hinauszögert.
Dr. Tarachow: Er empfindet starken Widerstand gegenüber dem Gedanken, daß er etwas geben soll.
Kandidat: Er ist geizig.
Dr. Tarachow: Aber er *hat* mir die Antwort ja gegeben.
Kandidat: Aber er hat Sie darauf warten lassen, er hat seine Antwort unter Kontrolle.
Dr. Tarachow: Es ist noch etwas anderes im Spiel. Er hat nämlich nicht Ihre Frage beantwortet, sondern seine eigene. Er hat nicht Ihnen, sondern sich selbst geantwortet. Er sagt: »Wie alt war ich denn, als meine Schwester geboren wurde?« Er ist jetzt ebenfalls zum Arzt geworden, er ist nicht einfach nur der Patient. Ein so winziger Verhaltensausschnitt kann Ihnen eine Fülle von Informationen über den Patienten liefern. Wenn solches Verhalten häufig genug wiederholt wird, dann ruft es den Unmut des Therapeuten hervor.
Sie werden dieses Verhalten bei boshaften, von Zwangsgedanken beherrschten Patenten finden. Was dem zwanghaft denkenden und handelnden Menschen die Sache so unglaublich erleichtert, ist die gelungene Mischung aus Bosheit und Höflichkeit in seinem Verhalten. Der Typ des Uriah Heep (Figur aus Charles Dickens' *David Copperfield*) ist das störrischste Wesen unter der Sonne. Der Konzilianteste von allen ist zugleich der Störrischste. Stellen Sie ihm eine Frage; er scheint Gefallen an dieser Frage zu finden und wird sie noch einmal stellen. Sie glauben vielleicht, daß Sie es hier mit einem wirklich kooperationswilligen Patienten zu tun haben, aber das stimmt nicht. Er läßt es nicht einmal zu, daß Sie die

Fragen stellen. Aber er legt eine sehr nette und scheinbar ehrerbietige Haltung an den Tag, die Sie möglicherweise gar nicht durchschauen. Vor einigen Jahren hat ein Ausbildungskandidat hier im Rahmen eines solchen Seminars einen Patienten vorgestellt, der jede Sitzung mit der Frage an seinen Therapeuten einleitete: »Wie geht es Ihnen heute?« Ich machte darauf aufmerksam, daß der Patient damit die Rollen vertauschte, und schlug vor, daß man ihn vielleicht mit einer Bemerkung auf diesen Umstand hinweisen könnte, etwa indem man sagte: »Es macht wohl keinen Spaß, Patient zu sein« – mit anderen Worten, das Verhältnis wieder richtigzustellen und den Patienten in freundlicher, leicht humoristischer Weise daran zu erinnern, daß er ja der Patient und nicht der Arzt sei. In der nächsten Woche stattete der Kandidat seinen Bericht ab: »Es ist etwas sehr Interessantes geschehen. Der Patient kam wie gewöhnlich mit der Frage herein: ›Wie geht es Ihnen heute?‹, und ich antwortete ihm: ›Es macht wohl nicht besonders viel Spaß, Patient zu sein, oder?‹ Am Ende der Sitzung sagte der Patient: ›Also dann, Auf Wiedersehen, Herr M.‹ Ich fand das sehr gut.«
Solche Dinge tauchen auf und machen Ihnen deutlich, wogegen Sie ankämpfen. Sie kämpfen ja nicht nur mit den Symptomen. Sie kämpfen mit einem Menschen, der eine bestimmte Lebensweise befolgt. Von den spezifischen Symptomen einmal abgesehen, ist die Neurose eine bestimmte Form, mit Menschen und Situationen umzugehen, in diesem Fall eine störrische und boshafte Form. Ein Vorkommnis wie dieses, daß der Patient die Rolle des Patienten zurückweist, muß immer und immer wieder bearbeitet werden.

Isolierung vom Therapeuten

Ein weiterer Aspekt, der Beachtung verdient, ist die Isolierung des Patienten vom Therapeuten. Sie haben beispielsweise einen Zwangsneurotiker, der einigermaßen gut zu Rande kommt – aus Gründen, die Ihnen nicht so ganz klar sind; jedenfalls kommt er zurecht und fühlt sich besser. Eines Tages kommt dieser Patient und sagt: »Wissen Sie, ich fühle mich wirklich sehr viel besser. Die Psychiatrie ist schon eine wunderbare Sache.« Ich würde gerne hören, was Sie zu dieser Bemerkung meinen. Der Patient fühlt sich besser und ist dankbar.
Kandidat: Vielleicht isoliert er seine Affekte Ihnen gegenüber.
Dr. Tarachow: Richtig. Er sagt nicht: »Sie sind ein guter Arzt.« Er sagt: »Die Psychiatrie ist eine wunderbare Sache.« Gelegentlich kann man auch hören: »Ich fühle mich sehr viel besser. Freud war ein wundervoller Mann.« Nicht Sie sind der wundervolle Mann – Freud war es.

Kandidat: Und was tun Sie mit einem Patienten, der Ihnen immer wieder erzählt, daß Sie ein fabelhafter Arzt sind?
Dr. Tarachow: Achen Sie darauf, wo er das Messer hat.
Wie kommen Sie an einen Patienten heran, der Ihnen sagt: »Die Psychiatrie ist wirklich eine wunderbare Sache«? Wie könnte man die Schwierigkeiten dieses Patienten möglichst taktvoll angehen? Warum mußte der Patient sagen: »Die Psychiatrie ist eine wunderbare Sache«, anstatt zu sagen: »Dr. R. oder Dr. G. oder Dr. M., Sie sind wunderbar, Sie haben mir wirklich geholfen«?
Kandidat: Er fürchtet sich vor der Nähe und Herzlichkeit.
Dr. Tarachow: Ja, aber so ist es nun einmal mit der Psychotherapie. Sie wollen keine homosexuellen Probleme heraufbeschwören. Versuchen Sie, Ihre Antwort an den Patienten so abzufassen, daß sie für ihn zwar hilfreich ist, zugleich aber *nicht* zu viel Material aufdeckt.
Kandidat: Man könnte sagen: »Ich als Ihr Psychiater . . .« – mit anderen Worten, man könnte sich als innerhalb der Psychiatrie stehend darstellen.
Dr. Tarachow: Ja, das wäre *eine* Methode, mit der man die trennende Kluft für den Patienten überbrücken könnte. Aber ich denke jetzt an eine Reaktion von Ihrer Seite, die *auch* eine gewisse interpretative Funktion hat. Sie schlagen eine Antwort vor, die hilfreich ist. Sie helfen dem Patienten über das Problem hinweg, was unter psychotherapeutischen Bedingungen völlig in Ordnung ist, aber ich suche nach einer behutsam interpretativen Antwort – so behutsam wie möglich.
Kandidat: Vielleicht so: »Es ist schwierig für Sie, sich zu bedanken.«
Dr. Tarachow: Das meine ich. Ich würde sagen: »Sie sind mir tatsächlich dankbar, aber es fällt Ihnen schwer, Dankbarkeit oder das Gefühl einer gewissen Verpflichtung mir gegenüber zum Ausdruck zu bringen.« Damit stellen Sie dem Patienten eine Aufgabe, weisen aber dennoch nicht zu stark in eine Richtung, die Intimität andeutet. Wenn man dem Patienten sagt, daß er sich vor Nähe und Herzlichkeit fürchtet, dann ängstigt man ihn. Wir versuchen, nicht das Problem der Homosexualität heraufzubeschwören. Sie können in sachdienlicher und nichtinterpretierender Weise antworten, oder Sie können eine Antwort geben, die nur ein Körnchen Interpretation enthält – gerade genug, um hilfreich zu sein, aber möglichst nicht so viel, daß sie an irgendeinen zu kritischen Punkt rührt.
Kandidat: Ich könnte mir denken, daß der Patient mit seiner Bemerkung auch Feindseligkeit oder Sarkasmus zum Ausdruck bringen will.
Dr. Tarachow: Wir sind davon ausgegangen, daß der Patient sich wirklich besser fühlt, daß ihm das Gefühl der Dankbarkeit Schwierigkeiten bereitet und daß er sich fragt, wie er seine Dankbarkeit zum Ausdruck bringen könnte.

Kandidat: Wäre vielleicht die folgende Frage angebracht: »Zählen Sie mich auch zur Psychiatrie?« So könnte man herausfinden, ob man in den Augen des Patienten dazugehört, und anschließend sagen: »Sie haben wohl gewisse Schwierigkeiten, sich zu bedanken.«
Dr. Tarachow: Es hängt alles davon ab, wieviel der Patient Ihrer Meinung nach verkraften kann, denn die Antwort: »Zähle ich dazu?« weist ja auf die feindselige Haltung des Patienten hin. Wenn Sie fragen: »Zähle ich dazu?«, dann implizieren Sie: »Möglicherweise zählen Sie mich nicht dazu.« Damit bringen Sie die Ambivalenz des Patienten, das heißt seine Feindseligkeit, ins Spiel. Ihr Echo auf die schwachen Versuche des Patienten, seinen Dank auszusprechen, sieht so aus, daß Sie diese Versuche als Äußerungen der Feindseligkeit bezeichnen.
Es geht mir hier nur um die denkbar behutsamste Art der Interpretation und der Hilfe. Patienten zeigen häufig Scham und Unbehagen bei dem Gedanken, daß sie Dankbarkeit oder Freundlichkeit zum Ausdruck bringen sollten, insbesondere in den ersten Monaten der Behandlung. Sie müssen Verständnis für diese Kommunikationsschwierigkeiten aufbringen. Die Patienten schämen sich ihrer Empfindungen. Sie schämen sich sogar, daß sie in Behandlung sind. Es ist ihnen peinlich, daß sie sich so zur Schau stellen müssen. Sie schämen sich sogar der Hilfe, die sie von Ihnen erhalten.
Kandidat: Wie wäre es, wenn man den Patienten fragen würde: »Was ist es denn an der Psychiatrie, das Ihnen, Ihrer Meinung nach, geholfen hat...« Wenn er dann eine persönlich gehaltene Antwort gibt, dann haben Sie ihm geholfen, die emotionale Kluft zu überwinden.
Dr. Tarachow: Diese Methode des »Was denken Sie...« empfiehlt sich in vielen Fällen durchaus. Aber ich wollte Sie auf etwas anderes hinlenken. Die eine und einzige korrekte Intervention gibt es niemals.
Kandidat: Halten Sie es auch für möglich, daß der Patient sagt, er fühle sich besser, und die Psychiatrie sei eine wunderbare Sache, und dabei gar keine Dankbarkeit Ihnen gegenüber empfindet? Ich will sagen, er ist wirklich nicht der Meinung, daß Sie eine aktive Rolle gespielt haben.
Dr. Tarachow: Wenn Sie auf Dankbarkeit aus sind, dann bleiben Sie aus der Psychiatrie weg! Es kann gut sein, daß er Ihnen nicht wirklich dankbar ist. Das ist schon möglich.
Unser heutiges Thema lautet ja: Der Patient fühlt sich besser, er ist dankbar, aber er kann seine Dankbarkeit nicht zum Ausdruck bringen. Wenn *Sie* versuchen, sich selbst ins Gespräch zu bringen, dann hat der Patient gleich eine vernichtende Ladung für Sie bereit: »Wie kommen Sie darauf, daß Sie irgend etwas damit zu schaffen haben?« Wir haben es häufig mit einem bestimmten Patiententypus zu tun, der beträchtliche

Hilfe von seinem Psychiater erfährt, der dem Psychiater aber das Gefühl, etwas für seinen Patienten getan zu haben, einfach nicht gönnen kann. Er muß dem Psychiater dieses Hochgefühl nehmen; am Ende müssen Sie einen solchen Patienten an einen anderen Psychiater überweisen. Innerhalb der nächsten Wochen oder Monate stellt sich dann von selbst heraus, daß es dem Patienten sehr wohl besser geht, aber nun muß er niemandem mehr dankbar sein; das heißt, er hat zwei Ärzte überlistet. Der erste Arzt, der dem Patienten wirklich geholfen hat, weiß nicht, daß er ihm geholfen hat, und der zweite, der glaubt, er habe ihm geholfen, hat es in Wahrheit nicht getan. So weicht der Patient dem Gedanken aus, jemals irgend jemandem dankbar sein zu müssen. Diese Menschen sind verbittert, und es braucht viel Toleranz auf seiten des Therapeuten, um ihnen darüber hinwegzuhelfen.

Die folgende Situation stellt sich ziemlich häufig: Der Patient entwickelt gewisse Vorstellungen, die völlig mit dem übereinstimmen, was Sie denken. Er weiß das. Wenn er seinen Gedankengang abgespult hat, sagt er: »So denken Sie doch, nicht wahr, Herr Doktor? Also, ich glaube kein Wort davon.«

Wenn es Ihnen um Dankbarkeit zu tun ist, dann lassen Sie sich nicht mit Zwangsneurotikern ein. Wenn Sie Dankbarkeit brauchen, arbeiten Sie nur mit Hysterikern. Der Zwangsneurotiker antwortet auf eine Interpretation häufig: »Oh ja, das habe ich gestern gehört«, oder: »Das hat mir vor zwei Wochen jemand gesagt.« Er gönnt Ihnen keine Freude an Ihrer Arbeit. Was ich aber noch besonders betonen wollte, ist folgendes: Sie arbeiten sich durch eine Sache hindurch, die jedem Menschen einleuchtend erscheint, nur dem Patienten nicht. Nichts kann einleuchtender sein als eine bestimmte Folge von Erfahrungen oder Träumen. Die Bedeutung ist völlig klar, aber der Patient ist nicht davon zu überzeugen. Nach Monaten liest er dieselbe Erklärung in einem Buch und kommt, um Ihnen zu sagen, daß er den Gedanken jetzt akzeptiert, da er ja von einer Autorität, die sogar ein Buch geschrieben hat, vertreten wird. Wenn der Gedanke von Ihnen kommt, akzeptiert er ihn nicht, dagegen bejaht er ihn ohne weiteres, wenn er ihm in *unpersönlicher* Weise, jedenfalls aber *nicht* von seinem Therapeuten, nahegebracht wird. Es gibt Patienten, die in der Behandlung nicht den geringsten Fortschritt erkennen lassen. In Ihrer Verzweiflung entlassen Sie einen solchen Patienten dann schließlich und geben alle Hoffnung auf Besserung auf. Zu Ihrem größten Erstaunen kommt er nach einem Jahr oder auch erst nach zwei Jahren wieder vorbei und erzählt Ihnen, daß es ihm jetzt viel besser gehe.

Oder es kommt vor, daß der Patient die Sitzung folgendermaßen beginnt: »Sie haben mich hereingebeten, und in dem Augenblick, in dem die Tür

aufging, hatte ich ein angenehmes Gefühl in meinen Genitalien.« Was will dieser Patient Ihnen sagen?
Kandidat: Er hat Ihnen gegenüber sexuelle Empfindungen.
Dr. Tarachow: Nein, die Antwort ist ganz einfach: »Ich habe Sie gern.« In diesem Fall besteht die Abwehr darin, daß der Patient eine umfassende Einstellung oder ein umfassendes Gefühl in eine lokale Empfindung umwandelt, eine Empfindung, von der er sich sogar distanzieren kann. Ein solcher Patient würde lieber ein sexuelles Gefühl zugeben als sagen: »Ich habe mich darauf gefreut, mit Ihnen sprechen zu können.« Dazu kommt, daß das sexuelle Gefühl nicht einmal als solches anerkannt wird.
Mit Patienten dieses Schlages müssen Sie die Beziehung so einfach wie nur möglich gestalten. Die elementarste Form der Interpretation wird diese hochgradigen Verstandesmenschen schließlich erreichen. Sie werden erstaunt sein, zu welchen emotionalen Ausbrüchen solche Menschen dann irgendwann doch fähig sind bzw. welche emotionalen Möglichkeiten sie entwickeln können.

Isolierung der therapeutischen Sitzung

Wir wollen uns nun mit einem anderen Problem beschäftigen. Vor einiger Zeit habe ich über zwei Möglichkeiten der Isolierung der therapeutischen Sitzung gesprochen. Einmal gibt es Patienten, die ihre Sitzung dadurch von ihrem übrigen Leben absetzen, daß sie beim Hereinkommen oder beim Weggehen, manchmal auch beidemal, eine entsprechende Bemerkung machen. Unausgesprochen sagen sie damit: »Diese Bemerkung ist mein realer Kontakt zu Ihnen. Alles übrige war Unsinn.« Der Patient bedient sich dieses Mittels, um die Behandlung sinn- und bedeutungslos erscheinen zu lassen. Wenn der Patient eine solche Bemerkung fallen läßt, müssen Sie sich einschalten und seine Worte interpretieren. Sie müssen eine Verbindung zwischen der therapeutischen Sitzung und dem Leben des Patienten herstellen.
Zum anderen habe ich von Patienten gesprochen, die in sehr viel umfassenderer Weise von Ihnen isoliert sind. Von diesen Patienten kommt zu Beginn bzw. nach Abschluß der Sitzung überhaupt keine Äußerung: Sie sind vollständig isoliert. Obwohl sie doch während der Sitzung mit Ihnen sprechen, haben Sie das Gefühl, daß sie isoliert sind; sie betrachten die gesamte Behandlung und die Beziehung zu Ihnen als ein von Ihnen abgelöstes Geschehen. Solchen Patienten gegenüber müssen Sie von Ihrer gewohnten Art abweichen, Sie müssen etwas weiter ausholen und den Kontakt mit ihnen herstellen – vor oder nach der Sitzung, wenn es

notwendig ist. Sie müssen dafür sorgen, daß Sie im Leben des Patienten vorhanden sind. Bei diesen beiden Typen von Patienten müssen Sie sich also ganz unterschiedlich verhalten, obwohl beide versuchen, sich von Ihnen zu isolieren. Bei beiden verfolgen Sie den gleichen Zweck.

Kandidat: Wenn es sich beim ersten Typ des Patienten, der die einleitende oder abschließende Bemerkung macht, um einen Schizophrenen handelt, interpretieren Sie seine Worte dann auch?

Dr. Tarachow: Ja und nein. Die Isolierung kann man ohne Bedenken interpretieren, aber nehmen Sie dem Schizophrenen nur ja keines der Manöver, die er anwendet, um sich an Sie anzuschließen. Jedem anderen Patienten gegenüber ist es nicht weiter gefährlich, solche Manöver zu interpretieren. Dem schizophrenen Patienten gegenüber ist es aber kaum ratsam, den einleitenden und abschließenden Kontakt zu untersagen, obwohl dieser Kontakt ja einem defensiven Zweck dient; der Patient fühlt sich dann unter Umständen zurückgestoßen oder vertrieben. Ein schizophrener Patient hat vielleicht den Wunsch, die Sitzung isoliert zu sehen, zugleich aber auch das Bedürfnis, den Kontakt zu Ihnen durch die Bemerkungen, die er zu Beginn und zum Abschluß der Sitzung macht, aufrechtzuerhalten. Sie sollten schon ganz genau wissen, welche Bedeutung der Patient diesen Dingen beimißt. Ich würde zögern, irgendeine Form des Kontaktes einfach zu verbieten, den ein Psychotiker mit mir unterhält. Ich gestatte psychotischen Patienten, sozusagen vor dem »offiziellen« Beginn und nach der »offiziellen« Beendigung der Sitzung mit mir zu sprechen. Sie müssen die Vorteile des Kontaktes zu Ihnen gegen die auf Isolation zielenden Manöver des Patienten abwägen. Wenn ich es mit einem psychotischen Patienten zu tun habe, dann mische ich mich in seine Versuche, Kontakt herzustellen, nicht hinein. Wenn er über das Wetter spricht, dann tue ich das auch. Wenn er über meine Erkältung spricht, dann erzähle ich ihm etwas darüber. Bei Psychotikern neige ich im allgemeinen dazu, als reale Person zu antworten und alle Einzelheiten realistisch zu betrachten. Schieben Sie Ihren psychotischen Patienten nicht von sich fort.

Vielfältige Formen von Isolation

An dieser Stelle möchte ich einen Brief vorlesen, den mir ein Patient vor kurzem geschrieben hat. Er war etwa ein Jahr lang bei mir in Behandlung und hat die Behandlung dann abgebrochen. Als ich den Brief erhielt, hatte ich schon etwa ein Jahr lang nichts mehr von ihm gehört. In der Zwischenzeit erfuhr ich nur, daß er einen anderen Analytiker aufgesucht hatte. Der Brief lautet folgendermaßen: »Sehr geehrter Herr Doktor, ich habe mit Dr. X über eine Rückkehr in Ihr Büro und über den aufrichtigen Versuch gesprochen, die Arbeit zu Ende zu führen, die wir damals begonnen haben. Er hat Kenntnis von diesem Schreiben, mit dem ich Ihnen mitteilen möchte, daß ich nach dem 5. September so bald wie möglich den Termin um 8.30 Uhr, und zwar fünfmal pro Woche, für mich reservieren möchte. Ich sehe Ihrer Antwort gerne entgegen . . .« Welche Punkte in diesem Brief geben Ihnen diagnostische Hinweise?

Kandidat: Der Schreiber ist eindeutig Zwangsneurotiker. Er spricht von »Rückkehr in Ihr Büro« statt von der Wiederaufnahme der Behandlung.

Dr. Tarachow: Ja, das Wort Büro anstelle des persönlichen Bezuges.

Kandidat: Er sagt »Herr Doktor«. Oder sagt er »Dr. Tarachow«?

Dr. Tarachow: Gut. Er sagt nicht Dr. Tarachow, er sagt »Herr Doktor«. Hier ist er nicht so präzise, wie er hätte sein können.

Kandidat: Dann das Wort »aufrichtig«. Will er damit sagen, daß er früher nicht aufrichtig gewesen ist?

Dr. Tarachow: Ja, der »aufrichtige Versuch« bezieht sich wohl auf sein Vorhaben, gegen all die auf Isolation zielenden Mätzchen anzukämpfen, die er früher angewandt hat. Dieser Mann ist etwa zwölf oder auch vierzehn Monate lang zu mir gekommen. Nach etwa einem Dreivierteljahr sagte er eines Tages: »Wissen Sie, die Leute sagen zu mir: ›Im Vergleich zu der Zeit vor sechs Monaten sind Sie ganz und gar verändert. Irgendwas ist mit Ihnen geschehen, und irgendwas ist anders an Ihnen. Man kann jetzt viel leichter mit Ihnen auskommen.‹« Und nach einer Pause fuhr er fort: »Ich weiß, was Sie jetzt denken. Sie denken, jetzt wird er gleich sagen, dieser elende Hund da hinter der Couch hat verdammt noch mal mit meiner Besserung überhaupt nichts zu tun – und da haben Sie recht.«

Kandidat: Noch etwas. Er ruft Sie nicht an. Er schreibt Ihnen. Wenn Sie ihm tatsächlich mitteilen wollten, daß Sie ihn nehmen können, dann würden Sie ja doch noch mit ihm reden müssen. Sie würden sich mit ihm in Verbindung setzen und ihm sagen müssen: »Also, ich habe jetzt den und den Termin frei.«

Dr. Tarachow: Das stimmt. Er hat mich eigentlich nicht persönlich gefragt. Er hat mich gezwungen, auf ihn zuzugehen, was ich auch getan habe. Ich habe ihn angerufen und ihm gesagt, daß ich mich sehr über seinen Brief gefreut habe.

Kandidat: Mir ist etwas anderes aufgefallen. Ich weiß nicht, ob er wegen dieses anderen Arztes von Ihnen weggegangen ist oder ob er gleichzeitig bei Ihnen und bei dem anderen Therapeuten in Behandlung gewesen ist.

Dr. Tarachow: Er war nicht zu gleicher Zeit bei uns beiden in Behandlung,

obwohl auch so etwas hin und wieder vorkommt; es gibt tatsächlich Patienten, die zum gleichen Zeitpunkt bei zwei verschiedenen Psychiatern in Behandlung sind. Mir ist das zweimal passiert. Das ist in sich eine interessante Sache. In einem dieser Fälle war eindeutig der eine Psychiater die gute und der andere die böse Elternfigur (ich war der Böse, ich versuchte nämlich, den Patienten zu analysieren).
Kandidat: Der Briefschreiber macht es Ihnen leicht, ihm abzusagen.
Dr. Tarachow: Ja. Er hat das persönliche Risiko mit seinem Brief so klein wie möglich gehalten. Er hat mich nicht direkt gefragt. Es ist nur ein Briefwechsel; und er gestaltet ihn so unpersönlich wie nur möglich. Die Anrede heißt »Sehr geehrter Herr Doktor«, nicht »Lieber Herr Dr. Tarachow«. Die Unterschrift besteht aus dem Vornamen und dem Anfangsbuchstaben des Familiennamens. Er hat nicht einmal mit vollem Namen unterschrieben.
Kandidat: Auch das »Ich möchte für mich reservieren« statt des »Würden Sie bitte . . .«. Er trifft einfach eine Feststellung.
Dr. Tarachow: Das Ganze ähnelt sehr stark einem förmlichen Geschäftsbrief. Dieser Mann ist immer förmlich, außer in den Augenblicken, in denen er mir erzählt, was für ein schlechter Kerl ich doch bin. Dann spricht er wie jeder normale Mensch. Aber sonst ist er außerordentlich förmlich.
Kandidat: Meiner Meinung nach zeigt sich sein Wunsch, die Situation unter seine Kontrolle zu bringen, in der Art, in der er sinngemäß sagt: Wenn Sie es wünschen, dann bin ich fünfmal in der Woche jeweils um 8.30 Uhr zu Ihrer Verfügung. Er fragt nicht etwa: »Wann hätten Sie Zeit für mich?«
Ich würde gerne noch eine praktische Frage stellen. Sie erwähnten, daß dieser Patient Neurotiker ist, nicht Psychotiker. Warum sagten Sie ihm am Telefon, daß Sie sich gefreut hätten, von ihm zu hören?
Dr. Tarachow: Dieser Mann befand sich in einer derartigen Isolation, daß ich ihn wirklich wieder willkommen heißen und ihm die Rückkehr zu mir so leicht wie möglich machen wollte. Er bringt sich ständig selbst in Schwierigkeiten. Ich wollte nicht mit der gleichen Förmlichkeit antworten, mit der er auf mich zugekommen war. Wenn ich ihm jetzt schreiben würde: »Sehr geehrter Herr Sowieso, ich würde mich freuen, Sie am 15. Januar bei mir begrüßen zu können«, dann wären wir zwei Geschäftsleute, die über einen Dritten sprechen, oder zwei Neurotiker, die die gleichen zwanghaften Abwehrmechanismen einsetzen. Ich wollte die Sache so persönlich wie möglich gestalten – etwas, wogegen er sich übrigens immer gewehrt hat. Wenn er beispielsweise einmal zu spät kam, dann brachte er sich beinahe um vor Eifer, mir zu zeigen, daß seine Reaktionen

mir gegenüber mit seinem Zuspätkommen nichts zu tun hatten. Ich war natürlich ganz anderer Meinung. Manchmal stritten wir erbittert, weil der Mensch mir immer beweisen wollte, daß solche Proben seines Agierens nichts mit der Behandlung und nichts mit der Analyse zu tun hatten. Deshalb habe ich ihn für den Brief belohnt, den zu schreiben ihm sehr schwer gefallen sein muß. Dieser Mann ist nicht psychotisch, aber hochgradig neurotisch.

Kandidat: Er wird Sie auch diesmal wieder verlassen.

Dr. Tarachow: Er hat es ja schon einmal getan. Ich war sein fünfter Analytiker. Vorher war er bei vier anderen Kollegen. Deshalb meine ich, daß die Sache nicht einmal so schlecht steht. Er hat mich zwar verlassen, aber ist wiedergekommen. Er hat alle übrigen verlassen und ist danach jeweils zu einem anderen Analytiker gegangen. Daß er allen seinen Therapeuten davonläuft, liegt auch daran, daß er dem Gefühl der Dankbarkeit entrinnen muß, wenn er einen gewissen Nutzen aus der Behandlung durch den Analytiker gezogen hat.

Kandidat: Ist das schon interpretiert worden, diese Form der Reaktion?

Dr. Tarachow: Natürlich, aber Sie dürfen Ihren Worten auch wieder nicht zuviel Gewicht beimessen. Sie interpretieren vielleicht einen Umstand ganz zutreffend; das bedeutet aber nicht, daß der Patient Ihre Interpretation akzeptieren muß. Dieser Mann hier hat mir fast alles, was ich je gesagt habe, in höchst bitterer und sarkastischer Weise wieder an den Kopf geworfen. Wie mag wohl die Sauberkeitserziehung bei diesem Patienten ausgefallen sein?

Kandidat: Zeitig und streng.

Dr. Tarachow: Richtig. So war es. Zeitig und streng. Glauben Sie, daß er ein zärtliches oder ein kühles Verhältnis zu seinen Eltern hatte?

Kandidat: Ein kühles.

Dr. Tarachow: Ja. Er wollte seine Eltern umbringen. Ich will hier nicht näher auf diesen Punkt eingehen, aber es sollte möglich sein, aufgrund solcher Details die Struktur einer Familie aufzudecken. Manchmal kann man sich schon mit wenigen Angaben die gesamte familiäre Struktur aufbauen.

Kandidat: Ich habe festgestellt, daß Zwangsneurotiker immer eine höchst energische Mutter haben, die sie antreibt, die ihre Nase in alle Angelegenheiten des Kindes steckt, die Schubladen durchsucht, Telefongespräche mit anhört, Post öffnet. Deckt sich das mit Ihren Beobachtungen?

Dr. Tarachow: Ich erinnere mich nicht an die Mutter, die sich überall einmischt, wohl aber an die »energische«, an die, die alles kontrolliert. Wenn Sie das Attribut »auf Disziplin bedacht« hinzufügen, dann haben Sie damit die Einstellung solcher Mütter besser gekennzeichnet als mit dem Wort »energisch«. Sie sind auf Disziplin bedacht. Sie untersuchen die Schränke, um sich zu überzeugen, daß alles sauber und ordentlich ist, und sie zählen die Socken nach; sie zählen die Unterwäsche und die Hemden. Sie sehen darauf, daß die Sachen am richtigen Ort liegen, na und so weiter. Das weckt Haßgefühle und Zwangshandlungen und als Antwort darauf erneute Zwangshandlungen; aber es gibt auch Zwangscharaktere, deren familiärer Hintergrund sehr wenig kontrollierend war. Neurotische Symptome können auf zwei unterschiedliche Arten von Schwierigkeiten zurückgehen. In einem berühmt gewordenen Aufsatz von 1937 sagt Freud, daß entweder die Entwicklung in hohem Maße traumatisch verlaufen ist oder aber die Triebe selbst zu heftig und zu stark gewesen sind. Wenn Sie einen Patienten haben, der niemals irgendeine Form von Disziplin befolgen mußte, dann ist er als Kind von seinen Trieben, seinen Emotionen und seinen Impulsen überwältigt worden und mußte mächtige neurotische Abwehrmechanismen gegen sie errichten. Pathologische Nachgiebigkeit der Eltern ist auch eine Quelle von Schwierigkeiten.

Isolierte Erinnerungen

Eine weitere Form von Isolierung, auf die man gelegentlich trifft, ist die Isolierung der Erinnerungen. Es ist immer interessant zu entdecken, was die frühesten Erinnerungen des Patienten sind; viele Patienten erinnern sich an eine ganze Reihe von Begebenheiten aus ihrer frühen Kindheit. Ich würde meinen, daß es ganz besonders interessant ist, nach den Erinnerungen an das fünfte bis siebente Lebensjahr zu fragen. Gerade bei Zwangsneurotikern sollte man den Versuch machen, an diese Erinnerungen heranzukommen. Die Patienten enthüllen solche Erinnerungen in der Regel bereitwillig, vielleicht weil sie meinen, sie seien ohne Zusammenhang und Sinn. Manchmal findet man aber durchaus einen Zusammenhang zwischen ihnen. Solche isolierten Erinnerungen weisen häufig auf eine Kette von Ursachen und Wirkungen. Das eine ist vielleicht die Erinnerung an eine Übertretung, das andere die Erinnerung an die entsprechende Strafe. Mit der ersten verknüpft sich freudige Erregung, mit der zweiten Niederlage und Vergeltung. Manchmal verraten uns diese Erinnerungen die wesentlichen Aktivitäten des Patienten in jener bestimmten Phase. Der Patient kann sich so deutlich erinnern, weil er die Zusammenhänge zwischen den einzelnen Erinnerungsteilen nicht erkennt. Solche auf den ersten Blick unzusammenhängenden Erinnerungen lassen sich manchmal sehr wohl miteinander verknüpfen.

Zum Beispiel erinnerte sich einer meiner Patienten an harte Schläge, die er von seiner Mutter bekommen hatte, und andererseits daran, daß er in ein frisch bezogenes Bett geklettert war und sein großes Geschäft mitten auf einem sauberen weißen Bettlaken verrichtet hatte. Die beiden erinnerten Vorfälle hatten sich zu verschiedenen Zeiten abgespielt. Sie lagen womöglich ein halbes oder auch ein ganzes Jahr auseinander. Solche isolierten Erinnerungen sagen uns etwas über die betreffende Periode im Leben des Patienten, über seine Auseinandersetzungen mit einer äußerst strengen Mutter und über die Bestrafung, die er erhielt.
Sie erzählen Ihnen vielleicht eine zusammenhängende Geschichte; sie vermitteln Ihnen in der Tat Ursache und Wirkung. Sie sind wie zwei Träume, die in der gleichen Nacht geträumt werden; der eine Traum ist die Ursache, der andere die Wirkung.

Isolierte Geschlechtstätigkeit

Wir kennen alle möglichen Abwehrmechanismen. So gibt es beispielsweise eine bestimmte Form des psychopathischen Verhaltens, die zugleich eine Spielart der zwanghaften Abwehr ist. Wir haben über die Trennung zwischen Liebe und Haß gesprochen, zwischen zwei gemischten Gefühlen also. Wir haben auch über die Aufspaltung in sexuelle Erregtheit und zärtliche Empfindungen gesprochen. Es gibt alle möglichen Trennungen, wie sie von Zwangsneurotikern vorgenommen werden.
In diesem Zusammenhang möchte ich den »U-Bahn-Liebhaber« erwähnen. Ich weiß nicht, wie weit Sie mit dieser Störung vertraut sind. Alle Patienten, von denen ich weiß, daß sie so etwas tun, sind Männer, aber es muß auch Frauen geben, die sich auf solche Weise betätigen, denn diese Männer finden immer Frauen, die mitmachen. Sie pressen sich in überfüllten U-Bahnen oder Bussen gegen eine Frau. Es scheint, als gebe es da eine Art Regel, nach der vorgegangen wird; danach gibt man der Frau niemals zu verstehen, daß etwas im Gang ist, und die Frau gibt ihrerseits dem Mann niemals zu verstehen, daß sie weiß, was da läuft. Inzwischen spielt sich da eine Art Liebesaffäre ab, zu der ein beträchtliches Maß an sexueller Erregung und Befriedigung gehört. Die wichtigste Regel ist, daß nicht gesprochen wird, daß keine Bewegung, kein verbaler Kontakt von Person zu Person stattfindet. Der Mann tritt von hinten in Berührung mit der Frau. Von vorn sieht und berührt er den Körper seiner Partnerin überhaupt nicht. Worin besteht hier das isolierende Element?
Kandidat: In der Anonymität?

Dr. Tarachow: Ja, die Anonymität wird gewahrt. Diese Patienten verabreden sich niemals mit den Mädchen, und sie sprechen auch nicht mit ihnen. Ich möchte nicht, daß Sie eine zu stark vereinfachte Vorstellung von dieser Störung bekommen, nur weil ich hier versuche, einen bestimmten defensiven Aspekt besonders zu beleuchten. Ich möchte deshalb kurz auf die unterschiedlichen Problemstufen und Problembereiche hinweisen, mit denen wir es in solchen Fällen zu tun haben.

Ich habe zwei solche Patienten behandelt. Gewöhnlich wird dieses sich wiederholende und zwanghafte Verhalten durch eine Enttäuschung im realen Leben ausgelöst. Eine solche provozierende Handlung zielt auf den beruhigenden, tröstlichen Aspekt, den diese Form des Liebesspiels für den Patienten besitzt. Am Akt selbst ist das hervorstechendste Kennzeichen die Anonymität und die Isolierung des Mannes von der Frau. Es darf sich keine persönliche Beziehung bilden. Dieser Aspekt verweist auf die boshafte und rachedurstige Komponente in der emotionalen Ausstattung des Patienten. Er will der Frau gegenüber nicht zugeben, daß sie ihm als tröstlich und als Liebesobjekt erscheint. Interessant sind auch die rein sexuellen Aspekte der Erscheinung. Die Annäherung erfolgt von hinten, und es kommt nicht zur Berührung der Vagina oder der vaginalen Umgebung. Es ist ausgeschlossen, die Frau von vorne zu betrachten. Was einen meiner Patienten am meisten erregte und fesselte, waren nackte, haarige Frauenbeine. Wenn er sich einen überfüllten U-Bahn-Wagen vorstellte, der vor allem von Frauen besetzt war, dann als eine riesige Masse über sich, aus der sich viele Beine nach unten streckten; das hat etwas vom Bild der Medusa an sich. Mit anderen Worten, die Symptomatik weist auf das Problem der Kastrationsverleugnung. Der tatsächliche Anblick einer Vagina war abscheuerregend für den Patienten. Auffällig an dieser Form des sexuellen Spiels ist auch die Immobilität. Es gibt keine Bewegung und keine Geräusche. Es ist im Grunde paradox, daß diese Patienten sich eine ganz eigene Form des sexuellen Spiels aussuchen, die sich durch Bewegungs- und Lautlosigkeit inmitten eines überfüllten, verstopften und lauten U-Bahn-Wagens auszeichnet. Jedenfalls steht die Unbeweglichkeit in einem Zusammenhang mit der Aversion gegen die Bewegungen und Abläufe beim eigentlichen sexuellen Akt; sie ist eine Form der Abwehr gegen die Gewalt und die Aggressivität in der Sexualität.

Ich mache auf alle diese Aspekte aufmerksam, um damit anzudeuten, daß kein Fall so einfach gelagert ist, wie unsere Diskussionen Sie vielleicht annehmen lassen. Wir haben uns mit den einzelnen Abwehrmechanismen beschäftigt, in diesem Fall mit der Isolierung. Die Isolierung stellt nur einen Faktor innerhalb *eines* Aspekts des Problems dar.

Andererseits kann der Faktor Isolierung auch in vielfältiger Weise eine

Rolle spielen: in der Art, in der der Patient mit seinen Impulsen und seinem emotionalen Leben umgeht, als Teil seiner Symptome, seiner Beziehung zum Therapeuten, seiner Beziehung zur Realität; ja sogar in der Art, in der er sich an seine Vergangenheit erinnert.

Die Objektwahl, die auf eine Spaltung zurückgeht

Der Zwangsneurotiker spaltet nicht nur seine Gefühle von den Dingen und Vorgängen ab, sondern auch seiner Objektwahl liegt eine Spaltung zugrunde. Eine recht verbreitete zwanghafte Störung besteht darin, daß der Patient sich zur gleichen Zeit in zwei Menschen verliebt. Das kann verschiedene Formen annehmen: Häufig sieht es so aus, daß der Patient zärtlich und liebevoll gegenüber dem einen und grausam gegenüber dem anderen Objekt ist. Nicht selten findet sich auch das Muster, daß der Patient verheiratet ist und daneben ein Liebesverhältnis unterhält, daß der Ehepartner ihm sexuell nichts bedeutet, daß er der Geliebten dagegen in heftiger Leidenschaft verbunden ist. Will jemand dazu etwas sagen?

Kandidat: Der Mann hat es nicht verstanden, die beiden Frauenbilder miteinander zu vereinigen. Frauen sind für ihn entweder makellos reine Objekte oder aber minderwertige Sexualobjekte. Das ist in der Adoleszenz normal, im Leben des Erwachsenen dagegen nicht mehr.

Dr. Tarachow: Richtig. Und jetzt gehen Sie mal noch weiter in seine Vergangenheit zurück.

Kandidat: Er hat ein gespaltenes Bild seiner Mutter. Einmal sieht er sie als reines und geliebtes Wesen, das andere Mal als erniedrigtes Sexualobjekt.

Dr. Tarachow: Die Mutter ist die der sexuellen Sphäre enthobene, idealisierte Person. Gewöhnlich regt sich der Wunsch nach einer Geliebten bei einem Mann erst dann, wenn seine Frau das erste Kind hat, das heißt, wenn sie Mutter geworden ist. Dann sieht der Mann sich plötzlich unfähig, noch sexuelles Interesse an seiner Frau zu nehmen, er verliebt sich in eine andere, um so seine sexuelle Begierde wiederaufleben zu lassen; es ist der Kampf zwischen den beiden Mutterbildern, zwischen dem Ideal der Mutter und der erniedrigten Figur, die sich zu jener abstoßenden Erfahrung mit dem Vater hergegeben hat.

In unterschiedlichem Ausmaß ist dieses gespaltene Mutterbild in jedem Menschen vorhanden. In welchem Fall wird die Behandlung glatter und leichter vonstatten gehen – im Fall des Neurotikers, der mit seiner Frau keine geschlechtlichen Beziehungen unterhalten kann, mit seiner Geliebten dagegen sehr wohl, oder im Fall des Neurotikers, der seine

gemischten Gefühle allein auf seine Frau richtet? Was glauben Sie?
Kandidat: Mit dem zweiten hat man es leichter.
Dr. Tarachow: Ja, wenn alle Gefühle noch auf ein einziges Objekt gerichtet sind, dann sind Sie besser dran, und auch der Patient ist besser dran. Das technische Problem in Fällen, wo der Objektwahl eine Spaltung zugrunde liegt, besteht darin, daß man das ursprüngliche infantile Objekt finden muß, auf das sich beide Arten von Gefühlen richteten. So lange man jede Beziehung als separates Problem betrachtet, zieht sich die Behandlung endlos hin. In jeder Beziehung entdeckt man auch Spuren des entgegengesetzten Gefühls. Das ist ein Anhaltspunkt für den Therapeuten. Wenn die Objektwahl des Mannes auf eine Spaltung zurückgeht, dann hat er auch gespaltene Gefühle gegenüber allen Frauen, obgleich die eine Seite seiner ambivalenten Haltung völlig latent bleiben kann. Auch in einem Mörder wird man Passivität finden, auch der besonders passive Mensch empfindet einmal Mordgedanken.
Kandidat: Tatsächlich sind doch die Gefühle, die der Mann für seine Geliebte hegt, sehr viel stärker als das, was er für seine Frau empfindet. Das ist in gewissem Sinne eine Verschiebung.
Dr. Tarachow: Nein. Im Grunde sind seine Gefühle der Frau gegenüber so stark wie der Geliebten gegenüber. Eben diesen Irrtum muß man vermeiden. Lassen Sie sich von dem Patienten nicht in die Irre führen. Der Patient bringt allen Frauen gespaltene Gefühle entgegen und hat sich von seinem Konflikt befreit, indem er einen anscheinend wunderbaren und ganz problemlosen Ausweg gefunden hat. Er liebt die eine und haßt die andere, bzw. er interessiert sich für die eine und interessiert sich nicht für die andere. Aber er liebt und haßt zugleich *alle* Frauen; der Therapeut muß also das ursprüngliche Objekt finden, dem der Patient diese Mischung aus Liebe und Haß entgegengebracht hat. Da ihm dieser Konflikt zwischen den beiden widerstreitenden Gefühlen unerträglich wurde, mußte der Patient irgendwann seine Gefühle oder seine Objekte spalten. Auch das ist Isolation, aber Isolierung eines Gefühls vom anderen. Ihre Aufgabe als Therapeut besteht darin, eine Verschmelzung der beiden Gefühle zu erreichen; es gibt nun einmal keine Liebe, die absolut rein wäre. Wenn ein Patient Ihnen erzählt: »Ich streite mich niemals mit meiner Frau«, dann können Sie sicher sein, daß er sehr krank ist; oder wenn er sagt: »Ich war noch niemals zornig auf meine Frau«, dann ist da etwas im Busch. In jeder normalen Beziehung gibt es ambivalente Gefühle. Die Tatsache, daß ein Patient sich von seiner Geliebten sexuell erregen lassen kann, seine Frau dagegen ihn vollkommen kalt läßt, sollte Sie nicht täuschen.
Kandidat: Der Film *Captain's Paradise* ist ein gutes Beispiel dafür.

Dr. Tarachow: Ja, damit haben Sie es genau getroffen. Dieser Film ist nicht nur ein gutes Portrait eines Mannes, dessen Objektwahl auf eine Spaltung zurückgeht; er ist zudem ein gutes Beispiel dafür, daß auch die Frauen in ihrem Charakter gespalten waren. Am Schluß ist klar, daß beide Frauen beides wollen: Die Ehefrau will den Bikini, und die Geliebte will kochen. Es gibt einen Aufsatz von Helene Deutsch (1933), der genau dieses Thema behandelt. Es geht darin um eine Geschichte von Balzac über einen Briefwechsel. Zwei Frauen schreiben einander Briefe; die eine ist eine Dirne, die andere eine ehrbare Bürgerin mit Ehemann und mehreren Kindern. Offensichtlich sind diese beiden Frauen Schulkameradinnen gewesen und unterhalten trotz ihrer völlig verschiedenen Lebenswege und der Tatsache, daß sie räumlich weit voneinander getrennt sind, noch immer eine enge Freundschaft. Das Buch gibt den Inhalt der Briefe wieder, und allmählich schält sich heraus, daß die Dirne sich sehr danach sehnt, Kinder und die Geborgenheit eines Heims zu haben, während die Frau, die sich eine so behagliche Umgebung geschaffen und Kinder großgezogen hat, den übermächtigen Wunsch in sich verspürt, das Leben einer Dirne zu führen.
Kandidat: Glauben Sie, daß die verheiratete Frau eine spezifische Qualität hat, die den Mann dazu veranlaßt, ein madonnenhaftes Geschöpf in ihr zu sehen?
Dr. Tarachow: O ja. Die verheiratete Frau hat im allgemeinen durchaus etwas von dem, was der Mann sucht. Sie kann frigide sein. Der Wunsch des Mannes, sich seine Frau gleichsam als asexuelles Wesen zu bewahren, und die Tendenz der Frau zur Frigidität kommen einander entgegen, und so bleibt das Ehebett einigermaßen glatt.

Bilder und ein Übermaß an zwanghaften Vorstellungen

Ich habe einen Schriftsteller unter meinen Patienten. Er hatte sich einen Plan für eine neue Arbeit zurechtgelegt und legte ihn seinem Verleger vor. Als er mir von der Sache erzählte, hatte er eine Vision: der Verleger hielt sich die Nase zu. Er hatte mir noch gar nicht berichtet, was der Verleger von dem Projekt hielt, und so unterbrach ich ihn und sagte: »Sie meinen, Ihr Verleger hält die Sache für ein übles Machwerk.« Er antwortete: »Ja, das stimmt.« Er war lediglich zu der visuellen Vorstellung fähig gewesen, daß sein Verleger sich die Nase zuhielt. Ich mußte gewissermaßen den Affekt dazu liefern. So überraschend das vielleicht klingt, das Bild enthielt für den Patienten keinen bewußten Sinn. Der Mann war ein schwerer Fall von Zwangsneurose. In dem Augenblick, in dem er die Szene vor sich sah, konnte er keine Bedeutung erkennen und keinen Zusammenhang herstellen. Unsere therapeutische Funktion besteht in solchen Fällen darin, den Affekt und die Bedeutung zu liefern. Tatsächlich wurde die Interpretation ganz einfach in der Weise gegeben, daß ich die Emotion bereitstellte. Emotionale Seichtheit ist also nicht am Platz, wenn Sie das fehlende Glied beisteuern wollen. Die Antwort des Patienten lautete dann auch: »Ja, ich hatte Angst, er könnte glauben, daß es stinkt.«

Manchmal wirken sich die Zwangsgedanken als Schutz des Patienten vor einfachen und elementaren Gefühlen oder Reaktionen aus. Dann produziert der Patient ein Übermaß an zwanghaften Vorstellungen. Beispielsweise hat mir ein Patient einmal berichtet, daß er beim Aussteigen aus der U-Bahn und auf dem kurzen Weg in mein Büro vor sich einen Mann gehen sah. Der Mann trug Hut und Mantel, und mein Patient begann zu überlegen: »Was ist das? Ist das ein Hut, ist das ein Mantel? Woraus besteht er? Er besteht aus Zellulose.« Dann vertiefte er sich in eine genaue chemische Analyse der Kleidung und des Körpers dieses Mannes. Er zerlegte den Mann und seine Umgebung in Moleküle und Atome.

Was sagt uns das?

Kandidat: Er zerlegt auch Sie in Moleküle.

Dr. Tarachow: Nein, ich meine, was sagt es uns über die Bedeutung der Geschichte?

Kandidat: Er war auf dem Weg zu Ihnen.

Dr. Tarachow: Ja, das ist der Schlüssel; er war auf dem Weg zu mir. Er war sehr zornig auf mich, und mit Hilfe dieser Verschiebung sezierte er mich, nahm er mich auseinander. Seine Feindseligkeit kam ohne jeden Affekt zum Ausdruck. Zu anderen Zeiten wieder war er voll und ganz damit beschäftigt, an den Fenstern der Häuser emporzublicken und dort Menschen zu entdecken. Dann machte er sich Gedanken darüber, ob der betreffende Mensch nun homosexuell sei, und verlor sich in allen möglichen Spekulationen. Ich habe mich dann immer nach der Situation gerichtet, in der sich so etwas abspielte. In der Regel erklärten sich die Dinge dann so: Er hatte sich irgendeinem ganz elementaren Gefühl gegenübergesehen, das er hinter heftigsten Zwangsgedanken verbergen mußte. Seine Obsessionen waren gewissermaßen eine hochgezüchtete Überentwicklung des ursprünglichen Gefühls und zwar bis zu einem Punkt, an dem dieses ursprüngliche Gefühl im Gebirge seiner Gedanken und Vorstellungen verloren gegangen war. Wenn es mir gelang, den kritischen Augenblick zu finden, in dem ein Ausbruch solcher Symptome bevorstand, dann war dieses ganze obsessive Gewölk, dieses Meer von Zwangsvorstellungen verschwunden, und ich konnte den Patienten nun mit einem einfachen Gedanken oder einem Affekt konfrontieren. Vielleicht hatten wir gerade den Monatsersten, und er mußte meine Rechnung bezahlen.

In jedem Fall aber muß der Therapeut zunächst die affektive Isolierung aufheben, die der Patient zwischen sich und seinen Gedanken, zwischen sich und seinen elementaren Gefühlen geschaffen hat. Die Zahl der elementaren Gefühle ist im übrigen sehr gering.

Kandidat: Was bewirkt man im Patienten oder für den Patienten, wenn man die Emotion beim Namen nennt?

Dr. Tarachow: Möglicherweise ist der Patient dann imstande, sich mit dem Gefühl, das ihn an diesem Tag bedrängte, zu befassen.

Kandidat: Befassen Sie sich damit?

Dr. Tarachow: Das hängt von vielen Dingen ab. Es hängt davon ab, ob die Behandlung gut oder schlecht läuft. Wir können nicht jedem Patienten helfen und nicht jeden Patienten heilen; wenn die Behandlung in die richtige Richtung geht, kann der Patient das Gefühl als sein Gefühl Ihnen gegenüber in sich aufnehmen; Sie müssen ihm allerdings zeigen, was für ein Gefühl es ist. Wenn er sich dann hinter einer weiteren Wolkenbank von Gedanken und Vorstellungen verschanzt, dann sind Sie beide jedoch noch schlimmer dran.

Ich habe jahrelang mit einem Zwangsneurotiker gearbeitet, dessen obsessive Ausbrüche wirklich ins Unermeßliche gingen. Nach Jahren betrachtete ich es schon als Erfolg, daß ich ihn immerhin so weit hatte, daß er zwar noch längst nicht seine Probleme lösen oder endlich begreifen konnte, warum er Frauen und Vorgesetzte haßte, daß er aber doch *erkannte,* daß er sie haßte. Es war eine Arbeit von Jahren, bis der Mann sich durch die Isolierung durchgearbeitet hatte, die ihn von seinen Haßgefühlen und seinem Groll trennte. Er hatte ständig Schwierigkeiten mit seinen Arbeitskollegen und erkannte einfach nicht, wie zornig, wie sadistisch und wie böse er sich ihnen gegenüber verhielt. Dieser Mann beschäftigte sich ganz bewußt mit Phantasien über die molekulare Zerlegung von Menschen und über die Aufdeckung der verschlungenen Wege der internationalen Politik. Er bemühte sich bewußt darum, die Beziehungen zwischen den Menschen zu verstehen, er befaßte sich mit der chemischen Analyse von Körpern und Bewegungsabläufen. Aber weil er so in seinen zwanghaften Vorstellungen gefangen war, übersah er sein tatsächliches Auftreten und Verhalten anderen Menschen gegenüber ganz und gar.

Es dauerte Jahre, ihm die Einsicht zu vermitteln, daß er auf einen anderen Menschen zornig war oder es doch sein konnte. Das war für diesen Mann eine ganz enorme Leistung. Er war richtig dankbar, daß er nun imstande war zu erkennen, daß er anderen Menschen gegenüber Zorn oder Sympathie empfand. Wenn ihm früher andere Menschen sympathisch gewesen waren, dann war er sofort in zwanghafte Grübeleien darüber verfallen, ob er etwa homosexuell sei. In dem Augenblick, in dem ihm ein anderer Mann sympathisch erschien, hatte er sofort das Gefühl gehabt, er gehe wie ein Strichjunge und wiege sich in den Hüften. Wenn zwei Männer freundlich miteinander sprachen, dann waren sie beide homosexuell. Er konnte kein einfaches und elementares Gefühl – sei es positiv oder negativ – ertragen.

Ich habe diesen Mann nicht heilen können; aber ich habe ihm doch wenigstens zu der Erkenntnis verholfen, daß er sich nicht sofort in homosexuelle Vorstellungen flüchten muß, nur weil ihm ein anderer Mann sympathisch ist, und daß er nicht sofort an raffinierte chemische und physikalische Zersetzungsprozesse denken muß, wenn er jemanden nicht mag. Er war nicht geheilt, aber seine Gefühle waren realer geworden. Statt sich mit seinen Zwangsvorstellungen herumzuschlagen, macht er sich heute Gedanken über seine Vorlieben und Abneigungen. Ich halte das für ein befriedigendes Ergebnis.

Kandidat: Eine Möglichkeit, ein solches Ergebnis zu erreichen, ist die Definition des Affekts in der jeweiligen Situation. Wie könnte man noch zu einem Ergebnis kommen? Hat es einen Sinn, den Patienten zu ermutigen, seine Emotionen so deutlich wie möglich zum Ausdruck zu bringen, oder empfiehlt sich ein direktives Vorgehen? Was tun Sie sonst noch, um diese Isolierung zu durchbrechen?

Dr. Tarachow: Sie durchbrechen sie jedes Mal, wenn Sie dem Patienten helfen, seine zwanghafte Distanz zu überbrücken. Über den Gebrauch der Worte haben wir ja schon gesprochen. Wenn ein Patient über seinen genitalen Apparat spricht, dann müssen Sie ihn dazu bringen, daß er über seinen Penis spricht. Ein Mann, der sehr eifersüchtig auf seinen Bruder war, traf auf einer Party mit diesem Bruder zusammen. Später erzählte er mir, er habe beobachtet, daß »die Fingerspitzen seines Bruders an den Brustdrüsen eines Mädchens herumgetastet« hätten. Ich sagte: »Sie meinen, Ihr Bruder hat dem Mädchen an den Busen gefaßt«, und er antwortete: »Ja, das stimmt.« Das meine ich, wenn ich von der Überbrückung der affektiven Kluft spreche. Solche Patienten sondern sich ab und benutzen eine Sprache, die für diesen Zweck besonders gut geeignet ist. Eine andere Methode, sich abzuschließen, besteht darin, daß der Patient seine Besuche als »Behandlungen« bezeichnet. Es handelt sich aber um eine Behandlung, es ist ein Kontinuum. Solche semantischen Unterschiede sind von großer Wichtigkeit. Der Therapeut sollte zu Beginn der Sitzung immer wissen, wie das letzte Zusammentreffen geendet hat. Der Patient isoliert nämlich durch solche Abwehrmanöver die eine Sitzung von der anderen.

Eine Form der Abwehrhaltung, die man nicht nur bei Zwangsneurotikern, sondern auch bei schizoiden Charakteren und bei Schizophrenen antrifft, ist die Zuflucht zum Allgemeinen. Ich will Ihnen ein typisches Beispiel schildern. Auf die Frage: »Haben Sie heute nacht gut geschlafen?« antwortet der Patient: »Ich schlafe immer schlecht.« Sie haben eine allgemeingehaltene Antwort auf eine ganz spezielle Frage erhalten. Achten Sie auf solche Dinge, wenn der Patient Ihre Fragen beantwortet. Nicht jedes Beispiel dieser Art muß notwendig eine psychische Schädigung anzeigen, aber solche Antworten sollten Sie dazu veranlassen, nach ernsthaften pathologischen Störungen zu suchen.

Einer meiner zwangsneurotischen Patienten litt an Potenzstörungen. Es war ein Mann, der von seinem Penis niemals als von »meinem Penis«, sondern immer als von »dem Penis« sprach. *Der* Penis war erigiert, oder *der* Penis war schlaff. Er lag mit einem Mädchen im Bett, und *der* Penis tat dies, und *der* Penis tat das, aber es war niemals »mein Penis«. Der Mann hatte sich eindeutig von seinem sexuellen Apparat isoliert.

Kandidat: Ich möchte nur darauf hinweisen, daß ich in einer gruppentherapeutischen Situation, wo die Diskussion in der Regel ja allgemein bleibt, weil das sicherer ist, einen Patienten beobachtete, der persönliche Bemerkungen lieferte. Die Gruppe fiel geschlossen über diesen Patienten her. Er hatte sozusagen die Regeln verletzt. Die ungeschriebene Regel lautete, daß man über Probleme nur in sehr allgemeiner Weise sprechen durfte.

Dr. Tarachow: Ich nehme an, unter diesen Bedingungen hängt alles davon ab, wie der Gruppenleiter die Arbeit der Gruppe steuert. Manche Gruppenleiter fordern doch zumindest bestimmte Patienten dazu auf, ganz speziell ihre persönliche Geschichte oder ihre persönlichen Symptome vor der Gruppe auszubreiten. Ich selbst habe mit der Gruppentherapie keine Erfahrungen. Aber ich vermute, daß eine Gruppe, die man mit einigem Nachdruck in eine bestimmte Richtung führt, sich entsprechend verhalten wird.

Kandidat: Ich habe Patienten gehabt, denen die Übersetzung aus einer Sprache in die andere dazu verhalf, sich von dem entsprechenden Affekt zu isolieren.

Eine Patientin berichtete mir von einem heftigen Streit mit ihrer Mutter. Die Mutter hatte auf Jiddisch etwas zu ihr gesagt, was die Tochter in Wut versetzt hatte. Ich fragte, was die Mutter denn gesagt habe, und die Patientin erzählte es mir, aber in ganz ruhiger, sachlich berichtender Form. Der heftige Streit schien mir unerklärlich. So fragte ich: »Was hat Ihre Mutter denn nun eigentlich auf Jiddisch gesagt?« Das wollte die

Patientin mir eine ganze Woche lang nicht sagen. Als sie mir schließlich den jiddischen Wortlaut wiedergab, war auch der Affekt dabei. Der Gebrauch des Jiddischen sorgte dafür, daß sowohl der Affekt als auch der Sinn aufgedeckt wurden, wohingegen die Patientin sich bei der Wiedergabe der englischen Version unter Kontrolle hatte und den Inhalt in sehr isolierter und kühler Weise zum Ausdruck bringen konnte.
Dr. Tarachow: In der Sitzung über das Agieren (Kapitel 16) werden wir uns auch mit der Frage befassen, welche Funktion der Zuhilfenahme fremdsprachiger Ausdrücke zukommt. Bei Ihrer Patientin war es so, daß die Wiedergabe des jiddischen Wortlauts auf Englisch der Bemerkung ihre ganze Würze nahm.
Immerhin hat Ihre Patientin Ihnen wenigstens von einem Streit berichtet. Häufig stellen Patienten ihre Streitgespräche nämlich als Diskussionen hin: »Ich habe gestern abend eine Diskussion mit meiner Frau gehabt.« In Wahrheit meint der Patient, daß er sich mit seiner Frau gestritten hat. Unsere Sprache enthält alle möglichen Euphemismen als Form der Abwehr. Sie werden das vor allem an den Berichten Ihrer Patienten über ihr Sexualverhalten feststellen. Man muß den Patienten von diesen Euphemismen wegdrängen. »Küssen« ist ein häufig gebrauchter Euphemismus für das Wort »Saugen«.

»Es ist unbewußt«

Sehr beliebt ist bei manchen Patienten auch die Methode, als Antwort auf eine Interpretation zu sagen: »Oh, das muß unbewußt sein.«
Kandidat: In diesem Fall können Sie aber doch auf einen logischen Bruch verweisen. Der Patient sagt, daß es sich um unbewußte Feindseligkeit handeln muß; Sie dagegen können auf den Umstand verweisen, daß eine gewisse Bewußtheit natürlich im Spiel ist, wenn der Patient darüber sprechen kann.
Dr. Tarachow: Wenn Sie von den ganz rationalen Gedankengängen und logischen Zusammenhängen nicht abgehen wollen, dann verwickeln Sie sich sehr rasch in einen fruchtlosen Streit mit dem Patienten. Das einfachste Mittel, das ich in solchen Fällen anwende, ist der Hinweis an den Patienten, daß es in Wahrheit nicht so unbewußt ist, wie er gerne glauben möchte. Viele Patienten zeigen eine gewisse Einsicht in die eigenen Einstellungen und Handlungen. Wenn Sie einem Patienten etwas ganz Offensichtliches erklären, wenn Sie einer Frau beispielsweise sagen, daß sie ihre Schwiegermutter nicht ausstehen kann, dann sagt sie: »Oh, das muß unbewußt sein.« Sie müssen ihr beweisen, daß es längst nicht so unbe-

wußt ist, wie sie sich selbst glauben machen möchte. Patienten suchen sich das Leben dadurch etwas leichter zu machen, daß sie sagen: »Das ist unbewußt«, dann fühlen sie sich weniger schuldig. Wenn sie etwas als unbewußt bezeichnen können, dann können sie jede denkbare Haltung dazu einnehmen und sind sich nicht einmal Rechenschaft darüber schuldig. Dem gleichen Zweck dient ein ähnliches, wenn auch etwas pathologischeres Vorgehen, die Vorspiegelung geistiger Gestörtheit (Tarachow 1945). Geistesgestörtheit befreit von allen Schuldgefühlen.

»Vorbemerkungen«

Ich möchte Ihre Aufmerksamkeit noch auf einige andere Formen zwanghafter Symptomatik lenken, die leicht zu interpretieren sind. Zunächst möchte ich die Tatsache erwähnen, daß viele Zwangsneurotiker alle möglichen Umschweife machen, bevor sie einmal zur Sache kommen. Sie sagen: »Ich muß Ihnen erzählen, was mir heute morgen passiert ist.« Dann kommt eine Vorbemerkung nach der anderen. Sie kommen niemals dazu, Ihnen das zu erzählen, was sie zu erzählen vorhatten. Sie lassen Sie warten, sie foppen Sie, sie spannen Sie auf die Folter. Das ist eine beliebte Methode, mit der man kurzen Prozeß machen sollte. Verwahren Sie sich energisch gegen die Versuche, Sie zu foppen, zu quälen, hinzuhalten und zu enttäuschen und damit gewissermaßen zu besiegen. Diese Haltung des Patienten muß und kann interpretiert werden.

Kandidat: Ich denke, wenn man den Patienten unterbricht, dann gibt man sich feindselig; so ist das doch mit den Unterbrechungen. Selbst wenn es von Ihnen nicht so gemeint ist, wird der Patient es doch so interpretieren.

Dr. Tarachow: Keineswegs. Diese Unterbrechung ist hilfreich, nicht feindselig. Natürlich kann ein Patient, der hartnäckig an dieser Erzählweise festhält, Sie der Feindseligkeit beschuldigen. Wenn Sie aber die Unterbrechung in eine hilfreiche Form kleiden und nicht gereizt reagieren, dann wird der Patient das anerkennen. Ganz allgemein: Sie dürfen dem Patienten nicht gestatten, daß er Sie in die Defensive drängt. Sie müssen sich, wenn auch mit Gleichmut, mit seiner Taktik auseinandersetzen, die Dinge zu verzögern und endlose Umschweife zu machen.

Kandidat: Der Patient spricht mit jedem anderen auch in dieser Weise, nicht nur mit dem Therapeuten.

Dr. Tarachow: Das stimmt. Trotzdem sollten Sie mit Ihrer Interpretation dessen, was diese Redeweise Ihrer Meinung nach bedeutet, dazwischenfahren.

Sehr beliebt ist auch das folgende Vorgehen: »Gestern habe ich einen

Artikel über den britischen Premierminister gelesen, Sie wissen ja, wie er heißt – ähm ähm ähm.« Er nennt einfach den Namen nicht. Im ersten Augenblick sind Sie natürlich versucht, ihm mit dem Namen auszuhelfen. Dann hat der Patient erreicht, daß Sie seine Aufgabe übernehmen: Er hat Sie gezwungen, ihm etwas zu geben, obwohl doch gerade umgekehrt er Ihnen etwas hätte geben sollen. Das ist ein schwieriger Charakterzug, eine Mischung aus oraler Gier und analer Verstocktheit. Der Patient will, daß Sie ihm die Worte in den Mund legen. Es ist ein Versuch, das, was eine aktive Kommunikation sein sollte, in eine passive Kommunikation umzuwandeln, ein zähes Zurückhalten auf seiten des Patienten. Man wird an das Kind erinnert, das seinen Stuhl nur zum Teil hergibt; ein Teil wird hergegeben, der andere Teil wird behalten. Ich hatte einmal einen erwachsenen Patienten, der an Schultagen keinen Stuhlgang hatte; er sparte sich alles für das Wochenende auf und produzierte dann enorme Stuhlmassen. Von Freitagnachmittag an war er sein eigener Herr; die Schule war aus.

Sie müssen also Ihrem natürlichen Impuls widerstehen, gewissermaßen die Lücken für den Patienten auszufüllen, und Sie müssen ihm sofort klar machen, was er da tut. Dabei muß ihre Methode dann davon abhängen, was nach Ihrer Meinung im Augenblick das drängendste Problem ist. Sie können die oralen Momente interpretieren, Sie können auch die analen Momente interpretieren – eben das, was Ihrer Meinung nach einer Interpretation bedarf. Wenn es sich um einen Patienten handelt, der ständig giert und schmarotzt und dessen Gier und Schmarotzertum im Grunde das Problem sind, dann müssen Sie mit Ihrer Interpretation darauf abheben. Wenn der Patient störrisch ist und nichts hergeben möchte, dann müssen Sie das interpretieren. Es gibt keine Standardinterpretation.

Kandidat: Ich habe noch eine Frage zu der Masche mit den immer neuen Vorreden. Sie sagen dem Patienten, daß seine endlosen einleitenden Bemerkungen ja Feindseligkeit bedeuten, und der Patient verneint das: »Ich muß Ihnen diese Dinge erzählen, sonst können Sie nicht verstehen, was ich Ihnen nachher sagen will, und wissen nicht, was es bedeutet.«

Dr. Tarachow: Sie müssen bei Ihrer Sicht der Dinge bleiben und dürfen sich nicht auf einen Streit einlassen. Aber ich bin überzeugt, daß Sie genügend andere Beispiele finden werden, um Ihren Standpunkt klarzumachen, und wenn es nötig ist, dann warten Sie einfach ab. Sie werden feststellen, daß die Patienten immer wieder das gleiche tun.

Patienten verraten ihre Ambivalenz und ihre mangelnde Bereitschaft zur Kooperation auch noch auf andere Weise. Manchmal werden Sie, insbesondere von Zwangsneurotikern, die Bemerkung hören: »Mir kommen immer zwei oder drei Dinge gleichzeitig in den Sinn, und ich weiß gar nicht, was ich Ihnen nun eigentlich erzählen soll.« Der Patient möchte Ihnen die Aufgabe übertragen, aus seinen Gedanken das herauszusuchen, was er Ihnen erzählen soll. Oder der Patient trifft diese Wahl zwar selbst, vergißt aber dann seine übrigen Gedankengänge. Auf diese Weise gibt er Ihnen etwas und enthält Ihnen etwas vor.

Häufig teilen Patienten Ihnen ihre wichtigsten Überlegungen dann mit, wenn sie Ihr Sprechzimmer gerade verlassen. Das deutet in der Regel darauf hin, daß sie diesen Teil der gesamten Unterhaltung als ihre einzige »reale« Kommunikation betrachten. Alle anderen Mitteilungen, die im Rahmen der Sitzung gemacht worden sind, werden als künstlich, unwirklich, als nicht spontan und nicht freiwillig betrachtet.

Zustimmung

Kandidat: Ich habe einen Patienten, der auf jede Interpretation hin sagt: »Das klingt logisch.« Ich weiß nicht, was ich damit anfangen soll. Es ist einfach zermürbend.

Dr. Tarachow: Diese Art der Zustimmung ist ein wunderbarer Widerstand.

Kandidat: Was würden Sie denn tun? Ich sehe den zwanghaften Mechanismus, aber ich weiß einfach nicht, was ich tun soll, weil es nämlich tatsächlich – auch in meinen Ohren – logisch klingt.

Dr. Tarachow: In einem solchen Fall müssen Ihre psychotherapeutischen Bemühungen darauf abzielen, daß der Mann sich von Ihren Worten gestört fühlt, selbst wenn Sie zu diesem Zweck mit ihm streiten müssen. Unter Umständen muß man den Patienten sogar herausfordern: »Ich bin nicht so sicher, ob Sie wirklich mit meiner Interpretation einverstanden sind.« Er bietet nämlich eine Willfährigkeit und eine Zustimmung an, durch die alles, was Sie sagen, seine Bedeutung völlig einbüßt. Sie könnten dem Patienten folgendes sagen: »Ich habe den Eindruck, daß Sie mir zustimmen – egal, ob Sie es nun wirklich glauben oder nicht –, um mich zu beruhigen und mich glauben zu machen, daß Sie ein guter Patient sind.« Ich habe Patienten gehabt, die erspüren konnten, was ich gerade sagen wollte, und die schon anfingen, mir alle möglichen Bestätigungen zu geben, bevor ich noch mit meinem Kommentar zu Ende war. Es gibt

auch so etwas wie die Bosheit des übertriebenen Einverständnisses. Ich erinnere mich an einen Patienten, der als Junge von seiner sehr strengen Mutter angehalten worden war, alles zu erzählen, was er unternahm. Eines Tages – seine Mutter hatte mehrere Damen zum Tee gebeten – verkündete er mit lauter Stimme, daß er jetzt auf die Toilette gehen und dort Stuhlgang haben werde.
Kandidat: Ich habe einen Patienten, dessen Lieblingsantwort lautet: »Ich habe mir schon gedacht, daß Sie eines Tages darauf kommen würden.«
Dr. Tarachow: Dieser Patient bemüht sich verzweifelt, sein Bedürfnis nach Hilfe zu übersehen, und mit Sicherheit bemüht er sich verzweifelt, dieses Bedürfnis nicht etwa offen zuzugeben. An diesem Gedanken müssen Sie Ihre psychotherapeutischen Interventionen ausrichten.

Tricks

Manche Patienten stellen Ihnen alle möglichen Fallen oder spielen Ihnen Streiche. Ich hatte eine Patientin, die mir immer nur die erste Hälfte ihrer Träume erzählte, die zweite Hälfte aber erst folgen ließ, wenn meine Bemerkungen zum ersten Teil der Geschichte ihr intelligent erschienen bzw. in ihr Konzept paßten. Dann sagte sie jedesmal: »Ja, ich glaube, das stimmt«, und erzählte mir den Rest der Geschichte.
Es gibt noch andere Tricks. Der Patient fängt beispielsweise an, Ihnen von Joe zu erzählen, einer Person, von der Sie noch nie etwas gehört haben. Der Patient möchte herausfinden, ob Sie aufpassen; er will wissen, ob Sie ihm zuhören. Patienten bringen manchmal ganz bewußt Menschen oder Dinge ins Spiel, um zu sehen, ob Sie auch aufmerksam sind.
Und natürlich können Patienten auch lügen; aber wenn ein Patient lügt, dann sind Sie dafür nicht verantwortlich. Wenn der Patient zur Behandlung zu Ihnen kommt, dann nehmen Sie zunächst an, daß er kooperationswillig ist. Unter Umständen stellen Sie dann aber fest, daß er auch Material vor Ihnen verbirgt – im einen Fall mehr, im anderen weniger –, und zwar häufig deshalb, weil der Patient sich schämt, manchmal allerdings auch aus anderen Gründen. Patienten erwarten, daß Sie die Wahrheit aus ihrer mehr oder weniger weitschweifigen Darstellung der Dinge schon herausfiltern werden.

Kandidat: Sie sagen, daß diese Merkmale auf Zwangsneurotiker zutreffen – aber treffen sie nicht ebenso auch auf Menschen zu, deren Charakterbildung in bestimmter Hinsicht zwanghaft ist?
Dr. Tarachow: Es ist ganz einfach eine Frage der Festigkeit und Stabilität der Charakterstruktur bzw. ihrer mehr oder weniger mangelhaften Ausbildung an den »Rändern«. Wenn die Ränder nicht solide sind, dann zerbricht die Struktur hier in ganz spezielle Obsessionen oder in zwanghafte Gedanken. Es gibt ganz berühmte und erfolgreiche Leute, die hochgradige Zwangsnaturen sind. Die zwanghaften Formen der Abwehr sind in die gesamte Charakterstruktur eingebaut und können vollkommen ausreichend und sehr wirksam sein. Ich hatte einmal einen Patienten, der alle seine Arbeit stets prompt erledigte. Er war sehr intelligent und sehr tüchtig. Wenn ihm eine neue Aufgabe auf den Schreibtisch flatterte, dann hatte er keine Ruhe, sondern mußte sie sofort erledigen. Er war ein außerordentlich tüchtiger, erfolgreicher, aggressiver Mensch, der an seinem Arbeitsplatz übereifrig war und sich und anderen nichts durchgehen ließ – ein wirklicher Treffer für die Firma. Ich konnte sein zwanghaftes Bedürfnis, die Dinge brillant, rasch und den Wünschen der Klienten entsprechend zu erledigen, in keiner Weise in Frage stellen. Sein gesamter privater und beruflicher Werdegang war gerade wegen seiner zwanghaften Struktur ein Erfolg gewesen; es war ganz unmöglich, sie in Frage zu stellen oder irgendwie ins Wanken zu bringen.
Kandidat: Warum wollten Sie das?
Dr. Tarachow: Weil er auch noch andere Probleme hatte, die in seinen Augen in keinem Zusammenhang mit dem zwanghaften System selbst standen. Er hatte Phobien und gastrische Beschwerden. Das waren die »chaotischen Ränder« in seiner Struktur – Phobien und hypochondrische Symptome. (Ich möchte hier gern ganz kurz eine klinische Beobachtung über die Phobien anbringen. Es ist erstaunlich, wie häufig gastrische Symptome als prodromale Symptome* für Phobien auftreten, unabhängig davon, welcher Art die nachfolgende Phobie dann ist. Bevor alle möglichen Verschiebungen stattfinden, ist die erste Phobie gewöhnlich die krankhafte Angst vor einem Magenleiden, das wiederum als solches das erste Symptom überhaupt gewesen ist). Aber bei diesem Patienten stand das zwanghafte Element im Mittelpunkt; seine Charakterstruktur war

* Symptome, die den eigentlichen charakteristischen Krankheitserscheinungen vorausgehen

ganz einfach nicht in Bewegung zu setzen und ließ sich nicht zerbrechen. Hin und wieder zog ich mich, gewissermaßen blutend vom Kampf, zurück; es war unmöglich, die turmhohen Abwehrmanöver dieser außerordentlich erfolgreichen, aggressiven und geordneten Persönlichkeitsstruktur auch nur zu erschüttern.

Manchmal sind die Bitterkeit, die Bosheit und die Aggressivität des Patienten, die dem allem zugrunde liegen, von so enormen Ausmaßen, daß die Abwehrmechanismen, die er errichtet hat, wirklich unerläßlich sind. Er kann seine Aggressionen im Grunde nicht ertragen, ohne daß es zum Chaos oder zu einem psychotischen Ausbruch kommt. Pious (1950) warnt vor der Gefahr der zugrundeliegenden Psychose, und Miller (1950) und Stephen (1950) sind der Meinung, daß es Fälle gibt, in denen die zugrundeliegenden Aggressionen so mächtig sind, daß man an die Abwehrmechanismen am besten gar nicht rühren sollte.

Schwierigkeiten des Therapeuten

Als ganz besonders hinderlich empfindet der Therapeut seine eigene Verärgerung und Feindseligkeit. Diese Patienten sind nun einmal boshaft, sie foppen und provozieren einen wirklich, sie verbergen in der Tat Material, und sie sind ohne Zweifel störrisch.

Kandidat: Unterwirft man sie nicht in gewissem Ausmaß der Realitätsprüfung, wenn man deutlich erkennen läßt, daß sie einen in Zorn versetzen?

Dr. Tarachow: Nur sehr begrenzt. Sie können einen solchen Zustand natürlich rationalisieren und sich darüber hinwegtrösten, daß Sie sich haben ärgern lassen, indem Sie sich sagen: »Na ja, es ist gut für den Patienten. Es erleichtert ihm die Realitätsprüfung.« Aber tun Sie das besser nicht. Wenn Sie nämlich wirklich ärgerlich werden, dann ist es dem Patienten gelungen, in der Übertragungsbeziehung mit Ihnen eine Situation von neuem herzustellen, die mit der ursprünglichen Situation in seiner frühen oder späteren Kindheit identisch ist: er foppt und quält die Mutter, die Mutter wird zornig, sie straft. Der Patient foppt und quält Sie, Sie werden zornig, Sie strafen. Der Patient kann nun schließen, daß Sie auch nicht besser sind als sein Vater und seine Mutter.

Manche Patienten provozieren in einer Weise, der man nicht mehr gewachsen ist, und dann kann man tatsächlich nur noch explodieren. Dann, und nur dann – das ist eine Ausnahme in der Technik, keine Regel –, wenn also das Maß dessen, was Sie ertragen können, überschritten ist und Sie Ihren Zorn tatsächlich zeigen, ist es das Beste zu sagen: »Ja, nun haben Sie auch bei mir geschafft, was Sie so oft mit X, mit Y oder mit Z gemacht haben.« In seltenen Fällen müssen Sie den Patienten vielleicht sogar aufgeben. Ich habe das zweimal tun müssen. Ich war unfähig, meinen Haß auf einen ganz besonders strapaziösen Patienten länger unter Kontrolle zu halten.

Kandidat: Ich hatte einmal eine Patientin, die erst kurze Zeit im Krankenhaus war, nachdem sie schon sehr lange psychotherapeutisch betreut worden war. Sie erreichte es jedesmal, daß ich auf ihre Provokationen reagierte, und pflegte dann zu fragen, ob ich jetzt ärgerlich sei. Ich antwortete ihr: »Das ist mein Problem, nicht Ihres.«

Dr. Tarachow: Das ist eine Möglichkeit, aber keine sehr gute. Sie hätten sie fragen können, warum sie Sie schon im voraus warnte und warum sie damit rechnete, daß Sie ärgerlich werden würden. Am Ende hätten Sie sich dann vielleicht mit ihrem Wunsch und ihrem Bedürfnis, Sie zu provozieren, befassen können.

Das Verlangen nach Zärtlichkeit

Die Analyse der Abwehrmechanismen gegen den archaischen Sadismus reicht allein nicht aus, um diesen Patienten wieder zu normalen menschlichen Beziehungen zu verhelfen. In seinem täglichen Kampf gegen die Feindseligkeiten seiner Patienten übersieht der Therapeut nur zu leicht deren Sehnsucht nach Liebe und ihre Liebesfähigkeit. Tatsächlich haben ihn diese Patienten unter Umständen so stark gereizt und verärgert, daß er ihnen Liebesfähigkeit überhaupt nicht zutraut.

Zum gegebenen Zeitpunkt muß der Therapeut dieses Thema aber zur Sprache bringen. Wenn das in der richtigen Weise geschieht, dann wird er erstaunt sein angesichts der aufrichtigen Dankbarkeit des Patienten dafür, daß ihm eine solche Eigenschaft zugetraut wird. Dieses Thema ergänzt und vervollständigt die Arbeit mit dem Zwangsneurotiker. Meine Bemerkungen dazu sind absolut unzureichend, aber wenn Sie alle jene sadistischen Angriffe überlebt haben, die der Patient Ihnen entgegengeschleudert hat, und wenn es Ihnen gelungen ist, sich Ihr Mitgefühl für seine Leiden zu bewahren, dann werden Sie dem Patienten auch helfen können, sein Verlangen nach Liebe und seine Liebesfähigkeit wiederzugewinnen. Allgemeiner ausgedrückt: Wenn Sie vor dem Sadismus Ihres Patienten nicht die Waffen gestreckt haben, dann können Sie seine libidinöse und affektive Struktur wiederherstellen.

16
Agieren und Psychopathie

Heute beschäftigen wir uns mit dem Phänomen des Agierens. Ich möchte zunächst einige Zeit auf die Beschreibung dieser Erscheinung verwenden, dann auf ihre dynamische Natur eingehen und schließlich auch Fragen der Behandlung dieses Problems anschneiden. Beginnen wir mit der üblichen Definition, daß das Agieren die Lösung eines innerpsychischen Problems durch eine äußere Aktion ist – im Gegensatz zur inneren Lösung, wie sie etwa durch hysterische Reaktionen oder Zwangsgedanken repräsentiert wird.
Die Symptome können so aussehen, daß der Patient lügt oder stiehlt. Wenn wir uns weiter mit dem Thema beschäftigen, werden wir wohl noch weitere klinische Beispiele finden.
Welche Formen des Agierens gibt es? Unsere heutige Diskussion geht in der Hauptsache von der Behandlung in der Sprechstunde aus, nicht von der stationären Behandlung. Über Formen und Möglichkeiten des Agierens im Krankenhaus haben wir bereits gesprochen (Kapitel 5). Ich weiß nicht, ob und wie weit meine Ausführungen einen Bezug zu Ihren speziellen Erfahrungen haben werden, aber in der privaten psychotherapeutischen und psychoanalytischen Praxis tritt agierendes Verhalten auf verschiedenste Weise in Erscheinung.
Zunächst haben wir da eine Form, die außerordentlich schwer als Agieren zu erkennen ist. Ich bezeichne sie gern als eingebautes Agieren. Ein Patient, der zum Agieren neigt, schmuggelt ein gewisses Maß an agierendem Verhalten, das mit seinem Problem zu tun hat, in die therapeutische Situation hinein. Zum Beispiel: Ich nahm einen Patienten, einen jungen Anwalt mit Symptomen einer Zwangsneurose, in Behandlung. Als wir uns über die technische Seite der Behandlung unterhielten, trug er mir ein scheinbar vernünftiges Anliegen vor. Er sagte nämlich: »Ich bin Rechtsanwalt. Mein Einkommen ist nicht immer das gleiche. Ich weiß, was ich so im Laufe eines Jahres verdiene, aber von einem Monat zum anderen läßt sich das nicht so genau sagen. Hätten Sie etwas dagegen, wenn ich zahle, sobald ich kann? Ich weiß, daß ich die Rechnung im Laufe des Jahres selbstverständlich bezahlen kann, aber es kommt vor, daß ich in einem Monat so gut wie nichts verdiene, und im nächsten kommt dann ein höherer Betrag herein.« Ich sagte also: »Das ist schon in Ordnung«, und wir verblieben so.
Im Lauf der Behandlung stellte sich heraus, daß dieses Arrangement, das

doch so vernünftig und überlegt ausgesehen hatte, in Wahrheit ein Stück agierendes Verhalten von seiten des Patienten war; er ließ mich stets auf das Geld warten. Er ließ auch seine Frau warten, wenn er sich mit ihr in der Stadt verabredet hatte; er ließ seine Mandanten warten; er verbrachte sein Leben damit, seine Mitmenschen zu enttäuschen und warten zu lassen. Es war ihm lieber, wenn der Richter gegen seinen Mandanten entschied, anstatt ihm rechtzugeben. Seine Persönlichkeit läßt sich vielleicht am besten durch eine Geschichte erklären, die er als kleiner Junge einmal gelesen hatte.

(Nebenbei bemerkt, es ist interessant, daß uns manche Geschichten noch aus der Kindheit in Erinnerung sind. Von all den Büchern und Geschichten, die wir als Kinder gelesen haben, erinnern wir uns unter Umständen ganz besonders gut an eine einzige. Die Geschichte, an die wir uns erinnern, sagt in der Regel etwas Wichtiges über uns aus).

In diesem Fall handelte es sich um die Geschichte eines französischen Gouverneurs, der über eine kleine Insel herrschte, die im Besitz Frankreichs war. Er war als Gouverneur sehr tüchtig, aber er reichte niemals den geforderten Jahresbericht an die französische Regierung ein. Nach einigen Jahren bestand die Regierung schließlich darauf, daß er seinen Jahresbericht darüber, wie die Kolonie verwaltet werde, einsenden müsse, im anderen Falle müsse er von seinem Posten zurücktreten. Also setzte er sich hin, schrieb seinen ersten Bericht, sandte ihn ab und jagte sich anschließend eine Kugel durch den Kopf.

Diese Geschichte war eine genaue Beschreibung der Persönlichkeit meines Patienten. Er war außerordentlich störrisch, unfreundlich und unnachgiebig. Ich erwähne diese Episode, um Ihnen das »eingebaute« agierende Verhalten zu illustrieren. Manche Kollegen sprechen von der gleichen Erscheinung als vom »In-Agieren«, nämlich vom Agieren »in« der Behandlung; das Problem des Patienten wird in einer bestimmten Aktion deutlich, die den Therapeuten einschließt und innerhalb der therapeutischen Beziehung angesiedelt ist. Hin und wieder stellen wir fest, daß wir etwas für den Patienten tun, ein bestimmtes Arrangement akzeptieren oder bestimmte Umstände und Bedingungen in die therapeutische Beziehung einführen, was alles ganz vernünftig und harmlos erscheint. Irgendwie ist dabei das Problem des Patienten mit hereingeschmuggelt worden und läßt sich unmöglich lokalisieren.

Es gibt im Zusammenhang mit der therapeutischen Situation noch andere Formen des Agierens. Zum Beispiel kann es vorkommen, daß der Patient agiert, bevor die Behandlung überhaupt begonnen hat. Nehmen wir an, ein Patient kommt zu Ihnen, um sich beraten zu lassen. Sie sagen zu, ihn in Behandlung zu nehmen, aber Sie können erst etwas später mit der Behandlung beginnen. Am verabredeten Tag erscheint der Patient; in der Zwischenzeit hat er alle möglichen Dinge unternommen. Er hat geheiratet, er hat seine Arbeitsstelle aufgegeben, er nimmt jetzt Musikunterricht usw. Das ist eine Form des Agierens, die deutlich an *Ihre* Adresse gerichtet ist. Der Patient zeigt Ihnen auf diese Art, daß er nicht *von Ihnen* verändert werden möchte. Er sagt damit: »Ich brauche Sie nicht.« Zwar hat er zugesagt, mit der Behandlung zu beginnen, aber er hat herausgefunden, daß er schon vor der Behandlung mit dieser Form des Agierens Ihnen trotzig (wenn auch unausgesprochen) mitteilen kann: »Sie werden keineswegs etwas an mir bewirken, und ich brauche Ihre Hilfe nicht. Ich kann ohne Hilfe und ohne Zwang von Ihrer Seite alle möglichen Veränderungen in meinem Leben selbst bewerkstelligen.«

Das ist eine der Gefahren, die auftauchen, wenn man einen Patienten zu lange auf den Beginn der Behandlung warten läßt. Andererseits braucht ein Patient dieses Schlages ohnehin nicht sehr lange, bis er agiert. Er kann über Nacht etwas Fürchterliches anstellen.

Ich habe Patienten gehabt, die in der ersten Woche der Behandlung ihren Arbeitsplatz aufgaben. Mit diesem Schritt wirft sich der Patient seinem Therapeuten gewissermaßen an den Hals, schiebt ihm die Verantwortung zu, bringt ihn in Bedrängnis. Es gibt noch andere Formen des Agierens, die irgendeinen Aspekt in der Beziehung des Patienten zu Ihnen illustrieren.

Ich habe beispielsweise immer wieder Patientinnen, die unmittelbar nach dem Beginn der Behandlung schwanger werden. Das ist ein Versuch, Sie zu zwingen, in einer Weise in das Leben Ihrer Patientin einzutreten, wie Sie das nicht geplant haben. Die Patienten erwischen Sie, wenn Sie nicht auf der Hut sind. Sie versuchen, Sie zu irgendeiner Sofortmaßnahme zu zwingen. Sie präsentieren Ihnen ständig Notfälle und Notsituationen, die Ihr Einschreiten, Ihren Rat und im Grunde Ihre aktive Beteiligung am Leben des Patienten erforderlich machen. Patienten versuchen auch, Ihre therapeutische Technik zu ändern. Sie möchten, daß Sie entsprechend ihren Vorstellungen und ihrem Tempo vorgehen. Auf diese Weise bekommen sie etwas von Ihnen, das zu geben Sie eigentlich nicht vorhatten und das im Grunde in der Struktur der psychotherapeutischen Beziehung gar nicht enthalten ist.

Kandidat: Könnten diese Versuche, Kontrolle und Zwang auf den Therapeuten auszuüben, in einem Zusammenhang mit depressiver Haltung stehen?

Dr. Tarachow: In gewisser Weise schon, wenn auch nicht sehr direkt. Man kann die Depression unter anderem ja auch als hartnäckige Erpressung der Umgebung des Patienten ansehen. In gewissem Sinne handelt es sich dabei um die Technik, sich selbst schwer zu lähmen und sich dann auf die Türschwelle des anderen fallen zu lassen. Diese Technik ähnelt dem extremen masochistischen Vorgehen. Unter Hinweis auf ihre elende Lage versuchen der Depressive wie der Masochist, Fürsorge, Zuspruch, Interesse und Unterstützung aus Ihnen herauszuquetschen.

Depression hat durchaus etwas mit dem Problem des Agierens zu tun – denken Sie hier vor allem an das Bestreben, die Depression zu verbergen. Das Leugnen der Depression ist einer der bedeutsamsten Aspekte pathologischen Lügens. Die Manie ist nicht die einzige Form der Abwehr gegen die Depression; eine pathologische Lüge kann dem gleichen Zweck dienen.

Im Grunde sind das Agieren außerhalb der therapeutischen Beziehung und das »In-Agieren« bzw. das Agieren *innerhalb* der therapeutischen Beziehung das gleiche. Solche Aktionen einfach zu untersagen hat nicht den geringsten Zweck. Stellen Sie sich einen sehr störrischen zwangsneurotischen Patienten vor, der sich bei mir einer Analyse unterzieht. Schon aus den routinemäßigen Vorkehrungen, mit denen die Sitzung jeweils beginnt, macht dieser Patient ein kleines Gefecht: Ich lege ein frisches Tuch auf das Kopfkissen, wenn der Patient hereinkommt – aber er läßt es mich niemals wirklich für ihn tun. Wenn ich das Tuch hinlege, muß er das Kissen noch einmal zurechtrücken. Wenn ich etwas sage, wenn ich eine Interpretation äußere, dann sagt er: »Oh, daran habe ich auch schon gedacht.« Er will nicht, daß ich etwas für ihn tue. Das gehört zu seinem Lebensmuster.

Die Form des Agierens außerhalb der therapeutischen Situation, die uns am meisten beschäftigen wird, hat mit Stehlen und krankhaftem Lügen zu tun. Das pathologische Lügen ist eine interessante Sache, wenn der Therapeut sich nicht ärgert oder grämt. Wenn Sie Ihre Feindseligkeit und Ihren Ärger über solches Verhalten zu überwinden in der Lage sind, dann können Sie dem Patienten eine große Hilfe sein.

Eine meiner Patientinnen erzählte mir beispielsweise in der Sitzung am Montagmorgen, daß sie am vergangenen Samstag nachmittag in Yale gewesen sei, um ein Fußballspiel anzuschauen, und daß es ein herrlicher Tag gewesen sei. Sie schilderte mir im einzelnen die Fahrt zum College, das Fußballspiel und das anschließende Abendessen. Das einzige Haar in der Suppe war, daß ich am Samstag nachmittag ein wenig durch die Straßen gestreift war und sie einkaufen gesehen hatte; sie konnte also nicht gut gleichzeitig das Spiel angesehen haben.

Ich sagte: »Am Samstag war ich in der Madison Avenue und sah Sie in ein Lebensmittelgeschäft gehen.« Sie wollte einfach nicht zugeben, daß sie das Fußballspiel gar nicht gesehen hatte. Sie versuchte beharrlich, die

Geschichte so darzustellen, daß das Fußballspiel doch noch hineinpaßte. Diese Patientin schafft sich die Illusion von Glück und Zufriedenheit. Sie hatte den Samstag nachmittag nicht allein verbracht. Sie lügt und stiehlt, um sich so einer tröstlichen Selbstliebe und eines illusorischen Glücks zu versichern. Das eigentliche Problem ist ihre Unfähigkeit, sich die zugrundeliegende Depression oder das zugrundeliegende Gefühl, daß sie unglücklich ist, einzugestehen. Sie kauft sich zum Beispiel Kleider auf Rechnung ihrer Eltern, ob sie sie nun braucht oder nicht. Solche Patienten können den Schmerz der Deprivation nicht ertragen. Das Lügen hat eine orale, eine magische Qualität. Sie müssen schon den bloßen Gedanken an eine Enttäuschung leugnen. Eine andere Patientin mit einem ähnlichen Problem, bei dem das Agieren ebenfalls eine Rolle spielte, drückte es so aus: »Die Vorstellung des *Nein* oder *Nicht* existiert für mich nicht.«

Solche Patienten an den Punkt zu bringen, an dem sie erkennen, daß sie deprimiert oder unglücklich sind, ist von entscheidender Wichtigkeit. Die frühe Geschichte dieser Patienten ist von schwerer Deprivation gekennzeichnet, in der Regel von seiten der Mutter.

Das Agieren ist eine Form der Abwehr. Solche Patienten handeln nicht etwa aus einem plötzlichen Impuls oder aus Feindseligkeit heraus, wenn sie stehlen oder lügen. Es verhält sich vielmehr so, daß sie der Forderung, eine Enttäuschung anzuerkennen und hinzunehmen, einfach nicht gewachsen sind. Ihr wichtigster Abwehrmechanismus ist die magische orale Verleugnung. Sie hängt eng mit der Manie zusammen, jener Form der Abwehr, die besagt, daß alles wundervoll ist, einer Verleugnung der zugrundeliegenden Depression, die sich etwa so zusammenfassen ließe: »Ich bin wertlos und werde nicht geliebt.«

Das größte Problem beim pathologischen Lügen und Stehlen ist die durch das Leugnen erreichte Abwehr des Wissens, unglücklich zu sein. Die Behandlung dieser Patienten ist schwierig; man muß sich dabei an bestimmte Grundsätze halten. Befolgt man diese Grundsätze, so ist dies allein noch keine Garantie für den Erfolg; aber andererseits ist in ihrer Nichtbeachtung der Fehlschlag schon eingebaut. Wenn man also eine bestimmte Haltung gegenüber diesen Menschen beibehält, dann kann man sich zumindest die *Möglichkeit* des Erfolges sichern.

Üblicherweise – das heißt bei der Behandlung eines Neurotikers oder gelegentlich auch eines Psychotikers in der privaten Praxis – kommt der Patient mit einem Symptom zu Ihnen, das schuld daran ist, daß er sich elend fühlt. Es können migräneartige Kopfschmerzen sein, ein gelähmter Arm, eine Arbeitshemmung; oder es ist eine Phobie, die ihn ans Haus fesselt und es ihm unmöglich macht, arbeiten zu gehen; oder es ist Impotenz, die seine Ehe zu ruinieren droht. Für die meisten Patienten, die um Hilfe bitten, ist das Symptom ichdyston; sie mögen es nicht, es ist ihnen lästig. Anders verhält es sich mit dem symptomatischen Agieren, denn hier ist das Symptom ja gerade dazu ausersehen, den Patienten glücklich zu machen. Der Patient befindet sich nicht in bewußtem Konflikt mit seinen Symptomen; er ist im Gegenteil mit seinen Symptomen recht zufrieden.

Eine Patientin pflegte sich zum Beispiel immer selbst Orchideen ins Haus zu schicken und erfand dazu die Geschichte eines Freundes, von dem sie die Blumen bekommen habe. Das Symptom machte sie glücklich – und die Analyse dieses Symptoms war eine Bedrohung für sie, denn damit hätte sie sich in einem weniger illusorischen Dasein wiedergefunden und wäre dem Gefühl von Einsamkeit und Unglück ausgesetzt gewesen. Der Therapeut stellt für diese Leute eine Bedrohung dar; er nimmt ihnen etwas weg. Das steht im Gegensatz zu der Situation, wie wir sie mit dem Neurotiker erleben: Hier bemühen wir uns, die Schmerzen und Qualen, die das Symptom ihm bereitet, zu lindern. Beim agierenden Patienten *erleichtert* das Symptom den Schmerz und die Qual.

Die Behandlung solcher Patienten schließt gewöhnlich eine lange vorbereitende Phase ein. Der Therapeut muß die Dinge eine ganze Weile zusammen mit seinem Patienten »durchleben«, bevor er mit seinen Interpretationen beginnen kann. Ganz einfach ausgedrückt, der Patient muß zunächst eine Bindung an den Therapeuten entwickeln, er muß sich gewissermaßen in seinen Therapeuten verlieben. Dabei handelt es sich um eine infantile und fordernde Form der Liebe, nicht etwa um ein reifes Gefühl. Sie müssen genügend Geduld, Toleranz und guten Willen aufbringen, um zunächst eine lange Periode der Übertragungsprüfung zu ertragen. Nur wenn der Patient Sie liebt und sich Ihnen verbunden fühlt, wird er irgendwann beginnen, sich Ihre Interpretationen einmal durch den Kopf gehen zu lassen. Er wird Sie immer und immer wieder auf die Probe stellen, um sicher zu sein, daß Sie seine Liebe auch verdienen. Jede Interpretation ist eine Deprivation für ihn. Sie streuen Salz in seine Wunden. Unter Umständen müssen Sie ihn mit der Tatsache konfrontieren, daß seine Mutter eine kalte und gefühllose Frau war. Das möchte er leugnen.

Der Therapeut muß mit einem eigentümlichen Paradoxon fertigwerden: Gerade der Patient, der unzweifelhaft ein Lügner ist, verlangt bedingungslose Ehrlichkeit von ihm.

In der Regel kommen diese Patienten nur sehr unwillig zur Behandlung. Sie kommen, weil der Vater oder der Ehepartner mit rechtlichen Schritten gedroht haben. Manchmal sind sie drauf und dran, eine kriminelle Handlung zu begehen. Zu Beginn wird der Therapeut mit Sicherheit als ins Lager der Feinde gehörig eingestuft; der Patient wird sich bemühen zu beweisen, daß Sie ein Feind für ihn sind.

Ich habe mit einer meiner Patientinnen folgendes erlebt: Sie fuhr in den Ferien nach Hause; ihr Verhalten dort war einwandfrei, aber im letzten Augenblick vor der Rückreise stahl sie ihrem Vater Geld. Der Vater bemerkte die Sache erst, nachdem sie abgereist war. Bis zu dem Zeitpunkt, zu dem das Mädchen am nächsten Tag in meine Sprechstunde kam, hätte der Vater aber Zeit genug gehabt, mich von dem Diebstahl zu benachrichtigen. Die Unzahl von Fallen, die diese Patientin mir stellte, um herauszufinden, ob ich wisse, daß sie die hundert Dollar gestohlen hatte, war einfach überwältigend. Die Patienten interessieren sich natürlich für das, was ihre Eltern dem Therapeuten mitteilen, aber noch wichtiger ist ihnen zu wissen, ob Sie Verbindung zu den Eltern aufgenommen haben. Es ist ihnen klar, daß die Eltern Ihnen ihre Klagen vortragen werden. Aber sie liegen auf der Lauer, ob Sie wohl ihre Geheimnisse an die Eltern weitergeben. Wenn Sie die Geheimnisse Ihrer Patienten für sich behalten, dann haben Sie die Probe bestanden. Wenn Sie sie nicht bestehen, dann wird die Behandlung mit Sicherheit fehlschlagen.

Anfangs gibt es diese Periode der Übertragungsprüfung. Die Patienten wollen wissen, wie loyal Sie zu ihren Interessen stehen. Sie müssen sich also auf die Seite der Patienten schlagen. Es gibt da so eine Art Rollenspiel, durch das man hindurch muß. Die Übertragung ist tatsächlich das Vehikel der Behandlung. *Bei dieser Form der Psychopathie ist das Vehikel der Behandlung Ihre Loyalität gegenüber dem Patienten.* Sie bildet die Grundlage für das, was im weiteren geschehen muß; der Patient muß nämlich die Illusion, daß er geliebt wird, aufgeben, und das kann er nur, wenn er sich in seiner Beziehung zu Ihnen einer bestimmten Realität sicher ist, auf die er sich einmal zurückfallen lassen kann. Er muß sich auch seiner eigenen Depression und damit seinem eigenen Unglück stellen, und das kann er nur, wenn Sie ihm Ihre Liebe dafür anbieten.

Kandidat: Die Schweigepflicht gilt doch wohl ohnehin in jeder therapeutischen Beziehung?

Dr. Tarachow: Ja, natürlich. Sie gilt für alle Patienten, aber bei diesen Patienten kann es problematisch werden, weil sie manchmal in Konflikt mit dem Gesetz geraten. Sie verwickeln sich in reale Handlungen mit äußeren Konsequenzen. Sie tun etwas. Sie versuchen, Sie zur Aktion, zum Rollenspiel zu veranlassen oder doch wenigstens zu beunruhigen und in Sorge zu versetzen. Die Parallele zur Behandlung von Kindern ist ganz deutlich.

Es geht hier nicht etwa darum, daß der Patient Ihnen erzählt, daß er im

College ein homosexuelles Erlebnis gehabt hat und nicht möchte, daß Sie seinem Vater davon erzählen. Es geht darum, daß der Patient *jetzt* etwas tut, was möglicherweise gefährlich ist. Ihr natürlicher Impuls ist, den Patienten zu schützen und den Vater anzurufen, um ihm zu sagen: »Sie täten gut daran, etwas zu unternehmen, Ihr Sohn oder Ihre Tochter hat Ärger mit der Direktion des Kaufhauses Soundso.« Das dürfen Sie aber gerade nicht tun. Schon der Impuls, den Patienten vor der Realität zu schützen und sich in die Realität einzumischen, ist Teil des unbewußten Übertragungsmusters des Patienten – der Sie nämlich dazu verleiten will, als reale Figur aufzutreten. Aber Sie dürfen sich dazu nicht von ihm verleiten lassen.

In welche Schwierigkeiten diese Patienten auch geraten, die offenkundigen Konsequenzen sollten Sie nicht beunruhigen. Sie dürfen sich nicht einmischen. Der Patient muß die rechtlichen Folgen seiner Handlungen, ohne daß Sie sich engagieren, hinnehmen. Sie dürfen nicht sagen: »Sie geraten in Schwierigkeiten, wenn Sie das und jenes tun«, oder: »Wenn Sie das noch einmal tun, dann kommen Sie ins Gefängnis, das wissen Sie ja.« In dem Augenblick, in dem Sie wie die Polizei oder aber mit der Polizei reden, in dem Sie wie der Vater oder aber mit dem Vater sprechen, sind Sie eine Autorität und damit dem Patienten feindlich gesinnt. Aus therapeutischen Gründen müssen Sie das Risiko, sich nicht einzumischen, auf sich nehmen.

Was gewinnen Sie nun daraus, daß Sie dieses Risiko eingehen? Vielleicht scheint es Ihnen so, als könne man gar nichts gewinnen. Und doch gibt es einen Gewinn dabei: *Sie haben dem Patienten die Verantwortung für sich selbst nicht genommen.* Wir sind Ärzte, wir denken an den Menschen, und wir wollen unseren Patienten helfen, aber sobald wir uns einmischen und dem Patienten die Verantwortung abnehmen, haben wir ihn wie ein kleines Kind behandelt und ihm einen Teil seiner Selbstachtung genommen.

In der Psychotherapie gibt es allerdings hin und wieder Probleme, bei denen Sie einschreiten müssen. Sie müssen Ihren Patienten schützen, und in den schwierigeren Fällen müssen Sie ihn ins Krankenhaus befördern und so weiter. Wenn Sie aber mit einem Patienten in wirklich idealer Weise arbeiten oder es mit Psychopathen zu tun haben, für die das Gefühl der Verantwortung eine ganz wichtige Sache ist, dann lassen Sie dem Patienten auch die Verantwortung für seine Fehler und Irrtümer. Wenn Sie zuviel helfen bzw. die Eltern oder sogar den Patienten warnen wollen, dann ist der Patient herabgewürdigt und in seiner Beziehung zu Ihnen zum unmündigen Kind geworden.

Kandidat: Konnten Sie Ihre Patientin soweit bringen, zuzugeben, daß sie sich die Orchideen selbst geschickt hatte?

Dr. Tarachow: O nein. Sie blieb hartnäckig dabei, daß jemand anders der Absender war.

Kandidat: Und wie sind Sie überhaupt dahintergekommen?

Dr. Tarachow: Dadurch, daß ich die Vorgeschichte von den Eltern erfahren habe. Als die Patientin bei mir in Behandlung war, tat sie viele Dinge, von denen ich erst Monate später erfuhr. Man arbeitet ja häufig im Dunkeln.

Pathologische Lügner versuchen oft, Ihnen auf dem Weg über einen Berg von Lügen die Wahrheit zu sagen. Nehmen wir einmal ein sehr stark vereinfachtes Beispiel: Die Patientin will mir erzählen, daß sie ohne Wissen ihrer Mutter in einem Geschäft fünfzig Dollar ausgegeben hat, die nicht ihr, sondern ihrer Mutter gehören. Die Patientin möchte in der Tat vertraulich mit mir reden und mir alles erzählen; wenn sie es aber wirklich tut, dann würde das bedeuten, daß sie sich ihre Illusionen selbst zerstört. Und dennoch möchte sie mir von sich erzählen. Also berichtet sie mir vielleicht, daß sie ihrer Schwester vor zwanzig Jahren mal einen Schnürsenkel weggenommen hat. Es ist, als ob sie mir einen winzigen Bruchteil der Wahrheit erzählen würde. Patienten versuchen immer, Ihnen die Wahrheit zu sagen; wenn die Wahrheit aber in Konflikt gerät mit der Notwendigkeit, Schmerz und Qual zu leugnen, dann können sie es nicht. Dennoch versuchen sie, Ihnen ein kleines Stück der Wahrheit mitzuteilen. Aufgabe des Therapeuten ist es, bildlich gesprochen, dieses Körnchen Wahrheit zum Wachsen zu bringen, während zugleich die gefühlsmäßige Bindung des Patienten an ihn stärker wird. Übrigens stecken in der Lüge selbst eine Menge Informationen. Die Lügen sagen, welche Wahrheiten der Patient sich wünscht. Das Kind möchte glücklich sein. Es möchte jemanden haben, der es liebt, aber die zugrundeliegende Depression steht dem im Weg. Selbst die Heilung steht dem Glücklichsein im Weg, weil diese Patienten eben nicht geheilt sind, solange sie nicht durch ihre Depression hindurch sind.

Ich habe des langen und breiten darüber gesprochen, daß der Therapeut für den Patienten wichtig werden, daß er zum Objekt für ihn werden muß. Aber das ist nicht so leicht zu erreichen. In gewisser Hinsicht haben diese Psychopathen gar keine Objekte, sondern setzen ihre Illusionen an deren Stelle. Es sind aus ihrem Narzißmus entstandene Illusionen, die ihnen die Objekte ersetzen. Sie möchten das Risiko nicht eingehen, daß der Therapeut nun die Stelle der Illusionen einnimmt, denn er könnte sie ja enttäuschen. Sie möchten nicht Gefahr laufen, Schmerz oder Depression erdulden zu müssen, und diese Gefahr besteht zweifellos, wenn der Therapeut ihnen wichtig wird. In der Behandlung ist es ein entscheidender Schritt vorwärts, wenn der Patient Ihnen schließlich gestattet, zu seinem Objekt zu werden. Damit riskiert er Objektverlust, Depression und Schmerz. Narzißmus und beschädigte Objektbeziehungen sind Hauptmerkmale des agierenden Patienten. Auch die scheinbaren Objekte in seinem Leben sind eben keine echten Objekte. Der Patient benützt ganz einfach die eine oder andere Figur, um bestimmte Probleme in seinem Leben zu dramatisieren. Wir können eine Unterscheidung zwischen dem Agieren und der Aktion treffen. Ich würde sagen, daß eine Aktion objektgerichtet ist, während zum Agieren Scheinobjekte herangezogen werden, mit deren Hilfe sich bestimmte Probleme dramatisieren lassen, ohne daß echte Objektbeziehungen bestehen. Das Agieren hat Züge der restitutiven Phase der Wahnbildung.

Die Patientin, die ich vorhin erwähnt habe, schwankte sehr stark in ihrem Verhalten. Zuzeiten zog sie sich von mir zurück; dann wieder zeigte sie Gefühlsausbrüche oder vermehrtes psychopathisches Agieren, oder aber sie kam immer später zur Sitzung. Allerdings hat sie kaum je eine Sitzung ganz und gar versäumt.

Ich hatte ein Verfahren, diese Patientin wieder näher zu mir heranzuholen; es hatte seine Gefahren, aber ich mußte ja auf eine enge Bindung zu mir hinarbeiten. Die Bindungen der Patientin zu anderen Menschen bauten immer auf der Überlegung auf, was sie wohl von dem anderen erhalten konnte. Durch Versuch und Irrtum fand ich heraus, daß Interpretationen von Beleidigungen und Kränkungen, die der Patientin früher zugefügt worden waren, sie enger an mich banden. Damit war ich wieder auf ihrer Seite und befand mich in Einklang mit ihr; ich half ihr dabei, ihr Verhalten zu rechtfertigen, und das machte uns wieder zu Freunden. Eine Zeitlang pflegte sie dann wieder pünktlich zu kommen und besser mitzuarbeiten. Diese Patientin besaß ganz ausgezeichnete Einsichten in ihr Verhalten, aber diese Einsichten änderten nichts an ihrem Verhalten. Sie bemühte sich nach Kräften, alle Menschen in ihrer Umgebung zu zwingen, ihr eine gute Mutter zu sein. Wer immer mit ihr zu tun hatte, büßte dabei früher oder später auf die eine oder andere Weise Geld ein. Jeder brachte es fertig, ihr etwas zu geben, und sie brachte es fertig, von jedem etwas zu bekommen; sie verwandelte unaufhörlich jeden Menschen in eine Mutter; sie schuf sich eine Welt, in der jedermann gut zu ihr war – eine vollständige Verleugnung jeder Erfahrung, die Deprivation mit sich brachte.

Eines meiner Hauptanliegen für diese Patientin bestand darin, sie wenigstens soweit zu bringen, daß sie dieses phantastische Abstreiten jeder Deprivation überwand und zumindest versuchte zuzugeben, daß sie unglücklich war, kurz, sie zum Weinen zu bringen. Es war nahezu unmöglich, ihr das Eingeständnis irgendeiner kürzlich erlittenen Frustration oder Deprivation zu entlocken. Eine Frustration konnte es im bewußten Erleben dieses Mädchens gar nicht geben. In dem Augenblick, in dem sie eine Deprivation zu bewältigen hatte, deckte sie sie sofort zu, indem sie Geschichten erzählte, log, stahl und agierte. Sie konnte die Deprivation ganz einfach nicht ertragen. Ich setzte alles daran, dieses Mädchen zum Weinen zu bringen, zu dem Eingeständnis zu veranlassen, daß etwas sie schmerzte, daß sie etwas wollte, daß sie etwas brauchte, daß ihr etwas fehlte. In zweieinhalb Jahren weinte sie nur ein einziges Mal, und das hatte keineswegs ich bewirkt. Sie hatte einen jungen Mann dazu gebracht, ihr einen Heiratsantrag zu machen. Kaum hatte er seinen Antrag vorgebracht, als sie ihn mit einer solchen Flut von Lügen überschüttete, daß er es mit der Angst zu tun bekam. Er erkannte, daß hier etwas nicht stimmte, und ließ sie sitzen. An diesem Punkt erkannte sie die Realität ein klein wenig und weinte.

Immer wenn ein neuer Mensch in ihrem Leben auftauchte, sah sie sich wieder zum Agieren und zum symptomatischen Verhalten veranlaßt. Jeder neue Mensch, jedes neue Objekt konnte nur in der einen typischen Weise behandelt werden, es wurde aufs neue die Erwartung daran geknüpft, daß es ja nur eine weitere Quelle der Deprivation sein werde. Sie mußte es sofort auf die Probe stellen und leersaugen. Jeder, der in ihren Umkreis geriet, erlitt das gleiche Schicksal. Jeder Versuch, sie vom Agieren abzubringen, rief die heftigsten Wutanfälle, weitere Lügen und vermehrtes Agieren hervor. Eben dieser Faktor ist es, der für das erneute Aufflackern der Symptome zu Beginn der Behandlung verantwortlich ist. Der Therapeut selbst ist das neue Objekt zu Beginn der Behandlung.

Patienten, die in pathologischer Weise lügen und stehlen, kommen niemals freiwillig zur Behandlung. Daneben gibt es aber einige psychopathische Typen, die gelegentlich von sich aus kommen. Es kommen auch Homosexuelle, aber seltsamerweise niemals wegen ihrer Homosexualität. Sie kommen wegen einer anderen Sache, die sie unglücklich macht. Auch die Homosexualität kann Züge dieser anderen Form der Psychopathie aufweisen. Es geschieht sehr leicht, daß man sich in den Details der einen oder anderen speziellen homosexuellen Praktik verliert und nach ihrer unbewußten Bedeutung sucht. Dabei gibt es eine Reihe eher vordergründiger Elemente, die gelegentlich übersehen werden. Für viele Homosexuelle bedeutet die Tatsache, von einem anderen Mann umarmt zu werden, die beglückendste Erfahrung überhaupt. Sie möchten sich ankuscheln wie ein Kind; diese Männer nehmen alle denkbaren Perversionen hin, die der Partner verlangt, vorausgesetzt, der andere ist damit einverstanden, daß sie sich wie ein Baby an ihn anschmiegen.

Ein weiteres Kennzeichen dieser Patienten, die außerhalb oder innerhalb der Behandlung agieren, ist ihre Suche nach einem Komplizen. Der Sadist findet seinen Masochisten. Manchmal versuchen die Patienten, den Therapeuten zu ihrem Komplizen zu machen; wenn das einigermaßen auffällig geschieht, dann ist es ganz leicht, der Sache aus dem Wege zu gehen. Es gibt da beispielsweise den unehrlichen Patienten, der das Finanzamt betrügt. Er bietet Ihnen an, sich an einem »Ding« im Zusammenhang mit seiner Einkommensteuer zu beteiligen. Einmal ist mir sogar ein noch lächerlicherer Vorschlag gemacht worden: Eine Patientin regte an, ich solle ihr mehr berechnen, als mir zustand; ihr Mann würde die Rechnungen bezahlen, und wir könnten uns dann in den Überschuß teilen.

Das ist so albern, daß man schon darüber lachen muß. Dennoch war gerade das eines der größten Probleme dieser Frau. Ihre Mutter hatte ihren Vater betrogen. Die Patientin wiederholte das Muster; sie mußte ihrem Mann Geld stehlen. Um mit diesem Problem fertigzuwerden, war sie zur Behandlung gekommen, und nun wollte sie die Behandlung in die gleiche schwierige Situation umwandeln, unter der sie ja litt. Manchmal ist das Angebot der Komplizenschaft so plump und so offensichtlich, daß man es ohne Schwierigkeiten zurückweisen kann. In anderen Fällen wird es einem auf sehr viel subtilere Weise vorgeschlagen. Es gibt eine gute Regel, an die man sich halten kann und die einem hilft, sich über den Einfluß klarzuwerden, den der Patient auf einen ausübt: Wenn Sie feststellen, daß Ihr Verhalten gegenüber einem Patienten sich irgendwie ändert, und sei es auch nur in einem winzigen Detail, dann überlegen Sie sich, wie Sie auf diesen Patienten reagieren. Sind Sie etwa zu seinem Komplizen geworden?

Ich beginne und beende die Sitzungen auf die Minute genau zur festgesetzten Uhrzeit. Wenn ich nun feststellen müßte, daß ich mich mit dem einen Patienten häufig ein oder zwei Minuten länger aufhalte, dann würde ich mich genau beobachten: vermutlich reagiere ich auf den Patienten. Das gleiche gilt für den umgekehrten Fall, wenn mir auffällt, daß ich einen Patienten immer ein oder zwei Minuten früher wegschicke, oder daß ich mein Verhalten bei der Begrüßung oder Verabschiedung ändere. Diese Mahnung zur Vorsicht finden Sie übrigens auch in Glovers (1928) Vorlesungen zur Technik der Psychoanalyse. Ich finde, das ist eine unglaublich nützliche Vorsicht, denn irgendwie könnten Sie doch in heimlichem Einverständnis mit der Neurose Ihres Patienten handeln. Typische Situationen dafür sind etwa die folgenden: Der Patient hat Sie entweder verführt, und Sie geben ihm zuviel, oder er hat Sie gereizt, und Sie haben sich auf eine sadomasochistische oder eine feindselige Beziehung eingelassen. Sie haben vielleicht einmal vergessen, dem Patienten eine Rechnung zu schicken. Der Patient weckt vielleicht Schuldgefühle in Ihnen. Er hat so erreicht, daß Sie sich ihm in bezug auf sein agierendes Verhalten, auf das Ausleben seiner Neurose, angeschlossen haben. Sie sitzen nicht mehr am therapeutischen Hebel; Sie haben die Bedingungen akzeptiert, die der Patient an die Beziehung knüpft.

Kandidat: Haben Sie mit den depressiven Patienten mehr Erfolg als mit den Psychopathen?

Dr. Tarachow: Ja. Bei eindeutig depressiven Patienten erreiche ich mehr. Wenn die Depression in der beschriebenen Weise überdeckt und geleugnet wird, dann sind die Erfolge gering. Dennoch sollte man auch hier die Mühe nicht scheuen, vor allem sollte man bereit sein, die Übertragungsprüfung über sich ergehen zu lassen. Ich habe bessere Erfolge mit Patienten erzielt, die ihre Depression nicht leugneten, die imstande waren, sich mit Feindseligkeit wie auch mit Verlust und Deprivation auseinanderzusetzen. Sie waren fähig, sich mit ihren Problemen herumzuschlagen, obwohl es sie schmerzte. Wenn der Patient sich narzißtischen Illusionen hingibt und so seine Depression leugnet, dann ist es so gut wie unmöglich, ihn zur Konfrontation mit den Schmerzen und Qualen zu bringen, die hinter der Depression liegen. Sie müssen dann nämlich die Depression ans Licht bringen und den Patienten unglücklich machen. Sie müssen erreichen, daß er sagt: »Ich bin nicht geliebt worden.« Im Grunde braucht jeder Patient ein gewisses Maß an Masochismus, um die Behandlung durchzustehen.

Kandidat: Wie alt war Ihre pathologische Lügnerin?

Dr. Tarachow: Etwa zwanzig. Angefangen hatte es mit dreizehn, ein ganz charakteristisches Alter für den Beginn dieser Psychopathie. Es besteht da wohl ein Zusammenhang mit dem Einsetzen der Menstruation.

Möglicherweise gibt es auch Faktoren, die speziell das Überich dieser Patienten beeinflussen. Die beste Arbeit, die ich Ihnen in diesem Zusammenhang nennen kann, ist wohl die von Johnson und Szurek (1952), in der die beiden Autoren ganz klar nachweisen konnten, daß Überich-Schäden von den Müttern an die Kinder weitergegeben werden. Die Autoren haben mit Müttern und Kindern gearbeitet und festgestellt, daß die Kinder die Überich-Schäden der Mütter rasch erfaßten und absorbierten.

Ich habe beispielsweise ein Mädchen behandelt, eine Psychopathin, deren Hauptproblem das Stehlen war; ihre Mutter hatte auch gestohlen. Die Mutter, eine sehr kalte und unnahbare Frau, schritt zwar gegen die Diebereien ihrer Tochter ein, aber es muß doch irgendeine subtile Vermittlung des Überich-Schadens der Mutter stattgefunden haben.

Kandidat: Wo liegen die Schwierigkeiten des Therapeuten in seinen Reaktionen auf diese Menschen?

Dr. Tarachow: Er reagiert vor allem mit Haß und Neid. Stellen Sie sich vor, Sie sind Arzt, Sie arbeiten schwer; Sie stehen morgens zeitig auf, Sie schonen sich nicht, Sie empfangen einen Patienten nach dem anderen; die Freuden Ihres eigenen Lebens sind streng geregelt und unter Kontrolle. Aber diese Menschen bekommen, was sie wollen, sie tun, was sie wollen; folglich hassen Sie sie. Diese Menschen lassen sich gehen, sie weigern sich einfach, die rauhe Wirklichkeit für sich anzuerkennen, sie schieben Unglücksgefühle von sich, ebenso wie sie Verantwortung von sich schieben. Wenn sie etwas haben möchten, dann borgen sie es sich oder stehlen es einem anderen. Es besteht also durchaus die begründete Gefahr, daß Sie Haß und Neid gegenüber dem Patienten empfinden.
Manchmal ist der Haß ganz direkt. Sie ärgern sich über den Patienten. Sie möchten ihn beschimpfen, Sie möchten zornig werden. Sie möchten ihm sagen: »Machen Sie das nicht, das bringt Ihnen nur Schwierigkeiten.« Ihr Haß gerät zur pädagogischen Übung. Diese Reaktion ist leicht verständlich und schwer zu kontrollieren. Der Haß des Therapeuten kann sich auch noch in anderer Weise äußern. Der Therapeut kann sich z. B. Sorgen um den Patienten machen. Wenn Sie, statt zornig auf den Patienten zu sein, anfangen, sich Sorgen um ihn zu machen, dann bedeutet das ganz einfach, daß Ihr Haß noch größer ist, als wenn Sie eindeutig zornig wären. Sie verteidigen sich damit noch stärker gegen Ihren Haß. Kummer und Sorge sind der masochistische Zufluchtsort für den Sadismus. Im Grunde handelt es sich dabei um eine sadistische Haltung, ebenso übrigens wie beim Mitleid. Es geschieht sehr leicht, daß man zornig wird oder sich Sorgen macht. Dann ist man verloren.
Haß erzeugt mehr pathologische Erscheinungen als Liebe. Wenn Sie sich also mit einem solchen Patienten auseinandersetzen müssen, dann nehmen Sie ruhig an, daß Sie eifersüchtig und ärgerlich auf seine Abwehrmechanismen sind: es sind so erfreuliche Mechanismen.
Kandidat: Der Psychopath ist ein extremer Fall. Kann man bei Alkoholismus oder bei Perversionen – die beide ja häufiger vorkommen – optimistischer sein?
Dr. Tarachow: Diese Störungen sind weder so verbreitet noch etwa weniger ernsthaft. Sie sind alle sehr schwierig. Die beiden, von denen Sie sprachen – Suchtkrankheiten, ob nun Alkoholismus oder alle Arten von Drogensucht, und Homosexualität – sind gleichermaßen schwierig zu behandeln, und die Resultate sind dürftig, würde ich sagen. Ich glaube nicht, daß Sie in der Literatur irgendwelche umfangreicheren Statistiken über die Behandlung solcher Störungen in der privaten psychotherapeutischen oder psychoanalytischen Praxis finden werden.
Ich praktiziere jetzt seit fast 25 Jahren frei und habe in dieser ganzen Zeit

nur drei Drogensüchtige – keine Alkoholiker – behandelt. Einer war Morphinist und schon bei vielen Ärzten in Behandlung gewesen; er blieb einen ganzen Monat bei mir, was eine vergleichsweise lange Zeitspanne war. Er war selbst Arzt, wie dies ja bei diesen Patienten häufig der Fall ist – es sind Ärzte oder mit Ärzten verheiratete Leute. Früher waren unter den Drogensüchtigen noch mehr Ärzte, Schwestern oder Arztfrauen als heute. Nach meinen Erfahrungen kann man schwer Drogensüchtige mit Erfolg nur im Krankenhaus behandeln, wenn auch Savitt (1954) über gute Ergebnisse in der privaten Praxis berichtet.

In der gleichen Zeitspanne habe ich auch nur eine verschwindend kleine Zahl von Homosexuellen beiderlei Geschlechts in Behandlung gehabt. Was ich Ihnen hier nenne, sind selbstverständlich keine statistisch zuverlässigen Daten. Bei einer weiblichen Patientin war ich mit dem Ergebnis der Behandlung ganz zufrieden, aber bei den Männern gab es nichts als Fehlschläge. Ich neige zu der Annahme, daß gute Resultate hier überhaupt selten sind, gleichgültig wer der Therapeut ist.

Absolute Vorbedingung für die Behandlung ist die Bereitschaft des Patienten, in die Sprechstunde zu kommen. Wenn der Patient nur unter Zwang kommt, zum Beispiel weil ihm sonst gerichtliche Schritte drohen, dann sind Ihre Bemühungen zum Scheitern verurteilt.

Kandidat: Was tun Sie, wenn jetzt der Patient selbst eine Notsituation schafft?

Dr. Tarachow: Lassen Sie sich von Notsituationen nicht aus der Fassung bringen. Wenn Sie sich an die Stelle des Patienten versetzen, dann ist alles verloren. Manche Patienten schaffen sich ihre Notsituationen jedes Jahr von neuem. Also lassen Sie sich davon nicht beunruhigen. Es ist schlimm genug, daß die Patienten sich so davor fürchten. Wenigstens einer der Beteiligten sollte sich nicht darüber aufregen.

Was den akuten Notfall angeht, so sollten Sie ihn ohnehin niemals als Notfall betrachten. Betrachten Sie ihn als chronisches Problem. Der Patient wird ihn nämlich morgen wieder entstehen lassen, um seinen Konflikt am Leben zu halten, um das Bild des bösen Vaters oder der bösen Mutter und die Tatsache lebendig zu halten, daß er »mißbraucht« oder »von der Welt schlecht behandelt« worden ist, oder schließlich als Buße für seine Aggressionen oder was weiß ich. Er braucht das. Also: die Notsituation ist etwas Chronisches.

Sie kennen das: Ein Patient kommt und sagt: »Nächste Woche heirate ich, und im Grunde weiß ich immer noch nicht, ob ich es tun soll. Sagen Sie mir, was ich machen soll, Herr Doktor.« Nun, das Problem ist schon viele Jahre alt, also lassen Sie sich nicht nervös machen.

Von scheinbaren Realitäten sollte man sich nicht täuschen lassen. Es gibt

Zeiten, in denen Sie die Realität beachten müssen, aber häufig dürfen Sie ihr überhaupt keine Aufmerksamkeit zuwenden. Die Realität ist einfach die Verwirklichung der inneren Phantasien. Am besten sagt man dem Patienten: »Also, das müssen Sie doch schon viele Male gemacht haben. Das ist doch nichts Neues für Sie.« Der Patient wird Ihnen das immer wieder bestätigen. Wir haben ein wenig hinter die Kulissen der Notsituation gesehen, und nun kann die Behandlung überlegter und zielstrebiger weitergehen.

Patienten sind immer konsequent. Erwarten Sie nicht, daß der Patient sich morgen anders verhält als heute, es sei denn, die Behandlung habe eine Veränderung bewirkt. Jeder Mensch folgt seinem eigenen Verhaltensmuster; jeder Patient hat seine eigene bevorzugte und für ihn typische Abwehrstruktur. Wenn Sie erst einmal herausgefunden haben, in welchen Bahnen die Abwehr des Patienten gewöhnlich verläuft, dann haben Sie einen Schlüssel zu seinen Träumen, zu seinem Verhalten, zu seinen Symptomen und zu allen seinen entscheidenden Handlungen. Sie kennen seinen Stil. Patienten verwenden nicht viele verschiedene Formen von Abwehr, sie halten sich an ein Grundmuster. Sie müssen sehr überlegt vorgehen, was die Notsituationen Ihrer Patienten angeht. Suchen Sie nach dem chronischen Muster. Bei der Polizei kennt man das auch; jeder Verbrecher hat seinen eigenen Stil und seine eigene Art.

Kandidat: Würden Sie etwas zu der Empfehlung sagen, die häufig zu hören ist, daß man, wenn man es mit einer Charakterstörung zu tun hat, diese in eine Depression oder in Angst und Furcht verwandeln und dann die Depression oder die Angst behandeln sollte?

Dr. Tarachow: Das ist richtig. Es ist nicht leicht, dies zu verdeutlichen, wenn man gerade keinen konkreten Fall an der Hand hat. Die therapeutischen Anstrengungen müssen sich darauf richten zu erkunden, *wie* der Patient seine Probleme in der Übertragungssituation mit Ihnen gewissermaßen von neuem erschafft. In der Behandlung kommt das Problem auf, weil Sie sich nicht in der gleichen Weise verhalten, wie es die ursprünglichen Objekte des Patienten taten. Sie sind auf der Suche nach den ursprünglichen schmerzlichen Beziehungen. Sie müssen dem Patienten helfen, die psychische Qual und das neurotische Problem, die hinter den psychopathischen Erscheinungen liegen, wieder aufleben zu lassen. Dafür gibt es keine andere Möglichkeit als die Übertragung. Sie arbeiten so lange mit dem Patienten, bis Sie für ihn wichtig werden, und wenn Sie wichtig für ihn geworden sind, dann spielen Sie die Rolle aus, die Ihnen zugewiesen worden ist. Sie dürfen den Forderungen und Ansprüchen des Patienten nicht genügen. Vielleicht können wir das Ganze noch etwas vertiefen:

Nehmen wir an, eine Frau ist außerordentlich gierig, zwingt ihren Mann, alles mögliche für sie zu tun, und zeigt keine Dankbarkeit und keine Anerkennung. Ihr Mann unterstützt sie, und sie schiebt in der Tat alle Verantwortlichkeiten auf ihn ab. Das ist, wenn Sie so wollen, eine Art oraler Psychopathie. Diese Patientin kommt nun also zur Behandlung. Ihr Wunsch, daß Sie sie küssen, ist unverkennbar. Sie möchte, daß Sie ihr alles mögliche zu Gefallen tun, daß Sie Termine für sie wieder ändern, daß Sie sich nach ihr richten, daß Sie sie in jeder Weise füttern und versorgen; sie möchte Sie in der gleichen Weise auspumpen und ausnutzen, wie sie auch ihren Mann oder ihre Mutter oder irgendeinen anderen Menschen früher ausgepumpt und ausgenutzt hat. Sie möchte mit Ihnen das Leben ausleben, das ihrem Wesen entspricht. An Ihnen ist es nun, nachdem die Patientin eine starke Bindung zu Ihnen aufgebaut hat, die Konstruktion ihres Musters in der Beziehung zu Ihnen zu stören. Bisher hat jedermann ihr nachgegeben, aber Sie tun es nicht. Damit können Sie vielleicht Wut, Depression oder Angst hervorrufen. Sie vermuten, daß hinter der Gier, hinter ihrem oral geprägten Verhalten, eine Depression liegen könnte. Die Patientin schützt sich vor der Psychose oder vor der neurotischen Depression durch eine unersättliche Gier, die sie bisher mit Erfolg ausgelebt hat. Sie frustrieren sie nun mit Hilfe der Übertragung und versuchen so, die Wut oder die Depression hervorzulocken, deren Auftauchen die Patientin bisher dadurch verhindert hat, daß sie sich ständig gierig gezeigt hat. Wenn es Ihnen gelingt, die Patientin angesichts der Gefühle, die sie Ihnen entgegenbringt, in Wut oder in Depression zu versetzen, dann haben Sie damit anstelle des Agierens einen Konflikt heraufbeschworen. Das ist schon ein Erfolg.

Ein Patient erzählt Ihnen einen Witz, aber Sie lachen nicht darüber. Auf diese Weise wird dem Patienten mit einem Schlag seine Motivation vor Augen geführt. Es ist schon mühsam, nicht zu lachen. Daß Sie nicht lachen, zeigt dem Patienten deutlich, daß Sie sich auf seinen Versuch des Agierens gar nicht erst einlassen werden. Der Patient kann der Typ des Verführers sein, alle Menschen für sich einnehmen, Witze erzählen, den Clown spielen, sich über sich selbst lustig machen. Mit seinem masochistischen Appell sagt er: »Liebe mich, liebe mich doch, ich bin nicht gefährlich, ich mache ja sogar einen Narren aus mir.« Der Patient kleidet diesen Appell in die Form eines Witzes, aber Sie lachen nicht. Statt nun zu bekommen, was er in der Regel bekommt, nämlich Gelächter und Beifall, wird er mit seiner eigenen Depression konfrontiert.

Nachdem sein Witz ohne Wirkung verpufft ist, ist er ganz klein und unglücklich. Ihre psychotherapeutische Technik hat Erfolg gehabt, das Elend ist an die Oberfläche gekommen. Das ist ein wunderbares Mittel, um die verborgene Depression, den verborgenen Wunsch nach Liebe ans Licht zu bringen. Wenn Sie über den Witz des Patienten lachen, dann haben Sie die Chance vertan, sein Bedürfnis, als Witzbold aufzutreten, zu analysieren oder zu interpretieren. Er hat Sie besiegt. Er hat es geschafft, daß Sie ebenso wie er agieren. Er ist weder mit seinem Bedürfnis nach Liebe konfrontiert worden noch mit der masochistischen Methode, die er anwendet, um Liebe zu gewinnen. Eine therapeutische Aufgabe ist ihm nicht gestellt worden. Seine Neurose ist ganz einfach wohlwollend anerkannt worden.

Ein Patient fängt unter Umständen einen Satz an und läßt ihn unvollendet; er möchte, daß Sie ihn beenden. Wenn Sie den Satz zu Ende führen, dann haben Sie den Patienten entweder gefüttert oder Sie haben ihn zum passiven homosexuellen Partner gemacht. Sie haben ihm Worte in den Mund gelegt. Das ist sehr bedeutungsträchtig. Sie provozieren die neurotischen Gefühle, Sehnsüchte und Konflikte und holen sie ans Tageslicht, dadurch, daß Sie sich dem agierenden Verhalten des Patienten nicht anschließen. Wenn der Patient etwas tut, was Ihren Zorn hervorruft, dann dürfen Sie ihn nicht beschimpfen. Wenn er etwas tut, was Ihre Zustimmung findet, dann dürfen Sie ihm dafür nicht etwa Liebe anbieten. Die Psychopathien sind ganz einfach massive Mittel, jeweils das eine oder andere zu erreichen.

Kandidat: Empfiehlt sich diese Technik für alle Patienten, oder nur für ganz bestimmte psychopathische Typen?

Dr. Tarachow: In der Psychotherapie sollte man sich den meisten Patienten gegenüber dieser Technik bedienen. Der Patient, den Sie psychotherapeutisch betreuen, erzählt Ihnen einen Witz. Sie dürfen nicht darüber lachen. Sie werden sehen, wie enttäuscht der Patient ist. Statt zu lachen, könnten Sie sagen: »Wollen Sie sich etwa bei mir beliebt machen?«

Kandidat: Zunächst muß man jedoch eine freundliche Beziehung zum Patienten haben.

Dr. Tarachow: Ja, besonders in der Psychotherapie.

Kandidat: Wenn Sie zunächst eine freundliche Beziehung schaffen und den Patienten dann durch irgendeine Handlung vor den Kopf stoßen, ist das nicht ein Widerspruch zu Ihrem anfänglichen Verhalten?

Dr. Tarachow: Sie haben recht, und der Patient wird Ihnen diese Inkonsequenz vielleicht zum Vorwurf machen. Aber Sie müssen diese Chance nutzen. Sie nehmen dieses Wagnis auf sich und bestehen ganz einfach auf der Interpretation, weil Sie das Gefühl haben, daß die Zeit reif ist für Interpretationen. Irgendwann muß der Patient die therapeutische Aufgabe auf sich nehmen, müssen die Flitterwochen ein Ende haben.

Ich möchte noch auf eine andere, weniger auffällige Form des Agierens zu sprechen kommen, die innerhalb wie außerhalb der Behandlung auftreten kann.

Es handelt sich um den Fall einer Patientin, die bei einem anderen Psychiater in Behandlung ist.* Die Patientin beherrschte ebenso wie ihr Psychiater zwei Fremdsprachen und beide drückten sich auch im Englischen gewandt aus. Hin und wieder warf die Patientin einen französischen oder deutschen Audruck dazwischen. Eine Weile ging man darüber hinweg, und zwar scheinbar deshalb, weil beide den Verweis auf das Deutsche oder Französische jeweils so rasch verstanden, daß sie diese Form der Kommunikation als im Rahmen der Behandlung durchaus normal und üblich betrachteten. Allmählich kam dem Therapeuten der Verdacht, daß es sich hier um eine Form des Agierens handelte. Wenn das gesprochene Englisch bzw. die Muttersprache zugunsten irgendeiner anderen Kommunikationsweise vernachlässigt wird, sollte dies *per definitionem* als Agieren betrachtet werden. Er beschloß, daß er gegen dieses Agieren etwas unternehmen müsse.

Das Einschreiten gegen das Agieren hat notwendig Konsequenzen. Was bedeuten Ihrer Meinung nach die kurzen Ausflüge in die fremde Sprache? Zu welchen Zwecken könnte die Patientin sie unternommen haben?

Kandidat: Es könnte sich um den Versuch handeln, die Tatsache zu leugnen, daß der Therapeut Arzt ist; im Grunde ist er ein Kumpel, meinesgleichen, ein Freund.

Dr. Tarachow: Ja, und was noch? Es stellte sich heraus, daß dieser Wechsel von einer Sprache in die andere viele Bedeutungen implizierte, daß die Patientin vieles damit im Sinn hatte.

Kandidat: Ich glaube, es hat Folgen für die Übertragung.

Dr. Tarachow: Ja, aber erklären Sie das näher. Das gesamte Verhalten hing eng mit der Übertragung zusammen und hatte seine Konsequenzen für sie, aber was genau bewirkte es in der Übertragung?

Kandidat: Sie setzt den Vater oder den Bruder an die Stelle des Therapeuten.

Dr. Tarachow: Ja, es ist eine Rückwendung zu vertrauteren, älteren, bequemeren Objekten – da ist mehr Nähe.

Kandidat: Es war vielleicht ihre Muttersprache, die Sprache ihres Herkunftslandes.

Dr. Tarachow: Die Muttersprache. Sie bringt einen der echten Vertrautheit miteinander noch näher. Es ist eine Bindung, die etwa besagt: »Wir beide wissen das, niemand anders sonst weiß es.«

---

* Ich danke Dr. Herbert J. Urbach für die Erlaubnis, das entsprechende Material zitieren zu dürfen.

Kandidat: Der Gebrauch des Französischen einem Deutschen gegenüber könnte feindliche Implikationen haben, die beiden Länder waren ja lange Zeit miteinander verfeindet.
Dr. Tarachow: Daran habe ich gar nicht gedacht. Diese Leute sind deutschen Ursprungs, sie haben allem Anschein nach nichts gegen die französische Sprache. Es sind nicht Franzosen, die das Deutsche benutzen, sondern Deutsche, die französisch sprechen und überhaupt nichts dabei finden.
Kandidat: Auf diese Weise erscheinen beide als gebildete Leute. Die Patientin steht damit auf der gleichen intellektuellen Ebene wie der Arzt.
Dr. Tarachow: Das ist eine interessante Beobachtung, denn unter anderem bedeutete das in den Augen der Patientin folgendes: »Das sind Dinge, von denen der Durchschnittsmensch nichts weiß. Sie und ich sind den anderen Menschen überlegen.«
Kandidat: Vielleicht war es ein Versuch, herauszufinden, ob es dem Arzt angenehmer ist, seine Muttersprache zu benutzen.
Dr. Tarachow: Das könnte sein. In diesem speziellen Fall spielte aber dieser Gedanke keine Rolle. Ich lege deshalb soviel Nachdruck auf diese Sache, weil es nur zu leicht passieren kann, daß der Therapeut ein solches Verhalten als charmante Nebensache betrachtet und es versäumt, sich näher damit zu befassen.
Kandidat: Technisch wäre es sehr schädlich, der Patientin in der fremden Sprache zu antworten. Es wäre nämlich eine Form des Agierens von seiten des Therapeuten.
Dr. Tarachow: O ja. Es ist schon schlimm genug, daß man es einfach für bare Münze nehmen muß; es entgeht einem so vieles, was der Interpretation bedürfte.
Kandidat: War der Patientin die Herkunft des Therapeuten eigentlich bekannt?
Dr. Tarachow: Vermutlich – er sprach ein wenig mit Akzent.
Ein wichtiges Element, das sich allmählich herausschälte, war die Vorstellung der Patientin: »Es ist sehr elegant, französische und deutsche Ausdrücke zu benützen.« Es war sehr elegant; es war, als ginge sie herum und lasse hin und wieder feine Perlen zu Boden fallen, Perlen der eleganten Ausdrucksweise. Dabei war die Patientin eine sehr zwanghafte und depressive Frau. Was glauben Sie, was für Material bei näherer Beschäftigung mit diesem eleganten Verstreuen von Perlen herauskam?
Kandidat: Es war gar nicht so elegant.
Dr. Tarachow: Richtig. Das, was sie fallen ließ, war nicht so elegant. Sie berechnete ganz genau, wann und wieviel Perlen sie verstreute. In jeder Sitzung tat sie es ein- oder zweimal. Ich habe versucht, Ihnen einen

Hinweis zu geben, als ich sagte, daß es sich um eine sehr zwanghafte und depressive Patientin handelte.
Kandidat: Sie sprachen von Perlen, die sie *fallen ließ?*
Dr. Tarachow: Ja, gewiß. Dann, um es leichter zu machen, fügte ich hinzu, daß die Patientin zwanghaft und depressiv war. Dies war eine Möglichkeit für sie, sich auf zierlich-elegante Weise während der Sitzung zu entleeren. Die Vorstellung, daß sie etwas fallen ließ, war in den Gedanken der Patientin verknüpft mit dem Fallenlassen ihres Stuhls in die Toilette. Auf der einen Ebene hatte sie die Empfindung, daß sie sich elegant gab und hin und wieder einen eleganten Ausdruck fallen ließ. Auf einer anderen Ebene entleerte sie sich ganz einfach in Gegenwart des Therapeuten. Der Therapeut unterbrach nun die Patientin bei jedem fremdsprachigen Ausdruck. Sobald der Therapeut und die Patientin dieser Sache wirklich ihre Aufmerksamkeit zuwandten, wurden allmählich die Nebenbedeutungen des »Fallenlassens« erkennbar: es bezog sich sehr weitgehend auf die Darmentleerung. Vieles im Verhalten der Patientin bedeutete im Grunde, daß sie dem Arzt Material vorenthielt, daß sie einerseits gab und andererseits zurückhielt; es war ein richtiger Kampf. So wie eine Mutter mit ihrem unwilligen kleinen oder größeren Kind kämpft, so mußte der Arzt mit dieser Patientin kämpfen. Die Patientin lieferte, ließ fallen, hielt zurück – ganz wie es ihr paßte.
Dieses Verhalten hatte eine ganze Weile angedauert, ohne daß der Arzt es eigentlich zur Kenntnis nahm. Die Patientin hatte unbewußt ihren Spaß daran. Unbewußt mokierte sie sich über den Arzt. »Ich komme herein, ich entleere mich hier auf elegante Weise, und dann gehe ich wieder.« Greenson (1950) macht darauf aufmerksam, daß die eigentliche Muttersprache Träger prägenitaler Konflikte ist. Die neue, zweite Sprache bot der Patientin die Möglichkeit, ein neues Abwehrsystem gegen die infantilen Beziehungen zu errichten. Wie wir an dieser Patientin sehen, stellte die Rückkehr zur früheren Sprache eine Regression auf die hartnäckige anale Verstrickung mit der Mutter dar.
Ich führe das so ausführlich aus, weil ich Sie mit einer weiteren Form des Agierens bekanntmachen wollte, mit der Sie es vielleicht auch einmal zu tun bekommen. Das Agieren beschränkt sich nicht auf Verbrechen und perverse Handlungen. Hat jemand von Ihnen neulich gesagt, daß er eine Patientin hatte, die Jiddisch mit ihm sprach?
Kandidat: Ja. Zuerst dachte ich, die Patientin wolle herausfinden, ob ich Jude bin oder nicht, weil sie früher einmal danach gefragt hatte. Als ich nicht antwortete, sagte sie nur noch, man komme sich damit einfach näher. Weiter ging die Sache dann nicht mehr.
Dr. Tarachow: Dann galt das also der Erkundung Ihrer Identität und der

Errichtung einer Bindung. Hat die Patientin dann noch öfters versucht, Jiddisch mit Ihnen zu sprechen?
Kandidat: Ja, aber in sehr gleichgültiger Weise. Ich habe das Thema niemals aufgebracht.
Dr. Tarachow: Ist sie hin und wieder ins Jiddische zurückgefallen?
Kandidat: Ja.
Dr. Tarachow: Aha, das ist ein Hinweis. Das nächste Mal, wenn diese Patientin oder irgendein anderer Patient in eine fremde Sprache überwechselt, müssen Sie diesen Umstand folgendermaßen betrachten: Der Patient steht mit Ihnen in Kommunikation; an einer bestimmten Stelle befällt ihn Angst oder irgendein quälender Affekt; der Patient schaltet auf Jiddisch um und kehrt dann zum Englischen zurück. Ihre vorläufige Annahme *muß* lauten, daß irgend etwas den Gang seiner Gedanken gestört hat, und daß er an diesem Punkt eine *andere* Kommunikationsweise gewählt hat. Sie können das Gespräch *nicht* als kontinuierliche Kommunikation betrachten. Wenn der Patient vom Englischen zum Jiddischen, Französischen oder Deutschen überwechselt, dann ist es *keine* kontinuierliche, sondern eine *unterbrochene* Kommunikation, eine andere Form der Kommunikation, in gewisser Weise eine Regression. Wenn es sich um den Versuch handelt, gleichsam über die alte Heimat ein Band zu knüpfen, dann ist es eine Regression. Wenn Sie dem wirklich Einhalt gebieten und der Sache nachgehen, dann werden Sie feststellen, daß der Gebrauch der anderen Sprache eine Regression ist, die noch eine Vielzahl weiterer Bedeutungen in sich trägt. Dem Patienten wird Ihre Genauigkeit wahrscheinlich mißfallen. Die Patientin, von der ich vorhin sprach, weinte, als gegen den Gebrauch französischer und deutscher Ausdrücke eingeschritten wurde; sie vergoß bittere Tränen, weil ihr damit die Nähe, die Vertrautheit, das Gefühl der Überlegenheit, die Möglichkeit der Abwehr genommen war – es war sehr viel, was ihr genommen worden war.
Kandidat: Könnte dahinter auch die Mitteilung stehen: »*Ich* weiß ja, wer Sie wirklich sind«, das heißt, könnte damit eine Kommunikation in der vermuteten Muttersprache des Arztes bezweckt sein?
Dr. Tarachow: Ja, bei einem paranoiden Patienten könnte das so sein. Paranoide Patienten neigen zu solchen Bemerkungen, die den Gedanken an ganz persönliche oder heimliche Mitteilungen aufkommen lassen. Eine meiner paranoiden Patientinnen hatte die Angewohnheit, lange Berichte über ihre Erlebnisse mit der Bemerkung abzuschließen: »Sie wissen, was ich meine?«
Etwa ein Jahr zuvor war sie, ohne mir das zu sagen, der Meinung gewesen, daß sie wirklich ein herzliches und freundliches Gefühl für mich hege, ein Gefühl, das sie mir nicht enthüllen konnte. Diese Erkenntnis überfiel

sie, während sie mir gerade etwas anderes erzählte. Zum Schluß hatte sie gesagt: »Wissen Sie, was ich meine?« In Wahrheit fragte sie mich damit, ob ich wisse, was ihre unausgesprochenen Gedanken gewesen seien. Als ich die Frage bejahte, bedeutete das für sie, daß ich wisse, was sie im geheimen dachte, obwohl ich doch in Wahrheit nur auf das geantwortet hatte, was sie tatsächlich gesagt hatte.
Das ging monatelang so. Im Grund äußerte sie jedesmal, wenn sie fragte: »Wissen Sie, was ich meine?« ihre Zuneigung für mich – ganz gleichgültig, worüber sie gerade sprach. Wenn ich einfach »Ja« sagte (weil ich das, was sie berichtet hatte, damit meinte), dann war sie zufrieden.
Kandidat: Wenn jemand in einer ganz alltäglichen Unterhaltung plötzlich Jiddisch spricht, ist das dann etwas anderes, als wenn ein Patient es in der Sitzung tut?
Dr. Tarachow: Nein, im Prinzip ist es absolut nichts anderes. Wenn jemand in ein normales Gespräch französische oder deutsche oder lateinische oder jiddische Ausdrücke einfließen läßt, dann kann das die gleiche unbewußte Bedeutung haben wie in der therapeutischen Situation. Es kann dieselben Funktionen erfüllen, wie wir sie bei der Patientin aufgedeckt haben. Was wir besprochen haben, hat sich übrigens während einer Analyse abgespielt und stellte einen Widerstand dar. Der Therapeut (und die Patientin natürlich auch) mußte wissen, was diese Frau auszudrücken und zu empfinden versuchte. Sie verbarg ihre Wünsche, ihre starke Bindung, ihre kindliche Anhänglichkeit, ihre Analität und den Umstand, daß sie an die therapeutische Situation im Gedanken an das Sauberkeitstraining heranging. All das war in ihrer Sprechweise und im gelegentlichen Gebrauch fremdsprachiger Ausdrücke verborgen. Sie weinte bitter, als dieses Muster unterbrochen wurde.
Nehmen wir an, daß dieses selbe Mädchen nicht in Behandlung ist, daß es eine Party besucht und hin und wieder einen französischen oder deutschen Ausdruck fallen läßt. Das dient hier genau dem gleichen Zweck, nur daß auf der Party niemand versucht, sie zu heilen. Auf der Party ist sie eine elegante Erscheinung, in der therapeutischen Sitzung handelt es sich um einen Widerstand, der aus der analen Störrischkeit stammt. Man geht nicht auf eine Cocktailparty, um sich dort heilen zu lassen, sondern um sich zu amüsieren. Das Agieren ist nicht auf die psychotherapeutische oder die analytische Situation beschränkt, noch ist es die Übertragung im weiteren Sinne. Wenn in der Behandlung eine Form der Kommunikation zugunsten einer anderen – regressiven – Kommunikationsform aufgegeben wird, dann muß der Therapeut das als technisches Problem auffassen. Warum gibt der Patient das Englische auch nur für Momente auf?
Es gibt noch eine andere Möglichkeit, die Kommunikation mit Hilfe des

gesprochenen Wortes zu umgehen. Das kann so aussehen, daß ein Patient sagt: »Meine Gedanken sind irgendwo stehengeblieben, aber ich habe Bilder im Kopf.« Sie werden das wohl hauptsächlich bei zwangsneurotischen Patienten finden, die Bilder anstelle von Gedanken beschreiben.
Zu diesem Thema gibt es eine sehr aufschlußreiche Abhandlung von Kanzer (1958). Ebenso wie das Umschalten in eine andere Sprache auf Widerstand deutet, so deutet auch das Umschalten auf die Vorstellungswelt auf Widerstand. Gehen Sie zurück bis zu dem Moment in der gesprochenen Unterhaltung, an dem die Gedanken noch Gedanken waren und nicht Bilder, und stellen Sie fest, bis zu welchem Punkt der Patient imstande gewesen ist, Ihnen seine Gedanken mitzuteilen. Sie werden sehen, daß an dem Punkt, an dem er die Worte beiseitegeschoben hat, Widerstand aufgekommen ist.
Wann immer also eine Unterbrechung in der Kommunikation eintritt – ob nun in Form anhaltenden Schweigens, eines Hustenanfalls, lauten Magenknurrens –, ist sie gestört worden. Äußere Unruhe, das Überwechseln in eine fremde Sprache, das Umschalten auf die Vorstellungswelt, Magenschmerzen, Kopfweh sind sämtlich Beispiele für das Aufgeben der Sprache zugunsten einer eher regressiv gearteten Kommunikation.
Diese regressive Kommunikation kann sich auch beim Therapeuten einstellen. Wenn der Therapeut die regressiven Anzeichen, die er bei sich selbst feststellt, auf der Stelle analysiert, dann hilft ihm das, besser zu verstehen, worauf der Patient im Augenblick aus ist.
Kandidat: Ich habe neulich, als mir der Magen knurrte, beobachtet, daß auch der Magen des Patienten zu knurren begann.
Dr. Tarachow: Das ist eine Art regredierter Kommunikation zwischen Ihnen beiden. Sie kennen doch den Witz von dem Tonbandgerät des Patienten, das sich mit dem Tonbandgerät des Psychiaters unterhält. Ihr Magen hat eben in ähnlicher Weise mit dem Magen des Patienten gesprochen, und der Magen des Patienten hat ihm geantwortet.
Kandidat: Eine meiner Patientinnen wußte, daß ich Ausländer bin, und glaubte, ich könne Griechisch. Sie selbst ist griechischer Herkunft. Sie hat häufig versucht, Griechisch mit mir zu sprechen, und ich habe sie ebenso häufig dabei unterbrochen. Nach meinen Feststellungen spricht sie dann Griechisch mit mir, wenn sie gerade mit einem Freund Schluß machen will oder Schwierigkeiten mit ihren Eltern hat.
Dr. Tarachow: Das heißt, immer wenn sie Kummer hat, versucht sie, Ihnen näher zu kommen.
Kandidat: Ja. Dann habe ich erfahren, daß sie ein sehr enges Verhältnis zu ihrem Großvater hatte, der Grieche war, und daß sie mit ihm immer

Griechisch gesprochen hatte. Als ich dem Griechischreden ein Ende machte, weinte sie, vergoß bittere Tränen und sagte mir, ich sei dumm. Den anderen Patienten hatte sie immer erzählt, daß wir gewisse Gemeinsamkeiten hätten, weil ich Griechisch könne; sie sagte ihnen auch immer, daß ich sie eher akzeptierte als andere Patienten, und daß sie meine Lieblingspatientin sei.

Dr. Tarachow: Es war ihr Wunschtraum, das Lieblingskind zu sein. In der Behandlung sollten Sie so etwas immer unterbrechen. Offensichtlich haben Sie das ja auch getan.

Kandidat: Sie spricht jetzt Englisch.

Dr. Tarachow: Wir haben hier ein sehr schönes Beispiel für das Beiseiteschieben des Englischen und den Gebrauch einer anderen Sprache gehört. Es hat zwei Dinge deutlich gemacht: Erstens bedeutet dieses Vorgehen eine Flucht vor der Enttäuschung in der Realität; die Patientin flüchtet sich zu ihrem Arzt, der sie in ihren Wunschträumen trösten und beruhigen wird; zweitens weist es auf die Ursachen und das Entstehen ihrer Störungen hin. Der Therapeut ist nicht nur ihr Arzt, sondern vielleicht auch ihr Großvater.

Damit sind wir wieder bei der Überlegung angelangt, daß die Interpretation dem Patienten etwas nimmt. Die Patienten lieben Interpretationen nicht, weil Sie ihnen damit etwas nehmen; Sie nehmen ihnen eine Form der Abwehr oder eine verschleierte Methode der Glückssuche. Sie helfen zwar, aber Sie sind gemein. Im Grunde sagen Sie nämlich: »Ich werde nicht wie Ihr Großvater handeln, ich werde nicht den Tröster für Sie abgeben – Sie haben Probleme, und die müssen Sie durcharbeiten.«

Kandidat: Deshalb hat sie mich ja auch so verwünscht.

Dr. Tarachow: Von ihrem neurotischen Standpunkt aus hatte sie recht. Sie waren dumm, denn Sie haben ihre kindischen und infantilen Wünsche nicht verstanden. Und Sie waren gemein, denn Sie haben sich geweigert, diese Wünsche als real zu betrachten und sich zu bemühen, die Patientin glücklich zu machen.

Kandidat: Was übrigens den Sprachgebrauch angeht: Es muß nicht immer eine Fremdsprache sein, die der Patient benutzt, um zu agieren. Wenn er Slang spricht oder obszöne Ausdrücke verwendet, dann kann das auch eine Form des Agierens sein.

Dr. Tarachow: Selbstverständlich. Was uns leiten muß, ist die Kontinuität der Kommunikation. Wenn irgend etwas den Fluß oder die Form der Kommunikation verändert, dann müssen wir nach der Bedeutung suchen, ob die Veränderung nun ein Rückfall in eine früher gebrauchte Sprache ist, ob sie im Gebrauch von Slangausdrücken besteht oder darin, daß der Patient plötzlich in eine vulgäre Ausdrucksweise verfällt. Manchmal kann ein vulgäres Wort dem Patienten »stehen«, und manchmal »steht« es ihm überhaupt nicht. Es kommt auch vor, daß der Patient »pseudovulgär« spricht; er glaubt, er müsse sich vulgär geben, um geheilt zu werden. Im Grunde ist es gar nicht vulgär; er versucht nur, es Ihnen recht zu machen. Aber jedenfalls ist die Kommunikation gestört, und das ist ein Signal für sie.

17
Depression und Suizidgefahr

Im Umgang mit dem selbstmordgefährdeten Patienten sind zwei Dinge von herausragender Bedeutung: einmal seine Aggressionen und die Frage ihrer Bewältigung, zum anderen das Vorhandensein oder Nichtvorhandensein von Objektbeziehungen. Wir wollen uns im Blick auf diese beiden Aspekte mit unserem Thema befassen und dabei auch die eng damit zusammenhängenden Fragen von Schmerz und Trauer behandeln. Ich werde mit einem Beispiel aus meiner klinischen Arbeit beginnen.

Ich behandele eine depressive Frau, den klassischen Fall der manisch-depressiven Patientin, die sehr agitiert ist und stark zum Suizid neigt; auch mörderische Impulse sind zu beobachten. Wir sollten uns hier des bedeutsamen klinischen Umstandes erinnern, daß ein depressiver Patient unter Umständen zu keinem anderen Gewaltakt als dem Mord bzw. dem Totschlag fähig ist. Vielen Depressiven gelingt es, einen Mord zu begehen, dagegen mißlingt ihnen der Selbstmord. Man braucht nur an die vielen Selbstmordpläne zu denken, bei denen der Lebensmüde es dann doch irgendwie schafft, zu überleben. In einem früheren Seminar (Kapitel 14) habe ich den agitierten Patienten erwähnt, der seinen Sohn umbrachte, als er zu einem Wochenendbesuch aus dem Krankenhaus nach Hause kam. Mordgedanken spielen bei jeder schweren Depression eine gewichtige Rolle. Jeder Depressive ist ein potentieller Mörder. Unter meinen depressiven Patienten, die *keinen* Selbstmordversuch unternahmen, war einer, der sein Kind zu ersticken suchte, und ein anderer, der seinem Sohn den Arm brach. In den neueren medizinischen Veröffentlichungen ist immer wieder von schweren Angriffen von Eltern auf ihre Kinder die Rede (Kempe u. a., 1962).

Die depressive Patientin, von der ich sprach, empfand immer wieder den starken Impuls, sich und ihre beiden Kinder umzubringen. Eines Tages beschrieb sie mir im einzelnen, wie sie dieses Vorhaben ins Werk setzen würde. Ich ließ sie nach Hause gehen, ohne ihren Mann oder ihren Hausarzt anzurufen. Am nächsten Tag kam die Patientin zur Sitzung und bedankte sich bei mir. Warum wohl?

Kandidat: Sie hatten ihr vertraut.

Dr. Tarachow: Genau. Sie dankte mir für mein Vertrauen. Natürlich müssen Sie wissen, wann Sie einem Patienten vertrauen können. Es kann nämlich auch sein, daß er nicht wiederkommt, um sich zu bedanken.

Wenn Sie sich einmal für die therapeutische Position entschieden haben, dann haben Sie ein kalkuliertes Risiko auf sich genommen. Einem solchen Patienten zu vertrauen ist ein Risiko; der Patient weiß das und wird Sie gelegentlich mit diesem Wissen in Angst und Sorge versetzen. Er sagt zum Beispiel: »Sie vertrauen mir, aber nehmen Sie mal an, ich will Sie hintergehen?« Von solchen quälenden Bemerkungen darf man sich aber nicht beeindrucken lassen. Das feindselige Element in solchen Äußerungen ist nämlich gerade das, was die Situation rettet. Aggression ist die einzige Alternative, die dem depressiven Patienten zur Verfügung steht; er kann kaum jemals dankbar sein, selbst wenn er es gerne wäre.

Vielleicht können wir einen Grundsatz aufstellen, der uns bei der Einschätzung des Selbstmordrisikos hilft. Depressive Patienten, die sich ein Außenventil für ihre Aggressionen bewahrt haben, sind weniger gefährdet. Ein Depressiver, der nach außen hin überhaupt keine Aggressionen zeigt, ist dagegen in Gefahr, sich umzubringen. Wir können diesen Grundsatz auch noch anders formulieren: Wenn der Depressive irgendwie anzeigt, daß er seine mörderischen Impulse an einem Objekt auslebt, dann können Sie sich auf das Risiko einlassen. Wie beurteilt man nun aber, ob der betreffende Patient seine Probleme in Gedanken an ein Objekt verarbeitet? Wenn der Patient alle Objektbindungen verloren hat, dann dürfen Sie kein Risiko eingehen. Mit anderen Worten, wenn die Depression nicht total ist, wenn der Patient noch zu einem gewissen Grade mit einem Objekt zu tun hat, dann ist es auch noch möglich, ihm zu vertrauen. Kann jemand von Ihnen meine letzte Bemerkung in ganz einfache Worte kleiden?

Kandidat: Der Patient haßt jemanden.

Dr. Tarachow: Ja, das meine ich. Der Haß ist ein Sicherheitsventil für den gegen das Selbst gerichteten mörderischen Impuls. In dem Augenblick, in dem das äußere Objekt überhaupt keine Rolle mehr spielt, in dem das Objekt vollkommen einverleibt ist, besteht Gefahr für das Leben des Patienten. Dann müssen Sie rasch handeln. Was könnte man, wenn man jetzt einmal an die Übertragung denkt, in der Behandlung eines depressiven Patienten als vorteilhafte Entwicklung bezeichnen?

Kandidat: Wenn der Patient Ihnen erzählt, daß Sie zu jung sind, um Arzt zu sein.

Dr. Tarachow: Ja, wenn er irgendwie zu erkennen gibt, daß er Sie haßt. Wenn der depressive Patient kein Interesse für Sie zeigt, dann droht Selbstmordgefahr. Die Patientin, die den Plan hegte, sich und ihre Kinder umzubringen, war die schlimmste Patientin, die ich seit Jahren gehabt hatte. Sie mußte von ihrem Hausarzt fast in mein Büro gezerrt werden, und dann bedachte sie mich mit einem Schwall von Schmähreden und kritisierte mich und meine gesamte Umgebung. Sie schimpfte ständig. Das rettete ihr das Leben und war für mich ein Hinweis, ob ich das Risiko ihres Selbstmordes (und in diesem Fall auch des Mordes an ihren Kindern) eingehen konnte oder nicht. Wohl war diese Patientin schwer depressiv, aber sie war noch zu einer Art Objektbeziehung fähig. Vor dem Selbstmord wurde sie durch die feindselige Übertragung bewahrt.

Kandidat: Muß der Patient seine Feindseligkeit erkennen, um vor dem Selbstmord bewahrt zu werden?

Dr. Tarachow: O nein. Das wäre wahrscheinlich sogar schädlich.

Kandidat: Es muß aber eine reale Beziehung sein?

Dr. Tarachow: Ja, real für den Patienten. Man darf diesem Wort nicht allzuviel Gewicht beimessen. Der Patient muß Sie ganz einfach hassen. Ich hatte einmal einen schwer depressiven Patienten, der seine Zigaretten immer auf der Platte eines kleinen Rauchtischchens ausdrückte, das neben der Couch stand. Dieses Tischchen ist ein sehr gutes Aggressionsbarometer. Es ist recht klein und sehr leicht umzuwerfen. Patienten, die ihre Aggressionen nicht ausagieren, werfen es niemals um. Manchmal kriegt das Tischchen aber auch ganz schön was ab. Ebenso muß man auch manchmal von seinem eigenen Narzißmus Abschied nehmen, wenn es die Technik verlangt.

Kandidat: Oder man geht wieder zu seinem eigenen Psychiater.

Dr. Tarachow: Freud sagte, daß jeder Analytiker sich alle fünf Jahre von neuem einer Analyse unterziehen sollte.

Kandidat: Daß der depressive Patient seine Aggressionen nicht nach außen kehrt, gleicht der Stille vor dem Sturm.

Dr. Tarachow: Vielleicht kann man es so sagen, obwohl ich es nicht so sehe. Das Entscheidende ist ja, daß der Sturm beruhigender ist als die Stille. Der Sturm, die nach außen gekehrte Aggression, ist sicherer.

Kandidat: Sie sprachen über Ihr Aggressionsbarometer. Vertrauen Sie ihm auch in dem Fall, wenn der Patient nach außen hin freundlich ist?

Dr. Tarachow: Mir ist immer wohler, wenn die Aggressionen direkt und offen geäußert werden. Dann ist man auf jeden Fall weiterhin in Berührung mit ihnen. Es sind die sadistischen Züge des depressiven Patienten, aus denen sich die eigentlichen Schwierigkeiten ergeben, und wenn Sie den Kontakt mit diesen Zügen verlieren, dann kann es problematisch werden.

Kandidat: Ein Patient sagte einmal zu mir: »Sie sind ein sehr guter Psychiater, wenn man bedenkt, wie jung und unerfahren Sie sind.«

Dr. Tarachow: Das ist die nackte Feindseligkeit. Sie ist nicht einmal maskiert.

Kandidat: Wir Psychiater sind ja überzeugt, daß der Patient Feindseligkeit zum Ausdruck bringt, aber der Patient würde es doch abstreiten. Sollte man versuchen, die Feindseligkeit des Patienten so rasch wie möglich nach außen zu holen?

Dr. Tarachow: Eine sehr gute Frage. Wenn Sie das zum falschen Zeitpunkt tun, vor allem also zu früh, dann treiben Sie den Patienten unter Umständen nur um so tiefer in die Depression hinein. Man muß da mit sehr viel Geschick und Einfühlung vorgehen. Wenn der Patient noch nicht soweit ist, offene Feindseligkeit zu verkraften, dann werden seine Schuldgefühle nur noch größer werden, und damit wächst auch die Gefahr des Suizids.

Kandidat: Zilboorg hat einmal gesagt, daß ein depressiver Patient stärker selbstmordgefährdet ist, wenn er nicht auf der Höhe seiner Depression ist. Das größte Risiko bestehe dann, wenn der Patient aus seiner Depression wieder emportaucht.

Dr. Tarachow: Da ist viel Wahres dran. Auf dem Höhepunkt einer schweren Depression ist der Patient unter Umständen so gelähmt, daß er überhaupt keine Handlung ausführen kann, nicht einmal seinen Wunsch, sich umzubringen. Zum Selbstmord kommt es dann häufig in den ersten Phasen der hypomanischen Reaktion, wenn der Patient gerade anfängt, sich aus der Depression herauszuschälen.

Schwere Depressionen können, selbst wenn sie mit einem gewissen Maß an Retardation einhergehen, in der privaten Praxis behandelt werden. Wenn beispielsweise die genetische Komponente verhältnismäßig gering ist und die psychogenetischen Faktoren eine übermächtige Rolle spielen, dann nehme ich einen solchen depressiven Patienten in Behandlung. Solche Fälle kann man ambulant behandeln, obwohl der Patient unter Umständen ernsthaft selbstmordgefährdet ist. Allerdings müssen sie meinen Kriterien in bezug auf die Art der Depression entsprechen, es muß also eine Depression sein, die es erlaubt, das Risiko einzugehen. Wir befassen uns ja hier mit eben den Faktoren, die es uns gestatten, das Risiko auf uns zu nehmen. Ich erinnere mich an ein Wochenende, an dem gleich drei stark selbstmordgefährdete Patienten von mir in New York herumliefen. Es war ein böses Wochenende für mich, aber am Montag kamen sie alle drei höchst lebendig wieder in meine Sprechstunde.

Kandidat: Wäre es nicht besser, den depressiven Patienten zunächst dazu zu bringen, daß er sich mit seinem Verlust, seiner Trauer und dem Gefühl, er werde nicht geliebt, auseinandersetzt, bevor man sich um die Aggressionen kümmert? Ich könnte mir denken, daß die Aggressionen dann unmittelbar auf die Trauer folgen würden. Der Patient ist vielleicht nicht bereit, die Aggressionen als erstes zum Ausdruck zu bringen.

Dr. Tarachow: Das ist eine ausgezeichnete Frage. Für das Ich ist Trauer sehr viel erträglicher als der mörderische Impuls. In der Trauer ist kein Platz für Schuld. Es ist sozusagen ein lohnendes und löbliches Gefühl. Vielleicht gelingt es Ihnen, den Patienten dazu zu bringen, daß er sich durch seine Trauer über einen Verlust hindurcharbeitet; aber im wesentlichen geht es darum, daß der Patient den Punkt erreicht, wo er das verlorene Objekt identifiziert. Bei einer schweren Depression ist das Objekt internalisiert. Es ist unbewußt introjiziert, sozusagen verschluckt worden. Wenn man eine klinische Unterscheidung treffen will, so ist der Patient, der es schafft, zunächst einmal sich mit seiner Trauer abzugeben, nicht annähernd so tief deprimiert wie der Patient, der sich mit seinen Aggressionen und Schuldgefühlen herumschlägt. Der stärker depressive Patient ist auch ambivalenter und feindseliger. Sein Problem äußert sich nicht als Trauer um den Menschen, den er verloren hat, sondern als Trauer über die selbstzerstörerischen Tendenzen, die dadurch entfesselt worden sind, daß er eine Figur introjiziert hat, die er mit sehr gemischten Gefühlen liebt, das heißt mit einem nicht unbeträchtlichen Haß. Hier liegt die Gefahr für das Leben des Patienten. Die Aggression und die Schuldgefühle stehen in vorderster Linie. Die Trauer ist praktisch außer Reichweite. Die Depression löst das Problem des Trauerns. In der Trauer steckt das Erkennen der Objektbeziehung und des Objektverlustes und zugleich der Versuch, sich durch den Verlust hindurchzuarbeiten und das Objekt aufzugeben. In der Depression ist die Bindung sehr viel hartnäckiger; der Objektverlust wird nicht erkannt.

Trauer und Depression leiten sich von den beiden Seiten der Ambivalenz her, die Trauer von der Liebe und die Depression vom Haß. Keine zwei depressiven Patienten sind sich völlig gleich; jeder hat seinen eigenen Stil der Abwehr, so wie ja auch alle übrigen Patienten ihre jeweils eigenen und für sie typischen Abwehrmechanismen einsetzen. Der eine Patient findet Erleichterung darin, daß er sich durch seine Aggressionen hindurcharbeitet, der andere dadurch, daß er sich durch die Trauer hindurcharbeitet. Grundsätzlich verfolgt das psychotherapeutische Manöver das Ziel, dem Patienten zu helfen, daß er sich zunächst durch die für ihn eher erträglichen Gefühle und dann erst durch die unerträglichen Gefühle hindurcharbeitet. Mord ist nicht das erste Thema, das man einem bereits deprimierten Patienten gegenüber anschlägt. Man muß sich nicht durch alle Seiten der Ambivalenz hindurcharbeiten, um ein gutes klinisches Ergebnis zu erreichen. Möglicherweise stammt die klinische Symptomatik in der Hauptsache von einer Seite der Ambivalenz her. In der Psychotherapie arbeitet man nur soviel durch, wie man durchzuarbeiten gezwungen ist, nicht aber alles, was man vielleicht aus wissenschaftlichem Interesse oder aus bestimmten theoretischen Erwägungen heraus gerne behandeln würde.

Kandidat: Wie betrachten Sie das Selbstmordrisiko im folgenden Fall: Der Patient ist depressiv und voller Selbstverachtung, er glaubt, er sei ein noch schlechterer Mensch als Hitler. Er scheint dem introjizierten Objekt gegenüber Feindseligkeit zu zeigen.
Dr. Tarachow: Verwechseln Sie den Angriff auf das introjizierte Objekt nicht mit dem Angriff auf das reale äußere Objekt. Dieser Patient zeigt nach außen keine Feindseligkeit. Er ist in Gefahr, einen Mord bzw. Selbstmord zu begehen. Er sagt Ihnen, daß er ein Mörder ist.
Kandidat: Ich habe gehört, daß man in manchen Einrichtungen zum Beispiel den Bankier Fußböden schrubben läßt, damit er seine Schuldgefühle verarbeitet.
Dr. Tarachow: Das ist sicherlich begründet. Nennen Sie es die Psychohygiene des Depressiven. Das bringt uns auf einen anderen Aspekt der therapeutischen Haltung, die man gegenüber depressiven Patienten einnehmen muß. Obwohl Sie die Äußerungen des Patienten interpretieren, müssen Sie eine starke autoritäre Position einnehmen. Der Patient möchte sich selbst bestrafen. Wenn Sie ihm nicht gewisse Elemente dieser Bestrafung liefern, dann sucht er sie anderswo. Er braucht die Strafe; seine Schuldgefühle sind nun einmal unvorstellbar groß.
Ich möchte diese Diskussion mit der Schilderung eines Falles anreichern, den ich einmal behandelt habe. Der Mann machte einen ernsthaften Selbstmordversuch und hätte sein Ziel um ein Haar erreicht. Es war ein Patient, dem gegenüber ich nicht fest genug auftrat. Das Geheimnis der ambulanten Behandlung schwer depressiver Patienten liegt nun einmal in der offen autoritären Haltung des Psychotherapeuten. Ich will den Irrtum schildern, der mir unterlief. Eines Tages sagte der Patient zu mir, daß er vielleicht eine Elektroschocktherapie nötig habe. Meine Antwort lautete: »Ja, ich habe schon daran gedacht; vielleicht machen wir das.« Der Fehler bestand darin, daß ich einen Vorschlag von seiner Seite akzeptiert hatte. Am gleichen Abend verschwand er, und 24 Stunden später fand man ihn halbtot in einem Hotelzimmer. Daß er von mir nicht in Schach gehalten worden war, bewirkte ein akutes Anwachsen der Schuldgefühle, die er wegen seiner Aggressionen empfand. Ich war ihm nicht länger eine Hilfe gewesen bei der Aufgabe, sich selbst zu kontrollieren. In dem Augenblick, in dem ich nicht mehr die absolute Kontrolle über ihn hatte, war der Patient durch seine eigenen Aggressionen gefährdet.
Der Therapeut muß den Masochismus des Patienten berücksichtigen. Wenn er es mit einem masochistischen Neurotiker zu tun hat, dann darf er dessen Bedürfnissen nicht allzu direkt Rechnung tragen. Er muß daran denken, daß ein gewisses Maß an Masochismus sogar nötig ist, um sich irgendeiner Form der Psychotherapie überhaupt zu unterziehen, insbe-

sondere den schmerzlichen Aspekten der Interpretation. Aber selbstverständlich darf man über das durch die Behandlung geforderte Maß hinaus den Masochismus des Patienten nicht etwa bestätigen. Wenn der Therapeut es mit einem depressiven Patienten zu tun hat, einem *psychotischen Masochisten,* wenn Sie so wollen, dann muß er in Einklang mit den Bedürfnissen des Patienten handeln, um das Leben des Patienten zu retten. Der Therapeut muß sadistisch genug sein, um das Leben des Patienten zu retten. Er ist sein Beschützer, und er muß stärker sein als der Patient. Der ernsthafte Selbstmordversuch des Patienten, von dem ich eben sprach, geschah in einem Augenblick, in dem ich ihm gegenüber eine gewisse Schwäche gezeigt hatte.

Kandidat: Der Patient hatte bemerkt, daß er jemanden nach seiner Pfeife hatte tanzen lassen. Er hatte die Liste seiner Opfer um ein weiteres Exemplar bereichert und damit seine Schuldgefühle noch verstärkt.

Dr. Tarachow: Ja. Wenn ich ihm nachgebe, dann belaste ich ihn mit dem unbewußten Problem, daß er mich umgebracht hat. Ich muß eine therapeutische Haltung einnehmen, die das pathologische Überich des Patienten nicht noch aktiver und zerstörerischer werden läßt, als es bereits ist. Einmal kam eine depressive Patientin zu mir, nachdem sie vorher bei einem anderen Therapeuten gewesen und von ihm wieder weggegangen war. Sie hatte diesen anderen Arzt gebeten, einen Monat Urlaub machen und in dieser Zeit mit der Behandlung aussetzen zu dürfen. Der Therapeut hatte dieser Bitte (freundlich) entsprochen. Prompt brach die Patientin die Behandlung ganz ab und suchte sich einen anderen Therapeuten. Natürlich fühlte sie sich zurückgewiesen (»Er interessiert sich gar nicht für mich«); was aber noch wichtiger war, der Therapeut hatte der Patientin zu viel Freiheit gelassen; er hatte seine Kontrolle über sie aufgegeben. Die Patientin fürchtete sich vor den Äußerungen ihrer Aggressionen und suchte nach jemandem, der stärker war und sie in Schach halten würde.

Kandidat: Sie sprachen von der Feindseligkeit des Patienten. Wie geht man da in der Regel vor? Wird sie herausgearbeitet? Wenn der Patient Feindseligkeit zum Ausdruck bringt, aber keine entsprechende Einsicht zeigt, würde ihm dann die Beschäftigung damit überhaupt etwas nützen?

Dr. Tarachow: Ganz sicher. Die Dinge nach außen zu kehren – mit oder ohne Einsicht –, hat zwei wichtige Funktionen: Es stellt den Kontakt mit den Objekten wieder her, und es vermindert den Drang zur Selbstzerstörung. Der Therapeut zielt darauf ab, den psychotischen Mechanismus zu schwächen. Fehlende Einsicht würde mich dabei nicht stören. In der Tat ist es so, daß die meisten Psychotiker, die wir »wiederherstellen«, nicht zur Einsicht gelangt sind.

Kandidat: Das heißt also, der Patient verläßt die Behandlung, nachdem seine Depression sich sehr gebessert hat, aber er ist noch immer feindselig und aggressiv.

Dr. Tarachow: O ja. Viele Psychotiker erholen sich, ohne daß sie Einsicht entwickelt hätten, Depressive ebenso wie Schizophrene. Nur in bestimmten Stadien der Krankheit zeigt der Patient überhaupt Einsicht in die eigene Persönlichkeit, und dann oft spontan. Manche Schizophrene haben erschreckend klare Einsichten, was die Gesamtheit ihrer ganz elementaren und archaischen Bedürfnisse angeht. Zu einem Zeitpunkt, da seine Depression weniger stark ausgeprägt ist, kann ein Mensch ganz deutliche und tiefreichende Einsichten in seine kannibalistischen und mörderischen Empfindungen seinen Objekten gegenüber haben, obwohl ihn ein masochistisches Bedürfnis dazu motiviert, nur die schmerzlichsten und quälendsten Züge in seiner Persönlichkeit kennenzulernen.

Kandidat: Würden Sie im Idealfall versuchen, dem Patienten Einsicht zu verschaffen?

Dr. Tarachow: Selbstverständlich. Wo die psychogenetischen Aspekte vorherrschend sind, würde man wirklich versuchen, die Ambivalenz des Patienten herauszuarbeiten, also sowohl die Feindseligkeit als auch das Bedürfnis nach Liebe.

Kandidat: Besteht die Gefahr, daß ein solcher Patient in einen paranoiden Zustand gerät und seine Aggression projiziert?

Dr. Tarachow: Theoretisch ja, aber in der klinischen Praxis geschieht das sehr selten. Jeder hat seinen eigenen Krankheitsstil. Der Patient, der introjiziert, bleibt bei diesem Muster. Daß ein depressiver Patient zum Paranoiker wird, ist selten. Tatsächlich gibt es in der Depression kaum paranoide Züge. Wenn solche Züge doch da sind, dann deutet das auf gewisse zusätzliche Faktoren, die aus einem homosexuellen Problem herrühren. Es gibt eine bedeutsame Ausnahme: die Involutionsmelancholie, eine Form von Depression, die sich sehr stark durch paranoide Züge auszeichnet.

Kandidat: Wir haben eine depressive Patientin auf der Station, die mit Elektroschocks behandelt wird. Jetzt sind ihre Symptome in der Hauptsache paranoider Art.

Dr. Tarachow: Das ist bei der Schockbehandlung sehr gut möglich, die eine vorübergehende Desintegration des Ich und eine Reihe weiterer physiologischer Erscheinungen hervorruft, über die man noch nicht allzugut Bescheid weiß. In diesem Zusammenhang kann ich Ihnen die Aufsätze von Frosch (1945) bzw. Frosch und Impastato (1948) empfehlen. Die Frage, mit der wir uns hier beschäftigen, lautet jedoch etwas anders: Laufen wir in dem Versuch, den Patienten dahin zu bringen, daß er seine feindseligen

Gefühle wieder auf ein äußeres Objekt richtet, tatsächlich Gefahr, daß er nun nach einer anderen Form der Abwehr gegen seine Aggressionen verlangt, nämlich nach Projektion, die dann paranoide Komplikationen nach sich zieht? Die Reaktion auf den Elektroschock ist ein interessantes klinisches Phänomen, aber eigentlich nicht unser Thema. Unter dem Einfluß und den Bedingungen des Schocks wird nicht versucht, dem Patienten Einsicht in seine Aggressionen zu vermitteln; zudem ist ja zusätzlich etwas eingetreten, die organische Ichstörung, das organische Defizit im Gehirn. Unser Anliegen im Augenblick sind aber die Gefahren im Zusammenhang mit der Einsicht in die eigenen Aggressionen.

Eine nicht zu unterschätzende Gefahr besteht darin, daß man die Depression durch zu frühe Vermittlung von Einsicht noch verschlimmert. Wir wollen uns nun mit den Gefahren bestimmter psychotherapeutischer Maßnahmen befassen.

Kandidat: Sind Externalisierung und Projektion das gleiche?

Dr. Tarachow: Ich habe den Ausdruck Externalisierung nicht verwendet, aber er kann das Nach-außen-Kehren der zunächst nach innen gerichteten Aggression bezeichnen. Unsere Aufgabe ist es, dem Patienten dabei zu helfen, das reale Objekt zu lokalisieren, das er gehaßt, verloren und introjiziert hat. Wir helfen ihm, die äußere reale Zielscheibe seiner Aggressionen zu finden. Wir kehren die Introjektion wieder um. Diese Umkehrung der Introjektion ist aber nicht etwa Projektion. Wir bemühen uns um die Rückkehr von Gefühlen und die Rückkehr des Objektes, zu dem sie gehören, nicht aber um einen neuen Abwehrmechanismus gegen diese Gefühle. Das Grundproblem der Depression ist der Kannibalismus, die orale Aggression gegenüber der Mutter. Wenn man den Patienten auf psychotherapeutischem Wege zu heilen versucht, dann gehört dazu unbedingt auch das Hervorholen der Aggression gegen die Mutter. Manchmal kann der Patient diese Kur nicht ertragen. Er gerät dann noch tiefer in die Depression hinein. Projektion ist etwas ganz anderes. Wenn er projiziert, dann legt der Patient seine *eigenen* Aggressionen *einem anderen* Menschen zur Last, entweder dem Objekt seiner Aggressionen oder aber einer dritten Person.

Kandidat: Wenn der Patient aus der Depression emportaucht, ist es dann möglich, daß er seine Furcht vor den feindseligen Impulsen durch zwanghaftes Grübeln zu bewältigen sucht?

Dr. Tarachow: O ja. Er kann die Depression überwinden und dann neue oder die alten Abwehrmechanismen gegen eben die gleichen feindlichen Impulse aufbauen. Die größten Probleme bei der Depression sind die enorme orale Gier, die oralen Forderungen und der Haß. Wenn der depressive Abwehrmechanismus ausgeschaltet ist, so sind damit nicht notwendig auch diese letztgenannten Persönlichkeitszüge ausgeschaltet. Der Patient nimmt dann unter Umständen Zuflucht zu zwanghaften Formen der Abwehr, zur Isolierung. Ich erinnere mich an einen depressiven Patienten, der sich von einer schweren Depression erholte und dann eine schwere Zwangsneurose bekam, in deren Mittelpunkt der Drang stand, seinem Vater den Penis abzuschneiden.

Nebenbei gesagt, ich verschreibe Medikamente gegen die psychotische Depression, nicht aber gegen die neurotische. Bei der psychotischen Depression nehme ich an, daß das Ich des Patienten so schwach, seine Hungergefühle so groß und die Intoleranz gegenüber Frustrationen so ausgeprägt sind, daß es gerechtfertigt ist, dem Patienten ein gewisses Maß an sekundärer Versorgung zu gestatten. Die Behandlung der neurotischen Depression erfolgt sehr viel stärker in interpretativen Bahnen, der Patient sieht sich größeren Anforderungen gegenüber, und hier würde ich in diese sekundäre Versorgung nicht einwilligen. Diese Nachsicht gegenüber dem psychotischen Depressiven mag so aussehen, als stünde sie in Widerspruch zu der autoritären Rolle, die ich gegenüber dem depressiven Patienten allgemein empfohlen habe. Aber es ist kein Widerspruch. Für die Behandlung des psychotisch-depressiven Patienten lautet der psychotherapeutische Grundsatz, daß man sowohl das enorme Gewicht der oralen Forderungen als auch die enorme Kraft des Überichs in die Überlegungen einbeziehen muß. Der Therapeut muß so handeln, daß es von keiner Seite her zur Katastrophe kommt.

Damit der Neurotiker die Intensität und das Ausmaß seiner kindischen Wünsche erkennt, muß man es zunächst einmal geschehen lassen, daß diese Wünsche einen gewissen Grad von Hartnäckigkeit annehmen. Ohne den Druck, der durch diese Hartnäckigkeit entsteht, muß jeder Versuch der Interpretation scheitern. Das ist die frustrierende Erfahrung, die dem Patienten in der Analyse oder in der intensiven Psychotherapie aufgezwungen wird. Wenn die therapeutische Situation keine Frustrationen bietet und der Therapeut die Wünsche des Patienten gar berücksichtigt, dann gleicht die Beziehung eher einem Adoptivverhältnis als einer therapeutischen Situation. Unter bestimmten Umständen kann es allerdings nötig werden, ein wenig von diesem Adoptivcharakter zuzulassen.

Ich möchte nun wieder auf eine klinische Qualität der Depression und des Selbstmordrisikos zu sprechen kommen. Ich versuche immer, mir ein Bild von der emotionalen Unbeständigkeit oder Labilität des depressiven Patienten zu machen, insbesondere von seiner Fähigkeit zu weinen. Ich mache mir fast keine Sorgen um einen depressiven Patienten, der weinen kann. Ein gewisses Ausmaß an Unbeständigkeit und Labilität verbessert

die Prognose. Bei sehr schweren Depressionen beobachtet man eine enorme Rigidität und Verbitterung. Alles kann dann starr und wie gefroren sein, die gesamte Körperhaltung, der gastrointestinale Trakt, die Affekte. Diese Patienten sprechen nicht, essen nicht, entleeren sich nicht, weinen nicht. Sie sind ungeheuer boshaft; oft geben sie nicht einmal zu, daß sie depressiv sind. Sie wollen sich nicht helfen lassen, sie haben an nichts Interesse. Das sind die Selbstmordgefährdeten, besonders wenn die motorische Lähmung allmählich nachläßt. Übrigens sollte der Therapeut ständig in Verbindung mit einem Angehörigen des Patienten stehen. Man sollte das Selbstmordrisiko mit der Familie des Patienten teilen.
Kandidat: Wie verträgt sich der Grundsatz, daß man der Bitte eines Patienten entspricht, also beispielsweise Medikamente verschreibt, mit dem Grundsatz, daß man nach Möglichkeit die feindlichen Gefühle des Patienten hervorlocken soll, damit sie nach außen abgeleitet werden können?
Dr. Tarachow: Ich habe die Versöhnung schon erwähnt. Der depressive Patient hat sowohl seine starken oralen Bedürfnisse als auch ein strenges Überich zu Gegnern. Er muß davor bewahrt werden, daß eines der beiden Extreme ihm ernsthaft Schaden zufügt, das heißt, man muß dafür sorgen, daß die Forderungen beider »Gegner« kein zu gefährliches Ausmaß annehmen. Ich habe darüber gesprochen, wie sich Nachgiebigkeit einerseits und autoritäres Verhalten andererseits vereinbaren lassen. Was Sie jetzt vorbringen, ist eine etwas andere Sache. Sie meinen das Nebeneinander von Nachgiebigkeit einerseits und Provokation feindseliger Gefühle andrerseits. Zunächst einmal: Ich bin nicht der Meinung, daß der Therapeut irgend etwas unternehmen sollte, was die feindselige Haltung des Patienten hervorruft. Allerdings ist es möglich, daß er durch seine Art des Umgangs mit den Bestrebungen des Patienten in gewissem Sinne die Feindseligkeit des Patienten zuläßt. Die autoritäre Rolle ist angebracht, wenn es sich um schwerste Formen der Depression handelt; sie dient dazu, die Aggressionen des Patienten in Schach zu halten. Im Verlauf der Behandlung wird der Therapeut dem Patienten dann gestatten (oder sogar nahelegen), sich den Therapeuten oder andere Personen zur Zielscheibe seiner verborgenen Aggressionen zu erwählen. Am sichersten für den Therapeuten ist es, wenn *er* die Zielscheibe darstellt – mit anderen Worten, am sichersten für ihn ist die feindliche Übertragung. Wie ich schon sagte, sind diese Patienten zutiefst ambivalent. Sowohl ihre libidinösen Bedürfnisse nach Liebe wie auch ihre sadistischen Wünsche müssen eine gewisse Gratifikation erfahren. Wenn ein Patient sehr stark depressiv ist, dann hilft uns unsere Autorität, seine Aggressionen in Schach zu halten. Wenn es ihm besser geht oder die Beziehung zum Therapeuten

sich entfaltet, dann wird den Aggressionen ein Ventil geöffnet. In jedem Fall wird der Patient gegen sein übermäßig strenges Überich in Schutz genommen. Unsere Autorität hält die Aggressionen in Schach, unsere Nachgiebigkeit sorgt andererseits dafür, daß sie gefahrlos ausgelebt werden können.

Wenn der depressive Patient bereit ist, Forderungen an Sie zu stellen, dann sollten Sie versuchen, seine Forderungen zu erfüllen. Der Depressive, der sich weigert, gierig zu sein, ist selbstmordgefährdet. Der Depressive, der Forderungen stellt, hat eine Objektbeziehung, die ihm möglicherweise das Leben rettet. Der Therapeut stellt sich selbst als Objekt dem Patienten zur Verfügung; tatsächlich sollte er sich dem Patienten sogar mit aller Kraft als Objekt aufdrängen.

18
Masochismus und Paranoia

Wir wollen uns bemühen, unsere Diskussion über das Thema Masochismus und Paranoia so einfach wie möglich zu halten. Die herkömmlichen Definitionen des Masochismus heben besonders auf das Problem von Aggression und Schuldgefühl und auf die spätere Wendung der Aggression nach innen ab. Die Aggression wird zur Selbstbestrafung. Aber man kann das Phänomen des Masochismus auch anders betrachten. Neuere Konzeptionen haben uns neue und andere psychotherapeutische Möglichkeiten des Umgangs mit dem Masochisten eröffnet.

Der Masochist läßt sich als ein Mensch beschreiben, der im Grunde das Bedürfnis nach Liebe empfindet, für die Erfüllung dieses Bedürfnisses aber gewissermaßen mit einer pervertierten Technik ausgerüstet ist. Wir wollen ein Beispiel betrachten. Ein kleines Mädchen, das vor kurzem die Freude erlebt hat, daß ein Schwesterchen in der Familie angekommen ist, geht in der Wohnung herum. Die Mutter ist mit dem Neugeborenen beschäftigt; niemand achtet auf das Kind. Plötzlich bricht das Mädchen in Tränen aus, wendet sich an seine Mutter und sagt: »Du schlägst mich.« Das ist ein Beispiel für Masochismus. Die Suche nach Liebe nimmt ihren Weg über das Erleiden und Erdulden. Die Anschuldigung: »Du schlägst mich« ist eine andere Form der Feststellung: »Du liebst mich nicht genug, und das tut weh.« Im Grunde sagt jeder Masochist: »Ich glaube nicht, daß du mich gern hast.« Das ist der masochistische Köder. Das automatische Echo, das damit hervorgerufen werden soll, ist die eine oder andere Form von Beruhigung und Bestätigung.

Das Gefühl oder die Aussage: »Ich werde nicht geliebt« ist die Umkehrung oder Pervertierung der Aussage: »Ich möchte Liebe.« Implizit ist in dieser Aussage eine Forderung enthalten. Die Forderung wird als Feststellung einer Deprivation vorgetragen; diese Feststellung wiederum kann mit unterschiedlicher Intensität getroffen werden. Beispielsweise kann man mit folgenden Worten um etwas zu essen bitten: »Darf ich etwas zu essen haben?«; man kann aber auch sagen: »Ich sterbe vor Hunger.« Die Feststellung der Deprivation ist die Bitte. Das ist die Technik des Masochisten. Der Masochist übertreibt und verkündet seine Deprivationen; er bittet in pervertierter Form um Liebe. Wir können den Masochismus also als eine *entstellte* Form der Suche nach Liebe betrachten. Der Masochist ist ein Erpresser. Sein Hinweis auf seine Deprivation ist zwingend und macht es sehr schwierig für das Objekt, nein zu sagen. Jetzt können wir auch das sadistische Element in der Person des demütigen Masochisten erkennen: Er erzwingt Liebe, indem er seinem Objekt die Tatsache, daß er leidet, mit allem Nachdruck vor Augen führt. Es gibt eine Reihe interessanter Abhandlungen von Bernhard Berliner (1940, 1942, 1947) zu diesem Thema. Unter den in jüngerer Zeit tätigen Analytikern war er der erste, der deutlich auf diese Aspekte des Masochismus aufmerksam machte. Ausgangspunkt seiner Überlegungen war das Problem der verzerrten Annäherung an das Objekt: Die Liebe nimmt den Umweg über das exzessive Leiden und die exzessiven Ansprüche.

Kandidat: Sie haben einmal gesagt, daß der Masochist leugnet. Leugnet er seine Liebe oder sein Liebesbedürfnis?

Dr. Tarachow: Der Masochist leugnet insofern, als er nicht einräumt, daß er um Liebe bittet. Sein Ziel ist, Liebe zu bekommen, aber er gibt dieses Ziel nicht eigentlich bewußt zu. Er hat etwas Störrisches, Feindseliges, Erpresserisches an sich. Aber er leugnet die direkte Suche oder die direkte Bitte. Masochismus ist die Technik dessen, der nicht direkt sein kann. Es gibt einen alten und abgedroschenen Witz, der hierher paßt: Ein Mann hat auf einer Landstraße einen Reifenschaden und stellt fest, daß er keinen Wagenheber dabei hat. Er läuft bis zum nächsten Bauernhaus; auf dem Weg dorthin stellt er sich vor, daß der Bauer ihm seine Bitte wahrscheinlich abschlagen wird. Als er bei dem Haus ankommt, hat er sich in eine solche Wut hineingesteigert, daß er den Bauern mit den Worten begrüßt: »Zum Teufel mit dir und deinem Wagenheber.«

Kandidat: Eine meiner Patientinnen ist dafür ein wunderbares Beispiel – sie verlangt zuviel Liebe von ihrem Mann. Sie will mehr und immer mehr. Sie umschlingt ihn, und dann wendet sie sich gegen ihn, weil er ihr nicht genug Liebe gibt.

Dr. Tarachow: Es ist gut, daß Sie das erwähnen, weil es uns gleich noch auf einen anderen wichtigen Aspekt des Masochismus bringt. Der demütige Masochist hat nämlich noch eine andere Seite. Einerseits ist der Masochist unfähig, direkt um Liebe zu bitten, und sucht sich Liebe auf dem krummen Weg über das Leiden zu verschaffen. Aber andererseits stellt der Masochist enorme Anforderungen; er ist der Unersättlichste von allen. Eben diese Unersättlichkeit sorgt mit Sicherheit für Enttäuschung und Leid. Er verlangt so viel, daß niemand ihm jemals wirklich alles geben kann, was er will. Der Masochist verlangt so viel Liebe, so viel Beruhigung und Zuspruch, daß seine Objekte ihn schließlich hassen. Am Ende schafft er sich genau die Situation, die er eigentlich fürchtet. Eben das tut auch die Patientin, die Sie gerade erwähnt haben. Zu den Schwierigkeiten bei der Behandlung des Masochisten gehört die Aufgabe, ihm vor Augen zu führen, wieviel er in Wahrheit verlangt, wie unersättlich er ist. Dem Masochisten macht eine gewisse heuchlerische Tugendhaftigkeit zu schaffen, und das muß er einsehen. Gerade die Empfindlichkeit gegenüber Zurückweisungen, die den Masochisten peinigt, ist ein Zeichen seiner Unersättlichkeit. Wenn er nicht so unersättlich wäre, würde er sich nicht bei jeder Gelegenheit zurückgesetzt fühlen.

Kandidat: Meine Patientin zeigt noch ein anderes Merkmal. Sie sagt: »Ich möchte nicht selbstsüchtig sein.«

Dr. Tarachow: Ja, und dann gibt sie sich weiterhin selbstsüchtig.

Kandidat: Wie steht es mit der Verbreitung grob-perverser Praktiken bei Masochisten dieses Typs?

Dr. Tarachow: Das weiß ich nicht, obwohl wahrscheinlich ein ganz wesentlicher Prozentsatz von Masochisten perverse Praktiken ausübt. Die Patienten, die, wenn man Havelock Ellis (englischer Schriftsteller, 1859–1939) glauben möchte, durch Leiden zum Orgasmus gelangen, kommen nicht zur Behandlung, so wie auch nur sehr wenige Homosexuelle den Therapeuten aufsuchen. Aber Sie werden auf eine Vielzahl sozialer Varianten des Masochismus, des moralischen Masochismus, stoßen. Masochistische Elemente finden sich in den sozialen und den ehelichen Beziehungen, in den Lebensmustern. Patienten kommen und beklagen sich über ihre unglückliche Ehe, über die unglückliche Situation an ihrem Arbeitsplatz, über eine Vielzahl von Leiden und Schwierigkeiten, die allem Anschein nach ihren Grund in einer schwierigen Umgebung haben. Sie werden selten auf ausgewachsene Perversionen treffen, aber Sie werden mit Sicherheit vielen Patienten begegnen, die mehr oder minder ausgeprägt die eine oder andere perverse Neigung zeigen.

Kandidat: Ist jeder Masochist auch ein Sadist?

Dr. Tarachow: In gewissem Sinne ja. Der Masochist ist ambivalent; er ist sadomasochistisch. Aber die eine Seite seiner Ambivalenz kann stark überwiegen und die andere nur latent vorhanden sein. In der intensiven Psychotherapie sollten beide Seiten der Ambivalenz durchgearbeitet werden. Der Masochist muß seine Aggressionen erkennen. Heute wollte ich allerdings das Hauptgewicht auf die deformierte Suche nach Liebe legen.

Kandidat: Der Masochist ist per definitionem unfähig, die Lust an seinem Schmerz anderen mitzuteilen. In dieser Hinsicht ist er vollkommen narzißtisch. Ich habe eine Patientin, die immer wieder sagt: »Ich bin häßlich. Ich bin furchtbar. Ich kann überhaupt nichts.« Was mich in Erstaunen versetzte, war ihre Bemerkung: »Ich mag Sie lieber, wenn Sie gemein zu mir sind.« Das erstaunte mich, aber ich sehe natürlich, daß es die Qualität einer Objektbeziehung hat.

Dr. Tarachow: Sie wollen sagen, daß solche Patienten ihr Vergnügen nicht

teilen können und in diesem Sinne narzißtisch sind, daß sie zugleich aber auch unzweifelhaft gewisse perverse Objektbeziehungen unterhalten?
Kandidat: Ich mache mir eben Gedanken, was die soziale Qualität bzw. die Objektbezogenheit von Perversionen angeht, insbesondere des Masochismus. Auch der eindeutig perverse Typ, der sich von einer Dirne auspeitschen läßt, unterhält doch wohl eine Objektbeziehung.
Dr. Tarachow: Kehren wir noch einmal zurück zu der Patientin, die sagte: »Ich mag Sie lieber, wenn Sie gemein zu mir sind.« Patienten fordern uns häufig heraus, sie zu beschimpfen; wenn ihnen das gelungen ist, dann sind sie zufrieden. Nur durch Ihr Schimpfen haben Sie nämlich das angemessene elterliche Interesse an Ihrem Patienten bewiesen. Hier ist ein masochistischer Impuls im Spiel; der Patient sucht auf seine Weise nach Beweisen dafür, daß Sie ihn lieben. Wenn Sie ihn ganz normal lieben, dann ist das Ich eines solchen Patienten unfähig, diesen Umstand zu erkennen. Der Weg zur Objektbeziehung führt über den Sadismus.
Kandidat: Brauchen Masochisten immer solche narzißtisch gefärbten Objektbeziehungen?
Dr. Tarachow: Das ist nicht narzißtisch. Es ist sehr stark objektbezogen – zwar auf Umwegen, aber doch objektbezogen. Auch der Paranoiker hat sich wieder einen Weg zu seinem Objekt geschaffen. Er sagt: »Du haßt mich.« Auch er äußert eine verkrüppelte Bitte um Liebe. Auf versteckte Art und Weise sagt er: »Ich möchte, daß er mich liebt, aber er haßt mich.« Auch das ist eine Möglichkeit, um Liebe zu bitten. Die paranoide Anschuldigung und der paranoide Wahn sind eine Bitte um Liebe. Er sagt das, was das kleine Mädchen sagte. Der Paranoiker zeigt sich in noch stärkerem Maß geschlagen als der Masochist. Der Masochist sagt: »Du mißbrauchst mich«, der Paranoiker sagt: »Du haßt mich«. Man kann die beiden auch so voneinander unterscheiden, daß man sagt, der Masochist sorgt dafür, daß er *ganz real* leidet. Er findet reale Menschen und konstruiert reale Situationen. Der Paranoiker leidet an dem, was *eingebildete* ferne Verfolger ihm antun. Aber eben dieser Wahn ist der Versuch des Paranoikers, zu seinen Objekten zurückzukehren, seine auf Umwegen zum Ausdruck gebrachte Forderung nach Liebe. Diese Überlegungen vermögen uns einen Weg zu weisen, auf dem wir uns dem Paranoiker psychotherapeutisch nähern können, und uns sogar ein Gefühl der Sympthie für diesen Patienten vermitteln.
Kandidat: Paranoikern und Masochisten gelingt es, ihre Klagen dem jeweiligen Objekt zu Gehör zu bringen. Eine meiner Patientinnen, ein junges Mädchen, die ihre Medizin heimlich wieder erbrach, sagte zu einer anderen Patientin, sie möge den Schwestern nichts davon erzählen. Natürlich waren prompt alle Schwestern zur Stelle.

Dr. Tarachow: Auch der hochgradig regredierte und zurückgezogene Schizophrene ist noch objektbezogen, Sie können seine Gefühle verletzen. Jeder Mensch ist objektbezogen, sogar der Selbstmordkandidat. Jensen und Petty (1958) haben eine interessante Untersuchung über die letzten Botschaften von Selbstmördern veröffentlicht, in denen der Adressat angefleht wurde, den lebensunwilligen Patienten doch noch zu retten. Die Autoren zeigen in sehr anschaulicher Weise, daß auch der selbstmordgefährdete Patient noch sehr stark objektbezogen ist. Er versucht, irgendein Gefühl in seinem Retter wachzurufen. Selbst wenn er nicht gerettet werden will, der Sadismus des selbstmordgefährdeten Patienten ist speziell objektbezogen. Der Patient versucht, einer anderen Person immerwährende Schuldgefühle und immerwährenden Schmerz aufzubürden. Ich habe wohl schon einmal erzählt, mit welchen Phantasien sich einer meiner Patienten beschäftigte. Er spielte mit dem Gedanken, sich umzubringen, und überlegte sich, daß er einen Brief hinterlassen würde, in dem stehen sollte: »Dr. Tarachow hat damit nichts zu tun.« Eine solche Botschaft würde selbstverständlich das Interesse der Umwelt sofort auf mich lenken. Die einzigen Patienten, die meiner Ansicht nach übrigens nicht objektbezogen sind, sind diejenigen, die an Marasmus* leiden. Sie haben das Interesse an den Dingen so vollständig verloren, daß der Gedanke an den Suizid ständig da ist.
Kandidat: Es gibt Patienten, die nur dann agieren, wenn der Supervisor und die gesamte Belegschaft in der Nähe sind. Das gilt besonders für einen meiner männlichen Patienten: Er benimmt sich die meiste Zeit über recht ordentlich, außer wenn der Supervisor auf die Station kommt. Dann spielt er sich auf, da kennt er nichts.
Dr. Tarachow: Vor einigen Jahren nahm ich eine depressive Patientin an, die sich gleich zu Beginn die Zusage von mir erbat, daß ich sie nach Abschluß der Behandlung küssen würde. Ich versprach ihr das. (Sie erreichen rein gar nichts mit einem Patienten, wenn Sie ihn nicht in Behandlung haben.) Später erließ sie mir die Erfüllung des Versprechens. Aber während der Zeit, in der ich sie behandelte, postierte sie sich häufig auf dem Gehsteig, der meinem Büro gegenüberliegt, um dort stundenlang laut zu weinen.
Was ich hier besonders hervorheben möchte, das ist – losgelöst von den sadistischen Phänomenen – die Suche nach Liebe. Bei all seinen abwegigen und qualvollen Vorgehensweisen unterhält der Masochist doch eine Objektbeziehung und will Liebe. Was er will, ist einigermaßen normal, nur seine dabei angewandte Technik ist pervers.

---

* allgemeiner körperlicher und geistiger Kräfteverfall

Kandidat: Steht das masochistische Syndrom in einem ebenso engen Zusammenhang mit homoerotischen Strebungen wie das paranoide?
Dr. Tarachow: Das ist schwer zu beantworten. Ich habe den Eindruck, daß in beiden Fällen die gleichen pathologischen Lösungen mit unterschiedlicher Intensität versucht werden. Der Masochist hat, wie Sie bemerkt haben, keine aktiven, sondern passive Techniken. Er präsentiert sich einer Frau und sagt implizit: »Ich bin dein Opfer.« Er akzeptiert eine passive Rolle im Leben. Der Paranoiker akzeptiert die passive Rolle in seinen unbewußten Phantasien. Im realen Leben ist er häufiger pathologisch aggressiv und sadistisch. Die Passivität scheint für den Masochisten eher ichsynton zu sein als für den Paranoiker. Der Masochist läßt sich gleichsam von den passiven Techniken leiten.
Ich möchte Ihre Frage von meiner klinischen Orientierung her beantworten: Beim Paranoiker achte ich besonders auf die latente passive Homosexualität; beim Masochisten auf die Aggressionen und die deformierte Suche nach Liebe. Diese beiden Erscheinungen schließen sich keineswegs etwa gegenseitig aus; das Vorhandensein der einen bedeutet nicht, daß die andere nicht auch auftreten könnte. Und ebensowenig ist damit gesagt, daß paranoide Reaktionen einzig auf dem Problem der unbewußten passiven Homosexualität oder auf masochistischen Problemen beruhen. Macalpine und Hunter (1956) äußern eine Reihe neuer und interessanter Gedanken über den Fall Schreber. Sie sagen, daß die paranoide Psychose wohl auf dem Problem der archaischen Bisexualität beruht. Ihr Buch ist wirklich sehr lesenswert.
Kandidat: Hat Masochismus etwas mit den Schwierigkeiten zu tun, auf die ein Mensch trifft, wenn er es mit extrem aggressiven oder brutalen Objekten zu tun hat, so daß er dann eine Technik entwickelt mit dem Ziel, die Beziehung zum Objekt um jeden Preis aufrechtzuerhalten?
Dr. Tarachow: Ganz richtig. Bak (1946) beschreibt in seiner ausgezeichneten Abhandlung über den Masochismus des Paranoikers den Fall eines jungen Mannes, der von seinem Vater in brutaler Weise geschlagen wurde. Ich erinnere mich nicht mehr, ob der Patient masochistisch, paranoid oder beides wurde. Zwischen beiden Zuständen bestehen tatsächlich nur graduelle Unterschiede. Auf der anderen Seite entwickeln sich auch Menschen zum Homosexuellen oder zum Paranoiker, die schon als Kind keinen oder aber einen passiven Vater hatten. Zur Passivität des Patienten kann es durch die Abwesenheit einer männlichen Figur oder durch die Vorherrschaft der Frauen in seiner Umgebung kommen. Häufig berichtet der homosexuelle oder paranoide Patient, daß sein Vater schon tot war oder nicht mehr bei der Familie lebte, als der Patient noch ein Kind war. Für den Patienten spielt auch eine Rolle, wann der Vater starb oder seine

Familie verließ; der kritische Zeitpunkt ist das sechste bzw. das dreizehnte Lebensjahr.
Bak macht besonders auf den familiären Hintergrund aufmerksam, der durch die Stärke des Vaters gekennzeichnet ist. In diesen Fällen ist der Vater brutal und aggressiv und zu streng, als daß der Patient damit fertigwerden könnte. Der Weg zur Identifikation mit dem Vater ist wegen dessen Aggressivität so blockiert, daß der Sohn ihm gegenüber nur eine passive Rolle einnehmen kann. Es ist unmöglich, die Rivalität und die Aggressionen gegenüber dem Vater durchzuarbeiten.
Es gibt mehr als einen Weg zur Homosexualität, zum Masochismus und zur Paranoia. Was wir hier behandelt haben, sind die wechselnden Verhältnisse im Zusammenhang der Objektbeziehung, die perversen Bemühungen um die Liebe des Objektes und die Ähnlichkeit dieser Bemühungen bei Masochisten und Paranoikern. Inwiefern ist ein Junge benachteiligt, dessen Vater sehr häufig nicht zu Hause ist? Welche Gelegenheit hat der Junge *nicht?*
Kandidat: Die Gelegenheit, sich mit dem Vater zu identifizieren.
Dr. Tarachow: Das ist die eine Seite. Er bleibt allein mit den Frauen, die zur Familie gehören. Es gibt aber noch einen anderen Faktor.
Kandidat: Wenn die aggressiven Gefühle dieses Jungen einmal besonders mächtig werden und er sie äußert, dann kann er zumindest sicher sein, daß der (anwesende) Vater den Ausbruch verkraftet und nicht dadurch vernichtet wird.
Dr. Tarachow: Genau. Er kann beruhigt sein, daß seine aggressiven Phantasien fruchtlos geblieben sind: der Vater ist noch am Leben. Es gibt noch einen dritten Aspekt. Dieser Junge hat tatsächlich die Gelegenheit, seine Aggressionen gegen den Vater zumindest zum Teil auszuleben. Diejenigen unter Ihnen, deren Söhne sich gerade in der ödipalen Phase befinden, werden wissen, wieviel den Söhnen daran gelegen ist, Sie nicht nur nachzuahmen, sondern Sie auch aus einer gewissen Rivalität heraus zu bedrängen, zu bekämpfen und zu schlagen. Wenn der Vater nicht da ist, fehlt nun aber gerade diese Möglichkeit, sich mittels der positiven Identifikation mit ihm, die ja ein Gemisch aus Liebe und Rivalität ist, durch diese »Wettkampfsituation« durchzuarbeiten.
Kandidat: In der Abteilung der Jugendlichen nimmt die Tendenz zum Kratzen und zur Selbstbeschädigung schon epidemische Ausmaße an. Einige Patienten sind ärgerlich auf diese selbstzerstörerischen Typen, weil sie so viel Aufmerksamkeit auf sich ziehen. Sie kritisieren sie offen, weil sie die Selbstverletzung als Mittel einsetzen, um die Aufmerksamkeit auf sich zu lenken.
Dr. Tarachow: Der Selbstmordversuch kann natürlich auch das Verlangen

nach Aufmerksamkeit ausdrücken, aber es ist mehr als nur das. Ich will Ihnen den jüngsten Selbstmordversuch in meiner Praxis schildern: Eine junge verheiratete Frau versuchte, sich mit einer Überdosis Tabletten umzubringen; unmittelbar darauf rief sie ihre Mutter an, um ihr zu erzählen, was sie gerade getan hatte. Das Interessante daran ist, daß die Mutter in Kalifornien lebt und gar nicht die Möglichkeit gehabt hätte, ihr rechtzeitig zu Hilfe zu kommen. Diese Tat der Patientin war ein Racheakt gegen die Mutter und gegen andere Personen. Wie Sie sehen, waren sowohl der Selbstmordversuch als auch das Telefongespräch sehr stark objektbezogen.

Kandidat: Ich frage mich, ob man den Masochismus gewissermaßen zweigeteilt betrachten kann: einerseits erwächst er aus der nach innen gekehrten Aggression, andererseits fungiert er doch irgendwie als eine Hohlform für erotische Gratifikationen.

Dr. Tarachow: Ich habe zu Beginn unserer Diskussion gesagt, daß zum Masochismus als dem Ausdruck von Aggressionen das Konzept des Masochismus als einer pervertierten Suche nach Liebe hinzukommt. Man kann aus einer Vielzahl von Gründen leiden. Ich kann leiden, weil ich möchte, daß jemand mich liebt, ich kann aber auch leiden, damit der andere sich schuldig und elend fühlt. Das Motiv kann in der Suche nach Liebe oder aber in der Verhängung von Strafe liegen – das sind zwei völlig verschiedene Motive. Der gleiche Patient kann beide Motive in sich vereinigen, obwohl in der Regel die eine Seite dieser ambivalenten Einstellung vorherrscht.

Kandidat: Ich möchte hier den Fall einer Patientin erwähnen, die sich den Namen einer Mitpatientin in die Haut ritzte. Sie hatte ganz bewußt das Gefühl, der anderen damit eine Freude zu bereiten, weil sie ihr ja dadurch, daß sie sich den Namen in die Haut geritzt hatte, die Kontrolle über ihre eigene Person eingeräumt hatte.

Dr. Tarachow: Das sieht mir ganz nach Woduzauber aus, oder vielmehr nach umgekehrtem oder passivem Woduzauber. Die Patientin setzte sich als Wodu-Objekt ein und gab sich jener Art des magischen Denkens hin, wie wir es auch beim sadistischen Woduzauber finden. Diese Patientin machte sich den Woduzauber für ihre masochistischen und passiven Ziele zunutze.

Kandidat: Sie sprachen vorhin davon, daß Söhne unter Umständen nicht imstande sind, ihre Aggressionen gegen den Vater durchzuarbeiten. Vielleicht könnte man hier auch den Umstand erwähnen, daß mancher Junge sich ein frühes Bild des »großen« Vaters bewahrt. Dieses Bild bleibt bestehen, ohne von der Wirklichkeit korrigiert zu werden, und kann daher stark pathogene Züge annehmen.

Dr. Tarachow: Dem stimme ich zu. Dabei fällt mir eine interessante Sache im Zusammenhang mit dem Phänomen der »guten alten Zeit« ein. In der guten alten Zeit war einfach alles wunderbar. Dazu gehört auch das Bild des Vaters, das unter bestimmten Umständen von der Wirklichkeit nicht korrigiert worden ist. In einem mir bekannten Fall waren durch die Emigration des Vaters diese besonderen Umstände gegeben. Einige Jahre später ließ der Mann seine Frau und die Kinder in die neue Heimat nachkommen. Das Wiedersehen zwischen Kindern und Vater mußte die Kinder zwangsläufig enttäuschen. In all den Jahren hatten sie sich ein Bild des Vaters bewahrt, das ihn idealisierte und größer machte, als er war. Als sie ihn schließlich wiedersahen, erschien er ihnen klein und nicht besonders interessant.
Kandidat: Ich möchte noch eine andere Situation zur Diskussion stellen. Es gibt Familien, in denen der Sohn wegen der Abwesenheit des Vaters vorzeitig in die Position des Mannes in der Familie gedrängt wird. Die Mutter bestärkt ihn in dieser Position und macht damit die ödipale Situation allzu real und allzu angsterregend.
Dr. Tarachow: Eine solche Situation würde mehr Schuldgefühle hervorrufen, als wenn der Vater zugegen wäre. Wenn der wirkliche Vater da ist, dann nehmen die Schuldgefühle nicht dieses Ausmaß an, weil der Junge seinen Phantasien dann keinen so großen Spielraum zugesteht. Die Realität hemmt und korrigiert die Phantasie und schränkt damit zugleich Schuldgefühle bzw. mögliche Symptome ein.
Kandidat: Der Gedanke, daß Homosexualität die Grundlage der Paranoia sein sollte, verwundert mich etwas. Homosexualität als psychotisches Symptom beruht meiner Ansicht nach auf prägenitalen Schwierigkeiten, und auf der genitalen Ebene scheint sie sich aus dem umgekehrten Ödipuskomplex herzuleiten.
Dr. Tarachow: Eine ausgezeichnete Überlegung. Der Gedanke, daß die Homosexualität sich aus der negativen ödipalen Konfiguration herleitet, ist das klassische Konzept, wie es von Freud beschrieben worden ist. Es trifft sicherlich zu und läßt sich klinisch verifizieren. Aber es gibt auch Fälle von Homosexualität, die auf andere Ursachen zurückgehen. Nehmen wir beispielsweise jene Form der Homosexualität, bei der die Praxis der Fellatio das herausragende Kennzeichen ist. (Übrigens dürfen Sie Homosexualität nicht automatisch mit Paranoia gleichsetzen!) Stellen wir uns dazu das folgende Symptom vor: Der Patient hat ständig das Gefühl, daß ihm etwas im Hals steckengeblieben ist. Was können Sie mir dazu sagen? Überlegen Sie sich Ihre Antwort gut; lassen Sie Ihre Phantasie spielen, aber kontrollieren Sie sich auch gleichzeitig. Dieses eine Symptom liefert Ihnen eine Menge Informationen über den Mann.

Kandidat: Es ist ein hysterisches Symptom. Ich würde annehmen, daß irgendwelche Schwierigkeiten auf der genitalen Ebene dahinterstecken.
Dr. Tarachow: Sie lassen sich den allerdeutlichsten Hinweis entgehen. Sie fragten mich etwas, und als Antwort beschrieb ich Ihnen ein Problem. Ihre Frage galt der prägenitalen Homosexualität.
Kandidat: Ich könnte mir denken, daß er eine orale Phantasie hatte, daß er an Mundverkehr dachte.
Dr. Tarachow: Sie haben nach prägenitalen Spielarten der Homosexualität gefragt, und deshalb habe ich eine davon erwähnt. Sobald Sie von einem solchen Symptom hören, denken Sie natürlich auch an die homosexuelle Komponente. An welchen Elternteil denken Sie zuerst?
Kandidat: An die Mutter.
Dr. Tarachow: Selbstverständlich.
Kandidat: Warum sollte bei der Paranoia die kritische Periode gerade das sechste bzw. das dreizehnte Lebensjahr sein? Ich denke an einen homosexuellen Patienten, bei dem das prägenitale Element sehr stark ausgeprägt ist.
Dr. Tarachow: Die Antwort ist klinischer und empirischer Art: Die prägenitalen, die präödipalen und die ödipalen Probleme verstärken einander alle gegenseitig. Wenn der Vater genau dann vom Schauplatz verschwindet, wenn die ödipalen Schuldgefühle ihren Höhepunkt erreicht haben, dann hat der heranwachsende Sohn es schwer. Es gibt kein Gegengewicht gegen seine Aggressionen und Schuldgefühle.
Die Realität ist wichtig. Durch die reale Beziehung zum Vater werden die inneren Probleme unter Kontrolle gehalten. Diese Probleme bleiben ja nicht unberührt und unbeeinflußt von der Realität. Und in der Therapie gibt es Zeiten, da muß und kann die Realität zugunsten des Patienten, insbesondere des jungen Patienten, manipuliert werden.
Kandidat: Ich habe eine praktische Frage. Wie läßt sich die grundsätzliche sexuelle Identifikation eines Mannes erkennen? Es ist natürlich leicht, wenn seine Weiblichkeit offen zutage liegt oder der Beruf einen eindeutigen Hinweis gibt. Aber so eindeutige Hinweise findet man ja nicht immer. Ein Homosexueller kann schließlich auch Lkw-Fahrer von Beruf sein. Woran kann man sich halten, wenn die auf den ersten Blick ausgesprochen männliche Orientierung nur die innere Passivität und die feminine Ausrichtung kompensieren soll?
Dr. Tarachow: Manchmal läßt sich das nicht vom Äußeren her schließen. Man erkennt seine feminine Identifikation am besten daran, daß der Patient Passivität nicht gut ertragen kann, also beispielsweise zu Zanksucht neigt, zu Nervosität in schwierigen Verkehrssituationen, zu Empfindlichkeit und Reizbarkeit im Umgang mit dem Arbeitgeber oder ange-

sichts der Tatsache, daß er warten muß, bis er irgendwo »dran« ist, zu Überreaktionen, wenn er in einer Menschenmenge oder in der U-Bahn angerempelt oder gestoßen wird. Weitere Anzeichen sind übermäßige Scham und Verlegenheit des Patienten, weil er den Psychiater aufsuchen muß; große Schwierigkeiten, einen Mitarbeiter oder Partner im beruflichen Bereich zu ertragen; der Wunsch, Dinge allein zu tun. Viele junge Männer, bei denen die weibliche Orientierung schon stark pathologisch ist, kommen ganz gut zurecht, solange sie über ihre Lebensumstände zumindest teilweise selbst bestimmen können. Wenn die gleichen Leute dann beispielsweise zur Armee eingezogen werden, kommt es sehr häufig zum paranoiden Zusammenbruch, weil diese Männer sich nun in eine Situation hineingestoßen sehen, die von Intimität und Gehorsam geprägt ist – eine Situation also, wie sie sie bisher immer zu umgehen verstanden. Ein Patient kann Ihnen eine eheliche Situation schildern, bei der Ihnen sofort der Gedanke kommt, daß er homosexuell ist; er erzählt Ihnen beispielsweise, daß ein sehr guter Freund von ihm eine Beziehung zu seiner Frau unterhält. Für uns sind die passiven Elemente klar erkennbar, für den Patienten dagegen nicht. Der passive *Inhalt* ist unter Umständen sehr schwierig festzuhalten; die *defensiven* Manöver bzw. die defensive Empfindlichkeit gegenüber der passiven Homosexualität sind dagegen leicht zu erkennen.

Ich erinnere mich an einen Patienten, der zu mir kam, weil er eine Analyse beginnen wollte. Es war ein außerordentlich erfolgreicher und skrupelloser Geschäftsmann, und doch gehörte zu seinen Symptomen unter anderem die Furcht vor dem Erröten (ein Anzeichen für latente homosexuelle Probleme). Dieser Patient fiel beinahe in Ohnmacht, als ich ihn bat, sich auf die Couch zu legen. Eine liegende Haltung einnehmen zu müssen, während ich mich über ihm befand, war für ihn eine Katastrophe ersten Grades.

Im Umgang mit dem latent homosexuell-paranoiden Typ muß man lernen, zwischen verschiedenen Spielarten der Aggressivität zu unterscheiden. Es gibt mehrere Formen von Aggressivität. Es gibt die reale Aggressivität und die paranoide Aggressivität. Wenn Sie erst einige Erfahrungen damit gesammelt haben, werden Sie zwischen den beiden Formen unterscheiden können.

Kandidat: Ich würde gerne wissen, ob jemand aus diesem Kreis schon den Versuch gemacht hat, einen paranoiden Patienten mit dem Objekt seines Hasses zusammenzubringen und dieses vermutete Haßobjekt zu veranlassen, deutliche Zeichen von Zuneigung zu zeigen. Was würde dann wohl passieren?

Dr. Tarachow: Was man hin und wieder tun kann, ist folgendes: Ein männlicher Patient war als Kind von seinem Vater brutal behandelt und verführt worden. Die Erinnerung daran beschäftigte ihn ständig, er war von glühendem Zorn gegenüber dem Vater erfüllt und malte sich zugleich eine Art masochistischer Kapitulation vor dem Vater aus. Diese Reaktionen hielten bis in sein Erwachsenenleben hinein an. Im realen Leben hatte er seinen Vater viele Jahre lang gemieden. Nun drängte ihn sein Therapeut, den Vater zu besuchen. Er tat es und stand einem alten, schwachen, ganz und gar »ungefährlichen« Vater gegenüber. Auf die Behandlung wirkte sich das sehr positiv aus, wenn es den Patienten auch nicht heilte. Immerhin verschaffte es ihm bis zu einem gewissen Grade Abstand von den heftigen Gefühlsaufwallungen, die den Gedanken an den Vater begleiteten; allerdings hielten diese halluzinatorischen Ausbrüche an.

In der Analyse dient die Übertragung dazu, das Experiment, das Sie vorschlagen, beinahe genauso durchzuführen. Der Patient verwandelt den Analytiker in das gehaßte und hassende Objekt, und es ist nun Sache des Analytikers, den Patienten auf die Verbiegungen und Verzerrungen aufmerksam zu machen, die dieser der Figur des Analytikers beibringen möchte. Der Patient will den Analytiker als gemeine, kalte, desinteressierte Figur sehen. Auch der Neurotiker verzerrt unter Umständen in der Übertragung auf paranoide Weise die Figur des Analytikers. Wie schon gesagt, kann das ein Werben um die Liebe des Analytikers sein, allerdings ein Werben, in dem die Erwartung, abschlägig beschieden zu werden, sehr stark mitschwingt. Es ist, als ob der Patient sagt: »Sie lieben mich nicht wirklich. Sie hassen mich.«

Wir können uns die Progression der Symptome so vorstellen: Zwangsgedanken und -handlungen dienen dazu, alles liebevolle Interesse an anderen Personen zu leugnen. Die masochistische Haltung bringt zwar die Bitte um Liebe durchaus zum Ausdruck, aber doch über die Klage: »Ich bin so unglücklich. Ich müßte geliebt werden.« Der Paranoiker gibt sich dann schon geschlagen. Er sagt: »Ich bin sicher, daß du mich nicht liebst. Du haßt mich.« Das sind die Steigerungsformen der Entmutigung. Was die Liebe angeht, so hat der Paranoiker die größte Niederlage erlitten. Am einen Ende der Skala steht der Zwangsneurotiker, der seine Betroffenheit leugnet. Am anderen Ende steht der Paranoiker, der seine Betroffenheit zugibt, aber keine Hoffnung zeigt.

19
Paranoia und Mord

Heute will ich Ihnen zunächst einen paranoiden Patienten schildern und dabei auf das Problem seiner mörderischen Impulse zu sprechen kommen.
Einer meiner Patienten erzählte mir zwei Träume. Den ersten Traum hatte er drei Tage vor der hier zu beschreibenden Sitzung gehabt, den zweiten in der Nacht vor der Sitzung selbst.
Im zweiten Traum saß ich, der Analytiker, trinkend mit einigen Männern zusammen. Ich war in heiterer Verfassung, etwas zu gesprächig, in dem höchst beredten Stadium leichter Trunkenheit. Einer der anderen Männer schrieb mit Kreide Wortfetzen auf meinen Rücken. Keines der Worte war vollständig; alle bestanden sie aus mehreren Buchstaben, aber keines war zu Ende geschrieben. Im ersten Traum drei Tage zuvor war der Patient gerade zur Behandlung zu einem anderen Analytiker gegangen.
Der Patient sprach zunächst von dem Traum, in dem er zu dem anderen Analytiker, einer realen Person übrigens, gegangen war. Er verglich mich mit diesem anderen Mann und kam zu dem Schluß, daß er in Wahrheit nicht zu dem anderen Therapeuten gehen wollte. Er brauchte und wollte vielmehr wirklich mich. Während der Patient sprach, hörte er, wie ich mich auf meinem Stuhl bewegte, und geriet sofort in eine andere Kette von Assoziationen. Dieser Mann war mit Unterbrechungen schon viele Jahre bei mir in Behandlung gewesen. Nun begann er, etwas weitschweifig über seine Befürchtung zu sprechen, daß er mich allmählich langweilen könnte, daß ich das Interesse verlieren und wünschen könnte, ihn los zu sein. So sehr er dieser übermäßig langwierigen Behandlung auch überdrüssig sei, fuhr er fort, so wolle er doch nicht, daß ich seiner überdrüssig würde. Er wolle nicht, daß ich das Interesse an ihm verlieren würde. Vielleicht dachte er, daß ich ihm gar nicht zuhörte. Während er sprach, kam mir eine Assoziation zu dem zweiten Traum, in dem ich trinkend mit den Männern zusammensaß, von denen mir einer irgendwelche Wortfetzen mit Kreide auf den Rücken schrieb. Ich ertappte mich bei dem Gedanken an den alten Film »M«, in dem Peter Lorre den Mörder spielte. Im Film wurde der Mörder schließlich gefaßt, weil jemand den Buchstaben »M« mit Kreide auf seinen Rücken geschrieben hatte.
Kandidat: Der Gezeichnete, der Mörder.
Dr. Tarachow: Ja. Auf diese Weise kennzeichneten sie ihn für seinen Tod. Während nun also der Patient von seiner Furcht sprach, daß ich das

Interesse an ihm verlieren könnte, dachte ich an den Traum und auch daran, daß der Mörder in dem Lorre-Film mit dem aus Kreide gezeichneten »M« schließlich verurteilt und hingerichtet wird. Im Traum des Patienten war mein Rücken mit Kreide beschrieben worden. Jetzt nahm ich an, daß ich wußte, worum es in diesem Traum ging. Ich war der Mörder, der schon für seinen Tod gezeichnet war.

Ich unterbrach seine Assoziationen abrupt und sagte dem Patienten, ich wolle ihm nun meine Assoziationen nennen. Ich hatte nur vor, den Film »M«, den Film mit Peter Lorre, zu erwähnen. Als ich beschrieb, wie Peter Lorre mit dem »M« aus Kreide gezeichnet wurde, erinnerte mein Patient sich an einen anderen Film, in dem ein Quisling für den Tod gezeichnet wurde, indem man ihm mit Kreide ein »Q« auf den Rücken malte. Der Mann mit dem »Q« wurde dann seinen Richtern überstellt und hingerichtet.

Ich machte nun auf den Zusammenhang zwischen seiner Furcht, ich könne das Interesse an ihm verlieren, und dem Thema des Schurken aufmerksam, der zum Zweck seiner Bestrafung gezeichnet wird. Ich sagte, seine Furcht, ich habe kein Interesse mehr an ihm und liebe ihn nicht mehr, sei der Grund, daß er so wütend geworden sei, daß er mich nun töten wolle. Zu meinem Erstaunen stimmte er sofort zu und sagte, wenn er wirklich der Meinung sei, ich habe das Interesse an ihm verloren, dann würde er mich umbringen.

Nachdem er sich mit diesen Überlegungen auseinandergesetzt hatte, fing er an sich Sorgen zu machen, daß mich seine Mordgedanken nun vielleicht erschreckt haben könnten und ich ihn jetzt tatsächlich gerne los wäre, weil ich mich vor ihm fürchtete. Ich machte ihm klar, daß der Analytiker ebenso auf seine Patienten reagiert wie die Patienten auf den Analytiker; daß es also absurd wäre abzustreiten, daß sein Vorsatz, mich zu töten, tatsächlich eine gewisse Furcht in mir geweckt hatte. Ich fügte hinzu, daß ich mit meinem Wunsch, ihm zu helfen, und mit meiner doch wohl vorhandenen Reife hoffentlich in der Lage sein würde, die Furcht beiseitezuschieben und ihm weiterhin zu helfen, anstatt zu versuchen, ihn loszuwerden. Er wollte nicht, daß ich Angst vor ihm hatte.

Diese Geschichte hat zwei Seiten. Der Patient will nicht, daß sein Therapeut Angst vor ihm hat. Sonst fühlt er sich unbehaglich. Andererseits sehen die Patienten es meist recht gern, wenn sie ihren Therapeuten *wirklich* in eine gewisse Unruhe versetzt, wenn sie ihn wirklich beeinflußt, wenn sie tatsächlich eine gewisse Wirkung auf ihn ausgeübt haben und der Therapeut darauf reagiert. Es gehört zu den größten Enttäuschungen der analytischen Situation überhaupt, wenn der Analytiker das Verhalten des Patienten als Übertragungsphänomene betrachtet, diese Phänomene interpretiert und sich durch sie nicht aus der Fassung bringen läßt. Das ärgert viele Patienten. Wenn sie den Analytiker schon beschimpfen, dann möchten sie auch, daß er sich beschimpft fühlt und nicht mehr sagen kann: »Das ist wieder so ein Übertragungsphänomen«. Sie haben das Gefühl, zu kindlicher Ohnmacht verurteilt zu sein, wenn der Analytiker ihre Angriffe auf diese Weise beiseitezufegen vermag.

Anschließend interpretierte ich dem Patienten ohne alle weiteren Assoziationen seinen ersten Traum, nämlich seinen Entschluß, einen anderen Analytiker aufzusuchen. Ich machte ihn darauf aufmerksam, daß er von seinem Gang zu einem anderen Analytiker nicht deshalb geträumt habe, weil er von mir enttäuscht war, sondern weil ihn seine mörderischen Impulse zu stark beunruhigt hatten und er sich von mir entfernen mußte, da er die Intensität dieser Gedanken fürchtete.

Der Patient wollte wissen, ob er jemals geheilt werden würde. Ich sagte ihm, wenn er sich nicht davor fürchten würde, alles Material in der Behandlung vorzubringen, dann würden seine Probleme sich lösen lassen. Am Ende der Sitzung, als er von der Couch aufgestanden war, stellte er sich vor mich hin und erzählte mir, er habe einen neuen Anzug, und er wolle wissen, ob mir dieser Anzug gefalle. Er wollte, daß ich seinen neuen Anzug bewunderte. Wie würden Sie sich in dieser Situation verhalten, wenn der Mann Ihnen erst vor wenigen Minuten gesagt hat, er werde Sie umbringen, sobald er das Gefühl habe, daß Sie das Interesse an ihm verloren haben?

Kandidat: Ich würde ihm sagen, daß mir der Anzug gefällt.

Dr. Tarachow: Genau das habe ich auch getan. Ich sagte ihm, es sei ein sehr schöner Anzug. Ich fand, genug wäre genug.

Kandidat: Tauchte denn der Patient nicht auch irgendwo in seinem Traum auf?

Dr. Tarachow: Ja, er war auch dabei. Er war die Gesamtheit der Leute, die mir den Rücken mit Kreide markierten. Der Träumer ist in jedem Traum dabei, und die ambivalenten Gefühle des Träumers ebenfalls. Häufig nimmt der Träumer in seinem Traum eine Vielzahl von Positionen ein, oder er stellt eine Vielzahl von Leuten dar, die alle gewisse Züge des Patienten tragen.

Dieser Mann hängt an mir und ist außerordentlich mißgünstig. Zum Beispiel hat er die größten Schwierigkeiten damit, seinen Kindern etwas zu Weihnachten zu schenken. Wenn er ihnen ein Weihnachtsgeschenk machen muß, dann gerät er in fürchterliche Wut und Depression.

Ich hatte einmal einen Patienten, der unglaubliche Ansprüche stellte. Ich sollte in seinem Leben viele Rollen einnehmen; ich sollte alles tun, was andere Menschen vor mir eben nicht für ihn getan hatten. Einmal war er der Meinung, diesmal hätte ich nun aber wirklich etwas für ihn unternehmen sollen. Er bekam einen fürchterlichen Wutanfall in meinem Sprechzimmer. Er konnte nicht sitzen, er konnte nicht liegen, er lief nur immer in meinem Büro auf und ab. Er stand auf und setzte sich wieder hin. Während er herumlief, nahm ich einen schweren gläsernen Aschenbecher, der neben der Couch gestanden hatte, und leerte ihn in den Müllschlucker in der Ecke des Zimmers. Statt den Aschenbecher dann wieder an seinen Platz neben der Couch zu tragen, ließ ich ihn auf einem Bücherregal stehen. Monate später machte der Patient mir deshalb Vorwürfe. Er sagte: »Sie hatten Angst vor mir. Sie haben den Aschenbecher genommen und außer Reichweite gestellt. Sie hatten Angst, daß ich damit nach Ihnen werfen würde.« Er hatte ganz recht. Ich hatte wirklich Angst. Ich hätte soviel Einsicht und Mut aufbringen müssen, das als Übertragung zu betrachten. Ich hätte nicht so handeln dürfen. In der Analyse muß der Analytiker alles als Übertragung betrachten, insbesondere die emotionalen Ausbrüche des Patienten an seine Adresse. Was den Analytiker die Fassung bewahren läßt, ist seine Erkenntnis, daß es sich bei dem Ausbruch um ein Übertragungsphänomen handelt. In dem Augenblick, in dem er sich so auf die Realität einläßt, wie der Patient das tut, ist sein therapeutisches Potential als Analytiker dahin. Der Patient haßt ihn, und er seinerseits beginnt den Patienten zu hassen, und das ist das Ende der Therapie. Hier haben wir es gewissermaßen mit der analytischen Basis zu tun. Aber wie wir ja schon früher sagten, die Bedingungen in der Psychotherapie müssen nicht unbedingt die gleichen sein.

Was die therapeutische Situation rettet, ist das Wissen des Therapeuten von der Übertragung und sein eigenes Vertrauen in sie. Wenn man dieses Vertrauen zeigt, dann wird auch der Patient die Übertragung anerkennen, und dann wird auch er schließlich seine Wutausbrüche als Wutausbrüche gegen eine andere Person betrachten.

Im »New Yorker« erschien einmal ein Cartoon, der die Reaktion des Analytikers auf die Feindseligkeiten seines Patienten zum Thema hatte. Dargestellt war ein Patient, der dem Analytiker sagt, daß er ihn haßt. In den folgenden Bildern sagt der Analytiker: »Er meint gar nicht mich, er meint seinen Vater, seinen Onkel etc.«. Auf dem letzten Bild schließlich haut der Patient dem Analytiker einen Aschenbecher auf den Kopf, und der Analytiker sagt: »Vielleicht hat er doch mich gemeint?« – Aber der Witz ist unzutreffend. Der Patient meinte nicht den Analytiker.

Ich möchte noch ein anderes Beispiel nennen. Ein Patient sagte mir eines Tages, er habe vor, seinen Arbeitskollegen umzubringen. Er erzählte mir auch, wie und warum er das tun wollte. Der Kollege war Faschist, und alle Faschisten mußten umgebracht werden. Er hatte sich alles ganz kühl überlegt und auch den Tag schon bestimmt. Alles war bereit. Er wußte ganz genau, wann er und sein Kollege im Umkleideraum miteinander allein sein würden und wie er den Mann umbringen wollte. Bei diesem Patienten war die Ichkontrolle nicht allzu gut ausgebildet. Ich überlegte rasch, wie ich der Situation auf den Grund kommen könnte, insbesondere welcher Anlaß hinter seinem mörderischen Impuls stehen könnte. Mir fiel nichts ein, bis ich mich schließlich an die beste Regel erinnerte, die wir in der Psychotherapie und in der Psychoanalyse überhaupt besitzen. Wohin sollte man sein Augenmerk richten, wenn irgend etwas auftaucht, das man nicht versteht?

Kandidat: Auf die Übertragung.

Dr. Tarachow: Ganz richtig. Ich geriet ins Schwitzen, denn wenn die Regel stimmte, dann war ich derjenige, den der Patient umbringen wollte. Er war größer und stärker als ich. Ich dachte an unsere letzte Sitzung zurück. Ich konnte nichts finden, aber wenn die Regel Gültigkeit besaß, dann mußte ich zu dem Schluß kommen, daß die Antwort darauf in einem gewissen Bezug zu meiner Person stand. Ich wußte nicht so genau, wie ich antworten sollte, war mir aber der Richtung sicher, und so sagte ich zu dem Patienten: »Wissen Sie, ich glaube nicht, daß Sie diesen Burschen da umbringen wollen. Ich glaube, daß Sie mich umbringen wollen«. Diese Bemerkung lenkte seine Gedanken in meine Richtung und führte uns zur vorangegangenen Sitzung zurück. Dann war mit einem Schlag alles ganz einfach; es stellte sich heraus, daß ich ihn in der letzten Sitzung stark verärgert hatte.

In jener vorangegangenen Sitzung hatte ich unsere Verabredungen für die nächste Woche festlegen wollen. Da der Patient zu diesem Zeitpunkt noch nicht wußte, wie er zur Arbeit eingeteilt werden würde, schlug ich vor, er solle mir, sobald er seine Arbeitszeit für die nächste Woche kenne, eine Postkarte schicken und mir schreiben, wann er Zeit habe. Ich würde mich dann entsprechend einrichten, und wir würden ein paar Sitzungen für die nächste Woche festmachen.

Er schickte mir keine Karte. Ich glaube, er rief mich dann in der folgenden Woche an, und wir vereinbarten einen Termin miteinander. Was war das Problem? Was hatte ich mit meinem Vorschlag heraufbeschworen?

Kandidat: Vielleicht eine homosexuelle Phantasie.

Dr. Tarachow: Ja, das zugrundeliegende Problem war im wesentlichen eine homosexuelle Phantasie, aber was lag noch näher an der Oberfläche? Ich hatte ihn gebeten, mir über jede Minute in der folgenden Woche Bericht zu erstatten. Er hatte sich mir völlig ausliefern und unterwerfen sollen. »Schicken Sie mir eine Karte und lassen Sie mich wissen, was Sie an jedem Tag der nächsten Woche tun werden!« Das provozierte den Gedanken der passiven Homosexualität in einer Weise, die mich zum Verfolger werden ließ. Mein simpler Vorschlag, mir eine Zeit zu nennen, geriet in den Augen des Patienten zu einer außerordentlich aggressiven Handlung, und er reagierte entsprechend; mit meiner Handlung wurde ich zum Verfolger, gegen den er sich wenden mußte. Ich zerstörte seine Männlichkeit, und er mußte sich gegen mich wenden und mich dafür töten.

Ich habe andere paranoide Patienten gehabt, die mit offenen Anschuldigungen reagierten. »Sie versuchen, meine Männlichkeit zu zerstören.« Solche Reaktionen kommen selbstverständlich nur von Patienten, die durch ihre enorme unbewältigte Homosexualität entsprechend disponiert sind. Ich erwähne das, um Ihnen einen Einblick in die möglichen paranoiden Komplikationen zu verschaffen, die durch Ihre Aktivität hervorgerufen werden können, wenn Sie es mit einem Patienten zu tun haben, dessen extreme Passivität ihn für paranoide Reaktionen anfällig macht.

Kandidat: Wie meistern Sie eine derartige Situation?

Dr. Tarachow: Oh, nachdem wir herausgefunden hatten, worin die Provokation bestanden hatte, und nachdem er seine Wut auf mich und seine Entrüstung darüber zum Ausdruck gebracht hatte, daß ich ihn herumkommandiert und von ihm verlangt hatte, seine freie Zeit in der nächsten Woche nach meinen Wünschen einzuteilen, verschwand der Impuls, seinen Arbeitskollegen umzubringen.

Kandidat: Hat er vielleicht deshalb gemeint, daß ... Er sprach doch davon, daß der andere Faschist sei.

Dr. Tarachow: Ich war der Faschist, der umgebracht werden sollte. Ein Hinweis darauf war unter anderem der Umstand, daß er die Karte nicht abschickte. Er hatte sofort einen übermäßigen Haß empfunden. Seine Passivität war zu stark provoziert worden, und um sich zu wehren, hatte er diesen starken Haß entwickelt. Seine Furcht vor mir und zugleich der Wunsch, mich friedlich zu stimmen, hinderten ihn aber daran, seine Wut gegen mich zu kehren. So kehrte er sie gegen jemand anderen.

Kandidat: War das unbewußt oder bewußt? Ich meine, daß er Ihnen die Karte nicht schickte, weil er so zornig auf Sie war?

Dr. Tarachow: Das ist schwer zu sagen. Ich weiß nur, daß er es nicht tat. Aber als wir dann darüber sprachen, war seine Wut sofort erkennbar. Wäre er allerdings mit seiner Weisheit allein gelassen worden, dann wäre ihm seine Wut wahrscheinlich gar nicht bewußt geworden, und er wäre nur einfach weiter von dem Drang erfüllt gewesen, jemand anderen umzubringen.

Kandidat: Was mich verwundert, ist der offenbare Widerspruch zwischen der Passivität, die der Patient in seiner einsamen Phantasie für sich gelten ließ, und der Aktivität, die Sie an den Tag legen mußten, um diese Inter-

pretation herauszuarbeiten und ihm zu zeigen, worüber er so ärgerlich war. Die aktive interpretative Anstrengung, die hier ja unternommen wurde, war hilfreich für den Patienten, trotz seiner Intoleranz gegenüber der unbewußten Phantasie, in der er sich selbst passiv sah.
Dr. Tarachow: Ich glaube, Sie wollen sagen, daß er selbst in der Lösung des Problems seine passive Beziehung zu mir wahrte. Sie haben völlig recht. Ich mußte ziemlich aktiv sein, um die Sache herauszuarbeiten, während er recht passiv blieb, obwohl seine Passivität gerade das Reizmittel war, an dem sich die Schwierigkeiten entzündeten. Ich hatte ganz schön zu tun, um den Zusammenhang deutlich zu machen, der zwischen dem Impuls, den Arbeitskollegen zu töten, und der Rückwendung zu mir bestand. Ich mußte etwa drei Viertel des Gesprächs bestreiten, um die Kette der Ereignisse zusammenzuknüpfen; erstens, weil ich erschrockener war als er, und zweitens, weil es eine gefährliche Situation war und ich rasch denken und handeln mußte, um sie zu beseitigen. Und aktiv, wie ich war, zollte ich seiner Passivität in einer Weise Anerkennung, die er ertragen konnte.
Einmal kam ein Patient in mein Büro, setzte sich gar nicht erst hin, sondern kam zu mir her und sagte drohend: »Sie machen mich impotent.« In so einem Fall müssen Sie aber wirklich rasch denken. So bot ich ihm eine Zigarette an, und er nahm sie. Das Provozierende entpuppte sich auch hier als eine Situation, in der ich dem Patienten gegenüber eine aggressive Rolle gespielt hatte. Sie müssen sofort Herr der Lage sein. Sie müssen so aggressiv sein wie Ihr aggressivster Patient. Sie dürfen sich niemals von Ihrem Patienten überrumpeln lassen.
Ich möchte noch auf einen anderen klinischen Fall zu sprechen kommen, der sehr eng mit dem eben besprochenen zusammenhängt. Ein Patient beschrieb mir einen netten Abend, den er mit einem älteren Mann zusammen verbracht hatte. Der Ältere war freundlich, höflich und voller Bewunderung für den jüngeren Mann gewesen. Im Laufe des Abends kam dem Patienten plötzlich der Gedanke: »Es wäre ganz einfach, diesen alten Mann umzubringen.« In der Sitzung kam allmählich heraus, daß der Patient von der Freundlichkeit des Fremden so unerhört beeindruckt worden war, daß sich ein latentes Gefühl der Zuneigung für den alten Mann in ihm regte. Diese Empfindung mußte selbstverständlich geleugnet werden, und seine Männlichkeit und Unabhängigkeit mußten überzeugend wiederhergestellt werden. Der Patient wehrte das homosexuelle Gefühl mit Hilfe der Zwangsvorstellung, wenn nicht gar des Impulses ab, den alten Mann umzubringen. Er konnte den Vorfall rasch mit unzähligen, weit zurückliegenden Ereignissen in einen Zusammenhang bringen, bei denen er sich ebenfalls feindlich, unleidlich und böse gezeigt hatte, um auf

diese Weise eine mögliche zärtliche und latent homosexuelle Bindung abzuwehren.
Wir erkennen jetzt, daß sowohl die liebevolle wie auch die aggressive Haltung des Therapeuten bei einem so gestimmten Patienten homosexuelle oder paranoide Reaktionen hervorrufen kann. Beide Formen der Hinwendung werden als homosexueller Angriff aufgefaßt und rufen häufig paranoide Abwehrmanöver hervor. Eben dieser Umstand macht die Entscheidung so schwierig, ob man in der psychotherapeutischen Beziehung eher Disziplin oder aber Freundlichkeit üben soll. Die Übertragung des potentiell paranoiden Patienten ist ungewöhnlich feinfühlig und zeigt auf *jeden* Akt von seiten des Therapeuten ein Echo. Dieses Echo enthält die Anlage für potentiell mörderische Impulse.

III

Konferenzen mit den Supervisoren

Der Leser sollte sich darüber im klaren sein, daß die drei hier wiedergegebenen Konferenzen den Abschluß einer monatelangen Arbeit mit den Supervisoren am Hillside Hospital darstellen und im wesentlichen die Überlegungen und Diskussionen der vorangegangenen Monate *zusammenfassen.* Die früheren Konferenzen galten vorwiegend der Diskussion spezieller Probleme zwischen Supervisoren und Kandidaten. Über die Auflistung der einzelnen Probleme hinaus, die wir behandelten, konnten hier keine weiteren Einzelheiten vorgetragen werden. Es wäre nicht fair, die Kandidaten, über die wir in unseren Sitzungen sprachen, auf diesen Seiten allzu ausführlich zu porträtieren. Der Autor ist zuversichtlich, daß diese Zusammenfassung der Gespräche sich dennoch als nützlich erweisen wird.

20
Abriß der Supervision

Beginnen wir mit dem, was ich als die Grundregel der Supervision bezeichnen möchte, und gehen wir dann zu den Möglichkeiten über, von dieser Grundregel mehr oder weniger stark abzuweichen. Die Grundregel lautet, *daß es sich bei der Unterweisung des Kandidaten um Instruktion vor dem Hintergrund der Probleme und Bedürfnisse des Patienten handeln sollte, wie sie in den speziellen klinischen Phänomenen zum Ausdruck kommen. Der Supervisor ist Lehrer, nicht Psychotherapeut.* Dieser letzte Punkt verdient besonders hervorgehoben zu werden, denn es besteht nun einmal ein bedeutsamer Unterschied zwischen der Unterweisung von Kandidaten der Psychiatrie und der Vermittlung anderer Zusatzausbildungen. In allen anderen Fachbereichen muß der Kandidat nur gründlich über die jeweilige Krankheit informiert werden. In unserem Gebiet werden auch der Kandidat selbst, seine Persönlichkeit, die Interaktion zwischen Patient und Arzt usw. zum Bestandteil der therapeutischen Bemühung. Das ist eine recht komplizierte Situation; da die Persönlichkeit des Kandidaten ein Faktor ist, der zählt, ist die Versuchung groß, Supervision in Psychotherapie umzukehren.

Um auf unsere Grundregel zurückzukommen: Sie werden sich erinnern, daß ich diese Regel kaum ausgesprochen hatte, als Sie mich auch schon zwangen, mich mit den Abweichungen und Varianten zu beschäftigen. Sie trugen mir nämlich sofort Fälle aus Ihrer eigenen Tätigkeit vor, aus denen hervorging, daß die Grundregel entweder sehr elastisch gehandhabt werden oder aber Abweichungen hinnehmen muß.

Es muß immer wieder gesagt werden, daß der Supervisor sich als Lehrer und nicht als Psychotherapeut betrachten muß. In dieser Rolle hat er genügend Spielraum, um seine Aktivitäten und Interessen zu spezifizieren und verständlich zu machen. Sie reichen von den Problemen des Patienten einerseits bis zu den Problemen des Kandidaten andererseits. Die Grundregel der Supervision erfordert dabei, daß das Interesse an den Problemen des Lehrkandidaten hinter den psychotherapeutischen Notwendigkeiten zurückbleiben muß. Allerdings können beide Interessenbereiche in gefährliche Nähe zueinander geraten. Wir wollen mit der Aufzählung der verschiedenen legitimen Interessenbereiche des Supervisors beginnen. Für die Arbeit des Supervisors ergeben sich die folgenden sechs Bereiche:

Die beiden ersten Bereiche betreffen eindeutig fachliche und didaktische Funktionen:

I. *Spezifische* klinische Phänomene und die spezifische Ausprägung der Neurose oder Psychose des einzelnen Patienten sowie spezifische psychodynamische Erscheinungen des einzelnen Falles. (Im Rahmen unserer Seminare für Supervisoren werden wir uns mit diesen Dingen nicht mehr im einzelnen beschäftigen; ich behandele diese Themen in eigenen Seminaren mit den Kandidaten).

II. *Allgemeine* Probleme der Patienten – hierzu gehört insbesondere die Unterweisung der Kandidaten in den Konzepten von Beziehung und Behandlung. Dieses Gebiet läßt sich weiter unterteilen:
   A. Theorie der persönlichen therapeutischen Beziehung.
   B. Theorie der stationären Behandlung. Diese Thematik umfaßt
      1. die Herausnahme des Patienten aus einer schwierigen Umgebung;
      2. die Wiederherstellung seines Problems im Krankenhaus;
      3. die Befähigung des angehenden Psychotherapeuten, Phänomene wie
         Regression
         Dekompensation
         Agieren
         Ichspaltung oder Rollenspiel
         Übertragungsspaltung (Verwässerung)
         zu beobachten, als solche zu erkennen und zu tolerieren;
      4. ichstärkende Aspekte der stationären Behandlung;
      5. den Aspekt der – richtig dosierten und im geeigneten Augenblick vermittelten – Einsicht;
      6. die Rückkehr des Patienten in eine schwierige Umgebung;
      7. die Familie – ihre Reaktion auf die Besserung des Patienten bzw. auf seine Rückkehr.

Die beiden nächsten Bereiche betreffen Funktionen, die im Zusammenhang mit dem Interesse am Kandidaten stehen:

III. Probleme der *Kandidaten im allgemeinen.* Auch hier lassen sich zwei Untergruppen nennen:
   A. Die Gegenübertragung als allgemeines theoretisches Problem.
   B. Die Beachtung des hierarchischen Gefüges und die Berücksichtigung der administrativen Belange im Zusammenhang mit der stationären Behandlung von Patienten.

IV. Probleme des *einzelnen Kandidaten* im Bereich seiner klinischen Arbeit und/oder im Bereich des Verhaltens seiner Patientenpopulation; Probleme des Kandidaten in seinem Umgang mit anderen Dienstleistungsbereichen oder dem übrigen Personal des Krankenhauses.

Die letzten beiden Funktionen betreffen spezielle Maßnahmen:

V. Persönlichkeitsprofil des Kandidaten.
VI. Nutzbarmachung der Möglichkeiten der Übertragung zwischen dem Kandidaten und dem Supervisor.

Wenn Sie diese sechs Bereiche betrachten, werden Sie feststellen, daß sich die Richtung des Interesses verändert: Wir haben mit dem einzelnen Patienten angefangen und mit dem einzelnen Kandidaten aufgehört. Ganz allgemein ausgedrückt, unsere Aufgabe besteht in der Belehrung und Unterweisung des Kandidaten. Am Anfang steht dabei seine Unterweisung im optimalen therapeutischen Vorgehen, wobei der Blick auf den individuellen Patienten gerichtet sein muß; später werden dann zunehmend auch die Bedürfnisse und Probleme des Therapeuten in Betracht gezogen.
Wir haben dieses gesamte Programm in sechs Themen unterteilt. Die erste (in der Praxis aber unmöglich optimal zu bewältigende) Aufgabe besteht in der Ausbildung des Kandidaten ausschließlich im Blick auf die klinischen Probleme des einzelnen Patienten. Der zweite Bereich seiner Ausbildung umfaßt die Probleme des Patienten im allgemeinen; dabei sollten die Übertragungsphänomene, die Einsicht in das Verhalten des Patienten und das Konzept der Regression im Zusammenhang mit Theorie und Praxis der Hospitalisierung besonders berücksichtigt werden.
An dritter Stelle steht dann das Bemühen, dem Kandidaten die allgemeinen Probleme des angehenden Psychotherapeuten nahezubringen. Innerhalb dieses Themenkomplexes lassen sich wieder zwei Bereiche ausmachen und behandeln: zum einen die Probleme der Gegenübertragung im allgemeinen; zum anderen das Problem der Autorität, also Schwierigkeiten im Zusammenhang mit dem hierarchischen Gefüge bzw. mögliche Autoritätskonflikte vor dem Hintergrund der Behandlung des Patienten in der Institution.
Unter Umständen machen uns persönliche Schwierigkeiten des Kandidaten zu schaffen; sei es, daß seine Lernfortschritte zu wünschen übrig lassen, sei es, daß sein Auftreten, sein Verhalten, seine Arbeitsweise den Erwartungen nicht entsprechen. Der nächste Schritt wäre dann die Be-

schäftigung mit diesen individuellen Schwierigkeiten. Das eine oder andere Problem ist schon zur Sprache gekommen, als wir uns über die einzelnen Kandidaten unterhielten; ich möchte hier noch einmal in Erinnerung rufen, was wir in den vergangenen Monaten dazu erörtert haben:

a) der Kandidat mag bestimmte Patienten besonders gern, oder aber er lehnt bestimmte Patienten ab (etwa passive oder aktive Patienten),
b) der Kandidat findet nicht die richtige Einstellung gegenüber »seinem« Krankenhaus bzw. gegenüber der Hospitalisierung von Patienten ganz allgemein,
c) der Kandidat hält allein die Beziehung des Patienten zum Therapeuten für wichtig, er verachtet alle aus anderen »Ecken« kommenden Hilfs- und Nebenleistungen,
d) der Kandidat ist überintellektuell, er ist narzißtisch, er ist kühl und unpersönlich, er kann das Bedürfnis seines Patienten nach Herzlichkeit und Wärme nicht nachvollziehen,
e) der Kandidat ärgert sich, wenn ein Patient nicht sofort Zeichen der Besserung zeigt,
f) der Kandidat zeigt ein Übermaß an Empathie, hält dafür aber überhaupt nichts von den administrativen Notwendigkeiten,
g) der Kandidat kann oder will keine Kontrolle ausüben, er regt die Patienten offen oder versteckt zum Agieren an, oder aber sein eigenes Verhalten gleicht dem seiner Patienten,
h) der Kandidat gibt sich in den Zusammenkünften mit dem Supervisor störrisch und unzugänglich,
i) der Kandidat führt seine Akten nicht sorgfältig,
j) der Kandidat hat ständig Ärger mit der Verwaltung,
k) der Kandidat hat nicht die Sympathie seiner Patienten, oder seine Patienten zeigen insgesamt keine Besserung,
l) die Patienten des Kandidaten verhalten sich bzw. agieren sämtlich in der gleichen Weise,
m) die Beziehung des Kandidaten zu seinen Patienten und/oder zu seinem Supervisor ist ständig von Masochismus und Unterwürfigkeit geprägt,
n) der Kandidat gibt sich seinen Patienten gegenüber autoritär und gottähnlich, oder er mißt seinen Worten eine übergroße Macht bei und erwartet, daß sie sofort und auf magische Weise zur Besserung bzw. zur Heilung führen müssen.

Damit haben wir uns von den Problemen des einzelnen Patienten und den Problemen der Patienten im allgemeinen über die Probleme der Kandida-

ten im allgemeinen bis zu den Problemen des individuellen Kandidaten vorwärtsgearbeitet. Wir kommen mithin den persönlichen Schwierigkeiten des Kandidaten immer näher.
Was diese Schwierigkeiten angeht, so müssen wir möglicherweise ganz spezielle Maßnahmen ergreifen. Wir befassen uns jetzt mit den Überlegungen, die in unserem Lehrkatalog an fünfter und sechster Stelle stehen. Sie werden notwendig, wenn oder weil wir in unserer Arbeit mit dem Kandidaten zunehmend auf Schwierigkeiten treffen oder den Mut verlieren. Der fünfte Schritt müßte dann in der Untersuchung des Persönlichkeitsprofils des Kandidaten bestehen. Sie können sich dieses Profil selbst erarbeiten, Sie können es der Literatur entnehmen, oder Sie gewinnen ein solches Profil aus Ihren Unterhaltungen mit dem Kandidaten.
Zu welchem Zeitpunkt man sich zu einer solchen Bewertung des Kandidaten entschließt – ob Sie sie nun für sich allein und ohne Rücksprache mit dem Kandidaten vornehmen, oder ob Sie sich mit Ihrem Kandidaten über sein Persönlichkeitsprofil unterhalten –, diese Frage läßt sich meiner Ansicht nach nicht theoretisch beantworten, sondern hängt vom jeweiligen Fall ab.
Die letzte Überlegung gilt dann der Frage der Nutzbarmachung der Übertragung des Kandidaten auf Sie als den Supervisor. Mit diesem Thema, das heißt mit der Frage, ob man die Übertragung stimulieren oder aber sie einfach nutzen soll, haben wir uns bereits befaßt. Wir haben darüber gesprochen, daß man als Beispiel oder als idealer *Erzieher* fungieren und den Kandidaten in dieser indirekten Weise stimulieren könnte. Dabei gibt es zwei Möglichkeiten, sich dem Kandidaten zu nähern: die empathische oder aber die intellektuelle Verführung. Die Entscheidung, welchen der beiden Wege man einschlägt, hängt von den Bedürfnissen des Kandidaten ab und natürlich davon, wie er am besten und am wirkungsvollsten anzusprechen ist.

21
Lehrer oder Kritiker?

Unsere speziellen Maßnahmen im Umgang mit dem besonders schwierigen Kandidaten erstrecken sich auf zwei verschiedene Bereiche. Zum einen haben wir die Möglichkeit, uns mit Hilfe eines Persönlichkeitsprofils des Kandidaten, das so einfach wie möglich aufgebaut ist, ein besseres Bild von ihm zu machen. Ich bin mir keineswegs sicher, ob man ein solches Profil routinemäßig oder aber unter außergewöhnlichen Verhältnissen verwenden und ob man es mit dem Kandidaten besprechen sollte. Unter bestimmten Umständen, wenn alles falsch läuft, ist eine solche Diskussion vielleicht von Nutzen. Jedenfalls könnte ich mir vorstellen, daß der Supervisor und der Kandidat sich über dessen Arbeit, über seine Erfolge und Mißerfolge unterhalten, und zwar im Blick auf 1. seine empathischen Fähigkeiten, 2. auf sein Verständnis der Dinge, 3. auf die administrative Seite seiner Aufgabe. Das ist mein – ganz einfacher – Vorschlag dafür, wie man sich ein solches Profil erarbeiten kann. Ein zu einseitig verstandesmäßiges Denken scheint mit mangelndem Einfühlungsvermögen Hand in Hand zu gehen, während der überempathische Kandidat vor allem den Fehler begeht, seine Identifikation mit dem Patienten zu weit zu treiben. Zwischen Empathie und Identifikation besteht aber ein wichtiger Unterschied: Empathie erleichtert die Behandlung, Identifikation lähmt sie. Wenn der Kandidat Schwierigkeiten mit der administrativen Ebene hat, dann tippe ich im allgemeinen auf gewisse paranoide Momente, wenn auch nicht immer zu Recht. Schließlich können Lernschwierigkeiten im Spiel sein, oder die Beziehung zum Supervisor ist problematisch. Wie das im einzelnen aussehen mag, haben wir schon in unserem letzten Seminar angedeutet.

Supervisor: Ich frage mich, ob es überhaupt notwendig oder ratsam ist, ein solches Profil anzufertigen. Wir werten und beurteilen doch automatisch, nahezu unbewußt. Von Zeit zu Zeit fragt uns auch die Verwaltung nach unserer Meinung. Bewirkt eine solche Anfrage nicht automatisch, daß der Supervisor sich gezielter mit den unbewußten Problemen des Kandidaten beschäftigt? Im Grunde gehört das nicht eigentlich zu unseren Aufgaben als Supervisoren. Wäre es nicht besser, das Interesse am Patienten und das Interesse am Kandidaten irgendwie miteinander zu verknüpfen? Wir nähern uns dem Kandidaten ja in erster Linie dadurch, daß wir unsere Diskussion auf die Probleme des Patienten richten, und so entwickelt sich allmählich eine gewisse Interaktion zwischen Supervisor und Kandidaten. In zweiter Linie ist dann die Kenntnis der inneren Dynamik des Kandidaten von Nutzen. Aber schaffen wir nicht mit dem Vorsatz, so rasch wie möglich ein Profil des Kandidaten zusammenzustellen, eine gewisse Distanz zwischen uns selbst und dem Kandidaten, und sind wir zugleich nicht allzusehr auf die Motivation des Kandidaten hin fixiert?

Dr. Tarachow: Nicht unbedingt. Mit dem Profil will ich keineswegs der blanken Neugierde in bezug auf das Unbewußte des Kandidaten das Wort reden. Was ich möchte, ist ein Bild von den sichtbaren Fähigkeiten dieses Mannes, eine Bestätigung seiner Empfindungen, seines Einfühlungsvermögens; ich möchte wissen, ob er seine Patienten versteht, ob er sie kennt, ob er ihre Probleme wiedergeben kann; ich möchte auch wissen, wie er gegenüber der Verwaltung auftritt, wie er sich auf der Station, den Patienten, den Schwestern, den Supervisoren gegenüber gibt. Selbst wenn ich dann den Verdacht hege, daß er in gewisser Hinsicht paranoid oder zwanghaft denkt, so hat das doch noch nichts mit psychoanalytischem Interesse in Ihrem Sinne zu tun, sondern einfach mit der Frage, mit welchem Instrument ich arbeite. Das Profil ist keine psychoanalytische Diagnose, es ist eine zusammenhängende und verläßliche klinische Diagnose, der Eindruck des Lehrers von seinem Schüler. Ein solcher Eindruck muß uns gestattet sein.

Die Frage, um die es mir ging, war folgende: Sollen wir uns als Supervisoren dieses Profil gleich zu Beginn und ganz routinemäßig verschaffen, oder sollen wir es nur dann tun, wenn uns ernsthafte Schwierigkeiten dazu zwingen – seien es administrative Probleme, Lernschwierigkeiten oder die Tatsache, daß der Kandidat mit seinen Patienten nicht zurechtkommt. Sollen wir warten, bis es Ärger gibt, oder sollen wir unsere Eindrücke schon zu einem frühen Zeitpunkt festhalten?

Supervisor: Im Grunde nehmen wir ja ständig Bewertungen vor.

Dr. Tarachow: Ich befürworte ja auch nur ein einigermaßen geordnetes Vorgehen in diesem Bereich. Sie sollten imstande sein, das, was Sie über den Kandidaten wissen und erfahren, gewissermaßen in eine gebrauchsfertige Form zu gießen, anstatt nur eben viele Daten und einen ungenauen Eindruck zu besitzen.

Supervisor: Vor ein paar Jahren hat man an einem anderen Lehrkrankenhaus etwas Ähnliches eingeführt. Es hieß damals, es sei nicht gut, daß den Kandidaten in der Regel erst am Schluß ihrer Ausbildung mitgeteilt würde, was ihre Lehrer und Kollegen von ihnen hielten. Das war auch wirklich das fürchterlichste Interview, das man sich nur vorstellen kann. Ich erinnere mich an meines noch ganz deutlich. Ich erfuhr nicht, was diese Leute in der ganzen Zeit von mir gehalten hatten, und ich konnte mir auch nicht denken, welchen Eindruck ich jetzt auf sie machte –

zumindest nicht über die Kenntnisse hinaus, die ich über mich selbst ohnehin besaß. Später hat man das Verfahren dann geändert; die Leute, die unter Supervision standen, wurden nun wöchentlich mit den Schwierigkeiten konfrontiert, die sie mit den Patienten hatten, und mit der Art und Weise, wie sie diese Schwierigkeiten angingen. So konnte man ihnen dann ihre eigenen Probleme ohne große Verspätung vor Augen führen.

Der Kandidat setzte sich dann mit den verschiedenen Feststellungen und Vorschlägen auseinander. Meiner Meinung nach ist dabei gerade das progressive Moment wichtig. Den allerersten Eindruck, den wir hier im Krankenhaus von dem Kandidaten gewinnen, brauchten wir ihm allerdings nicht gleich mitzuteilen. Was uns auffällt, ist ihm womöglich noch nicht einmal entfernt zum Bewußtsein gekommen. Vielmehr geht es darum, auf gewisse Dinge in seiner Arbeit mit den Patienten aufmerksam zu machen. Nach etwa sechs Monaten sollte es möglich sein, ihn mit seinen hauptsächlichen persönlichen Schwierigkeiten im Umgang mit den Patienten zu konfrontieren.

Dr. Tarachow: Ich verstehe durchaus, daß Sie entsetzt sind bei dem Gedanken, als angehender Psychotherapeut allzubald mit einer Beurteilung Ihrer Person konfrontiert zu werden. Das könnte eine ganz schöne Attacke sein. Ich würde mir die Sache auf jeden Fall gut überlegen und das Verfahren nur dann anwenden, wenn ich dazu gezwungen wäre.

Supervisor: Ein Kandidat, der gute Arbeit leistet, sollte aber auch wissen, wo seine Stärken liegen. Warum warten, bis es Ärger gibt?

Supervisor: Darf ich dazu etwas erzählen, was mir selbst passiert ist? Ich habe einmal über einen bestimmten Kandidaten berichtet, mit dem eine Reihe von Mitarbeitern und auch ich beträchtliche Schwierigkeiten hatten. Ich hatte eine schriftliche Bewertung angefertigt, wie sie in diesen Fällen immer angefordert wird, aber ich zögerte, sie dem Kandidaten zu zeigen. Nachdem ich eine Weile hin und her überlegt hatte, schob ich meinen Bericht zur Seite, um etwas Abstand zu gewinnen. Später nahm ich mir den Text wieder vor und schrieb ihn noch einmal um, ohne etwas am Inhalt zu verändern. Ich änderte nur die Formulierung ein wenig und legte dem Kandidaten die neue Fassung vor. Bis zu diesem Augenblick war unser Verhältnis immer recht gespannt gewesen. Es lief einfach nicht gut zwischen ihm und seinen Patienten, und es lief auch nicht gut zwischen ihm und mir. Wir kamen so eben miteinander aus, aber unser Verhältnis erinnerte mehr an einen Waffenstillstand als an eine partnerschaftliche Beziehung; es war ein kalter Krieg, der allmählich chronisch zu werden drohte. Unsere Diskussion über die von mir verfaßte Beurteilung des Kandidaten war hochinteressant. Er akzeptierte die Kritik. Wir sprachen sehr angeregt über die verschiedenen Punkte; er stimmte mir bei etwa neun von zehn Behauptungen zu. Ich bemerkte, daß er allmählich verstand, warum er bisher so viele Schwierigkeiten gehabt hatte. Unser Verhältnis zueinander hat sich seither merklich gebessert.

Dr. Tarachow: Sie haben so gehandelt, weil Ihnen nichts anderes übrig blieb. Das ist jedenfalls mein Eindruck. Es bestand die Gefahr, daß es zwischen Ihnen beiden zu einem langwährenden »Krieg« kommen würde. Glauben Sie, daß Sie beispielsweise schon zwei Monate nach Ausbildungsbeginn imstande gewesen wären, dem Kandidaten seine Persönlichkeit zusammenhängend darzustellen, und daß sich sein Einverständnis mit dieser Darstellung zu diesem Zeitpunkt auch schon so positiv ausgewirkt hätte?

Supervisor: Nein, und ich würde so etwas ohnehin nicht schon nach zwei Monaten tun. Ich brauche mehr als zwei Monate, um mir meiner Aussage über einen Kandidaten einigermaßen sicher zu sein. Es gibt zu viele Dinge, die er nach so kurzer Zeit einfach noch nicht weiß oder bei denen er zumindest noch unsicher ist. Es wäre ziemlich unfair.

Dr. Tarachow: Mein Vorschlag, der vielleicht nicht der beste ist, obwohl er mir selbst gefällt, lautet, daß wir diesen Zugang zu unseren Kandidaten erst dann suchen sollten, wenn wir viel Zeit haben verstreichen lassen. Lieber später als früher, und nur angesichts wirklicher Schwierigkeiten. Wenn der Kandidat gut zurechtkommt, dann würde ich es nicht für nötig erachten, ihn mit all diesen Dingen überhaupt zu belästigen.

Supervisor: Wir sind wohl doch echte Kinder unserer Kultur; die Menschen hören nun einmal gern, ob sie ihre Sache gut oder schlecht machen. Vielleicht wäre den Kandidaten eine offizielle Bewertung ihrer Arbeit gar nicht unlieb.

Dr. Tarachow: Es gibt keinen Grund, einen Kandidaten nicht jederzeit für seine gute Arbeit zu loben.

Supervisor: Bei uns geht man so vor, wie Dr. Tarachow es vorschlägt. Manche Kandidaten sind sehr gut; wir helfen ihnen dort, wo sie noch nicht zu Rande kommen; wir sprechen in der Hauptsache über die Patienten; sie sehen die wunden Punkte, gehen noch einmal zurück und fassen dort nach, wo man es ihnen empfohlen hat. Solche Leute anzuleiten ist ein Vergnügen. Ich würde meinen, daß es in jeder Klasse einen oder zwei solcher Kandidaten gibt, die den anderen überlegen sind und bei denen die Supervision keinerlei Schwierigkeiten bereitet. Am anderen Ende der Skala gibt es natürlich immer einen oder zwei, deren Persönlichkeitsprofile pathologisch sind und die ernsthafte psychische Schwierigkeiten haben. Solche Leute haben nicht das geringste Gespür für ihre Patienten und pflegen keinen Kontakt mit ihnen, sie können die Probleme ihrer

Patienten gar nicht wiedergeben. Mit solchen Kandidaten hat der Supervisor große Schwierigkeiten.

Dr. Tarachow: Es gibt sogar Kandidaten, denen eine bestimmte Einstellung zu den Patienten so in Fleisch und Blut übergegangen ist, daß sie gar nicht mehr erkennen können, was sie tun. Sie spielen Gott; sie geben sich so richtig aggressiv und omnipotent; sie wollen einfach nicht sehen, wie sie sind. Es erhebt sich also auch die Frage, unter welchen Voraussetzungen man einen Kandidaten endgültig wegschicken sollte. Das ist eine Überlegung, die die Krankenhausverwaltungen nur sehr ungern anstellen.

Supervisor: Ich kenne noch eine andere sehr lästige und unangenehme Situation: Sie hören sich Woche um Woche den Bericht Ihres Kandidaten an und begreifen einfach nicht, was vorgeht. Alles ist vage, alles wird Ihnen so lauwarm dargestellt, und Sie sind niemals wirklich beruhigt, denn Sie wissen nicht so recht, wie der Fall eigentlich liegt. Das ist im Augenblick meine Schwierigkeit mit einem bestimmten Mann. Alles ist vage und soweit recht nett, es gibt keine wirklich massiven Schwierigkeiten. Plötzlich ist dann die Krise da, und man erkennt, daß sich in der ganzen Zeit eben doch einiges abgespielt haben muß, was nur leider nicht gesehen und erkannt worden ist.

Dann gibt es die große mittlere Gruppe von Kandidaten, mit denen man sehr wohl in die persönlichen Schwierigkeiten einsteigen muß. Dr. Tarachows Empfehlung funktioniert ganz ausgezeichnet, solange es sich um die Stars unter unseren Kandidaten handelt. Aber leider haben wir es im allgemeinen mit einer großen mittleren Gruppe zu tun, also weder mit den Besten noch mit den Schlechtesten.

Supervisor: Das Beste ist wohl, mit diesen Kandidaten in sehr persönlicher Weise umzugehen; man sollte ihnen von den eigenen Schwierigkeiten erzählen und davon, wie man sich als Supervisor fühlt. Zweifellos habe ich dem Kandidaten gegenüber ja so etwas wie eine elterliche Rolle inne. Wie kann ich ihm helfen, Psychiater zu werden, ohne ihn dabei in eine Situation zu bringen, die ihn gewissermaßen wieder zum Kind macht? Das ist mein größtes Problem: Wie kann ich verhindern, daß ich in die Entwicklung und das Wachstum des Individuums störend eingreife, wie kann ich verhindern, daß ich zum Kontrolleur und zum Kritiker werde?

Mir scheint, wenn ich mich ganz kontinuierlich um die persönlichen Probleme des Kandidaten kümmere, dann kann ich ihm auch die Schwierigkeiten, die er mit einem bestimmten Patienten hat, erklären, wenn sich die Gelegenheit dazu ergibt. Das läßt sich ja ohne Förmlichkeit bewerkstelligen, und ohne daß man gleich auf die Psychopathologie des Kandidaten abhebt; man kann davon sprechen, daß er bei seiner Arbeit bestimmte

Tendenzen verfolgt und hin und wieder in diesen oder jenen Fehler verfällt. So kann ich zum Beispiel im gegebenen Augenblick ohne weiteres zu meinem Kandidaten sagen: »Sie haben immer noch so ein bißchen die Tendenz, unbedingt Herr der Situation sein zu wollen und niemand anderem eine Beteiligung zu gestatten.«
Dr. Tarachow: Ja, da stimme ich Ihnen zu. Was mich angeht, so halte ich es für ganz besonders wichtig, daß man als Supervisor möglichst nicht in die psychotherapeutische Position verfällt, daß man sich hütet, den Kandidaten irgendwie zu entmündigen, daß man sich als Lehrer, nicht als Psychotherapeut betrachtet. Aus diesem Grund, so meine ich, sollten Sie auch die Konfrontation bei der Supervision nur im äußersten Notfall anwenden. Sie sollten jeden Kandidaten von Anfang an so unterweisen, als habe er gar keine Lernschwierigkeiten und als falle es ihm auch keineswegs schwer, das Material zu verstehen, das seine Patienten ihm liefern. Wenn Sie dann feststellen, daß er eben doch Schwierigkeiten im Umgang mit den Patienten und Schwierigkeiten mit ihrem Material hat, helfen Sie ihm zunächst vom Patienten ausgehend. *Seine eigenen* Probleme kommen zuallerletzt dran.
Ich möchte ein Beispiel dafür geben, wie eine symptomatische Handlung oder Äußerung des Kandidaten sich gewissermaßen als Anschauungs- und Lehrmaterial in bezug auf den Patienten nutzen läßt und nicht etwa als Anlaß, Psychotherapie mit dem jungen Therapeuten zu betreiben. Ich stehe auf dem Standpunkt, daß alles, was der Therapeut mir mitteilt, etwas über den *Patienten* aussagt – selbst wenn sich der Therapeut in einer Supervisionssitzung nur verspricht. Ich mache ihm klar, daß ich in seinem Versprecher eine Information über den Patienten erkenne. So berichtete mir einmal ein Therapeut, sein Patient habe vier Geschwister, und korrigierte sich anschließend sofort, es seien ja nur drei. Ich machte ihn auf den Versprecher aufmerksam, und zwar ohne mich auf seine möglichen eigenen Probleme zu beziehen, sondern mit dem Hinweis, daß er mir eine Information über den Patienten vermittelt habe. Bei näherer Prüfung stellte sich dann heraus, daß ein Vetter zusammen mit dem besagten Patienten aufgewachsen und vom Patienten wie ein Bruder betrachtet und behandelt worden war. Dieser Vetter hatte in der Entwicklung des Patienten eine wichtige Rolle gespielt. Die symptomatische Äußerung des Therapeuten in der Supervisionssitzung vermittelte also Daten über den *Patienten.* Das kann als Beispiel für den patientenorientierten Ansatz dienen.
Trotzdem gibt es selbstverständlich bei jedem Kandidaten Bereiche, wo er bei dem einen oder anderen Patiententyp rein gar nichts bewirkt. Man muß den Kandidaten zeigen, wo sie ihre Arbeit mit den unterschiedlichen

Patiententypen verbessern können, und man muß ihnen sagen, daß jeder Kandidat sein eigenes und typisches Problem hat, das er gar nicht so rasch erkennt. Früher oder später kommt man unweigerlich mit jedem Kandidaten an diesen Punkt. Auf jeden Fall aber empfiehlt es sich, zunächst patientenorientiert zu handeln und sich erst an zweiter Stelle am Kandidaten auszurichten.

Supervisor: In meiner Rolle als Lehrer halte ich mich sehr eng an das, was ich auch meinerseits von jedem Lehrer erwarte. Der Lehrer weiß mehr und hat die Pflicht, dem Lernenden dieses Wissen zu vermitteln; der vorgegebene Fall ist das Medium, durch das dieses Wissen vermittelt wird. Aufgabe des Lehrers ist es, den Punkt ausfindig zu machen, an dem der Lernende am ehesten zum »Empfang« bereit ist. Meine Aufgabe als Lehrer heißt, ich muß so viel wie möglich geben.

Dr. Tarachow: Zweifellos. Sie sind kein guter Lehrer, wenn Sie nichts zu geben haben oder nichts geben wollen. Der Lehrer muß ein starkes mütterliches Gefühl besitzen; der Gedanke, daß er dem Lernenden etwas gibt, muß ihn erregen und begeistern. Lehren muß Freude bereiten. Sie sind in erster Linie Lehrer und erst in zweiter Linie Psychotherapeut, und auch dies nur zögernd. Als Lehrer bieten Sie sich sozusagen als Ideal an, nicht als Kritiker.

Supervisor: Sollten wir dem Kandidaten nicht – entweder in unserer Eigenschaft als Vorbild oder durch die direkte Unterweisung – eine gewisse Vorstellung davon geben, welche Erwartungen wir an den idealen Psychiater stellen und welche Ziele er folglich sich selbst stecken sollte? Der Kandidat sucht ja eine Rolle für sich. Ist es nicht auch Aufgabe des Supervisors, ihm bei dieser Suche zu helfen? Ich möchte den Kandidaten ganz bewußt auf einen bestimmten Zweig der Psychiatrie hinlenken, auf denjenigen, für den er sich am besten eignet.

Dr. Tarachow: Sie müssen gar nicht so direktiv vorgehen. Diese Frage wird nicht durch Belehrung, sondern durch Ihr Vorbild und natürlich durch die Eignung und Befähigung des Kandidaten gelöst und beantwortet. Ihre Frage leitet übrigens zu unserem letzten Thema über, nämlich zu der Frage, wie der Supervisor die Übertragung von seiten des Kandidaten sinnvoll nützen kann.

22
Die Übertragung

Als ich meine psychiatrische Ausbildung im Krankenhaus absolvierte, war ich umgeben von Leuten, die mit Eifer und Erfolg forschten, experimentierten, lasen und sich über neue Entwicklungen informierten. So tat ich genau das gleiche; ich stürzte mich in meine Arbeit und meine Studien.

Was meine Haltung den Patienten gegenüber anging, so übernahm ich einfach die Einstellungen und Haltungen, die ich in meiner Umgebung beobachtete. Ich glaube, man kann für diesen Punkt keine Direktiven aufstellen. In dem Maße, in dem der Kandidat Sie als Vorbild betrachtet, wird er sich so verhalten, wie Sie sich verhalten, und die Atmosphäre des Krankenhauses auch für sich übernehmen; wenn die gesamte Atmosphäre nichts taugt, dann wird sich das auch in seiner Haltung spiegeln; wenn die Atmosphäre gut ist, wenn echtes Interesse vorhanden ist, dann wird auch der angehende Psychotherapeut an seiner Arbeit interessiert sein.

Wir greifen auf spezielle Techniken zurück, wenn unser Kandidat keine rechten Fortschritte macht oder die Beziehung zwischen ihm und seinem Supervisor gespannt ist. Die erste dieser Techniken besteht in der Bewertung und Beurteilung des Kandidaten unter Zuhilfenahme eines Persönlichkeitsprofils. Die zweite Technik besteht im absichtlichen Gebrauch der Übertragung auf Sie, auf den Supervisor, das heißt in der bewußten Verwendung der Übertragungsbeziehung des Kandidaten zu Ihnen, mit dem Ziel, Ihnen Ihre Lehrtätigkeit zu erleichtern.

Supervisor: Diese Art der Interaktion mit dem Kandidaten über das Medium der Übertragung ist eine recht großzügige Auslegung des Begriffs der Supervision. Ich möchte unterstreichen, daß ich den Prozeß der Identifikation, unabhängig von der Übertragung, für sehr wichtig halte. Die Art, wie wir uns dem Kandidaten gegenüber außerhalb der Übertragung verhalten, spiegelt sich in seiner Beziehung zu uns und in seiner Lernbereitschaft wider.

Dr. Tarachow: Die Unterscheidung zwischen dem durch die Übertragung bedingten Einfluß auf den Kandidaten und dem nicht durch Übertragung bedingten Einfluß auf ihn ist eine rein akademische Übung, denn es besteht ja keine therapeutische Beziehung zwischen ihm und uns. Wenn der Supervisor es vermeidet, als Psychotherapeut aufzutreten, dann hat er eine reale Rolle inne und beeinflußt den Kandidaten ganz genau so, wie jede andere reale Person in seiner Umgebung dies auch tut. Ich habe die

Übertragung in einer unserer Sitzungen einmal als die *interpretierte* Beziehung bezeichnet. Hier verwende ich das Wort Übertragung nun aber in seiner umfassendsten Bedeutung. Um es einmal ganz einfach zu sagen, wir meinen mit diesem Ausdruck die Beziehung, die der Kandidat zu seinem Supervisor hat und die mit Gott weiß welchen infantilen und sonstigen frühen Einflüssen beladen ist. Wir arbeiten mit dem, was uns gebracht wird – ganz gleich, wie Sie es bezeichnen wollen. Eine *Übertragungsneurose* ist etwas anderes. Das ist jener besondere Zustand, der im Laufe der Analyse durch die neutrale und frustrierende Haltung des Analytikers im Patienten zustande kommt. Äußerungen und Verhalten des Patienten sind dann starr von seinen Phantasien bestimmt und *relativ* frei von äußeren Einflüssen. Das ist es, was die Analyse der Übertragung möglich macht. Der Analytiker kann sicher sein, daß er sich mit Phänomenen befaßt, die nicht von außen her bestimmt sind, sondern aus dem Innern des Patienten herrühren.

Supervisor: Viele Kandidaten betrachten uns als eine Art Identifikationsmodell, insbesondere, wenn sie ängstlich sind und nicht wissen, was sie tun sollen. Sie bilden uns gegenüber positive oder negative Gefühle aus, die sich streng im Rahmen der Übertragung halten können, aber nicht müssen. Ich glaube, die reale Beziehung spielt eine große Rolle bei der Entscheidung, wie wir unsere Supervisionsaufgabe anpacken. In den ersten paar Monaten sollte man sich das Profil zusammensetzen und diese Zeit dazu nutzen, eine Beziehung zu errichten, bevor man sich mit irgendwelchen Ratschlägen oder kritischen Bemerkungen an den Kandidaten wendet. Später kann der Supervisor sich mit dem individuellen Verhaltensmuster und der therapeutischen Methode des Kandidaten befassen. Wenn man nicht auf eine reale Beziehung zwischen Kandidaten und Supervisor zurückgreifen kann, ist dies ein schwieriges Unterfangen.

Dr. Tarachow: Das stimmt. Es ist schwierig, jemanden zu kritisieren, bevor er seinen Kritiker gern hat. Sie werden das aus Ihrer Arbeit mit Kindern und Jugendlichen ja wissen. Es ist Aufgabe des Supervisors, eine optimale Atmosphäre für die Supervision, die Aufnahme des Lehrstoffs und die Darlegung der Probleme des Kandidaten zu schaffen. Unter solchen optimalen Bedingungen ist der Kandidat rascher bereit, Ihnen seine Probleme und seine Schwierigkeiten mit der Gegenübertragung aufzudecken. Wenn andererseits der Supervisor allzu beruhigend und freundlich auftritt, dann besteht die Möglichkeit, daß der angehende Therapeut diese beruhigende, überfreundliche Haltung nun seinerseits gegenüber seinen Patienten fortsetzt.

Supervisor: Ich kenne Fälle, in denen man ängstlichen Kandidaten gut zuredete und Unterstützung angedeihen ließ, mit dem Erfolg, daß ihre

Arbeit sich dadurch erheblich verbesserte. Aber natürlich gibt es auch das Gegenteil. Wir beobachteten einmal einen Kandidaten, der zunächst einen ausgezeichneten Eindruck machte. Mit der Zeit wurde seine Arbeit immer schlechter. Anfangs hatte jeder ihn gern gehabt, am Schluß mochte ihn niemand mehr.

Dr. Tarachow: Es gibt solche masochistischen Charaktere. Sie müssen das positive Bild, das man von ihnen hat, zerstören und müssen einen möglichst schlechten Eindruck machen. Das ist ein masochistisches Problem, das sogar eine Analyse erforderlich machen kann. Aber wir wollen hier nicht die spezifischen Neurosen unserer Kandidaten besprechen.

Supervisor: Verfolgt dieses Seminar die Absicht, uns nahezubringen, daß man auf die bewußte Nutzung der Übertragung dann zurückgreifen soll, wenn alle anderen Methoden versagt haben?

Dr. Tarachow: Ja, so ist es gedacht. Ich empfehle diese Methode für den Fall, daß man bei der Wissensvermittlung zunehmend auf Schwierigkeiten stößt, daß das Echo von seiten des Kandidaten immer dürftiger ausfällt und er keine Fortschritte mehr macht. Wenn alle anderen Methoden zu nichts führen, dann würde ich mich bewußt der Persönlichkeit und dem Charakter des Kandidaten zuwenden; ich würde meine eigene Persönlichkeit offen darlegen und mich bemühen herauszufinden, wie ich diesen Kandidaten am besten erreichen kann. Wie kann ich – mit der mir eigenen Art, mit meiner Persönlichkeit und meinen Interessen – an diesen anderen appellieren, daß er die wichtigen Dinge lernt, die er nun einmal lernen muß? Das ist das letzte Mittel, bevor ich sagen muß: »Sie sollten sich besser analysieren lassen, denn Sie lernen überhaupt nichts.«

Supervisor: Ich würde, um das eben nur anzudeuten, vor Ihrem Vorschlag noch einen zusätzlichen Schritt einschieben, nämlich die Selbstanalyse des Supervisors mit Blick auf seine Supervisionsaufgabe.

Dr. Tarachow: Ich glaube, wir können nicht mehr verlangen, als daß jeder Supervisor ein einigermaßen zutreffendes Bild von sich und seiner Arbeitsweise hat, das heißt, daß er sich nicht selbst täuscht, was seine eigene Tätigkeit angeht. Ich rate nicht zur ständigen Eigenanalyse des Supervisors; er sollte aber wissen, mit welchen persönlichen »Waffen« er die größte Wirkung erzielt. Daß er sich selbst einer Analyse unterzogen hat, ist ja schon ein wichtiges und ganz grundlegendes Element in seiner Ausbildung zum Supervisor gewesen.

Uns geht es hier um die Probleme des Kandidaten (nicht um das Persönlichkeitsprofil des Supervisors). Wir fertigen uns ein Profil des Kandidaten, und wir nutzen dieses Profil so gut wir können.

Supervisor: Mir ist nicht so ganz klar, was Sie eigentlich mit der Empfehlung meinen, daß wir als Supervisoren Gebrauch von der Übertragung machen sollen. Meinen Sie, daß wir sie nutzen oder daß wir sie fördern sollen?

Dr. Tarachow: Ich meine, daß wir sie nutzen müssen. In einem unserer ersten Seminare haben wir beispielsweise über einen Kandidaten gesprochen, der für seine Patienten nichts als Verachtung empfand. In einem solchen Fall würde ich dem Kandidaten gegenüber ein starkes Interesse an den emotionalen Reaktionen des Patienten zur Schau stellen. Ich würde mich besonders lebhaft dafür interessieren und ich würde ein Beispiel dafür bieten, wie man geradezu leidenschaftlich Anteil an den Affekten des Patienten nehmen kann. Wenn Patienten sich absondern und isolieren, muß gelegentlich der Therapeut den Affekt beisteuern. Ebenso müssen Sie unter Umständen als Supervisor den Affekt beibringen, wenn Sie es mit einem überintellektuellen Kandidaten zu tun haben. Dem übermäßig emotional bestimmten oder übermäßig empathischen Kandidaten gegenüber müssen Sie dagegen das rationale Element hervorkehren. Ich würde mich bemühen, Interesse und Begeisterung dort beispielhaft vorzuführen, wo der Kandidat es daran empfindlich fehlen läßt. In diesen »unterentwickelten« Bereichen müssen Sie sich in der Übertragung als Identifikationsmodell anbieten.

In einem anderen Fall mögen Sie es auch für zweckmäßig halten, direkt an den Intellekt des überintellektuellen Kandidaten zu appellieren. Bringen Sie den Mann an den Punkt, wohin er Ihrer Meinung nach gebracht werden sollte, und tun Sie das in der bestmöglichen bzw. in der für ihn annehmbarsten Weise.

Supervisor: Meine Frage galt eigentlich nicht diesen Einzelheiten. Ich wollte vielmehr noch einmal Zweifel daran anmelden, ob man dieses Vorgehen des Supervisors als »Nutzbarmachung der Übertragung« bezeichnen kann.

Wir haben schon gehört und wir wissen, daß der Kandidat mit einer vorgefaßten Einstellung zu Ihnen kommt, daß er Sie nämlich als Autorität betrachtet. Seine Leistung kann positiv oder negativ beeinflußt sein, je nachdem, wie seine früheren Erfahrungen mit Autoritäten ausgesehen haben. Wenn Sie als Supervisor vorhaben, die Beziehung zu nutzen, warum nennen Sie das dann »Nutzbarmachung der Übertragung?« In dem Maße, in dem der Kandidat sich schon als unzugänglich gegenüber der Ausbildung erwiesen hat, hat er Ihnen gegenüber doch auch schon ein gewisses Maß an negativer Übertragung demonstriert.

Dr. Tarachow: Das stimmt zwar, aber es ist ja so, daß Sie diesen Mann nicht analysieren oder behandeln wollen. Sie geben sich ihm gegenüber so real wie möglich, *ohne zu interpretieren.* Sie müssen alles tun, um mit seiner Einstellung Ihnen gegenüber fertigzuwerden, ohne sie dabei zu interpretieren. Das heißt, Sie nützen in dieser Situation die Übertragung als wirksamen Hebel. Sie interpretieren sie dem Kandidaten nicht, Sie *nutzen* sie.

Supervisor: Ist das dann nicht ganz einfach eine Beziehung zwischen zwei Leuten, von denen der eine die Rolle des Lehrers, der andere die Rolle des Lernenden inne hat?

Dr. Tarachow: Ja, und im Grunde ist das ja unausgesprochen schon die ganze Zeit so gewesen. Wir sprechen hier doch über Fälle, bei denen Sie sich einer Schwierigkeit gegenüber sehen und ganz bewußt ...

Supervisor: Versuchen, ein besserer Lehrer zu sein?

Dr. Tarachow: Nein, so auch wieder nicht. Es ist schon etwas mehr als der Versuch, einfach ein besserer Lehrer zu sein. Sie versuchen zunächst, Ihren Mann zu beurteilen, ihn kennenzulernen, und dann setzen Sie bewußt die eigene Person ein.

Supervisor: Wenn wir also vom »besseren Lehrer« sprechen, dann bedeutet das nicht, daß man mehr weiß, sondern daß man seine gesamte Persönlichkeit einsetzt.

Dr. Tarachow: Dr. X hat zum Beispiel eine Situation beschrieben, in der er zunächst der Unterlegene war und erst dann versuchte, bestimmte Dinge zu tun. Was sich für ihn (und uns) aus dieser Diskussion ableiten läßt, ist der folgende Gedanke: Wenn er sich der gesamten Struktur jener speziellen Situation etwas deutlicher bewußt gewesen wäre, dann hätte er vielleicht nicht so lange gewartet, nicht bis zum Augenblick seiner Niederlage. Er hätte mit einer systematischen Bewertung und Beurteilung dieses Mannes reagiert und im richtigen Augenblick die eigene Person bewußt und als didaktisches Mittel eingesetzt. So aber wartete er, bis er sich angefeindet und frustriert fühlte. Mein Vorschlag lautet, sich des eigenen Vorgehens bewußter zu werden.

Supervisor: Ich glaube, das ist überhaupt der Kern dieser Seminare, daß wir zwischen dem Kandidaten als Schüler und dem Kandidaten als Patient zu unterscheiden lernen. Es ging uns um die Verbesserung der Lehrer-Schüler-Beziehung. Das ist ein echtes Problem.

Dr. Tarachow: Diese Art, die Übertragung zu nutzen, möchte ich gerne als Höhe- und zugleich Schlußpunkt Ihrer Bekanntschaft und Vertrautheit mit der Psychotherapie werten. Sie werden bemerkt haben, daß ich es sorgfältig vermieden habe, mich mit spezifischen Neurosen des Kandidaten zu befassen oder auch nur entfernt so etwas wie Interpretationen zu empfehlen. Im Idealfall lehren wir, sind wir *Erzieher* und Identifikationsmodelle. Es ist wirklich schade, daß wir erst ganz zum Schluß, erst bei der Besprechung von unbefriedigenden Situationen, auf das Thema des Vorbildes zu sprechen gekommen sind, denn eigentlich sollten wir ja von

Anfang an der vorbildliche *Erzieher* sein. Sie werden außerdem bemerkt haben, daß ich auch über die spezifischen Neurosen des Supervisors nicht gesprochen habe.

Supervisor: Ich glaube, die Faktoren, die ich an anderer Stelle einmal kurz als Bestandteile der Beziehung nannte, gehörten nicht zur Übertragung. Ich hatte angenommen, daß Sie die Übertragung im speziellen technischen Sinne behandeln würden.

Dr. Tarachow: Übertragung im klassischen Freudschen Sinne kommt nicht nur in der Analyse zustande. Die *Übertragungsneurose* ist allerdings von der analytischen Situation abhängig, wie ich dies schon früher in diesem Seminar geäußert habe.

Supervisor: Ich hatte den Ausdruck im technischen Sinne gebraucht, weil ich an einen Kandidaten dachte, der sich in der Analyse befand und bestimmte Übertragungsreaktionen gegenüber seinem Analytiker in seine Beziehung zu mir als seinem Supervisor hineintrug.

Dr. Tarachow: Im Krankenhaus würde so etwas ganz besondere Schwierigkeiten bereiten. Ich weiß nicht, was man tun könnte, außer daß man dem Kandidaten sein Verhalten auf irgendeine Weise zumindest so weit zu Bewußtsein bringen sollte, daß er in der Analyse darauf zu sprechen kommen und es dort verarbeiten würde. Aber das würde die Supervision ungewöhnlich schwierig machen.

Supervisor: Darf ich ganz kurz etwas vortragen? Ich habe einen Kandidaten, der feindselig und zugleich außerordentlich abhängig ist. Über seine Abhängigkeit ist er sich im klaren. Anfangs bin ich dem aus dem Weg gegangen, aber das hat sich nicht als besonders günstig erwiesen. Wenn ich Sie richtig verstanden habe, dann wäre es angebracht, ihm seine übermäßige Abhängigkeit von mir zu lassen, wenn er sie ertragen kann. Das würde bedeuten, daß ich seine Übertragung nutze. Ich würde es in der Überlegung tun, daß ich ihn dann vielleicht erreichen und ihm das notwendige Wissen vermitteln kann.

Dr. Tarachow: Ich würde die Übertragung in diesem Sinne nur dann nutzen, wenn er Schwierigkeiten im Umgang mit seinen Patienten oder mit der Belegschaft hätte oder wenn sein Lernerfolg gering wäre. Wenn er sich für bestimmte Dinge nicht interessiert, für die er sich eigentlich interessieren sollte, dann würde ich zu diesem Mittel greifen. Ich würde ihm klarmachen, worum es mir geht, und ihm vielleicht sogar sagen, worum es *ihm* meiner Meinung nach gehen sollte.

Wenn ganz spezielle Probleme auftreten, wenn Sie beispielsweise einen besonders kompetenten Mann als »Schüler« haben, der alle Patienten verachtet, oder einen besonders empathischen Mann, der seine Empathie nicht unter Kontrolle hat, dann müssen Sie sich genau überlegen, wie Sie

die eigene Person am wirkungsvollsten einsetzen. Dem einen gegenüber müssen Sie Affekte hervorkehren, dem anderen gegenüber Kontrolle. Das kann sehr schwierig für Sie sein, wenn Sie Ihren »Zögling« nur einmal in der Woche zu Gesicht bekommen. Wenn Sie so wollen, müssen Sie sich dann vielleicht einen Angriffs- oder einen Verführungsplan zurechtlegen. Verführungsabsichten bedeuten, daß wir uns wieder als Eltern fühlen müssen. Im Kern ist unsere Rolle eine elterliche: Wir pflanzen unseren Kindern unsere Einstellungen, unsere Sympathien und Antipathien, unsere Idiosynkrasien und unsere Werte ein; wir tun es laut oder wir tun es leise, auf jeden Fall aber tun wir es. Als Lehrer tun wir genau das gleiche.
Supervisor: Ich möchte noch etwas erwähnen, was ich für sehr wichtig halte: Das Selbstverständnis eines Supervisors unterscheidet sich möglicherweise von dem eines anderen ganz erheblich. Wie weit kann das den Lehrprozeß beeinflussen?
Dr. Tarachow: Das läßt sich nicht vermeiden. Sie alle unterscheiden sich voneinander; dazu kommt, daß die Supervision von Krankenhaus zu Krankenhaus und von einer Gegend zur anderen wieder etwas anders gehandhabt wird. Das muß der Kandidat bedenken, wenn er sich bewirbt. Im Grunde ist es nur von Vorteil; jeder Supervisor bietet andere Möglichkeiten.
Sie haben vielleicht bemerkt, daß wir uns gehütet haben, unsere Zusammenkünfte zu gruppentherapeutischen Sitzungen in unserem eigenen Interesse umzufunktionieren. Wir haben in all dieser Zeit nur über unsere Studenten gesprochen, über unsere Kandidaten. Unterschiede, die zwischen uns bestehen mögen, können dem Kandidaten nur zum Vorteil gereichen. Wir haben selbst bei der Diskussion unserer *eigenen* Supervisionsprobleme immer den Kandidaten im Blick gehabt, nicht etwa uns selbst. Wir nehmen also an, daß wir keine Probleme haben – eine ideale Annahme, das muß ich schon sagen.
Supervisor: Ich möchte eine kleine Korrektur am Bild des Psychiaters anbringen. Ich glaube, wir haben alle eine sehr *ähnliche* Vorstellung davon, was ein Psychiater ist, aber unsere Meinungen gehen auseinander in der Frage, wie man zukünftigen Psychiatern bestimmte Kenntnisse vermittelt, und unter welchen Umständen sie bereit sind, unsere Vorstellung des idealen Psychiaters zu akzeptieren.
Dr. Tarachow: Nein. So, wie es ganz unterschiedliche Eltern und ganz unterschiedliche Methoden der Kindererziehung gibt, so gibt es auch unterschiedliche Auffassungen zur Supervision und unterschiedliche Vorstellungen darüber, was ein Psychiater ist und tut. Selbst in diesem Kreis hier ist der Vorschlag geäußert worden, man solle bei der Unterweisung des Kandidaten dessen persönlichen Problemen gar keine Beachtung

schenken und sich um seine Ängste nicht kümmern, ihm vielmehr das eintrichtern, was er über den Patienten nun einmal wissen muß. Mit anderen Worten, die Persönlichkeit des Kandidaten solle uns überhaupt nicht kümmern, auf irgendeine Weise würden Wissen und Kenntnisse ihn schon erreichen. Andererseits gibt es Leute, die außerordentlich stark an der Persönlichkeit des Kandidaten und an der Frage interessiert sind, was für ein Mensch der Psychiater ist. Und schließlich ist eine streng doktrinäre Einstellung dazu, wie seine Ideale aussehen sollten, denkbar. Das würde mit Sicherheit auf seine Behandlung der Patienten durchschlagen. Er könnte dann selbst wie ein Diktator auftreten.
Als ich noch studierte, stellte ich mir Psychiater so vor, wie ich Sie jetzt hier so um den Tisch herum sitzen sehe; ein Psychiater sitzt zurückgelehnt in seinem Sessel und raucht Zigaretten. Es war, wie Sie sehen, das Ideal passiver Haltung. Als ich dann mit der Ausbildung anfing und feststellte, daß ich tatsächlich arbeiten mußte, war ich sehr erstaunt. Aber ich wurde von den Ereignissen eines Besseren belehrt. Ich konnte nicht Psychiater werden, indem ich einfach nur Zigaretten rauchte. Wir haben wahrscheinlich jeder wieder eine andere Vorstellung von der Aktivität des Psychiaters. Aber daß wir arbeiten müssen, wissen wir alle – die einen tun es etwas mehr, die anderen etwas weniger, die einen auf diese, die anderen auf jene Weise. Selbst in dieser Gruppe müssen die Meinungen darüber geteilt sein. Das ist normal. Wir betrachten ja auch das Fehlverhalten, das Agieren, das Leiden, die Frage der Medikation, die Schlaflosigkeit mit ganz verschiedenen Augen. Der Kandidat muß mit seiner Aufgabe wachsen und reifen. Einer seiner Supervisoren sagt vielleicht: »Nur ja keine Medikamente!«, der andere sagt das Gegenteil. Wenn der Kandidat seine Ausbildung schließlich beendet, muß er selbst entscheiden.
Sie erinnern sich, daß einige von Ihnen mir zu Beginn unserer Seminare ihre Fragen zur Supervision schriftlich vorlegten. Vielleicht sollten wir uns ein paar dieser Fragen jetzt noch einmal vornehmen, um zu sehen, ob und wie weit wir eine vernünftige Position dazu erarbeitet haben.
»Welche unterschiedlichen Auffassungen von Supervision gibt es unter den Supervisoren?« Darüber haben wir soeben gesprochen.
»Kann ein Seminar als Forum für den Vergleich von Methoden und Meinungen bezüglich des Supervisionsprozesses dienen?« Das haben wir auf jeden Fall versucht.
»Welche Methoden sind geeignet, Psychotherapie in dieser Einrichtung zu lehren?« Mit dieser Frage haben wir uns ausführlich in dem Seminar beschäftigt, bei dem es um die Theorie der stationären Behandlung ging.
»Welche Probleme können entstehen, wenn der Supervisor selbst auch

Patienten behandelt?« Patienten haben natürlich eine bestimmte Meinung zu der Tatsache, daß die Supervisoren ebenfalls ihre Patientenpopulation haben, genauso wie die Kandidaten auch. Hier klingt der Gedanke der Konkurrenz an, und der eine oder andere stärker zum Sadismus oder zur Rivalität neigende Kandidat mag sich dadurch gestört fühlen. Für die Patienten ist es aber möglicherweise ein noch größeres Problem. Patient A denkt sich: »Ich habe einen Supervisor«, Patient B muß sich dagegen eingestehen: »Meiner ist ein Anfänger.« Andererseits kann der Patient, dessen Therapeut zugleich Supervisor ist, durchaus auch ambivalent reagieren: »Ich muß ja wohl der schwerste Fall hier sein.«
»Welche unterschiedlichen Probleme könnte der Kandidat von einem Mal zum anderen vortragen?« Wenn ein Kandidat ein Problem hat, dann ändert sich dieses Problem nicht. Jeder hat seine eigene permanente Neurose oder seine persönlichen Eigenarten.
»Wie wirkt sich die institutionelle Struktur aus?« Das haben wir mit den Kandidaten besprochen, als wir administrative Fragen behandelten.
»Die Grenze zwischen Supervision und Psychotherapie.« Dazu ist kein Kommentar mehr nötig.
»Die Verantwortung des Supervisors gegenüber dem Patienten.« Hier kann ich mich der offiziellen Version des Krankenhauses, nach der der Supervisor für die Behandlung verantwortlich ist, nicht anschließen. Der Kandidat lernt mehr, wenn er selbst verantwortlich ist.
»Welche Schwierigkeiten ergeben sich für den Supervisor, wenn seine Kandidaten unterschiedliche klinische Erfahrungen mitbringen?« Über dieses Thema haben wir im Zusammenhang mit der Regression im Krankenhaus gesprochen. Ich könnte hier noch hinzufügen, daß der Anfänger vielleicht die Unterstützung gebrauchen kann, die in der Trennung zwischen administrativer und therapeutischer Rolle liegt. Ein Kandidat, der schon einige Erfahrung hat, kann die Doppelbelastung – hier Administration, dort Therapie – schon eher verkraften.
Supervisor: Ich habe noch eine Frage im Zusammenhang mit Ihrem »Abriß der Supervision«. Sie haben uns diesen Abriß dargestellt als eine Folge von Schritten angesichts wachsender Schwierigkeiten, wobei Sie mit den patientenorientierten Techniken begonnen haben. Würden Sie es für falsch halten, wenn man sich mit einem ganz persönlichen Problem, das ein Kandidat vorträgt, schon in einem frühen Stadium des Kontaktes zu ihm befaßt? Nehmen wir an, der Kandidat sagt: »Dieser Patient ist genau wie ich, er hat genau die gleichen Probleme wie ich auch, und ich kann ihn nicht behandeln, denn meine eigenen Probleme kann ich ja auch nicht lösen.«
Dr. Tarachow: Zunächst einmal halte ich das für sehr unwahrscheinlich,

und die Feststellung des Kandidaten, daß seine Probleme denen des Patienten sehr ähnlich seien, muß ja nicht unbedingt zutreffen. Wenn aber ein Kandidat sich den Dingen so bereitwillig stellen möchte – man denkt hier an Werfels Geschichte von Jakobowski und dem Obersten –, dann kann das ein gutes oder auch ein schlechtes Zeichen sein. Ein schlechtes Zeichen ist es, wenn der Kandidat von Masochismus getrieben wird, Kritik sucht und deshalb möglichst rasch »auspackt«. Wir *wollen* doch einen gewissen Widerstand, sonst können wir ja gar nichts bewirken. Aber es kann auch ein gutes Zeichen sein. In diesem Fall sollte man den Kandidaten zunächst einmal auf die entsprechende Literatur hinweisen, die sich mit dem klinischen Material des Patienten befaßt. Psychotherapeutische »Eingriffe« würde ich unbedingt vermeiden. Wenn der Kandidat wirklich in Schwierigkeiten ist und sich um Hilfe bemüht, wenn er nicht bereits in Behandlung ist oder eine Analyse macht und sein Problem ihn wirklich behindert, dann ist das eine andere Sache. Ihre Frage lautete: Wir haben eine bestimmte Reihenfolge der methodischen Schritte aufgestellt; jetzt bringt der Kandidat Unordnung in diese Reihenfolge – was machen wir nun? Versuchen Sie, mit Ihrer Hilfe nicht allzu aggressiv zu sein.

Supervisor: Sie müssen aber den Kandidaten sozusagen dort abholen, wo er steht. Sie können ihn nicht zur patientenorientierten Diskussion zurückführen, wenn er bereits seine eigenen Probleme vorbringt. Sie können sein Interesse nicht wieder auf den Patienten verlagern, wenn er wirklich die eigenen Probleme im Zusammenhang mit der Behandlung eines bestimmten Patienten diskutieren will.

Dr. Tarachow: Sie müssen aufpassen, daß Sie sich von einem solchen Mann nicht in die Psychotherapie hineinziehen lassen. Ich glaube nicht, daß der Durchschnittskandidat sich bewußt wünscht, sein Supervisor möge ihn auch psychotherapeutisch betreuen. Unbewußt hofft er vielleicht, daß der Supervisor ihn auf dem Weg über seinen Patienten von seinen persönlichen Problemen befreit.

Supervisor: Muß man sich an Ihre Reihenfolge halten, oder dient sie nur der Orientierung?

Dr. Tarachow: Dieser Abriß ist keine Zwangsjacke; er soll nur eine gewisse Ordnung in die Gedanken bringen und die Diskussion erleichtern.

Supervisor: Aber Sie legen doch größten Wert auf den patientenorientierten Ansatz?

Dr. Tarachow: Unbedingt. Weichen Sie davon nur ab, wenn und soweit Sie dazu gezwungen sind.

Supervisor: Ich habe den Eindruck, daß Ekstein und Wallerstein (1958) auf Ihrer Stufe drei beginnen, nämlich mit den Problemen zwischen dem Patienten und dem Kandidaten.

Dr. Tarachow: Ich behaupte nicht, daß mein Ansatz der einzige wäre; er bringt eben nur Ordnung in die Überlegungen und baut auf einer Zusammenschau der Faktoren auf, die uns unsere Aufgabe so sehr erschweren. Tatsächlich ist die Nutzbarmachung der Übertragung, wenn sie bei mir auch an letzter Stelle kommt, schon im ersten Augenblick des Kontaktes mit dem Kandidaten am Werk. Sie gehört jedoch ans Ende des Abrisses, wenn man sich den ganzen Kontext der Supervision als einen dynamischen Ablauf denkt. Ich habe keinen Verhaltensplan entworfen, sondern einen Abriß der Konzeptionen.
Supervisor: Ich hatte vor einigen Jahren genau diesen Typ des Kandidaten, der mit seinen Schwierigkeiten begann. Er kam zu mir und sagte: »Ich fürchte, der Patient und ich sind uns viel zu ähnlich.« Er wollte diesen bestimmten Patienten nicht behandeln. Wir besprachen die Sache, und mir war klar, daß ich mich mit meinen Bemerkungen an den Problemen des Patienten ausrichten mußte, nicht etwa an denen des Kandidaten. Ich sagte ungefähr folgendes: »Sie sollten ihn eigentlich verstehen können, und vielleicht wäre es sehr gut, wenn Sie mit ihm arbeiten würden.« Nachdem wir unser Gespräch über den *Patienten* beendet hatten, ohne uns noch irgendwie auf den Kandidaten selbst zu beziehen, war er recht erleichtert zu sehen, daß zwischen ihm und dem Patienten *sehr wohl* ein Unterschied bestand. Er wußte nun, daß er versuchen konnte, mit dem Patienten zu arbeiten und ihn zu verstehen. Das Verhältnis entwickelte sich schließlich zu einer sehr fruchtbaren therapeutischen Beziehung. Ich habe nie wieder ein Wort darüber gehört, wie ähnlich die beiden einander seien. Aber zunächst hatte der Kandidat seine Aufgabe mit Angst, ja, fast mit Panik betrachtet.
Dr. Tarachow: War es sein erstes Ausbildungsjahr?
Supervisor: Nein, sein zweites. In Wahrheit unterschieden sich der Patient und der Kandidat sehr stark voneinander. Wenn sie einander so ähnlich gewesen wären, dann wäre der Kandidat gar nicht imstande gewesen, mit dem Patienten zu arbeiten.
Dr. Tarachow: Das erinnert mich an einen Ausspruch, den man gelegentlich von seinen Patienten hören kann: »Sie sehen genau aus wie mein Vater.« In Wirklichkeit besteht nicht die geringste Ähnlichkeit. Es ist eine Verzerrung innerhalb der Übertragung. Angehende Psychotherapeuten zeigen ebenfalls solche Verzerrungen – Reste aus der frühen Kindheit, die nun in die Übertragung Eingang finden –, nicht nur gegenüber ihren Supervisoren, sondern auch gegenüber ihren Patienten. Möglicherweise hat es sich bei dem eben beschriebenen Fall um eine solche Übertragungsreaktion Ihres Kandidaten gegenüber seinem Patienten gehandelt. Als Sie ihn in die Realität zurückholten, gewann er Abstand von seinen

Übertragungen und zog Zuversicht aus der realen Diskussion über den Patienten.

Angst ist in besonderem Maße mit den Ichgrenzen und der Ichkontrolle bzw. mit der Furcht vor dem Primärvorgang verknüpft. Wir fürchten den Zusammenbruch unserer Ichgrenzen. Die Patienten kommen in einem Augenblick ins Krankenhaus, in dem ihre Ichkontrolle außerordentlich gefährdet und ihre Ichgrenzen in partieller Auflösung begriffen sind; die Ichkontrolle ist insgesamt dürftig. Das heißt, daß der Patient wiederkehrende Angstzustände hat. Er fühlt sich seltsam. Was unserem bewußten Ich seltsam erscheint, das fürchten wir. Ihr Kandidat hat offensichtlich einen Teil seiner eigenen Schwierigkeiten auf seinen Patienten projiziert. Projektion bedeutet einen Verlust der Ichgrenzen; irgend etwas in ihm selbst wurde nun dem Patienten zugeschrieben. Sie sind so vorgegangen, daß Sie seine Ichgrenzen wiederherstellten, indem Sie sich so nachdrücklich mit dem Problem seines Patienten beschäftigt haben. Sie haben die beiden voneinander getrennt. Sie brauchten mit ihm gar nicht über *sein* Problem zu sprechen, sondern Sie trennten ihn von seinem Patienten, und es ging ihm sogleich besser.

Supervisor: Dieses Beispiel ist noch aus einem anderen Grund interessant. Der Supervisor hatte vielleicht gar nicht vor, Psychotherapie zu betreiben, aber er hat es getan. Er hat diesem ängstlichen Kandidaten das Bild eines Supervisors gezeigt, der die Situation vollständig beherrscht; das bedeutete Unterstützung und zugleich eine Möglichkeit der Identifikation für den Kandidaten. Es half ihm, seine Ichgrenzen wiederaufzurichten und sich frei und unabhängig von seinem Patienten zu empfinden.

Dr. Tarachow: Es war gewissermaßen eine Spielart der Psychotherapie. Indem er die eigene Person als Ideal anbot, stärkte der Supervisor die Stabilität des Kandidaten, und damit ließ dessen Angst nach.

Zugleich war es auch eine Lektion; eine Lektion im besten Sinne übrigens, bei der auch die Betonung stimmte. Beachten Sie aber bitte jetzt, daß es hier um zwei Dinge geht: Zum einen trug die Unterhaltung über den Patienten dazu bei, daß Patient und Kandidat voneinander getrennt wurden und der Kandidat erkannte, daß der Patient und er einander eben *nicht* gleich waren. Zum zweiten ergab sich daraus, daß der Supervisor nicht ängstlich war, daß er zur Stabilität des Mannes beitragen konnte, den er anleitete. Beide Prozesse sorgen dafür, daß die Angst des Kandidaten nachläßt. Im ersten Fall handelt es sich um eine Lektion, im zweiten um das Angebot eines Ichideals; hier können wir auch von einer psychotherapeutischen Maßnahme sprechen und nicht nur von einem notwendigen Aspekt der klinischen Unterweisung. Wenn Sie es mit einem empathischen Kandidaten zu tun haben und dieser gerade beginnt, sich mit den

inneren Erfahrungen des Patienten zu beschäftigen, dann stört ihn möglicherweise die Erkenntnis, daß er und der Patient gewisse gemeinsame Erfahrungen besitzen. Er gerät in Angst und Unruhe und fürchtet die Eruption der eigenen Impulse.
Supervisor: Oder ähnliche Probleme archaischen Charakters.
Dr. Tarachow: Ja, denn das unkontrollierte Es ist eine schlimme Sache; der Patient fürchtet sich davor, und wir fürchten uns ebenfalls.
Supervisor: Die besondere professionelle Waffe, die man sich schafft, zum Beispiel in bezug auf solche Dinge wie Fäzes, geht nach einer Weile verloren. Viele Kandidaten wehren sich dagegen zunächst nicht mit der Furcht vor einem Verlust ihrer Ichkontrolle, sondern einfach dadurch, daß sie Widerwillen produzieren. Das gesunde Ich, das in nichtprofessioneller Weise gestählt ist, begegnet solchen Affekten und primärprozeßhaften Durchbrüchen mit Widerwillen.
Supervisor: So wie Sie die Supervision handhaben, scheint der Kandidat hereinzukommen und über das Verhalten und die Beziehungen seines Patienten Bericht zu erstatten. Sie würden die Diskussion gerne auf dieser Ebene weiterführen. Das geht vielleicht mit dem idealen Kandidaten. Wir haben natürlich schon erstklassige Leute gehabt, die ihre Sache wirklich gut gemacht haben. Am Ende der Supervision hatten wir tatsächlich das Gefühl, sie nicht allzusehr bedrängt zu haben. Aber das ist ja nicht der Normalfall. Beim Durchschnittskandidaten stellt man doch gleich zu Beginn fest, daß er sich entweder dem Patienten nicht wirklich zuwendet oder daß er das eine oder andere Problem hat, das wir in den Seminaren besprochen haben – unter Umständen sogar alle diese Probleme zusammen. Irgendwo hat er Grenzen, und das wirkt sich wiederum einengend auf die Supervision aus; man kann ihm nicht wirklich erklären, weshalb der Patient in einer bestimmten Weise auf ihn reagiert. Es ist etwas, was er einfach nicht sieht. Aber man bemüht sich weiter. Man folgt dem gesamten Plan, man zeigt ihm am Beispiel »der Patienten schlechthin«, was Patienten brauchen und wollen, man versucht auf alle mögliche Weise, sein Verständnis für das zu wecken oder zu fördern, was diesem einen Patienten und was allen Patienten widerfährt. Der Durchschnittskandidat zeigt darauf kein allzu günstiges Echo, und möglicherweise muß man sich nun eben seinen Problemen im allgemeinen zuwenden. Ich würde meinen, daß man ein solches Hindernis, das den Fortschritten des Kandidaten im Weg ist, als sein psychopathologisches Problem bezeichnen darf. Sie schicken den Mann in Analyse und hoffen, daß er dort Hilfe findet.
Supervisor: Man kann es auch als Lernproblem bezeichnen, wie Ekstein und Wallerstein dies tun. Wenn Sie die Schwierigkeiten als Lernproblem

betrachten, dann können Sie sie über die Supervision angehen. Ekstein und Wallerstein haben da eine einzigartige Technik; sie lassen den Kandidaten spüren, daß er sich dem Supervisor gegenüber genauso verhält, wie sein Patient sich ihm gegenüber verhält. Wir haben hier keine hohe Korrelation bezüglich dieses Phänomens feststellen können, obwohl es in manchen Fällen zweifellos zutrifft. In der Regel stellen wir fest, daß wir es mit gewissen Beschränkungen *innerhalb* der Person des Kandidaten und dementsprechend mit Lernschwierigkeiten zu tun haben. Der Supervisor entdeckt immer mehr Bereiche, für die der Kandidat überhaupt kein Gespür besitzt. Bei unseren stark geschädigten Kandidaten können wir auf diese Lernschwierigkeiten überhaupt keinen Einfluß nehmen; diese Leute zeigen nun einmal keine Fortschritte, ob Sie es nun mit der Methode der Unterweisung oder aber über die Verführung versuchen.
Aber bei der mittleren Gruppe, beim Durchschnitt der Kandidaten also, haben wir einigen Erfolg. Jeder von ihnen muß wieder anders angeleitet werden, und man braucht ein Profil von jedem, um danach das jeweilige Vorgehen festlegen zu können. Wenn der Kandidat Ihnen schließlich Sympathie entgegenbringt und Sie eine Basis geschaffen haben, von der aus ihm die Identifikation gelingt, dann können Sie auf die Schwierigkeiten zu sprechen kommen.
Dr. Tarachow: Unter Umständen wird der Kandidat auch durch das Krankenhaus selbst inspiriert, durch das Klima, das hier herrscht und mit dem er sich identifiziert. Ich neige zu der Ansicht, daß Ekstein und Wallerstein sich ihren Kandidaten gegenüber schon sehr stark als Psychotherapeuten fühlen. Nach meinem Dafürhalten haben die Lernschwierigkeiten eines Kandidaten eher etwas mit der Art seiner eigenen Probleme zu tun als damit, daß er das Problem seines Patienten gewissermaßen für sich neu auflegt.
Supervisor: Und doch unterscheidet sich ihr Ansatz vom direkten psychotherapeutischen Vorgehen. Sie machen auf das Verhalten des Kandidaten und ebenso auf das Verhalten des Patienten aufmerksam. Sie weisen auf das Problem hin in dem Gedanken, daß der Kandidat noch keine ausgereifte Technik des Umgangs mit seinem Patienten besitzt. Die Aufmerksamkeit des Kandidaten wird auf das gerichtet, was der Patient hervorbringt, und auf das Material, das der Kandidat bisher vernachlässigt hat. Dann wird der Kandidat wieder ins Gefecht geschickt und muß sich erneut mit dem Material des Patienten beschäftigen. Innerhalb eines so engen Bezugsrahmens steht der Kandidat natürlich im Brennpunkt. Man kann ihm nun deutlich zeigen, wo die Defekte und die schwachen Stellen in der Durchführung einer bestimmten Sitzung mit dem Patienten gelegen haben. Nach dieser intellektuellen Aufrüstung kann er sich bewußt an

die Vorschläge halten und nun ganz anders vorgehen als das letzte Mal.
Dr. Tarachow: Ekstein und Wallerstein nehmen das Verhalten des Kandidaten gegenüber dem Supervisor zum Modell, um die Haltung des Patienten gegenüber dem Kandidaten zu erklären. Ich würde einen solchen Ansatz nicht als patientenorientiert betrachten. Vor einiger Zeit brachte man mir einen Katatoniker in eine Konferenz. Dieser Patient zeigte ein enormes Ausmaß an latenter passiver Homosexualität. Der Kandidat hatte das nicht erkannt, und das wiederum hatte ihn offensichtlich in Angst versetzt. So war er zu dem Schluß gekommen, er müsse den Patienten ganz förmlich und distanziert behandeln. Dem Patienten ging es ständig schlechter. In der Konferenz wurde Verschiedenes unternommen. Dem Kandidaten wurde erläutert, welche enorme Belastung die Homosexualität für den *Patienten* darstelle; das *Bedürfnis des Patienten* nach einer *gewissen* Gratifikation wurde erwähnt; das *Gefühl* des Patienten, er werde von seinem Therapeuten *zurückgewiesen*, wurde deutlich gemacht; es wurde darauf hingewiesen, welche Vorteile sich aus einer etwas freundlicheren Beziehung ergeben würden. Wir gingen dem Fall dann weiter nach und stellten fest, daß sowohl der Patient als auch der Kandidat schließlich aus ihrer Beziehung profitierten. Das war Unterweisung auf der patientenorientierten Stufe. Die Instruktionen bezogen sich ausschließlich auf die Bedürfnisse des Patienten. Von irgendeiner Ähnlichkeit der Probleme des Patienten und des Kandidaten war überhaupt nicht die Rede.
Supervisor: Mit anderen Worten, man muß Lehrer, nicht Psychotherapeut sein.
Supervisor: Aber das rückt Ekstein und Wallerstein auf die Stufe vier in Ihrem Abriß.
Dr. Tarachow: Ich habe den Eindruck, daß sie sich am liebsten sofort mit der Persönlichkeit des Kandidaten beschäftigen möchten.
Supervisor: Ekstein und Wallerstein sind eben der Meinung, daß es überzeugender ist, die Situation der Supervision unmittelbar als Demonstrationsfeld zu benutzen, anstatt über die dritte Partei, nämlich über den Patienten zu sprechen, der ja gar nicht anwesend ist. Sie nutzen die Gegenwart und eine parallele Situation zur Demonstration.
Dr. Tarachow: Im Grunde springen sie also sofort und ohne alle Umwege in die Analyse der Übertragung des Kandidaten auf den Supervisor hinein. Ich würde diese Übertragung eher »nutzen« als sie »analysieren«. Allerdings beeindruckt mich die Systematik ihrer Methode. Man kann, was diese Methode betrifft, anderer Ansicht sein, aber sie hat zweifellos den Vorteil systematischen Vorgehens. Wie dem auch sei, für meinen Geschmack liegt sie zu nahe bei der Psychotherapie. Sie fangen mit dem Kandidaten an – bei mir kommt zuerst der Patient.

Bibliographie

Aichhorn, A. (1957[4]): Verwahrloste Jugend. Bern und Stuttgart (Huber).

Alexander, F. (1953): Current Views on Psychotherapy. In: Psychiatry, 16, S. 113–122.

– (1954): Psychoanalysis and Psychotherapy. In: Journal of the American Psychoanalytic Association, 2, S. 722–733.

Allen, S. (1956): Reflections on the Wish of the Analyst to »Break« or Change the Basic Rule. In: Bulletin of the Menninger Clinic, 20, S. 192–200.

Bak, R. (1946): Masochism in Paranoia: In: Psychoanalytic Quarterly, 15, S. 285–301.

Balint, M. (1950): Changing Therapeutical Aims and Techniques in Psychoanalysis. In: International Journal of Psycho-Analysis, 31, S. 117–124. Deutsch als Kapitel XVI »Wandlungen der therapeutischen Ziele und Techniken in der Psychoanalyse«. In: Balint, M. (1966): Die Urformen der Liebe und die Technik der Psychoanalyse. Bern und Stuttgart (Huber/Klett).

– (1952): Primary Love and Psychoanalytic Technique. London (Hogarth Press). Deutsch: Die Urformen der Liebe und die Technik der Psychoanalyse. Bern und Stuttgart (Huber/Klett) 1966.

Benjamin, J. D. (1947): Psychoanalysis and Nonanalytic Psychotherapy. In: Psychoanalytic Quarterly, 16, S. 169–175.

Berliner, B. (1940): Libido and Reality in Masochism. In: Psychoanalytic Quarterly, 9, S. 322–333.

– (1941): Short Psychoanalytic Psychotherapy: Its Possibilities and its Limitations. In: Bulletin of the Menninger Clinic, 5, S. 204–213.

– (1942): The Concept of Masochism. In: Psychoanalytic Review, 29, S. 386–400.

– (1947): On Some Psychodynamics of Masochism. In: Psychoanalytic Quarterly, 16, S. 459–471.

Berman, L. (1949): Countertransference and Attitudes of the Analyst in the Therapeutic Process. Abstract in: Bulletin of the American Psychoanalytic Association, 5, S. 46–48.

Bibring, E. (1954): Psychoanalysis and Dynamic Psychotherapy, Similarities and Differences. In: Journal of the American Psychoanalytic Association, 2, S. 745–770.

Bond, D. (1954): Discussion of paper by Anna Freud, Problems of Technique in Adult Analysis. In: Bulletin of the Philadelphia Association for Psychoanalysis, 4, S. 52–53.

Bychowski, G. (1953): The Problem of Latent Psychosis. In: Journal of the American Psychoanalytic Association, 1, S. 484–503.

Cheney, C. O. (Hrsg., 1934): Outlines for Psychiatric Examinations. New York State Department of Mental Hygiene, State Hospital Press.

Colby, K. M. (1951): A Primer for Psychotherapists. New York (Ronald Press).

Coleman, J. V. (1949): The Initial Phase of Psychotherapy. In: Bulletin of the Menninger Clinic, 13, 189–197.

Deutsch, F. und W. F. Murphy (1955): The Clinical Interview, Vol. I: Diagnosis; A Method of Teaching Associative Exploration. New York (International Universities Press).

Deutsch, H. (1933): Motherhood and Sexuality. In: Psychoanalytic Quarterly, 2, S. 476–488.

– (1934): Über einen Typus der Pseudoaffektivität (als ob). In: Int. Zeitschrift f. Psychoanalyse, 20, S. 323–335.

– (1942): Some Forms of Emotional Disturbance and Their Relationship to Schizophrenia. In: Psychoanalytic Quarterly, 11, S. 301–321.

Eissler, K. R. (1953): The Effect of the Structure of the Ego on Psychoanalytic Technique. In: Journal of the American Psychoanalytic Association, 1, S. 104–143.

Ekstein, R. und R. S. Wallerstein (1958): The Teaching and Learning of Psychotherapy. New York (Basic Books).

Ferenczi, S. (1926): The Problem of Acceptance of Unpleasant Ideas – Advances in Knowledge of the Sense of Reality. In: Further Contributions to the Theory and Technique of Psychoanalysis. London (Hogarth Press) 1950, S. 366–379. Deutsch: Das Problem der Unlustbejahung. Fortschritte in der Erkenntnis des Wirklichkeitssinnes. In: Ferenczi, S. (1964): Bausteine zur Psychoanalyse. Band I. Bern und Stuttgart (Huber).

Fisher, C. (1954): Dreams and Perception. The Role of Preconscious and Primary Modes of Perception in Dream Formation. In: Journal of the American Psychoanalytic Association, 2, S. 389–445.

Fleming, J. und D. Hamburg (1958): Analysis of Methods of Teaching Psychotherapy with Description of a New Approach. In: A. M. A. Archives of Neurology and Psychiatry, 79, S. 179–200.

Freud, A. (1950): Probleme der Lehranalyse. In: Max Eitington in Memoriam. Jerusalem (Israel Psychoanalytic Society), S. 80–94. Abgedruckt auch in: Psyche, 24 (1970), S. 565–576.

– (1954a): Problems of Technique in Adult Analysis. In: Bulletin of the Philadelphia Association for Psychoanalysis, 4, S. 44–69.

– (1954b): The Widening Scope of Indications for Psychoanalysis. In: Journal of the American Psychoanalytic Association, 2, S. 607–620.

Freud, S. (1909): Notes upon a Case of Obsessional Neurosis. Standard Edition, 10, S. 153–318. London (Hogarth Press) 1955. Deutsch: Bemerkungen über einen Fall von Zwangsneurose. Band 7 der Gesammelten Werke. Frankfurt (S. Fischer).

– (1923): The Ego and the Id. London (Hogarth Press) 1942. Deutsch: Das Ich und das Es. Band 13 der Ges. W.

– (1937): Analysis Terminable and Interminable. In: Internat. Journal of Psycho-Analysis, 18, S. 373–405. Deutsch: Die endliche und die unendliche Analyse. Band 16 der Ges. W.

Friedlander, K. (1942): Children's Books and Their Function in Latency and Prepuberty. In: American Imago, 3, S. 129–150.

Fromm-Reichmann, F. (1950): Principles of Intensive Psychotherapy. Chicago (Uni-

versity of Chicago Press). Deutsch: Intensive Psychotherapie. Grundzüge und Technik. Stuttgart (Hippokrates) 1959.
– (1954): Psychoanalytic and General Dynamic Conceptions of Theory and Therapy. In: Journal of the American Psychoanalytic Association, 2, S. 711–721.
Frosch, J. (1945): Some Reactions Seen after Electric Shock Treatment. In: American Journal of Psychiatry, 102, S. 311–315.
– (1961): The Psychotic Character. In: Psychoanalytic Quarterly, 30, S. 314–316.
– und D. Impastato (1948): The Effects of Shock Treatment on the Ego. In: Psychoanalytic Quarterly, 17, S. 226–239.
Garner, M. H. (1961): Passivity and Activity in Psychotherapy. In: Archives of General Psychiatry, 5, S. 411–417.
Geisel, J. E. (1951): Discipline Viewed As a Developmental Need of the Child. In: Nervous Child, 9, S. 115–121.
Gill, M. M. (1954): Psychoanalysis and Exploratory Psychotherapy. In: Journal of the American Psychoanalytic Association, 2, S. 771–797.
–, R. Newman, F. C. Redlich und M. Sommers (1954): The Initial Interview in Psychiatric Practice. New York (International Universities Press).
Glover, E. (1928): The Technique of Psycho-Analysis (Supplement No. 3 to The International Journal of Psycho-Analysis). London (Baillière, Tindall and Cox).
– (1931): The Therapeutic Effect of Inexact Interpretation: A Contribution to the Theory of Suggestion. In: International Journal of Psycho-Analysis, 12, S. 397–411.
– (1955): The Technique of Psychoanalysis. New York (International Universities Press).
– (1960): Psychoanalysis and Psychotherapy: In: British Journal of Medical Psychology, 33, S. 73–82.
Glynn, E. (1957): The Therapeutic Use of Seclusion in an Adolescent Pavilion. In: Journal of the Hillside Hospital, 6, S. 156–159.
Greenacre, P. (1959): Certain Technical Problems in the Transference Relationship. In: Journal of the American Psychoanalytic Association, 7, S. 484–502.
Greenson, R. R. (1950): The Mother Tongue and the Mother. In: International Journal of Psycho-Analysis, 31, S. 18–23.
Grotjahn, M. (1953): Training the Third Ear: Report of an Attempt at Teaching Conjecture in Psychotherapy. In: R. Lindner (Hrsg.): Explorations in Psychoanalysis, New York (Julian Press).
Group for the Advancement of Psychiatry (1961): Reports in Psychotherapy: Initial Interview, Report No. 49. New York.
Jensen, V. W. und T. A. Petty (1958): The Fantasy of Being Rescued in Suicide. In: Psychoanalytic Quarterly, 27, S. 327–339.
Johnson, A. M. und S. A. Szurek (1952): The Genesis of Antisocial Acting Out in Children and Adults. In: Psychoanalytic Quarterly, 21, S. 323–343.
Kanzer, M. (1958): Image Formation during Free Association. In: Psychoanalytic Quarterly, 27, S. 465–484.
Kardos, E. und A. Peto (1956): Contributions to the Theory of Play. In: British Journal of Medical Psychology, 29, S. 100–112.

Kempe, C. H., F. N. Silverman, B. F. Steele, W. Droegmueller und H. K. Silver (1962): The Battered Child Syndrome. In: Journal of the American Medical Association, 181, S. 17–24.
Kirby, G. H. (1921): Guides for History Taking and Clinical Examination of Psychiatric Cases. Utica, N. Y. (State Hospitals Press).
Knight, R. P. (1952): An Evaluation of Psychotherapeutic Techniques. In: Bulletin of the Menninger Clinic, 16, S. 113–124.
Lewin, B. D. (1946): Countertransference in the Technique of Medical Practice. In: Psychosomatic Medicine, 8, S. 195–199.
Lewis, N. D. C. (1943): Outline of Psychiatric Examinations[3]. Utica, N. Y. (State Hospitals Press).
Macalpine, I. und R. A. Hunter (1956): Daniel Paul Schreber: Memoirs of My Nervous Illness (translated and edited, with notes, introduction and discussion). London (William Dawson and Sons).
Margolin, S. (1953): Discussion in Panel: The Essentials of Psychotherapy As Viewed by the Psychoanalyst. In: Journal of the American Psychoanalytic Association, 1, S. 550–561.
Menaker, E. (1942): The Masochistic Factor in the Psychoanalytic Situation. In: Psychoanalytic Quarterly, 11, S. 171–186.
Miller, E. (1950): Treatment of Obsessive Neuroses. In: Proceedings of the Royal Society of Medicine, 43, S. 999–1001.
Mowrer, O. H. (1950): Pain, Punishment, Guilt and Anxiety. In: P. H. Hoch und I. Zubin (Hrsg.): Anxiety. New York (Grune & Stratton).
Niederland, W. G. (1960): Schreber's Father. In: Journal of the American Psychoanalytic Association, 8, S. 492–499.
Nunberg, H. (1951): Transference and Reality. In: International Journal of Psycho-Analysis, 32, S. 1–9.
– (1953): Discussion in Panel: Problems of Identification. In: Journal of the American Psychoanalytic Association, 1, S. 547.
Orens, M. H. (1958): The Genesis of Environment. In: Journal of the Hillside Hospital, 7, S. 162–177.
Panel (1953): The Essentials of Psychotherapy As Viewed by the Psychoanalyst. In: Journal of the American Psychoanalytic Association, 1, S. 550–561.
– (1954): Psychoanalysis and Dynamic Psychotherapy – Similarities and Differences. In: Journal of the American Psychoanalytic Association, 2, S. 152–166.
– (1955): Psychoanalysis and Psychotherapy. In: Journal of the American Psychoanalytic Association, 3, S. 528–533.
Pious, W. L. (1950): Obsessive-Compulsive Symptoms in an Incipient Schizophrenic. In: Psychoanalytic Quarterly, 19, S. 327–351.
Preu, P. W. (1943): Outline of Psychiatric Case Study[2]. New York (Hoeber).
Rangell, L. (1952): Macroscopic Transmission and the Macroscopic Point of View. In: Journal of the Hillside Hospital, 1, S. 228–233.
– (1954): Psychoanalysis and Dynamic Psychotherapy – Similarities and Differences. In: Journal of the American Psychoanalytic Association, 2, S. 734–744.
Reider, N. (1952): Clinical Notes on the Defense Structure in Psychotherapy. In: Samiksa, 6, S. 70–118.

– (1953): A Type of Transference to Institutions. In: Journal of the Hillside Hospital, 2, S. 23–29.
– (1955): Psychotherapy Based on Psychoanalytic Principles. In: J. L. McCary (Hrsg.): Six Approaches to Psychotherapy. New York (Dryden Press).
Rosen, J. N. (1947): The Treatment of Schizophrenic Psychosis by Direct Analytic Therapy. In: Psychiatric Quarterly, 21, S. 3–37.
– (1953): Direct Analysis. New York (Grune & Stratton).
Rosen, V. H. (1958): The Initial Psychiatric Interview and the Principles of Psychotherapy. Some Recent Contributions. In: Journal of the American Psychoanalytic Association, 6, S. 154–167.
Saul, L. J. (1957): The Psychoanalytic Diagnostic Interview. In: Psychoanalytic Quarterly, 26, S. 76–90.
Savitt, R. A. (1954): Extramural Psychoanalytic Treatment of a Case of Narcotic Addiction. In: Journal of the American Psychoanalytic Association, 2, S. 494–502.
Schmideberg, M. (1953): Some Clinical Implications of the Sense of Bodily Reality. In: Journal of the Hillside Hospital, 2, S. 207–212.
Simmel, E. (1946): Anti-Semitism and Mass Psychopathology. Kap. III in: Anti-Semitism: A Social Disease. New York (International Universities Press), S. 33–84.
Sperling, M. (1951): Psychoanalytic Aspects of Discipline. In: Nervous Child, 9, S. 174–186.
Stephen, K. (1950): Discussion on the Treatment of Obsessional Neuroses. In: Proceedings of the Royal Society of Medicine, 43, S. 1002–1007.
Sterba, R. (1934): The Fate of The Ego in Psychoanalytic Therapy. In: International Journal of Psycho-Analysis, 15, S. 117–126. Deutsch: Das Schicksal des Ichs im therapeutischen Verfahren. In: P. Kutter u. H. Roskamp (Hrsg.): Psychologie des Ich. Wege der Forschung, Bd. CCLIX, Darmstadt 1974 (Wiss. Buchgesellschaft).
– (1944): The Formative Activity of the Analyst. In: International Journal of Psycho-Analysis, 25, S. 146–150.
– (1960): Therapeutic Goal and Present-Day Reality. In: Journal of the Hillside Hospital, 9, S. 195–217.
Stone, L. (1951): Psychoanalysis and Brief Psychotherapy. In: Psychoanalytic Quarterly, 20, S. 215–236.
– (1954): The Widening Scope of Psychoanalysis. In: Journal of the American Psychoanalytic Association, 2, S. 567–594.
– (1961): The Psychoanalytic Situation. New York (International Universities Press). Deutsch: Die psychoanalytische Situation. Frankfurt am Main (S. Fischer) 1973.
Szurek, S. A. (1958): The Roots of Psychoanalysis and Psychotherapy. Springfield, Ill. (Thomas).
Tarachow, S. (1945): A Short Contribution to the Problem of Simulation of Insanity. In: International Journal of Psycho-Analysis, 26, S. 168–169.
– (1954): Contribution to a Symposium on the Place of Values in Psychotherapy. In: Journal of the Hillside Hospital, 3, S. 19–24.
– (1956): Concerning Homicidal Impulses toward the Psychoanalyst. In: Journal of the Hillside Hospital, 5, S. 416–418.

– (1962 a): Supervisors' Conference. The Problem of Reality and the Therapeutic Task. In: Journal of the Hillside Hospital, 11, S. 21–28.
– (1962 b): Initial Interview Conference. In: Journal of the Hillside Hospital, 11, S. 127–153.
– (1962 c): Reality and Interpretation in Psychotherapy. In: International Journal of Psycho-Analysis, 43, S. 377–387.
– und M. Fink (1953): Absence of a Parent As a Specific Factor Determining Choice of Neurosis. In: Journal of the Hillside Hospital, 2, S. 67–71.
Winnicott, D. W. (1958): The Capacity to Be Alone. In: International Journal of Psycho-Analysis, 39, S. 416–420. Deutsch: Über die Fähigkeit, allein zu sein. In: Psyche, XII (1958/59).
Wolberg, L. R. (1954): The Technique of Psychotherapy. New York (Grune & Stratton).

Bibliographische Hinweise

Kapitel 2: Die Theorie der therapeutischen Beziehung
Dieses Material wurde unter der Überschrift »The Problem of Reality and the Therapeutic Task« auch bei den Zusammenkünften der Psychoanalytic Association of New York am 15. 5. 1961 und der American Psychoanalytic Association am 5. 5. 1961 vorgetragen. Veröffentlicht ist es unter dem Titel »Supervisors' Conference: The Problem of Reality and the Therapeutic Task«, in: Journal of the Hillside Hospital, 11, S. 21–28, 1962.

Kapitel 4: Formen der Psychotherapie
Das Material aus diesem Kapitel hat zum großen Teil auch in eine Veröffentlichung mit dem Titel »Definitions of Psychotherapy« Eingang gefunden und ist auf der Zusammenkunft der Psychoanalytic Association of New York am 19. 3. 1962 vorgetragen worden. Siehe ferner auch »Reality and Interpretation in Psychotherapy«, in: International Journal of Psycho-Analysis, 43, S. 377–387, 1962.

Kapitel 5: Theorie der stationären Behandlung
Dieses Material wurde in Seminaren sowohl mit Supervisoren als auch mit Kandidaten der Psychotherapie behandelt. Im Interesse der inhaltlichen Kontinuität der Kapitel in diesem ersten Teil, die sich alle an die Kandidaten wenden, wurden die Kommentare der Supervisoren teils in diejenigen der Kandidaten, teils in die des Autors hineingearbeitet.

Kapitel 11: Erziehung und Realität
Dieses Material wurde zum Teil auch auf einer Podiumsdiskussion über »Borderline States« im Rahmen des Lehrgangs »Psychoanalysis in Psychiatric Practice« am 12. 1. 1958 in San Francisco vorgetragen.

Kapitel 12: Werte in der Psychotherapie
Dieses Material wurde ursprünglich auf einem Symposium über »The Place of Values in Psychotherapy« beim Treffen der Schilder Society am 27. 3. 1952 in New York City vorgetragen. Es erschien dann unter dem gleichen Titel im Journal of the Hillside Hospital, 3, S. 19–24, 1954.

Kapitel 13: Das Erstinterview
Hier handelt es sich um die Zusammenfassung mehrerer Seminare über das Erstinterview, die einerseits für die Kandidaten im ersten Ausbildungsjahr am Hillside Hospital, Glen Oaks, N. Y. und andererseits für die psychiatrische Abteilung am Kings County Hospital, Brooklyn, N. Y. abgehalten wurden.
Abgedruckt in: Journal of the Hillside Hospital, 11, S. 127–153, 1962.

Kapitel 16: Agieren und Psychopathie
Dieses Material wurde in abgeänderter Form auch vor der Psychiatric Section of the Puerto Rican Medical Association (am 24. 4. 1958) und bei einem Treffen der Asociacion Psicoanalitica Mexicana in Mexico City (am 8. 8. 1958) vorgetragen; ein kleiner Teil fand zudem in der Diskussion über eine Vorlesung zum Thema »Acting Out« von Ralph R. Greenson Verwendung, die im Rahmen des Lehrgangs »Psychoanalysis in Psychiatric Practice« am 12. 1. 1958 in San Francisco abgehalten wurde.

Kapitel 19: Paranoia und Mord
Ein Teil des Materials aus diesem Kapitel wurde unter dem Titel »Concerning Homicidal Impulses Toward the Psychoanalyst« auch im Journal of the Hillside Hospital, 5, S. 416–418, 1956, veröffentlicht.

Personenregister

Sachregister